TEATRO 125

direção de
Flávio Desgranges
Rosangela Patriota
Fernando Peixoto (*in memoriam*)

100
TÍTULOS
COLEÇÃO
TEATRO
HUCITEC

COLEÇÃO TEATRO — Títulos publicados

À prova de fogo, Consuelo de Castro
Murro em ponta de faca, Augusto Boal
Técnicas latino-americanas de teatro popular, Augusto Boal
Fábrica de chocolate, Mário Prata
Teatro em pedaços, Fernando Peixoto
Tupac Amaru, Osvaldo Dragún
Pensão liberdade, Grupo de Teatro Forja
Pesadelo, Grupo de Teatro Forja
Vassa Geleznova, M. Górki
Diálogo sobre a encenação: um manual de direção teatral, Manfred Wekwerth
Berliner Ensemble: 35 anos — um trabalho teatral em defesa da paz, Klaus-Dieter Winzer
Teatro em movimento, Fernando Peixoto
Teatro de Augusto Boal 1 (A revolução na América do Sul, As aventuras do tio Patinhas, Murro em ponta de faca)
Textos para televisão, Gianfrancesco Guarnieri
Teatro de Heiner Müller (Mauser, Hamlet-máquina, A missão, Quarteto)
Teoria e prática do teatro, Santiago García
Teatro em questão, Fernando Peixoto
Teatro de Augusto Boal 2 (Histórias de Nuestra América, A lua pequena e a caminhada perigosa, Torquemada)
Um mês no campo, Ivã Turgueniev
Ator e método, Eugênio Kusnet
Teatro e Estado: as companhias oficiais de teatro no Brasil — história e polêmica, Yan Michalsky & Rosyane Trotta
Além das ilhas flutuantes, Eugenio Barba
Teatro de Osvaldo Dragún (Milagre no mercado velho, Ao violador, Voltar para Havana, Os alpinistas)
Um teatro fora do eixo, Fernando Peixoto
O negro e o teatro brasileiro, Miriam Garcia Mendes
Ay, Carmela!, José Sanchis Sinisterra
A canoa de papel, Eugenio Barba
A arte secreta do ator, Eugenio Barba & Nicola Savarese
Ziembinski e o teatro brasileiro, Yan Michalski
Glauce Rocha: a atriz que recusou o estrelato, José Octávio Guizzo
A mochila do mascate, Gianni Ratto
Divers/idade, Nelson de Sá
As trombetas de Jericó: teatro das vanguardas históricas, Silvana Garcia
Giramundo: Myrian Muniz — o percurso de uma atriz, Maria Thereza Vargas (org.)
Teatro de rua, Fabrizio Cruciani & Clelia Falletti
O parto de Godot e outras encenações: a rubrica como poética da cena, Luiz Fernando Ramos
Dança e mundialização: política de cultura no eixo Brasil-França, Cássia Navas
Vianinha: um dramaturgo no coração de seu tempo, Rosangela Patriota
Pina Bausch e o Wuppertal Dança-Teatro: repetição e transformação, Ciane Fernandes
As imagens de um teatro popular, Julián Boal
Osmar Rodrigues Cruz: uma vida no teatro, Osmar Rodrigues Cruz & Eugênia Rodrigues Cruz
Uma cena brasileira, Samir Yazbek
Teatro em aberto, Fernando Peixoto
A pedagogia do espectador, Flávio Desgranges
Teatro começo até..., Ittala Nandi
Encenação em jogo: experimento de aprendizagem e criação do teatro, Marcos Bulhões
O teatro de rua: uma paixão no asfalto (experiências na Argentina e no Brasil democráticos da década de 1980), André Carreira
Da minha janela vejo... relato de uma trajetória pessoal de pesquisa no Lume, Ana Cristina Colla
Tal qual apanhei do pé: uma atriz do Lume em pesquisa, Raquel Scotti Hirson
Café com queijo: corpos em criação, Renato Ferracini
Corpos em fuga, corpos em arte, Renato Ferracini (org.)
A expressão dramática, Ruggero Jacobbi
O ator vivo: uma abordagem reichiana para a arte do ator, Zeca Sampaio
Teatro de rua: princípios, elementos e procedimentos, Rubens José Souza Brito
A mulher e o teatro brasileiro do século XX, Ana Lúcia Vieira de Andrade & Ana Maria de B. Carvalho Edelweiss (orgs.)
Veto ao modernismo no teatro brasileiro, Giuliana Simões
Peões em cena. Grupo de Teatro Forja, Tin Urbinatti
A Companhia do Teatro São José: a menina-dos-olhos de Paschoal Segreto, Filomena Chiaradia
Contadores de História da Amazônia Ribeirinha, Suzi Frankl Sperber
A Memória como reciação do vivido, Patrícia Leonardelli
Teatro e Vida Pública. O Fomento e os Coletivos Teatrais de São Paulo, Flávio Desgranges e Maysa Lepique (orgs.)
A Inversão da Olhadela. Alterações no ato do espectador teatral, Flávio Desgranges
Eugênio Kusnet: do ator ao professor, Ney Piacentini
O ato do espectador: perspectivas artísticas e pedagógicas, Giuliana Simões & Flávio Desgranges (orgs.)
O ator dialético: vinte anos de aprendizado na Companhia do Latão, Ney Piacentini
Teatro de invasão do espaço urbano (a cidade como dramaturgia), André Carreira
O teatro como experiência pública, Óscar Cornago, Sílvia Fernandes & Julia Guimarães (orgs.)
Pedagogias do desterro. Práticas de pesquisa em Artes Cênicas, Marcia Pompeo Nogueira, Heloise Baurich Vidor, Bianca Sciliar Cabral, Flávio Desgranges & Vicente Concilio (orgs.)
A arte romanesca do ator: Constantin Stanislavski na cultura do romance, Henrique Buarque de Gusmão
Teatro em prisões e a crise global do encarceramento, Ashley E. Lucas
Práticas artísticas, participação e política, Hugo Cruz

Os demais títulos da Coleção Teatro acham-se no fim do livro.

PRÁTICAS ARTÍSTICAS, PARTICIPAÇÃO E POLÍTICA

Hugo Cruz

PRÁTICAS ARTÍSTICAS, PARTICIPAÇÃO E POLÍTICA

Hucitec Editora
São Paulo, 2022

Hucitec Editora Ltda.,
Rua Dona Inácia Uchoa, 209
04110-020 São Paulo, SP.
Tel.: 55 11 3892-7772 3892-7776
www.huciteceditora.com.br

Depósito Legal efetuado.

Direção editorial: Mariana Nada
Produção editorial: Kátia Reis
Assessoria editorial: Mariana Terra
Circulação: Elvio Tezza

Livro publicado a partir da tese de doutoramento do autor – Práticas artísticas comunitárias e participação cívica e política: experiências de grupos teatrais em Portugal e no Brasil. Este trabalho de investigação foi apoiado por fundos nacionais, através da Fundação para a Ciência e a Tecnologia, IP (FCT), e pelo Fundo Social Europeu (FSE), através do Programa Operacional do Capital Humano (POCH) do Portugal 2020 (bolsa com a ref.ª PD/BD/128117/2016, no âmbito do Programa de Doutoramento FCT em Ciências da Educação da Universidade do Porto). Este trabalho foi ainda apoiado por fundos nacionais através da FCT no âmbito do Programa Estratégico do CIIE [ref.ª UID/ CED/00167/2019; UIDB/00167/2020]; e finalmente a estadia no Brasil foi concretizada no quadro do projeto FCT/CAPES Currículo, Política e Cultura entre a Universidade do Porto e a Universidade Estadual do Rio de Janeiro.

CIP-Brasil. Catalogação na Publicação
Sindicato Nacional dos Editores de Livros, RJ

C962p

Cruz, Hugo
Práticas artísticas, participação e política / Hugo Cruz. - 1. ed. - São Paulo: Hucitec, 2021.
409 p. ; 21 cm. (Teatro ; 125)

Inclui índice
ISBN 978-85-8404-256-2

1. Teatro e sociedade. 2. Teatro - Aspectos políticos. I. Título. II. Série.

22-76465 CDD: 792
CDU: 792

Meri Gleice Rodrigues de Souza - Bibliotecária - CRB-7/6439

Aos que não desistem de
criar e de ser cidadãos/ãs.

Sumário

Lista de siglas e abreviaturas
(ato de simbolizar – criar símbolos que sintetizam e permitem memorizar)

ACERT – Associação Cultural e Recreativa de Tondela

CIIE – Centro de Investigação e de Intervenção Educativas

CLDS – Contrato Local de Desenvolvimento Social

EUA – Estados Unidos da América

FAOJ – Fundo de Apoio aos Organismos Juvenis

GDF – Grupo de Discussão Focalizada

MFA – Movimento das Forças Armadas

ONG – Organização Não Governamental

ORA – Orientação para o Resultado Artístico

PAC – Práticas Artísticas Comunitárias

PCA – Participação Cultural e Artística

PCA – Processos Criativos Abertos

PCP – Participação Cívica e Política

SESC – Serviço Social do Comércio

TDP – Tomada de Decisão Partilhada

Agradecimentos

(ato de protagonizar — dar visibilidade a todos os envolvidos na criação)

Só se agradece quando se reconhece que a vida é um lugar onde cada momento é partilhado com o/a outro/a. O ofício de saber agradecer, é para mim, um processo em contínuo aperfeiçoamento. Durante os anos desta investigação nunca estive sozinho e por isso a minha gratidão:

A todas/os as/os cidadãs/ãos que dedicam espaço nas suas vidas para a criação artística e aceitaram fazer parte da construção desta investigação. O mais justo seria, certamente, nomear as 332 pessoas que compuseram este livro. No entanto, como essa tarefa se revela impossível, nomeio os 31 grupos que colaboraram ativamente neste trabalho: Bonobando, Cia. Marginal, Grupo Atiro, Coletivo Peneira, Teatro da Lage, Grupo Código e Cia.do Invisível (Rio de janeiro); Coletiva Ocupação, Estopô Balaio, Cia. de Teatro de Heliópolis e Pombas Urbanas (São Paulo); PELE e Grupo de Teatro EmComum (Porto); Triumph'arte – Grupo de Teatro Comunitário (Esposende); Projeto de Teatro Comunitário do Museu Marítimo de Ílhavo; As Vitórias (Guimarães); Laboratórios Veleda (Covilhã e Fundão); Cabeças no Ar e Pés na Terra – Grupos Barreiro e Sampaio (Valongo); D'arte – Núcleo Artístico e Cagaréus – Arte, Cidades e Pessoas (Aveiro); Terra Amarela (Lisboa); Teia – Oficinas de Teatro M e L (Torres Vedras); PELE – Enxoval (Porto e Amarante); O Bando – Confraria do Teatro (Palmela); Teatro Umano (Lisboa, Alhandra, Almada e Amadora).

Às restantes instituições, grupos formais e informais, que se abriram sem hesitações a este trabalho.

Às minhas orientadoras Isabel Menezes e Isabel Bezelga pela caminhada conjunta e todo o apoio.

À Marina, à Lúcia pela cumplicidade e a abertura imediata ao meu convite para escreverem os prefácios.

Ao Flávio Desgranges pelo seu pensamento e a forma entusiasta e sem hesitações com que encarou a hipótese de publicação deste livro.

À Mariana Nada e toda a equipa da Hucitec Editora pelo cuidado, atenção e empenho com que encaram cada momento do processo de publicação deste livro.

A todos os grupos, pessoas e influências que vieram antes deste trabalho, com quem fiz e pensei teatro e acreditei no coletivo.

Aos meus/minhas companheiros/as de luta quotidiana do fazer artístico, tantos/as e tão bons/as, em projetos e desafios vários.

Aos meus amigos e minhas amigas porque o amor amoroso tem, realmente, muito para aprender com a amizade.

E porque o que nos suporta na vida é tanto e vem de tão longe, a minha gratidão à minha família.

Prefácios

Marina Henriques Coutinho

Professora associada da Universidade Federal do Estado do Rio de Janeiro

Este livro de Hugo Cruz é resultado de investigação acadêmica ancorada em dezesseis anos de experiência no campo das práticas artísticas comunitárias, particularmente em Portugal e no Brasil. Tive a oportunidade de conhecer Hugo em 2010 e, desde então, acompanho o seu percurso como artista, programador cultural, professor e pesquisador. Considero que um dos aspectos mais valiosos de seu estudo seja justamente o fato de se tratar de uma reflexão consistente, baseada em vivências concretas e que emerge a partir do intenso diálogo do autor com diversos atores e espaços sociais: artistas não profissionais e profissionais, educadores, acadêmicos, gestores culturais e outros, nos ambientes das "escolas, centros comunitários, prisões, bairros sociais, casas do povo, fábricas, teatros, festivais, parques, ruas e praças", como ele mesmo afirma.

Recordo-me de uma conversa que tive com Hugo em 2017, na ocasião do MEXE — Encontro Internacional de Arte e Comunidade, quando ele me dizia da necessidade de parar para refletir, de pausar para se debruçar sobre o processo de doutoramento, à época já em curso. Anos depois, em fevereiro de 2021, recebi com alegria o fruto de sua pausa para reflexão: "Práticas artísticas comunitárias e participação cívica e política: experiências de grupos teatrais em Portugal e no Brasil", tese agora publicada neste livro pela HUCITEC. É relevante a contribuição desta obra para o campo das pesquisas em Artes Cênicas no Brasil, em especial para aquelas interessadas em investigar as relações entre teatro e comunidade.

Para identificar e discutir os elementos definidores das práticas artísticas comunitárias, Hugo Cruz revela a multidimensionalidade do campo em questão e desembaraça as inúmeras linhas de sustentação teórica que o compõe ao colocar em diálogo grande número de autores/as, abordagens e terminologias de diferentes áreas do conhecimento como ciências sociais, educação e teatro. A investigação realizada por meio de metodologia mista, qualitativa e quantitativa, se apoia também em cuidadoso registro e análise sobre os grupos brasileiros e portugueses escolhidos como estudos de caso.

Um dos aspectos que mais me chama a atenção nesta obra diz respeito aos "deslocamentos" realizados pelo pesquisador em diferentes dimensões. Há o deslocamento mais óbvio, o físico, aquele que o trouxe ao Brasil, mas há também aquele que surgiu no encontro com os grupos de jovens pretos/as, pobres, periféricos/as no Rio de Janeiro e que, como ele mesmo afirma, o "transformou enquanto pessoa". Transformar-se a partir do encontro com a diversidade, estar disposto a correr riscos, a expor-se ao dissenso — qualidade indispensável para os/as fazedores/as de práticas artísticas comunitárias. Ao mesmo tempo houve o deslocamento também de percepção sobre os grupos com os quais o pesquisador já guardava intimidade, os portugueses. Desta forma, é curioso observar o jogo dialético experienciado pelo autor na dinâmica de aproximar-se e afastar-se de contextos tão diferentes, como os de Brasil e Portugal.

Logo no início do texto o autor nos alerta para o fato de que o mesmo fora construído como um "ato de criação"; afirma também, em outra passagem, que sua tese "pode ser vista como uma obra aberta". Por conta desses avisos sensíveis — muito bem vindos para a apreciação de um trabalho acadêmico — minha leitura se expandiu para além das palavras e me trouxe algumas lembranças de meus encontros com Hugo. Uma delas, em especial, quando em 2018 ele caminhava à minha frente, ao lado dos integrantes da Cia. Marginal, na Avenida Brasil, em uma passeata após o assassinato de Marielle Franco. Naquele instante observei o pesquisador português e refleti sobre o quanto aquele evento, talvez um dos mais marcantes da história recente do Rio de Janeiro, já nos convocava a refletir sobre as dimensões políticas e participativas das práticas artísticas comunitárias.

A crítica que o autor faz sobre as diferentes formas de participação é uma das discussões centrais no livro. Ela nos estimula a pensar a "participação" como conveniência, como promessa de transformação fracassada em processos que mais do que incentivar a mudança, alimentam a dependência. Ciente desta armadilha, Cruz se empenha em identificar, organizar, sistematizar as "dimensões estruturantes da qualidade das experiências de participação". Um esforço muito positivo já que, ao estabelecer determinados parâmetros de análise, o estudo nos ajuda a visualizar algo tão difícil de ser visualizado. Cabe destacar, ainda, o debate que o autor faz em torno das noções de "democratização e democracia cultural", ao problematizar a ideia de que o acesso à oferta cultural, por si só, não constitui efetiva inclusão social se a qualidade da participação cultural e artística não estiver presente, ou seja, se não estiver garantido o acesso aos modos de produção; menos ainda, se somados aos papeis de participação e produção, não estiver também o da decisão.

O livro de Hugo Cruz chega em momento oportuno no Brasil 2022, terra de democracia arrasada. Falando a partir deste ponto de vista, constatamos claramente o que o estudo também aponta: as "revoluções participatórias", como as evidenciadas pelos exemplos dos grupos brasileiros, entre eles a Cia. Marginal (RJ), o Coletivo Bonobando (RJ) e a Coletiva Ocupação (SP), convivem com uma "crise de participação" histórica, em um momento de asfixia da democracia, de exposição ainda mais perversa das desigualdades agravadas pela crise sanitária da Covid-19, pandemia neoliberal. É evidente que no mesmo ambiente em que pulsam as lutas antirracistas, antipatriarcais, anticolonialistas, pulsa também, com bastante força, o fascismo social que sempre esteve presente nessa sociedade. Diante deste contexto — onde todos os dias precisamos tomar fôlego para seguir adiante com os nossos propósitos — este estudo chega para reforçar a nossa crença na força do coletivo, na solidariedade, na humanidade. Então sigamos! Continuemos a buscar o comum e outros futuros possíveis em tempos de confusão ainda mais intensa.

Prefácios

Das fontes do possível

Lúcia Maciel Barbosa de Oliveira

Docente e pesquisadora da Escola de Comunicações e Artes da USP
e Diretora do Centro MariAntonia

Inicio minha escrita em torno da ideia de encontro, o que soa como desejo utópico no momento de isolamento que vivemos em razão da pandemia. Aquilo que Ailton Krenak, uma das vozes mais sábias a ser ouvida neste mundo no fio da navalha, convida como forma de adiar o fim do mundo: o desejo de nos encontrarmos encapsula uns mundos nos outros, nos desafia a pensar um possível encontro das nossas existências, o que permite reconhecer o outro e nos reconhecer no outro, e criar fontes do possível.

Meu encontro com Hugo Cruz em São Paulo, em 2015, no lançamento de seu potente livro *Arte e comunidade*, desdobrou-se no convite para escrever este prefácio e reabilitou nosso encontro em torno de temas que me são caros, em um texto urdido pelo desejo de entender e produzir o mundo a partir das inconformidades com o mundo, entrevendo brechas que permitem vislumbrar transformações, uma democracia por vir.

Fruto de sua tese de doutorado desenvolvida em Portugal e no Brasil, Hugo a dedica "aos que não desistem de criar e de ser cidadãos/ãs", o que pressupõe ação conjunta, encontros e diálogos, sem ingenuidades e romantismos fora de lugar. O texto instiga e ilumina, tensiona e faz ranger conceitos, dá a pensar. O estudo se orienta por uma diversidade de abordagens qualitativas e quantitativas que lhe dão densidade, consistência e rigor, no qual o pesquisador/autor não está oculto em nome de um suposto cientificismo, mas é um criador em ato.

Coerente com o tema e a abordagem que propõe, Hugo Cruz desenvolve na quarta e última parte do livro um ato de coautoria com os participantes da pesquisa, articulando a diversidade das colaborações com os comentários dos diferentes atores que foram provocados e provocaram reflexões.

O teatro como arte da presença pressupõe encontro. Hugo não apenas atualiza a definição de práticas artísticas comunitárias sustentada em autores centrais para a empreitada, como reflete acerca das diferentes concepções de teatro em sua relação com o conceito de qualidade de participação cultural e artística, o que neutraliza o risco da instrumentalização da arte.

Ao tratar das práticas artísticas comunitárias e da participação cívica e política a partir da experiência de grupos teatrais em Portugal e no Brasil, centra seus objetivos na identificação e na discussão dos elementos definidores dessas práticas, das potencialidades e fragilidades que os seus processos encerram, bem como indaga as dimensões que conectam as práticas artísticas comunitárias à participação cívica e política. Como o autor sublinha, as diferentes experiências dos grupos teatrais brasileiros e portugueses impossibilitam e evidenciam a inadequação de exercício comparativo, enquanto possibilitam uma compreensão alargada das práticas artísticas comunitárias nos processos de criação teatral e sua relação com a participação cívica, sem qualquer dimensão de causa e efeito, mas como campo de experimentação, criação e figuração de outros regimes sensíveis.

Tal perspectiva vai na contramão da ideia de "participação como panaceia das democracias", sustentada no mito de que a participação é boa e positiva em si mesma, o que não é verdade em muitos casos, quando instrumentalizada e voltada para fins pré-determinados, o que se opõe à ideia da participação como experimentação individual e coletiva cuja ênfase está no processo, na ideia de experiência no sentido largo do termo, de encontro e confronto das diferenças.

Na esteira do pensamento de Jacques Rancière, a ideia de dissenso é convocada em contraposição à ideia de espaço comunitário como abrigo de conflitos, local de pacificações artificiais. A política é o lugar do desentendimento no qual está em jogo a luta pela palavra, pelo direito a proferir discurso, no escândalo de qualquer um querer falar e dizer. O dissenso, que está no coração da política, é o conflito entre muitos regimes de sensibilidade. Arte e política atuam em uma instancia de enunciação coletiva que redesenha o espaço das coisas comuns, a experiência comum do sensível.

No processo de subjetivação política uma nova topografia do possível pode ser desenhada, evidenciando disposições dos corpos, outro mundo sensível, que define outras tolerâncias ou intolerâncias, outras capacidades e incapacidades. Evidencia, ainda, novas formas de participação, a incerteza e a precariedade da democracia ela mesma, centrada na diversidade, no dissenso e na permanente reinvenção.

A democracia por vir tem por desafio o agenciamento com o outro, com as diferenças, forjadas nas múltiplas experiências com o mundo que pessoas e grupos experimentam. As práticas artísticas comunitárias são potente campo de experimentação e criação, de construção de possibilidades e de espaços comuns, de fontes do possível, como o livro inspira.

Junho 2021

Prefácios

Eugene van Erven

PhD, Professor Emérito em Arte Comunitária
da Universidade de Utrecht (Holanda)

Com Práticas artísticas, participação e política, o Doutor Hugo Cruz aborda várias questões fundamentais para o discurso internacional das artes aplicadas e comunitárias. O autor desafia as noções predominantes de cultura, fornecendo evidências convincentes de que faz todo o sentido apoiar e respeitar processos de arte baseados no coletivo não hierárquico. É também relevante a forma como expande proficuamente o discurso académico sobre este tópico, que até agora tem sido dominado pela teoria e pela prática dos países anglo-saxónicos, com perceções meticulosamente pesquisadas a partir do seu país de origem — Portugal, e do Brasil. O autor conduziu uma extensa pesquisa de campo neste último país em 2018 e 2019, durante um período de graves convulsões políticas após o impeachment de Dilma Rousseff e a eventual implantação de Jair Bolsonaro como presidente.

Em Portugal, a maior parte do seu trabalho de campo teve lugar em 2019 e 2020, mas ele desenha ligações enfáticas com o desenvolvimento económico e social desde a crise financeira de 2008 incluindo ainda referências à revolução anti-ditatorial de Abril de 1974. Tudo isto faz com que o estudo de Hugo Cruz seja único e de uma fascinante leitura.

É importante referir que o Hugo Cruz não é um típico académico. De formação de base é psicólogo e tem mais de quinze anos de experiência como profissional de artes comunitárias. Conheci-o pela primeira vez em 2014, quando ele participou no Festival Internacional de Artes Comunitárias (ICAF) em Roterdão, um encontro trienal com expressão mundial em que tenho estado envolvido desde 2001. Temos sido aliados desde então. Tenho acompanhado o seu trabalho como facilitador de workshops e Diretor Artístico, da companhia de teatro comunitário PELE, sediada no Porto. Pessoalmente testemunhei a forma como opera a paixão, o amor, a crença sincera na igualdade e horizontalidade, a partilha da tomada de decisões e o desejo de junto com os participantes embarcar em aventuras criativas nas quais o resultado seria incerto, mas positivamente transformador para todos os envolvidos. Como curador e diretor de festivais, também tem tido um papel fundamental na criação de plataformas para produções artísticas comunitárias e a reflexão crítica sobre esta área em eventos como o Festival Imaginarius em Santa Maria da Feira e o MEXE. Particularmente, o MEXE, um festival bienal internacional de artes comunitárias realizado em espaços interiores e exteriores no Porto, tornou-se um importante ponto de encontro de participantes, profissionais e académicos de Portugal, Espanha e América Latina, mas também, cada vez mais, de outras partes do mundo. Apresentam-se *performances*, espetáculos, orientam-se workshops, projetam-se filmes e discutem-se ideias. Estou certo que estes festivais e projetos como a PELE e o Triumph'arte, mas também a falta de bolsas de estudo no âmbito das artes comunitárias em Portugal, alimentou o desejo crescente do Hugo Cruz investigar, analisar e refletir as suas próprias experiências no seu país e no Brasil. O resultado é a construção rigorosa de uma tese, baseada numa sólida e meticulosa investigação teórica e empírica, que demonstra a importância das artes comunitárias numa sociedade saudável, plural e devidamente funcional.

Cerca de um terço deste livro é tomado por uma extensa revisão bibliográfica. Nela, Hugo Cruz propõe aos leitores portugueses, pela primeira vez, uma visão abrangente das publicações mais importantes sobre as artes comunitárias, assim como estabelece a relação entre arte, cultura, educação e política, artivismo, participação e democracia cultural. Estes conceitos e os autores que os discutem são abordados com clareza e com uma perspetiva crítica perspicaz.

Cruz não se inibe de criticar formas fáceis de participação cultural que têm como objetivo conseguir que mais pessoas da periferia visitem os principais espaços culturais para consumirem passivamente a cultura "superior" aí disponibilizada. Esta forma de fazer não vai mudar as desigualdades estruturais na sociedade. Envolver as pessoas ativamente na cocriação da sua própria arte é muito mais promissor. Simultaneamente, o autor revela as armadilhas do que por vezes se chama a tirania da participação: tentativas neoliberais de incluir os excluídos em exercícios muito limitados — muitas vezes ilusórios — de tomada de decisão participada que realmente se traduzem em manipulação. É assim lógico, que na segunda e na terceira parte deste livro, Cruz investigue a qualidade de participação num determinado grupo de experiências de práticas artísticas comunitárias portuguesas e brasileiras para descobrir o que as torna potencialmente tão eficazes no reforço do envolvimento dos cidadãos na vida social e política. O autor consegue-o com uma pesquisa cuidadosamente desenhada e implementada que se baseia firmemente em métodos qualitativos e quantitativos das ciências sociais empíricas.

Para recolher dados sobre a qualidade da participação nas práticas artísticas comunitárias portuguesas e brasileiras e a forma como esta afeta os envolvidos, Hugo Cruz optou por uma combinação de métodos de investigação. Estes variam entre a observação etnográfica participante, as entrevistas semiestruturadas e os grupos de discussão. Com estas abordagens, ele consegue chegar ao âmago das experiências em três grupos portugueses e três grupos brasileiros, revelando valiosos conhecimentos sobre a horizontalidade das suas organizações, os seus processos de decisão, a seleção de temas, a relação entre artistas profissionais e não profissionais, e entre os grupos comunitários e instituições culturais oficiais, para além da forma como os processos criativos se desenrolam, e, mais importante, como as diferenças culturais, geracionais e políticas são negociadas. Os dados de 34 entrevistados brasileiros e 46 portugueses foram registrados e processados em análises de estatísticas aplicadas de forma cuidada e, impressionantemente, testados com um abrangente inquérito a nível nacional em Portugal, no qual 248 participantes de 20 grupos de teatro comunitário responderam a um questionário detalhado. Não conheço nenhum outro estudo empírico de artes comunitárias tão alargado e executado de forma tão completa.

Embora a obsessão por números, estatísticas e aplicação de métodos científicos seja por vezes opressora e, ocasionalmente, penhore uma informação mais narrativa sobre as pessoas envolvidas e a arte criada, o valor do estudo de Hugo Cruz, é de facto inestimável. Na sua conclusão, a que ele compreensivelmente chama de "reflexões finais" para evitar a sugestão de fazer afirmações absolutas sobre as suas descobertas, ele aponta para as nuances e as subtilezas. Ele fá-lo sem falsas reivindicações, rejeita noções românticas, e evita conclusões firmes. Salienta, com razão, que embora ele tenha realizado a sua investigação no decorrer de quatro anos, esta está longe de ser uma investigação verdadeiramente longitudinal que monitoriza os efeitos dos participantes numa década ou mais. É também assumida a relevância das diferenças socioculturais contextuais e demográficas entre os três grupos brasileiros e os três grupos portugueses que investigou; tornando as conclusões provisórias, cuidadosamente formuladas ainda mais poderosas. Finalmente, o estudo pioneiro de Cruz proporciona evidências convincentes de que o envolvimento nas práticas artísticas comunitárias é verdadeiramente benéfico para todos os envolvidos num nível individual, coletivo e comunitário.

"A arte não explica, implica"

Sophia de Mello Breyner Andresen

"Eu acho que a sua busca é o mais importante nessa tua pesquisa, sabe? Esse contacto, você está aqui conversando comigo, está reproduzindo o que te foi passado. Esse buscar acho que é o lugar certo"

Thiago Rosa,
ator no Bonobando e participante na investigação

Coletiva Ocupação
Quando Quebra Queima
@Patrícia Poção

Introdução

(ato de despoletar — prólogo; apresentação do porquê, o quê, o onde e o quem da criação)

> O campo do teatro é infinito. Isso não é uma afirmação pretensiosa, uma forma de orgulho, de megalomania, de teosofia que faria do especialista em teatro o arauto de uma disciplina mais sublime que outras, o signatário de um pacto teórico com o diabo do qual Fausto poderia parecer o porta-voz. O campo do teatro não tem outros contornos que os da linguagem que lhe dá uma potência de significação ilimitada (Bident, 2016, p. 50).

O título deste livro — Práticas artísticas, participação e política — procura sintetizar as três ideias fundamentais aqui mobilizadas e discutidas, bem como as múltiplas relações que se constroem entre elas. Parte-se de uma abordagem geral de prática artística e de arte que se afunila até à linguagem teatral, sendo que o conceito de participação é convocado enquanto denominador comum que permite estabelecer pontes entre as práticas artísticas comunitárias e a participação cívica e política.

Este livro, enquanto ato de criação, resulta da tese de doutoramento "Práticas artísticas comunitárias e participação cívica e política: experiências de grupos teatrais em Portugal e no Brasil" e inicia-se por esta introdução que propõe revisitar o que foi o processo de quatro anos preparando, desta forma, o terreno e os públicos para a sua apresentação. O início das coisas é, muitas vezes, inconsciente e indefinido e um prólogo serve para dar entrada a algo, inscrevendo, assim, os seus primeiros contornos. No caso deste trabalho, o início foi afirmativo no seu "porquê" que se abriu, posteriormente, a outras interrogações decorrentes do âmago do que são os ofícios de pesquisar e criar. Um dos principais elementos que despoletou esta pesquisa remeteu para uma inquietação crescente que acabou por se instalar, resultado de uma prática profissional intensa e diversa com mais de 16 anos no campo das práticas artísticas comunitárias, particularmente, em Portugal e no Brasil.

A minha experiência construiu-se num diálogo tenso, criativo e contínuo, com artistas não profissionais e profissionais, principalmente, no espaço público, em contextos como escolas, centros comunitários, prisões, bairros sociais, casas do povo, fábricas, teatros, festivais, parques, ruas e praças. Esta construção revelou contradições e bloqueios e, em simultâneo, uma procura vibrante de um "fazer" melhorado, alicerçado num equilíbrio entre ética e estética. Ao longo dos anos, este diálogo aprofundou-se, ainda, na relação com profissionais e dirigentes sociais, culturais e educativos, agentes comunitários e associativos, assim como com políticos. No campo da educação, nos contextos da formação profissional e do ensino superior, foi, também, possível desenhar e implementar propostas com alunos/as, colegas professores/as/investigadores/as e instituições. Com o tempo, os diferentes níveis e camadas inerentes a estas práticas foram revelando complexidades nas suas relações e deixando emergir um conjunto de tensões recorrentes. Concretizando, as inquietações foram sendo alimentadas, principalmente, por aspetos como: dificuldade de sustentabilidade e autonomia dos grupos teatrais que funcionam numa lógica comunitária; tensões nas relações entre grupos e instituições, traduzidas em processos distanciados da problematização das realidades das comunidades envolvidas; ausência ou fragilidade de um trabalho em rede entre os grupos; e dificuldades de comunicação e integração entre os campos educativo, social e artístico implícitos a estas práticas.

Apesar de uma postura de tentativa de ação-reflexão continuada, e talvez por isso mesmo, impunha-se um distanciamento da intensa prática quotidiana com diferentes protagonistas e contextos, para poder pensar e procurar inspirações noutros contributos, nomeadamente, epistemológicos e metodológicos. Desde o primeiro momento, a opção de desenvolver a investigação junto de grupos com os quais não tivesse tido relação, ou não tivesse no momento presente, foi clara e fundamental. À data, a minha prática profissional assentava num tripé de papéis, algumas vezes instável: criador-professor-programador cultural. Com o tempo e a experiência acumulada tornou-se cada vez mais premente a necessidade de investimento no ofício de investigador no sentido de fortalecer e estabilizar um tripé profissional que, entretanto, se transformou numa cadeira de quatro pés. O presente trabalho, atravessado por aprendizagem e construção, permitiu o meu desenvolvimento nas dimensões epistemológica e metodológica. Foi crucial ter tempo, espaço e foco para estar, observar, dialogar, pesquisar, refletir e criar relações para desenvolver este ofício e vislumbrar os seus contornos. Simultaneamente, este processo permitiu uma espécie de "desintoxicação emocional" e "desformatação da ação" de uma prática exigente em várias dimensões. A investigação que aqui se apresenta permitiu, em síntese, a construção de um terreno arejado necessário para que o questionamento ocorresse de forma informada, estruturada e sustentada, num movimento de aprofundamento de abordagens teóricas, confrontando-as e atualizando-as, de formação estrutural do ponto de vista metodológico e de curiosidade pelo que os dados foram revelando.

A história da humanidade é composta por uma sucessão de questionamentos sobre relações. A história da arte reflete esse mesmo movimento expressando-o com centralidades distintas ao longo dos tempos: a relação Deus — ser humano; a relação ser humano — objeto; e a relação entre pessoas baseada na criação artística (Buschmeier, 2013). É neste último enfoque que se situa o tema deste livro.

A realidade atual fluída e mergulhada numa velocidade acelerada, assente na lógica de mercado e consumo, suscita uma permanente desconfiança e a sensação de contínua instabilidade ao contrário de um passado mais previsível e estruturado (Bauman, 2001, 2004). Estas transições de uma modernidade sólida para uma modernidade líquida (Bauman, 2001, 2007) abriram, no entanto, espaço para o cruzamento entre campos disciplinares na busca de outras compreensões para realidades complexas e diversas.

É neste contexto que as práticas artísticas comunitárias, à semelhança do que aconteceu noutros momentos históricos, assumem a sua expansão e fortalecimento. Este campo diverso e complexo, resulta de múltiplos cruzamentos e influências, desenvolvendo-se numa evolução constante e dialógica com os quotidianos. Simultaneamente, parecem ser estas características que permitem a abertura, a informalidade, a flexibilidade e a experimentação que as diversas realidades atuais pedem, numa abordagem que integra as dimensões educativa, social e artística. O conceito de práticas artísticas comunitárias, só mais recentemente inscrito na literatura, sublinha as dificuldades sentidas na definição deste campo, bem como a necessidade da sua revisão à luz do mundo no presente. Os contributos para esta área são diversos: arte comunitária (Congdon & Blandy, 2003; Koopman, 2007; Lacarrieu, 2008; Matarasso, 2019; Nardone, 2010; Palacios, 2009; Suess, 2006; Wortman, 2001, 2005), arte participativa (Bishop, 2012; Erven, 2001; Matarasso, 2013), arte socialmente engajada (Helguera, 2011), arte contextual (Ardenne, 2004; Świdziński, 1976) e estética relacional (Bourriaud, 2009). Mais recentemente o *artivismo* (Duncombe, 2016; Raposo, 2015) e a "arte em comum" (Oliveira, 2017; Otte & Gielen, 2019) devem ser, igualmente, mobilizados neste contexto. No que se refere ao teatro, linguagem artística na qual se foca esta investigação pelas suas características comunitárias e coletivas, os exemplos são também diversos: teatro social (Bernardi, 2004; Chafirovitch, 2016; Pontremoli, 2005), teatro do oprimido (Boal, 1977, 1995, 2008, 2009), teatro educação (Bezelga, 2012; Heathcote,1980; Koudela, 1984; Slade, 1954; Somers, 1996; Way, 1967), teatro comunitário (Bidegain, 2007; Nogueira, 2008, 2015; Scher, 2015) e teatro aplicado (Coutinho, 2010; Nicholson, 2005; Prentki, 2009; Prentki & Preston, 2009; Taylor, 2003).

Esta diversidade de terminologias instala, não raras vezes, uma dispersão que compromete o potencial de consolidação do pensamento e da ação neste campo. Embora, recorrentemente, estas designações diferentes sejam percecionadas como o mesmo, considerando-se as características que apresentam em comum, os princípios, objetivos, contextos e tempos de origem e desenvolvimento a que correspondem são distintos. Uma das motivações desta investigação passa por, justamente, contribuir para instigar o questionamento desta definição na relação com os contextos sociopolíticos atuais, procurando clarificar algumas questões contraditórias que emergem neste campo. A este propósito sublinha-se, no caso português, a necessidade de mobilizar as experiências associadas ao 25 de Abril de 1974. As práticas que se desenvolveram, nesse período, encontram-se pouco registadas, mas acima de tudo, pouco refletidas à luz dos dias de hoje, neste campo em concreto (Bezelga, 2012; Cruz, 2019). No contexto brasileiro destaca-se o forte incremento destas práticas na sequência das políticas públicas sociais, educativas e culturais, promovidas pelos governos do Partido dos Trabalhadores.

A dispersão de ideias e perceções relativamente às práticas artísticas comunitárias reflete visões que se julgam inconciliáveis — mas que têm muito mais em comum do que se identifica num primeiro olhar — dos campos da educação e da arte, enraizadas em pontos de partida polarizados. O confronto de paradigmas, aparentemente antagónicos, do ponto de vista epistemológico e, principalmente, metodológico, entre a investigação nas ciências sociais e humanas e a arte, revela dificuldades de diálogo (Hernández, 2008). Na educação, as abordagens próximas às práticas artísticas comunitárias são recorrentes, consoante os paradigmas epistemológicos dominantes em cada época (Berner, 2003; Freire, 1987; Giroux, 2008, 2010; Imaginário, 2007; Mohanty, 1994; Stoer & Dale, 1999; Trilla, Gros, López & Martín, 2003). No campo da arte estas práticas têm sido, genericamente, invisibilizadas nos registos da história da arte, o que dificulta a definição dos seus contornos passados e atuais (Matarasso, 2019; Nardone 2010). Para além disso, os percursos das práticas artísticas comunitárias nas artes visuais e performativas assumem características distintas, com consequências nas relações desenvolvidas face aos processos de democratização e democracia cultural.

O conceito de participação, perspetivado como um pilar da democracia (Hart, 1992) e associado ao "comprometer-se", "partilhar" e "comunicar" (Ventosa, 2016), é o elemento comum no âmbito deste trabalho que permite uma dupla leitura, nas dimensões cultural e artística, associadas a estas práticas, e na esfera cívica e política. Neste contexto é importante destacar uma das principais contradições da participação, que remete para a forma como esta é desenvolvida, perspetivada e agida em sentidos opostos. Por um lado, as práticas participativas podem contribuir para manter e até reforçar poderes instalados sem que isso implique mudanças nos padrões de desigualdade estabelecidos. Por outro lado, podem estimular princípios democráticos, a cidadania, o pensamento crítico e a solidariedade social (Miessen, 2010). Assim, é importante que a participação não seja encarada como uma panaceia das democracias, sendo, para isso, essencial considerar na sua análise o conceito de qualidade da participação (Ferreira, 2006b; Ferreira, Azevedo & Menezes 2012; Menezes, 2003). Neste sentido, foi determinante, desde o início desta investigação, questionar e aprofundar a dimensão participativa das práticas artísticas comunitárias, levando em conta a escassa literatura nesta área específica. A este propósito, destaca-se a existência de propostas de modelos de participação nas artes, alguns com enfoque nas artes plásticas (Kravagna, 1999) e outros, mais gerais, orientados para uma ampla tipologia de participação que vai desde o público numa posição recetiva, enquanto espectador no sentido tradicional, até à cocriação (Brown et al., 2011; Dupin-Meynard, 2018; Helguera, 2011; Nardone, 2010). No entanto, a literatura que responde à necessidade de entender os elementos fundamentais na participação nestas práticas é, ainda, incipiente, principalmente quando existe o envolvimento direto nas criações de artistas não profissionais, justificando-se, assim, os objetivos definidos para esta investigação.

Relativamente ao conceito de participação cívica e política, e remetendo para a vasta investigação neste campo (Borba, 2012; Kaase, 1984; Menezes et al., 2012; Putnam, 2001; Stolle, Hooghe & Micheletti, 2005; Zukin, Keeter, Andolina, Jenkins & Delli Carpini, 2006), nomeadamente para as tipologias de participação (Ekman & Amnå, 2012; Milbrath, 1965), parece ser determinante, na sequência do anteriormente referido, entender os seus mecanismos de operação e quais as suas similitudes e diferenças com os da participação cultural e artística. Para além disso, a literatura que relaciona práticas artísticas comunitárias e participação cívica e politica é, na maior parte dos casos, suportada numa fundamentação teórica centrada na discussão binária entre a ideia de "arte pela arte" e "arte com função social"[1] (Bishop, 2011; Rancière, 2005) e pouco articulada com as vozes dos/as artistas não profissionais envolvidos nestas práticas.

Uma das principais potencialidades das práticas artísticas comunitárias assenta, precisamente, na possibilidade de hibridez e de cruzamento entre áreas disciplinares, como a educação, a arte, e a participação cívica e política, linguagens artísticas distintas e espaços múltiplos. A hibridez traduz-se na procura da afirmação de autonomia, na tensão entre a utopia e a expertise tecnocrática, que reflete o confronto entre político e científico, território privilegiado das ciências da educação (Correia, 2001). Neste livro convocam-se as ideias de "culturas híbridas" e de "reconversão" e perspetiva-se a transformação das práticas perante novos formatos sociais, com o objetivo de sobreviverem e se redefinirem, recorrendo para isso à interseção e interpenetração (Canclini, 2003). Na mesma linha, ativam-se os conceitos de "dialogicidade" e "transversalidade" como cruciais na exploração de zonas de fronteira pertinentes na construção de conhecimento (Freire, 1987). A este respeito, destaca-se, ainda a "teoria do pensamento complexo" que questiona visões deterministas e mecanicistas na análise das realidades sociais, sublinhando a sua natureza complexa e afastando-se de visões que compartimentam ou reduzem em partes (Morin, 1990).[2]

Esta obra procura, transversalmente, aceitar o convite destas perspetivas à contaminação entre conhecimentos diversos, muitas vezes com dificuldade de comunicação, numa lógica dialógica que concebe os fenómenos sociais de formas distintas e que encontra neles próprios o que pode ser comum, mas não homogéneo. Nesse sentido,

1 Este antagonismo, que perdura até aos nossos dias, coloca em confronto uma ideia de arte exposta ao risco de instrumentalização no sentido de uma abordagem centrada nos problemas sociais e sua resolução; e, por outro lado, uma ideia de que a arte tem uma justificação em si mesma sem ter que a procurar e validar externamente. Esta última conceção destaca a visão que contempla a arte como mais uma dimensão da vida.

2 O mesmo autor sublinha a relevância da "complexidade interna, inerente às pessoas envolvidas, com osseus trajetos, projetos, pensamentos, crenças e emoções; e complexidade externa, inerente às interações, àsinstituições, às comunidades, àglobalização" (Morin, 1995, p. 69).

a exigência de foco no seu objeto de estudo e nas relações estabelecidas foi um dos seus principais desafios.

A pertinência desta investigação baseia-se, assim, no momento de afirmação e expansão das práticas artísticas comunitárias na ação e no campo académico, do ponto de vista nacional e internacional. Identificam-se elementos que as aproximam e outros que as distinguem das configurações que se desenharam em distintas geografias. Apesar deste intenso movimento, a investigação nesta área, nomeadamente em Portugal e no espaço ibero-americano é escassa, dispersa, homogénea e de difícil acesso (Bezelga, Cruz & Aguiar, 2016; Erven, 2001; Nogueira, 2008). A investigação existente tem enfoque na dimensão descritiva e interpretativa de processos e resultados, maioritariamente a partir do ponto de vista de investigadores/as e artistas profissionais, avançando menos no que concerne aos contributos dos/as artistas não profissionais e à sua conexão com perspetivas teóricas. Centra-se, essencialmente, numa abordagem qualitativa, sendo a quantitativa residual e, quando usada, remetida para estudos exploratórios. A mesma realidade aplica-se aos estudos que recorrem a métodos mistos, como é o caso da abordagem metodológica da presente investigação. Os estudos longitudinais são, praticamente, inexistentes e a pouca investigação que aponta no sentido da avaliação do impacto destas práticas é alvo de grande controvérsia, para a qual contribui a discussão polarizada entre as ideias da "arte pela arte" e da "arte com função social" e os perigos associados de "alheamento" relativamente às realidades sociais e "instrumentalização" da arte, respetivamente (Bishop, 2011; Rancière, 2005).[3] Como consequência, a relação deste campo com as políticas sociais, educativas e culturais é tensa, situação para a qual contribui a fragilidade da sua sustentação e da organização dos protagonistas destas práticas (e.g., artistas não profissionais e profissionais, grupos, associações, parceiros formais e informais).

Assim, esta investigação procura contribuir para o movimento de fortalecimento da teorização, estruturação e organização desta área, assim como para a reflexão dos protagonistas que atuam na mes-

3 É importante salientar que este retrato relativamente à investigação neste campo e que motivou, em parte, este trabalho tem vindo a evoluir ao longo dos quatro anos em que se desenvolveram os estudos que integram este livro.

ma, muito distintos nas suas formações/percursos e com dificuldades na integração das várias demandas destas práticas. Espera-se, ainda, que esta produção possa instigar o questionamento e melhoria das políticas públicas que atravessam este campo, nomeadamente, educativas, culturais e sociais.

A opção desta investigação se desenvolver em Portugal e no Brasil decorreu da constatação de que estes dois contextos têm tido um papel determinante nos percursos deste campo e revelam, atualmente, uma crescente ação e produção académica, constituindo-se, assim, como casos idiossincráticos na Europa e na América Latina, respetivamente. A abordagem a grupos destes dois países entendeu-se, desta forma, como uma mais valia para a compreensão do fenómeno em estudo.

Perante o exposto reúnem-se, desta forma, as condições pertinentes para a definição dos objetivos a que se propõe esta investigação:

— identificar e discutir os elementos definidores das práticas artísticas comunitárias, em especial as que recorrem à linguagem teatral;
— identificar e discutir os aspetos que se constituem como potencialidades e fragilidades no desenvolvimento dos processos criativos inerentes às práticas artísticas comunitárias;
— identificar e aprofundar a relação estabelecida entre elementos das práticas artísticas comunitárias e da participação cívica e política.

A estrutura do livro, reflexo da investigação e da forma como se desenvolveu, encontrou respaldo e muitas similaridades com diferentes momentos de um processo de criação artística. O desenho desse paralelismo nas suas contradições, impasses e forças é mobilizado como um exercício de reforço de coerência entre prática e teoria, levando em conta o objeto de estudo em questão. Sinteticamente, a livro integra quatro grandes núcleos:

I. Construção dos alicerces teóricos
(***ato de inspirar*** — *pesquisa de inspirações para o processo criativo; aquecimento*)
II. Abordagem metodológica
(***ato de idealizar*** — *planificar a ideia; opções de métodos de trabalho para a criação*)
III. Os estudos
(***ato de conceber*** — *improvisar; o corpo e a palavra na criação; ensaiar*)
IV. Discussão e reflexões finais
(***ato de apresentar*** — *levar a cena; o espetáculo; o confronto com o público*)

No primeiro núcleo são apontadas as principais linhas de força de sustentação teórica da investigação, suportadas em três conceitos centrais: práticas artísticas comunitárias, participação cívica e política e participação cultural e artística. Neste espaço a primeira linha de força é definida, assim como se aprofunda uma revisão de literatura neste campo. De seguida, é abordada através das suas dimensões cultural, artística, educativa e comunitária, num exercício articulado.

Na dimensão cultural são explanadas distintas conceções de cultura associadas aos processos de democratização e democracia cultural. A transição para o olhar artístico faz-se com base na conceção de arte contemporânea, enquanto cenário para o desenvolvimento das ideias de arte comunitária e participativa (Cruz et al., 2020). Ainda nesta seção são apresentadas as diferentes abordagens teatrais que influenciaram este campo, como o teatro na Antiga Grécia, o teatro épico desenvolvido por Meyerhold (1969), Piscator (1967) e Brecht (1957/1964), o teatro pós-moderno e pós-dramático (Pavis, 2017), o *devising theatre* (Oddey, 1994), e a *performance*, *happening* e *work in progress* (Carlson, 2015; Conquergood, 1986; Goldberg, 2001; Schininà, 2004; Turner, 1982). Nesta linha, destaca-se a (re) convocação das ações de Grotowski (1975), as práticas ritualísticas e as propostas de teatro e *performance*, nomeadamente de cariz antropológico, assentes na relevância da troca e do encontro no espaço da interculturalidade e intersubjetividade (Barba, 1994; Brook, 1977). São ainda abordados, mais aprofundadamente, o teatro do oprimido (Boal, 1977, 1995, 2008, 2009), o teatro educação (Bezelga, 2012; Heathcote,1980; Koudela, 1984; Slade, 1954; Somers, 1996; Way, 1967), o teatro comunitário (Bidegain, 2007; Nogueira, 2008, 2015; Scher, 2015), o teatro social (Bernardi, 2004; Chafirovitch, 2016; Pontremoli, 2005), e o teatro aplicado (Coutinho, 2010; Nicholson, 2005; Prentki, 2009; Prentki & Preston, 2009; Taylor, 2003). Todos estes contributos sustentam uma visão de teatro enquanto prática artística comunitária, justificando a opção por esta linguagem artística nesta investigação.

A dimensão educativa convoca os princípios da pedagogia crítica (Giroux, 2008, 2010), engajada (Mohanty, 1994), e do oprimido (Freire, 1987), para além da educação popular (Stoer & Dale, 1999), educação informal e não formal (Imaginário, 2007; Trilla et al., 2003), animação sociocultural (Caride, Martins & Vieites, 2000) e teatral (Ventosa, 1993; Úcar, 2000). Finalmente, a dimensão comunitária destaca a discussão em torno da noção de comunidade, bem como as linhas orientadoras da intervenção e educação comunitária (Dalton, Elias & Wandersman, 2001; Menezes, 2007; Rappaport, 1981; Vidal, 1996).

De forma semelhante são convocados os contributos da área de estudo da participação, e particularmente da participação cívica e política enquanto arena da democracia, cidadania e diversidade, sendo apresentadas as suas questões centrais, assim como alguns modelos explicativos. Finalmente, os conceitos de qualidade da participação (Ferreira 2006; Ferreira, Azevedo & Menezes 2012; Menezes, 2003) e de participação cultural (Ariño, 2016; UNESCO, 2012), sobre o qual se propõe uma reformulação no contexto desta investigação para a designação de participação cultural e artística, são, também, esmiuçados neste núcleo teórico. Esta parte do livro é, naturalmente, atravessada pela revisão da literatura e a apresentação de estudos referentes aos três conceitos definidos como centrais.

O segundo núcleo foca-se na abordagem metodológica, sendo aqui apresentado o desenho da investigação, baseado nos paradigmas interpretativo e crítico, num formato de estudo de caso múltiplo, com recurso a métodos mistos, qualitativos e quantitativos. Esta última opção, invulgar neste campo, mobilizou, como principais dispositivos, notas de terreno, entrevistas, grupos focais e inquéritos por questionário, que são apresentados, explicitando-se a sua construção, procedimentos e métodos de análise. Neste espaço são, ainda, caracterizadas/os as/os contextos e participantes da investigação, 332 no total, 84 nos estudos qualitativos e 248 no quantitativo na sua grande maioria do sexo feminino. É clarificado o porquê da diversidade dos participantes relativamente aos três estudos. São ainda caracterizados os grupos envolvidos na investigação, 31 no total, sendo que 23 participaram nos estudos e 8 colaboraram numa fase exploratória, em 16 localidades de Portugal e 2 do Brasil.

O terceiro núcleo remete para os resultados e discussão, dos três estudos realizados, organizando-se estes numa sequência cronológica e epistemológica. Um primeiro ponto concentra-se na identificação dos elementos definidores das práticas artísticas comunitárias, remetendo para um exercício de revisão da literatura e de produção de uma análise temática das notas de terreno e fontes documentais relativas a grupos teatrais dos dois países traduzido no artigo "Para uma tipologia da participação nas práticas artísticas comunitárias: a experiência de três grupos teatrais no Brasil e Portugal".

O ponto seguinte deste núcleo orienta os resultados e a respetiva discussão para o aprofundamento dos elementos definidores das práticas artísticas comunitárias e a definição da qualidade da participação cultural e artística na ação de grupos teatrais, numa abordagem qualitativa, particularmente, no artigo "A qualidade da participação em grupos teatrais brasileiros no contexto das práticas artísticas comunitárias". Para além dos aspetos anteriores é, também, abordada a relação entre as práticas artísticas comunitárias e a participação cívica e política, nos contextos dos grupos portugueses, refletida no artigo "Práticas artísticas comunitárias e participação cívica e política na ação de três grupos teatrais em Portugal".

Finalmente, o último aspeto referido é devidamente aprofundado na finalização deste núcleo, numa perspetiva quantitativa, focada em Portugal, estabelecendo-se algumas ligações com os estudos qualitativos anteriores e dando origem à seção "Elementos das práticas artísticas comunitárias e as suas ligações com a participação cívica e política no contexto de grupos teatrais em Portugal — uma abordagem quantitativa".

O quarto e último núcleo deste trabalho remete para as reflexões finais produzidas em coautoria com os/as participantes da investigação, que se posicionaram relativamente a considerações preliminares dos dois estudos qualitativos num processo de ressignificação dos dados. É neste espaço que se confrontam, articuladamente, os seus comentários com os diferentes resultados dos estudos, a revisão da literatura realizada e o momento atual atípico que se vive, na produção de reflexões que buscam dar conta da riqueza e diversidade das colaborações que esta investigação provocou. São também destacados alguns aspetos que podem fundamentar discussões necessárias em torno de uma visão intersectorial das políticas públicas educativas, culturais e sociais, nas quais se têm enquadrado estas práticas. Ainda neste núcleo, um último exercício de síntese, claro e conciso, remata esta investigação, de forma a servir a ação e a reflexão das/os protagonistas destas práticas, nomeadamente, os grupos e os seus elementos (artistas não profissionais), as comunidades onde se integram os grupos, os/as artistas profissionais, técnicos/as educativos/as e sociais, decisores/as políticos/as, programadores/as culturais entre outros. No final, são apresentadas propostas, pistas, sugestões e provocações no sentido de responder à necessidade de criar presente e futuro, tendo como ponto de partida as práticas artísticas comunitárias no contexto pandémico que se vive na atualidade.

Naturalmente, estes quatro núcleos são complementados por prefácios, resumo e índice que os antecipam, bem como por outra informação pertinente — os dados de identificação *(**ato de reconhecer** — ficha artística e técnica; apoios e financiamentos à criação)*. A estes núcleos seguem-se a bibliografia *(**ato de nomear** — identificar e organizar os contributos e referências da criação)* e o posfácio *(**ato de estranhar** — impressões resultantes do olhar externo de terceiros sobre a obra; produzir significados distanciados que sintetizam e comentam a obra).*

Que o percurso desta investigação inscrito neste livro, enquanto ato de criação, possa ser o mais justamente transcrito, próximo do que realmente foi, sabendo-se, de forma pacificada, que é impossível revelar o todo da riqueza, generosidade e compromisso da participação dos/as envolvidos/as na mesma. É agora chegado o momento do vosso contributo, da vossa reinterpretação do que aqui se apresenta, desenhando-se, desta forma, a sua (re) escrita e abertura à produção de outros conhecimentos, que se esperam livres e indomáveis.

Hugo Cruz

Triumph'arte
Quando o Mar é Mais
@Mairea Segui Buenaventura

I. CONSTRUÇÃO DOS ALICERCES TEÓRICOS

(ato de inspirar — pesquisa de inspirações e despoletadores de processo; construção de quadros teóricos e de grelhas distintas que estimulem o pensamento divergente e convergente; trabalho que remete para a construção de um "situar")

O contexto das práticas artísticas comunitárias assume-se na atualidade como um campo em forte expansão, constituindo-se um foco cada vez mais relevante e consistente em torno da sua ação e reflexão. Este interesse acontece tanto numa perspetiva cultural e artística, que se tem vindo a direcionar para as dimensões participativas e de maior conexão com as realidades sociais; como nas abordagens educativas, comunitárias e políticas, que têm vindo a convocar, recorrentemente, as linguagens artísticas. É neste contexto que esta investigação se situa em dois objetivos centrais: identificar as dinâmicas fundamentais (potencialidades e fragilidades) presentes no desenvolvimento de processos artísticos teatrais, no contexto das práticas artísticas comunitárias; e aprofundar o estudo da relação entre participação cívica e política e as práticas artísticas comunitárias.

Nesta linha, este trabalho ancora-se em três conceitos-chave — práticas artísticas comunitárias (PAC), participação cívica e política (PCP) e participação cultural e artística (PCA). Recorrendo à imagem de um triângulo, o vértice superior situa as PAC, objeto central desta investigação, na sua relação com as duas dimensões da participação — PCA e PCP —, assumindo-se a participação, enquanto processo que integra a partilha e expressão de decisões reconhecidas pelos contextos sociais, com implicações na vida dos/as cidadãs/ãos e das comunidades, como denominador comum (Hart, 1992). A intenção deste capítulo passa por uma abordagem destes três conceitos que alicerçam a investigação relacionando-os com múltiplas dimensões que os sustentam. Para além de aceder às dinâmicas inerentes aos processos em que assentam as práticas artísticas comunitárias, constitutivas da participação cultural e artística, pretende-se, ainda, entender as ligações que se estabelecem entre as práticas artísticas comunitárias e a participação cívica e política.

É, assim, fundamental um exercício de clarificação destes conceitos, remetendo para os seus pontos de partida, percursos e geografias distintas e desenhando uma proposta de integração e atualização dos mesmos, uma das intenções desta investigação. Ao longo do capítulo, o trajeto desenhado permite em cada seção dedicada a cada conceito-chave, estabilizar as suas conceções, configurando-as como base estruturante para esta investigação.

1. As práticas artísticas comunitárias — da riqueza da sua hibridez

Considerando a hibridez inerente ao campo das PAC é fundamental percorrer as principais dimensões que influenciam a sua constituição na sua ação e reflexão diversas. Opta-se na construção deste exercício por destacar quatro dimensões, que apresentam muitos aspetos em comum e outros tantos contraditórios, assumindo-se, no entanto, como complementares, a saber: cultural, artística, educativa e comunitária.

Estes diferentes pontos de partida trazem contributos específicos para informar e situar a proposta de uma definição integrada de práticas artísticas comunitárias, anteriormente apresentada. Os diferentes corpos teóricos convocados ganham relevância quando relacionados e reinterpretados, potenciando o processo de densificação na construção teórica do campo destas práticas. Nesta linha, é importante reconhecer as diferentes narrativas epistemológicas que alimentaram o desenvolvimento desta investigação, decorrentes da abordagem à complexidade e diversidade das realidades sociais convocadas no contexto destas práticas.

O recurso a diferentes campos do conhecimento é uma resposta necessária e prática às características da modernidade tal como a definiu Bauman (2001, 2007), comparando-a com a modernidade sólida.[4] O autor caracterizou a modernidade líquida com base na sua fluidez, velocidade acelerada e efemeridade, nas relações sociais e ligações humanas menos duradouras e estáveis, assumindo um modo de funcionamento próximo do que é próprio do mercado e do consumo: "vivemos tempos líquidos, nada foi feito para durar" (Bauman, 2007, p. 13). A relação segura com as instituições, que, no passado, representavam certeza, identidade e solidez, foi substituída por uma perceção de desconfiança permanente e instável. O individualismo fortaleceu-se, assim, como a busca desenfreada pela satisfação do desejo, abrindo condições para "um mundo repleto de sinais confusos, propenso a mudar com rapidez e de uma forma imprevisível" (Bauman, 2004, p. 7). As realidades da modernidade mergulharam, muito rapidamente, num processo de transição, deixando um lastro incipiente das perspetivas previsíveis e rígidas do mundo. Estas mudanças permitiram, em paralelo, a fluidez necessária para um maior cruzamento de campos disciplinares com o propósito de procurar outras compreensões e interpretações para realidades complexas e diversas.

Esta visão é concretizada no campo epistemológico, por exemplo, pela teoria do pensamento complexo de Morin (1990), proposta pós-moderna inspirada na teoria dos sistemas abertos (Khun, 1978), auto-eco-organizados e organizadores. Sinteticamente, Morin (1990) propõe perspetivar o sujeito como coautor do objeto a partir do qual constrói conhecimento, recorrendo a três princípios fundamentais:

4 O autor considera modernidade sólida o período situado entre a Revolução Industrial e a 2ª Guerra Mundial e caracteriza-o pela rigidez e solidificação do pensamento, da produção de conhecimento e das relações humanas e por uma incessante busca da verdade (Bauman, 2001, 2007).

— o dialógico — considera que a realidade não segue uma lógica de binómio, não opõe ordem e desordem ou natureza e cultura, perspetivando estas realidades não como concorrentes, mas como complementares, mesmo que antagónicas, podendo desenvolver-se em simultâneo e não, necessariamente, de forma dissociada;

— o hologramático — propõe a ideia de que a parte está no todo, porque o todo também está na parte, expandindo-se para além da visão holística, uma vez que se contempla que o todo é, por vezes, maior ou menor que a soma das partes. Este princípio aplica-se aos três conhecimentos (político, estético e epistemológico), sendo que, na sua construção enquanto totalidade, se desenvolve entre si uma relação complexa em que cada uma contém as outras;

— a recursão organizacional — nega a ideia da relação linear causa-efeito e de que a causalidade é necessariamente recursiva, ou seja, em que uma causa produz um efeito e assim sucessivamente.

Esta perspetiva dialoga com a visão de Canclini (2003) que, na sua abordagem, desenvolve o conceito de "culturas híbridas", defendendo a diluição de fronteiras entre áreas disciplinares fragmentadas que, desta forma, inibem a potencialidade do surgimento de "outros" conhecimentos. A sua narrativa aponta para a necessidade de

> demolir essa divisão em três pavimentos, essa conceção em camadas do mundo da cultura, e verificar se a sua hibridização pode ser lida com as ferramentas das disciplinas que os estudam separadamente [...] Precisamos de ciências nômades, capazes de circular pelas escadas que ligam esses pavimentos. Ou melhor: que redesenhem esses planos e comuniquem os níveis horizontalmente (Canclini, 2003, p. 19).

A sua proposta da existência de fluxos que permitem a contaminação entre "popular" e "culto" permite criar espaço para a emergência de novas configurações identitárias no universo social. Ou seja, para o autor, a hibridez valoriza as contradições, os cruzamentos e as fusões, baseadas nas interações culturais, configurando-se, justamente, estes aspetos como um objeto de estudo e não os rejeitando, à partida, como algo sem possibilidade de definição (Canclini, 2003). Este ponto é salientado por outros autores que atribuem a valorização da hibridez à afirmação da crítica cultural pós-colonial e da diversidade cultural e enquanto resposta a um mundo em mudança acelerada, caracterizado por intensas deslocações globais e fluxos migratórios, ao qual já não servem noções essencialistas de origem, natureza, pureza e identidade (Bhabha, 1995; McLaren, 1997; Pieterse, 1995).

Neste mesmo sentido, Canclini (2003) destaca a necessidade da existência de negociação e confronto como características inerentes à produção de conhecimento, salientando que, na sua génese e desenvolvimento, todas as culturas são híbridas e não puras. Aliás, como também defende Gruzinski (2007), que acrescenta que esta visão não implica a anulação das diferenças existentes entre as culturas. Ou seja, a opção não é a de um movimento propulsor de tornar homogéneo o conhecimento em determinada área, mas antes de potenciar o diálogo entre diferentes culturas, integrando-o, inevitavelmente, no processo de globalização, que permite uma maior circulação de bens simbólicos sem, necessariamente, os invisibilizar.

Ao longo da história da humanidade a construção do conhecimento fez-se alicerçada na repressão de determinados conhecimentos em detrimento de outros, numa postura de anulação das "interculturalidades intrínsecas e suprimir as correntes e visões dissidentes" (Estermann, 2008, p. 29). Ao invés, é importante destacar a necessidade atual da construção de uma abordagem do mundo que, assumidamente, se defina como resultante de um processo de incorporação e se afaste de visões únicas, com todos os perigos que encerram. A expansão das "paisagens de conhecimento", bem como da amplitude que possam desenvolver, perspetiva a construção do conhecimento afastado de um "ponto fixo" (Richardson & St. Pierre, 2005). Pelo contrário, valoriza-se uma ideia de funcionamento mais próxima da de um "cristal", a partir do qual se geram múltiplos reflexos e se podem produzir discursos alternativos aos hegemónicos e instalados, enfrentando, desta forma, a complexidade das realidades sociais atuais, em associação à incerteza e ambiguidade (Denzin & Lincoln, 2005). Richardson e St. Pierre (2005) perspetivam, baseados na teoria dos sistemas complexos, os cristais como "prismas que refletem exteriores e se autorrefratam, criando diferentes cores, padrões e combinações que se espalham em diferentes direções. O que vemos depende do nosso ângulo de repouso — não uma triangulação, mas antes uma cristalização" (p. 963).

Estas perspetivas apresentam características relevantes e, igualmente, presentes no percurso e na atualidade das dinâmicas inerentes às práticas artísticas comunitárias. A abordagem teórica à complexidade impele à mudança de atitudes e objetivos, no sentido de uma participação mais efetiva nos sistemas, enquanto agentes co-criativos subjetivos, na medida em que somos sempre participantes dos mesmos (Goodwin, 2001). Tal como, no caso do objeto de estudo desta investigação, a intenção passa pela melhor compreensão das dinâmicas subjacentes, a fim de facilitar o aparecimento de propriedades, que se tornam evidentes através da qualidade de relacionamentos nos sistemas e da informação que flui através dos mesmos (Wahl, 2016).

Partindo do exposto, a perspetiva desta investigação procura salientar que a diversidade tem um valor em si mesma. Esta definição constitui-se como uma das opções epistemológicas fundamentais deste trabalho, concretizando na sua estrutura base uma proposta de diálogo intenso entre campos controversos e instáveis. Este ponto pode, inclusivamente, contribuir para uma maior valorização e legitimação das práticas artísticas comunitárias.

1.1. Para uma definição das práticas artísticas comunitárias

A pós-modernidade trouxe a intensificação da flexibilidade na construção de conhecimentos múltiplos e a desconstrução de narrativas até então dominantes (Foucault, 1979; Prigogine, 1984). Neste cenário, nos campos da educação, arte, política e intervenção comunitária, desenvolveram-se um conjunto de mudanças orientadas para as realidades sociais, a autonomia e a liberdade dos indivíduos (Ardenne, 2002; Bishop, 2011; Bourriaud, 2009; Freire, 1987; Giroux, 2008, 2010; Mohanty, 1994; Rancière, 2005; Stoer & Dale, 1999). Embora com os mesmos objetivos, essas mudanças aconteceram e acontecem a partir de pontos de vista diversos, ou seja, a forma como se concretizam é distinta, mas os objetivos, semelhantes. Esta visão influencia a conceção de práticas artísticas comunitárias que aqui se ensaia e que se procura mobilizadora de um terreno híbrido, rico, diverso e em contínua construção.

Procura-se fazer uma síntese e atualização das suas principais características. Em primeiro lugar a opção pela designação prática artística, em detrimento de arte, justifica-se pelo reforço da ideia de experimentação, abertura ao processo e aos cruzamentos disciplinares. Esta escolha tenta também valorizar a prática e o processo da sua construção, para além das técnicas artísticas que são mobilizadas (Pavis, 2017; Rancière 2005).

As práticas artísticas, embora informadas por elementos das definições de arte, temporalmente datadas, diferenciam-se pelo enfoque na experimentação, abertura e cruzamento disciplinar, traduzem-se pela tentativa de integração de modos alternativos de funcionar, relativamente à produção, análise e receção artística. Para além disso, procura-se que as obras que criam se enquadrem na ideia de obra aberta, segundo a conceção de Eco (2009), perspetivando-se cada obra de arte como particular e uma proposta para viver num mundo partilhado. O trabalho dos/as artistas funciona, assim, como um feixe de relações com o mundo, dando lugar a outras relações, e por aí fora, no sentido infinito (Kuppers, 2007).

Por último, a designação comunitária mobiliza princípios comunitários de funcionamento para os processos de criação, com consequências nas relações que se estabelecem entre artistas profissionais e não profissionais e, ainda, com a comunidade alargada. Esta definição de práticas artísticas comunitárias apresenta, naturalmente, elementos da conceção da arte comunitária (Congdon & Blandy, 2003; Kelly, 1984; Wortman, 2001, 2005) e princípios da intervenção e educação comunitária (Dalton, Elias & Wandersman, 2001; Menezes, 2007): arte como direito de todos, horizontalidade, tomadas de decisão partilhadas, participação efetiva nos processos, ligação aos lugares, e o ponto de partida dos processos ser a própria comunidade. Estes elementos estão também muito próximos dos definidos pelo *devising theatre* (Oddey, 1994). Mais, estes aspetos não se aplicam apenas a trabalhos que envolvam artistas não profissionais, mas são, também, premissas que a arte contemporânea e artistas profissionais procuram na atualidade como vitais na criação artística, mesmo que esta não envolva artistas não profissionais (Bishop, 2006).

As diversas abordagens artísticas convocadas por estas práticas, que serão apresentadas de seguida, baseiam-se na criação em coletivo, no diálogo, no confronto de ideias, no pensamento crítico, na preocupação de transformação social e numa forte conexão às realidades sociais (Boal, 1995, 2009a; Bezelga, 2014; Bidegain, 2007; Cohen-Cruz, 2005; Erven, 2001; Kuppers, 2007; Prentki & Preston, 2009). Estes pressupostos são também os que alimentam a conceção de práticas artísticas comunitárias enquanto espaços de experimentação artística e participativa (Cruz, 2019, 2021; Gielen, 2015; Wald, 2009). Estas práticas inspiram-se nas dinâmicas reais, passadas e presentes, das comunidades que, abordadas simbolicamente, permitem a transposição para a criação de aspirações para o futuro e visões do agora, questionadas num exercício de construção de outras realidades possíveis (Cruz, 2015; Foucault, 1986; Rancière, 1996; Scher, 2015). Implicam um trabalho continuado que cruza técnica artística com experiência comunitária, linguagens e vozes diversas em espaços permeáveis à sua vocação experimental, acessíveis a todos. A sua abordagem é artística e política, corporizando uma arena integradora da razão e emoção, e requer uma inscrição processual e/ou em forma de obra e o confronto com o olhar do público. Estas práticas procuram valorizar a cultura de uma comunidade e funcionam em simultâneo como dispositivo da sua pesquisa, resgate e expressão. Reúnem um conjunto de elementos comuns que se baseiam em: criação coletiva (Oddey, 1994), ligação ao território e contexto sociopolítico (Cohen-Cruz, 2005; Erven, 2001; Prentki, 2009), relação horizontal entre artistas profissionais e não profissionais (Chinyowa, 2015; Cruz, 2015, 2016, 2017; Serafino, 2019); flexibilidade e abertura dos processos e resultados (Breed, 2015; Matarasso, 2019), autoria partilhada (Erven, 2001; Scher, 2015), reflexão crítica dos/as artistas e público, negociação e tomadas de decisão conjuntas (Coutinho, 2012; Nogueira, 2008), conexão às preocupações reais das/os cidadãs/os (Boal, 2009a), e perspetiva da arte enquanto direito humano, que remete para a ideia de que todos/as os/as envolvidos/as são artistas porque se associam ao ato de fazer arte, independentemente de o serem profissionalmente ou não (Cohen-Cruz, 2005; Cruz, 2015,

2016, 2017; Cruz & Serafino, 2016; Erven, 2001; Gielen, 2015; Prentki & Preston, 2009; Scher, 2015; Serafino, 2019).

Estas práticas são muito diversas na forma como: a participação das comunidades se desenvolve; decorrem as dinâmicas dos processos criativos; se identificam e trabalham os temas que servem de ponto de partida para os processos criativos; os espaços de criação e apresentação se configuram; e a relação entre artistas profissionais e não profissionais acontece (Boehm & Boehm, 2003; Cruz, 2019; Erven, 2001; Kester, 2011; Nogueira, 2008; Wald, 2009). A visão de Huybrechts (2014) encara a participação de todas/os as/os envolvidas/os nestes processos como um risco, porque implica uma negociação contínua, em que todas/os se envolvem numa troca participativa, sendo incerto o resultado que daí se possa construir. São práticas definidas por uma diversidade infindável de objetos que produzem e que, por isso, têm uma função específica num contexto mais lato da participação e da criação artística, tratando-se de processos abertos não suscetíveis ao controlo (Gielen, 2015; Huybrechts, 2014; Matarasso, 2019).

A conceção base de práticas artísticas comunitárias apresentada é a que serve a presente investigação e orienta o desenvolvimento da mesma, perspetivando-a enquanto campo que espelha disputas inerentes às mudanças e evolução do conhecimento — "como saber quando uma disciplina ou um campo de conhecimento mudam? Uma forma de responder é: quando alguns conceitos irrompem com força, deslocam outros ou exigem reformulá-los" (Canclini, 2003, p. 17).

1.2. As principais linhas de investigação das práticas artísticas comunitárias

Embora se tenha assistido nos últimos anos a uma explosão do interesse académico pelas práticas artísticas comunitárias, nas mais diversas áreas disciplinares, que acompanha a expansão deste fenómeno no mundo, este campo apresenta-se, ainda, como um conhecimento disperso e com pouco trabalho em rede. Adicionalmente, são relativamente escassos os trabalhos de investigação sistemática nesta área. Tendo em conta o legado construído, nomeadamente pela produção dos anos 1960, as mudanças acontecem hoje de uma forma acelerada requerendo um olhar atualizado sobre estas práticas em diálogo íntimo com as transformações sociais. Fala-se aqui da possibilidade de investigar novas configurações de práticas artísticas comunitárias que emergem e que importa indagar (Kuppers, 2007).

Neste domínio, a literatura revela estudos, essencialmente, qualitativos que privilegiam uma abordagem etnográfica e que assumem um carácter descritivo e interpretativo, focados em casos específicos de estudo (Barbosa & Ferreira, 2015; Barnes & Coetzee, 2014; Bezelga, Cruz & Aguiar, 2016; Bezelga, Cruz, Aguiar & Wengorovius, 2016; Bidegain, Marianetti & Quain, 2008; Breed, 2015; Cadete, 2013; Chinyowa,2015; Conrad, 2004; Coutinho, 2012; Leitão, Latif & Baptista, 2015; Mora & Oliveira, 2019; Nogueira, 2008; Prentki, 2009; Ramos & Sanz, 2010; Silva, 2018; Sloman, 2012; Wald, 2009).

A abordagem quantitativa, neste campo, é praticamente inexistente e quando encontrada refere-se a estudos exploratórios ou direcionados para a validação do impacto social destas práticas, seguindo indicadores que se referem a essa especificidade (Reis, Carreiras, Malheiros & André, 2015; Seog, Hendricks & Moreno, 2011).

As práticas artísticas comunitárias têm vindo a ser estudadas pelo seu valor artístico, impacto social ou numa opção que contempla estudos que integram as duas dimensões, como se pretende na presente investigação. A maioria baseia-se nas abordagens das ciências sociais e humanas que têm respondido às questões relacionadas com o impacto social, deixando a descoberto aspetos da dimensão artística. Em geral, os estudos foram-se focando nos resultados das criações e menos nos processos que as caracterizam, independentemente da área disciplinar de onde partem. Esta é, no entanto, uma tendência que se tem vindo a inverter nos últimos anos. Como afirma Matarasso (2019), os esforços têm-se centrado na explicação do que são estas práticas e pouco no "como" e "porquê" das mesmas. Especificamente, no que se refere à ligação entre estas práticas e a participação cívica e política, um dos outros focos deste trabalho, apesar de ser amplamente afirmada na literatura, a sua menção não se reflete, da mesma forma, nos estudos desenvolvidos. No entanto, é de referir que algumas abordagens fazem aproximações a esta conexão (Barbosa, 2016;

Boehm & Boehm, 2003; Carmo, 2014; Nogueira, 2007; Ramos & Sanz, 2010; Sloman, 2012). Os estudos neste âmbito direcionam-se para a apresentação dos impactos positivos relacionados com estas práticas no processo de desenvolvimento comunitário, destacando-se a este respeito os seguintes aspetos: os contributos das experiências artísticas para reforçar a participação cívica e política e as mudanças comunitárias, tendo em conta que estas experiências não atuam isoladamente, mas antes potenciando e sendo potenciadas por outras ações comunitárias (Nogueira, 2007; Ramos & Sanz, 2010; Sloman, 2012); as práticas artísticas enquanto forma de visibilização de problemas comunitários e de reclamação de direitos sociais (Ramos & Sanz, 2010); a ligação entre impactos positivos no desenvolvimento comunitário e a dimensão participativa enquanto o centro destas práticas (Sloman, 2012); e o desenvolvimento de um objetivo comum, no contexto destas práticas, para influenciar o sistema sociopolítico fora do âmbito da criação artística (Boehm & Boehm, 2003).

Os estudos nacionais centram-se na abordagem do teatro do oprimido destacando o seu potencial de desconstrução de ideologias e discursos dominantes, enquanto processo de visibilização, conscientização e mobilização (Barbosa, 2016). Sublinha-se, ainda, que as práticas associadas ao teatro do oprimido permitem a consolidação de um espaço de participação cívica e política onde emerge e se afirma o potencial político de múltiplas narrativas pessoais, situando-as num processo que se desloca da abordagem e compreensão individual para a coletiva (Carmo, 2014).

Estas práticas têm vindo a ser reconhecidas pelos campos artístico, educativo, social e comunitário como uma possibilidade de contributo para o desenvolvimento pessoal, social e comunitário, sendo neste prisma que surgem os estudos centrados no impacto social. Ou seja, com o potencial para a resolução de problemas sociais identificados, considera-se que existem efeitos que vão para além da *performance*, em si mesma, tendo uma influência contínua e interferência na vida das pessoas (Matarasso, 1997; White & Rentschler, 2005). Esta abordagem, principalmente nos contextos anglo-saxónicos, ganhou força, sucedendo-se um processo de apropriação do uso das artes para resolver problemas, desenvolver competências e atuar numa abordagem de prevenção em áreas distintas (Huss et al., 2015). Neste sentido, é importante que os estudos nesta área distingam o conceito de "arte" e "impacto social", utilizem uma metodologia sólida e considerem o impacto intrínseco da arte na relação que estabelece com o seu impacto social (White & Rentschler, 2005).

Os estudos centrados no impacto social dividem-se em três dimensões: individual, grupal e comunitária. Ao nível individual, destaca-se o desenvolvimento do bem-estar e das competências pessoais e artísticas (Cadete, 2013; Conrad, 2004; Neves & Guedes, 2016; Wald, 2009). Ainda a este nível sobressaem aspetos como melhorias na autoestima, nas competências expressivas, na autonomia, na possibilidade de participação, no uso positivo do tempo livre, no compromisso, fortalecimento da identidade e sentido de pertença. Acrescenta-se, ainda, o desenvolvimento de competências pessoais e sociais associadas à empregabilidade, modificações nas relações familiares e com os pares e no âmbito do desenvolvimento escolar (Conrad, 2004; Cursley, 2013; Fernández Bustos, 2006; Fletcher & Dalgleish, 2012; Nardone, 2010; Neves & Guedes, 2016). Os efeitos individuais positivos são ainda conectados com as apresentações públicas muito valorizadas por quem participa nestas práticas, sendo apontadas como responsáveis por melhorias no bem-estar, confiança e contribuindo para consolidar aspetos da identidade (Nardone 2010; Wald, 2009).

Do ponto de vista grupal, destaca-se o fortalecimento das relações em grupo entre quem participa e os/as artistas profissionais, o desenvolvimento do trabalho coletivo, a expansão de redes sociais, e o aumento da compreensão de outras culturas e da consciência dos assuntos comunitários (Barbosa, 2016; Bezelga, Cruz & Aguiar, 2016; Bezelga, Cruz, Aguiar & Wengorovius, 2016; Coutinho, 2012; Cruz, 2021; Fernández Bustos, 2006; Katzmair, 2018; Leitão, Latif & Baptista, 2015; Mora & Oliveira, 2019; Serafino, 2019; Silva, 2018).

Na dimensão comunitária é referida a capacidade de incidência, o fortalecimento da identidade da comunidade e o impulso para processos de desenvolvimento local, assim como o impacto em algumas componentes institucionais, nomeadamente, o aperfeiçoamento do trabalho em rede (Barnes & Coetzee, 2014; Breed, 2015; Carmo, 2014; Katzmair, 2018; Mendes, Silva, Azevedo & Cardial, 2016; Nogueira, 2006; Ramos & Sanz, 2009; Sloman, 2012).

Nos anos 1990, o estudo *Use or ornament? The social impact of participation in the arts* realizado na Grã-Bretanha, determinante nesta área, envolveu diversos investigadores e académicos e baseou-se nos seguintes indicadores: mobilização própria; desenvolvimento pessoal; coesão social; empoderamento comunitário e determinação própria; imagem local e identidade; imaginação e visão; e saúde e bem-estar (Matarasso, 1997). O mesmo estudo aponta as conclusões que se seguem:

— a participação nestas práticas tem benefícios sociais inerentes;
— as relações estabelecidas nestas práticas são mais relevantes do que a sua forma;
— os impactos sociais produzidos pelas artes são complexos;
— os impactos sociais das artes são incontornáveis, mas não necessariamente positivos;
— participar nestas práticas tem riscos e 4 custos associados;
— estas práticas podem oferecer soluções económicas;
— os impactos sociais são demonstráveis (Matarasso, 1997).

Este estudo, com múltiplas interpretações possíveis, foi criticado, assim como outros que se dedicaram à dimensão do impacto social, pela abordagem que se dirigia para "[...] uma estabilidade social conseguida através de um consenso popular 'pacífico', o que no fundo quer dizer que, à medida que os ricos faziam as coisas 'certas', os pobres deveriam ser acalmados com atividades artísticas 'terapêuticas'" (Merli, 2002, p. 114). Enquanto que na, década de 1970, a intenção passava pela emancipação e libertação de qualquer forma de controlo social, na qual se incluía a criatividade artística, nos anos 1990, quando se consolida a arte participativa, perspetiva-se um regresso do controlo social, utilizando os mesmos dispositivos, mas com objetivos diferentes (Merli, 2002).

Um estudo ambicioso, realizado em 92 países, cruzou as três dimensões definidas e mapeou iniciativas, projetos, grupos, pessoas e instituições com relação direta a essas práticas. Apesar dos contextos geográficos distintos, o estudo identificou semelhanças nas motivações e requisitos para estes processos (Katzmair, 2018). Relativamente à motivação para o envolvimento nestas práticas, destaca-se a possibilidade de participação, a promoção da coesão social com base na experiência coletiva e a perspetiva da arte como um motor para a mudança cultural e social. Entre os elementos que permitem aceder à qualidade destas práticas, são apontados entre outros aspetos, os recursos materiais e imateriais, as competências e a visão dos/as profissionais envolvidos (Katzmair, 2018). Outros autores referem, ainda, ser essencial ter em atenção o tipo de processos despoletados e a sua relação com o tempo, ou seja, as práticas continuadas, intimamente ligadas aos "tempos" de artistas não profissionais e das suas comunidades para que possa existir maior oportunidade de mudança nas dinâmicas (Plastow, 2009; Sloman, 2012). Numa visão mais ampla, a literatura acrescenta que, se os processos participativos não forem parte integrante das práticas, o impacto da criação artística é limitado (Boeren, 1992; Sloman, 2012).

Os estudos incidem, também, em aspetos menos positivos que podem desenvolver-se no contexto destas práticas. A literatura refere, por exemplo, que, se as abordagens forem fortemente performáticas, estereotipadas e direcionadas, podem desvalorizar a exploração de materiais e de possibilidades expressivas, inibindo o que pode ser o desenvolvimento da criatividade (Roitter, 2009). São referidas, nestes casos, tendências de instrumentalização da arte, sendo esta utilizada para abordar temas complexos. No entanto, esta ação desvirtua não só a essência das práticas artísticas, ao considerá-las apenas um meio para se chegar a um fim, como se perde a possibilidade de experimentação, que poderia contribuir, nesse processo, para perspetivar outros olhares e alternativas perante as realidades sociais. Ou seja, o ponto de partida não deverá ser o de as práticas artísticas terem uma especial efetividade, a não ser que sejam encaradas de forma criativa e no sentido do interesse e iniciativa de quem participa (Cruz, 2019; Roitter, 2009).

Outro risco associado a estas práticas, referido na literatura, prende-se com a romantização das mesmas, reduzindo-as a uma visão essencialista (Chinyowa, 2015; Wald, 2009). Destaca-se a este propósito a tensão entre "inclusão" e "reprodução da dominação", ou seja, estas práticas desenvolvem-se numa tentativa de inclusão social e, muitas vezes, acabam por contribuir para a perpetuação de práticas e resultados da chamada"altacultura", reproduzindoasdesigualdadessociais(Prentki, 2009; Suess, 2006; Wald, 2009). São ainda destacados, enquanto elementos menos positivos associados a estas práticas, aspetos como: a ambiguidade do papel dos/as participantes entre "meros/as utentes" e "agentes ativos" no seu próprio processo; a falta de apoio político; a escassez e falta de coordenação de recursos materiais; a ausência de intencionalidade política; a falta de continuidade e sustentabilidade destas práticas; a criação de divisões na comunidade; e o impacto negativo na sua confiança (Cruz, 2015; Suess, 2006).

Os estudos indicam a necessidade de uma maior atenção ao trabalho das organizações envolvidas nestas práticas, e não apenas nas três dimensões anteriores. Identifica-se, a este nível, a influência da memória cultural da organização, a experiência contínua do/a artista e o seu envolvimento continuado nestas práticas. São, ainda, sugeridos elementos como a extensão da reciprocidade em toda a organização, destacando como esta pode despoletar relações entre participantes e artistas, e ainda uma manutenção da reciprocidade, ou seja, artistas profissionais e não profissionais continuam a envolver-se na comunidade, o que pode permitir a promoção de mudanças sociais, artísticas e o desejo de criar comunidade (Nogueira, 2006; Ramos & Sanz, 2010; Sloman, 2012; Winchester, 2013, 2014).

Em síntese, os estudos abordam aspetos relacionados com quem é envolvido, de que forma, qual o material base para a pesquisa, quais as estéticas e dinâmicas de participação locais consideradas e a relação entre artistas profissionais e não profissionais, membros das comunidades (Boehm & Boehm, 2003; Bidegain, 2007; Erven, 2001; Kester, 2011; Prentik & Preston, 2009).

Este último aspeto é um dos que emerge em praticamente todos os estudos, referindo-se esta relação como fundamental na definição do resultado destas práticas. Existem muitas nomenclaturas para definir o profissional que se insere nas práticas artísticas comunitárias e a forma como se vai relacionar com artistas não profissionais. Esta expressão vai desde facilitador/a, professor/a, animador/a, mediador/a a artista comunitário, remetendo para premissas e pontos de partida disciplinares distintos e, ainda, para conceções de arte, mais ou menos, convencionais (Aubuin, Kletz & Lenay, 2010; Bezelga, 2013; Becker 2008; Costa, 2010; Ferreira, 2008; Goldbard,

2006; Passatore, 2000). Para uma melhor compreensão recorre-se à proposta de Becker (2008) que remete para quatro tipo de artistas: profissionais integrados, rebeldes, ingénuos e *folk*. Os/as profissionais integrados apresentam visões e pensamentos durante a sua formação; os/as artistas rebeldes movimentam-se no sentido de superar as visões e pensamentos decorrentes da formação profissional; os/as artistas ingénuos desenvolvem o seu trabalho sem referência às limitações das convenções contemporâneas produzindo, assim, formas e géneros específicos; e os/as artistas *folk* necessitam do contato com a esfera da arte convencional, mas relativamente aos ingénuos não trabalham sozinhos/as, mas em relação com uma comunidade.

Esta classificação permite aceder às diferentes formas de relação do/da profissional com a arte e como isso influencia a relação com os não profissionais. No entanto, as posições são distintas relativamente a quem se considera artista nestas práticas. Nesta investigação, seguimos a definição que perspetiva que todos são artistas, distinguindo-se os/as profissionais dos não profissionais, considerando-se que os/as primeiros/as desenvolveram conhecimentos, técnicas e experiências no campo das artes e, por isso, terão uma função despoletadora no âmbito destas práticas (Cockcroft, Weber & Cockcroft, 1977; Matarasso, 2019). Relativamente a esta colaboração, artistas profissionais e não profissionais têm uma relação diferente com a arte:

> Para os primeiros, a arte é um emprego, uma forma de vida, uma identidade. Para os segundos, é uma atividade exploratória e uma resposta a necessidades prementes. Quando trabalham em conjunto, partilhando os seus diferentes recursos, criam algo único que não poderia ser criado de nenhuma outra forma (Matarasso, 2019, p. 99).

O termo artista comunitário sugere todos os indivíduos comprometidos neste tipo de experiências e rejeita a terminologia "não artista", associada a uma visão iluminista de artista "genial" (Goldbard, 2006). A ação do/a artista comunitário é determinada segundo o papel que desempenha na comunidade e pode tomar vários formatos: o/a artista que trabalha com uma comunidade; as práticas numa comunidade que são suportadas por uma instituição; a colaboração entre uma estrutura artística e uma comunidade; e o/a artista ser membro de uma comunidade em que trabalha (Nogueira, 2008; Suess, 2006). É igualmente importante clarificar quem inicia as práticas para se entender as premissas, os objetivos, as abordagens e as agendas implicadas. Estas práticas podem-se iniciar, genericamente, a partir de um/a artista comunitário, da própria comunidade, de uma instituição social ou cultura ou de um/a artista profissional (Erven, 2001; Nogueira, 2008; Williams, 1994).

Vários autores sublinham a importância dos/as artistas comunitários desenvolverem um questionamento face às hierarquias culturais, uma crença na coautoria das criações e no potencial criativo de todos (Boehm & Boehm, 2003; Cruz, 2015; Morgan, 1995; Scher, 2015). Neste sentido, são artistas que se orientam por princípios comunitários na criação, podendo ser não profissionais e profissionais, sendo que os/as últimos/as podem, também, mobilizar estes princípios na criação que envolva apenas profissionais. A criação artística contemporânea profissional procura, e neste momento ainda mais, outras formas de criar que impliquem a experimentação do *modus operandis* comunitário e que podem representar futuras formas de criação mais generalizada.

Os estudos que avaliam a dimensão artística destas práticas, são mais escassos (Artworks Cymru, 2016; Blanche, 2014, 2018; Lord et al., 2012; Seidel, Tishman, Winner, Hetland & Palmer, 2009).

Os trabalhos de Seidel e colegas (2009) e Lord e colegas (2012) orientam-se para o envolvimento nas artes de crianças e jovens. O estudo intitulado *The qualities of quality: understanding excellence in arts education* destaca como aspetos fundamentais para a concretização da qualidade: promover disposições e competências amplas, especialmente a capacidade de pensar criativamente e a capacidade de fazer conexões; promover competências e técnicas artísticas; desenvolver consciência estética; estimular formas de entendimento do mundo; procurar formas para crianças e jovens se envolverem em questões comunitárias, cívicas e sociais; desenvolver um local para se expressarem a si mesmos; e apoiar crianças e jovens no seu desenvolvimento enquanto indivíduos (Seidel et al., 2009).

O estudo de Lord e colegas (2012) propõe sete princípios estruturados para concretizar o objetivo da qualidade destas práticas:

procurar a excelência; garantir a autenticidade, motivação e envolvimento; promover uma experiência positiva centrada na criança; envolver ativamente crianças e jovens; possibilitar uma sensação de evolução pessoal; e desenvolver sentido de pertença (Lord et al., 2012).

Destaca-se ainda neste contexto a proposta de Blanche (2014, 2016) que sintetiza um conjunto de elementos a ter em consideração no impacto artístico produzido: autenticidade e relevância social; distinção artística e profissionalismo; criação centrada nos/as participantes e no seu sentimento de apropriação relativamente à criação artística; recursos adequados; um ambiente em que os/as participantes se sintam seguros; e oportunidades de reencaminhamento para os/as mesmos/as no final da criação.

Finalmente, a proposta ArtWorks Cymru (2016) foi concebida para avaliar as questões relacionadas com a qualidade das artes participativas garantindo o envolvimento dos vários protagonistas nos processos. Para isso, está organizada de forma a suscitar a avaliação do trabalho desenvolvido e garantir que as/os participantes tenham as melhores experiências possíveis. Os princípios de qualidade ArtWorks Cymru (2016) agrupam-se em três áreas: intenção, atividade e pessoas. A intenção contempla as dimensões artística e profissional, relevante, inclusiva, inspiradora, engajada e desafiadora. A atividade remete para ter propósito, ser ativa, prática e reflexiva. A área das pessoas integra o foco nas pessoas, centrada na progressão das/os praticantes, propriedade partilhada e de responsabilidade (Artworks Cymru, 2016).

Esta síntese aponta a necessidade dos estudos se orientarem por uma diversidade de abordagens, qualitativas e quantitativas, avaliando as dimensões artística e social, no sentido da integração de elementos das práticas artísticas comunitárias que dialoguem, sem clivagens. Assim, a prioridade passa por abdicar de opções que rejeitam, do ponto de vista teórico a interação que é necessária, sendo que o objetivo do estudo pede foco para que se possa acrescentar conhecimento neste campo. Neste sentido, vários estudos apontam para a necessidade de desenhos metodológicos longitudinais que permitam concretizar os efeitos destas práticas nas suas diversas dimensões (Duncombe, 2016; Winchester, 2014).

1.3. A dimensão cultural

1.3.1. Conceções de cultura

O conceito de cultura desenvolveu-se de acordo com os diferentes momentos históricos, sociais e políticos e as distintas geografias. Se, inicialmente, o seu sentido estava associado ao trabalho no campo e com o gado no séc. XVII, instala-se o debate associado ao sentido civilizacional do termo. Passa-se, assim, à ideia de cultura ligada ao cultivo da mente e do intelecto e remetendo-a para a relação "com progresso, evolução, educação e razão" (Cuche, 1999, p. 29).

Tendo em conta a grande diversidade inerente ao conceito de cultura, foram identificadas mais de 167 definições distintas (Kroeber & Kluckhohn, 1952). Perante a enorme dispersão das mesmas, Geertz (1989) destacou a relevância do desenvolvimento de um conceito coerente e defensável internamente avançando com a seguinte proposta:

> padrão de significados transmitidos historicamente, incorporado em símbolos, um sistema de conceções herdadas expressas em formas simbólicas através das quais os homens [sic] comunicam, perpetuam e desenvolvem o seu conhecimento e as suas atividades em relação com a vida (Geertz, 2008, p. 66).

Certeau (2010) acrescentou que não estão, apenas, em questão as práticas humanas quando se fala de cultura, mas também os significados atribuídos a essas mesmas práticas, clarificando:

> se é verdade que qualquer atividade humana possa ser cultura, ela não o é necessariamente ou não é ainda forçosamente reconhecida como tal. Para que haja verdadeiramente cultura, não basta ser autor de práticas sociais; é preciso que essas práticas sociais tenham significado para quem as realiza (p. 141).

Na sequência da centralidade que o conceito de cultura assumiu nos anos 1960, procurou-se integrar os seus diferentes sentidos propondo-se a seguinte definição: "cultura (no sentido das artes) define uma qualidade de vida refinada (cultura como civilidade), cuja realização na cultura (no sentido de vida social) como um todo é a tarefa da mudança política" (Eagleton, 2005, p. 34).[5]

A proposta de Silva (2000) perspetiva que qualquer ação social é informada, transmitida e apropriada, o que permite uma convergência entre os sentidos antropológico e sociológico de cultura, definindo-a enquanto um "conjunto complexo e dinâmico de significações, padrões de conduta, práticas, obras e instituições" (p. 1). O mesmo autor integra ainda nesta proposta "as práticas simbólicas do homem [sic], os modos de, os códigos estruturadores da conduta [...] artes diárias de ser, fazer e saber e competências consagradas", sendo crucial a "criatividade social e com ela a autonomia (relativa) dos grupos perante os constrangimentos físicos" (Silva, 2000, p. 145).

Esta função da cultura é concretizada através da "identificação pessoal, grupal e comunitária" (Silva, 1988, p. 27), sublinhando-se uma perspetiva globalizante de cultura, ou seja, defendendo a ideia de que estão presentes dimensões culturais, onde quer que elas se realizem, já que todos os factos sociais as integram na sua estruturação (Silva, 1988). Clarifica-se, ainda, que cultura não é algo exterior à ação, ou seja, não é de facto algo que se junte à vida social como lhe sendo externo e supérfluo, assumindo-se, antes, como "a condição da própria existência humana no que ela tem de mais característico, pois é pela cultura que aquela existência adquire a sua verdadeira significação e o sentido do seu próprio destino" (Fernandes, 1988, p. 13).

Podem-se, assim, organizar possíveis definições de cultura, perspetivando-a como um conceito que integra, essencialmente, as seguintes dimensões: modos de vida associados a uma pessoa, grupo ou a um período de tempo (Eagleton, 2005; Geertz, 2008); obras e práticas artísticas (Eagleton, 2005); processo de desenvolvimento intelectual, espiritual e estético e do conhecimento, ou seja o desenvolvimento integral do ser humano (Certeau, 2010; Fernandes,

5 Nesta linha, segundo Williams (2008), o conceito de cultura, associa-se ao cultivo ativo da mente e resume-se, essencialmente, em três sentidos modernos: um estado mental desenvolvido — nos casos de "pessoa de cultura" e "pessoa culta"; os processos desse desenvolvimento — nos exemplos dos "interesses culturais" e "atividades culturais"; e os meios desses processos — como se destaca na ideia de cultura considerada como "as artes" e "o trabalho intelectual" (p. 11).

1988; Silva, 1988). Esta síntese remete para a declaração da UNESCO (1982):

> a cultura pode, hoje, ser considerada como o conjunto de traços distintivos, espirituais e materiais, intelectuais e afetivos que caracterizam uma sociedade ou grupo social. Ela engloba, para além das artes e das letras, os modos de vida, os direitos fundamentais do ser humano, os sistemas de valores, as tradições e as crenças (p. 39).

As práticas artísticas comunitárias associam as diversas componentes consideradas, de forma integrada, o que enriquece e complexifica a sua ação e reflexão. Podem-se perspetivar como um espaço de disputa entre conceções distintas de cultura e arte, traduzidas em *décalages* entre conceções, práticas e narrativas veiculadas pelos seus distintos protagonistas. Uma (re)sistematização do modelo hierarquizado de níveis de cultura[6] é convocado, neste contexto, no sentido de uma melhor compreensão das ideias vinculadas às práticas artísticas comunitárias, considerando-se as suas trajetórias.

Esta visão hierarquizada e estanque entre tipos de cultura foi fortemente questionada por vários autores (Bakhtin, 1987; Ginzburg, 2002; Marques, 2015). A análise de Bakhtin (1987) valorizou as zonas de fronteira entre a cultura erudita e popular enquanto espaços privilegiados de fusões culturais. O mesmo autor defende que o âmago desta questão tem passado inclusivamente pela codificação de

6 Este modelo baseia-se na distinção do juízo de gosto (Bourdieu, 2010) e assenta no tripé — alta cultura ou cultura erudita; cultura média ou de massas; cultura popular ou baixa cultura (Botelho, 2007; Lopes, 2007). Esta diferenciação rígida não acontece por acaso. Pelo contrário, é uma ideia que assenta no Antigo Regime. Neste período a criação cultural era associada, geralmente, às academias e mecenas e uma legitimação autónoma, distanciando-se do cruzamento de públicos da nobreza e do povo. Já a pequena tradição era associada às tradições populares e folclore. Esta proposta de classificação de cultura espelhou uma visão de organização social tripartida, correspondendo respetivamente a cultura erudita à burguesia, a cultura de massas à pequena burguesia e a cultura popular ao proletariado (Lopes, 2007; Silva, 1994). Aliás, é esta visão espartilhada e classicista que serve de base ao furor educativo, com pendor paternalista, dirigido às massas que se deslocaram para os centros de produção industrial durante o séc. XIX, com necessidade de serem educadas para se distanciarem de comportamentos vulgares (D'Epinay, 1982). Assistia-se à criação da hegemonia da sociedade de consumo, passando a cultura de massas, tal como a popular, a serem vistas como pequena tradição (Lopes, 2007).

elementos da cultura popular pela erudita. Esta análise é, ainda, feita numa via dupla — do ponto de vista ideológico e metodológico — destacando-se que parece ter sido superada a perspetiva que considera as "crenças e ideias originais" apenas as que são provenientes das classes dominantes (Ginzburg, 2002). Do ponto de vista metodológico, considera-se que as culturas de classes subalternas são predominantemente orais, principalmente no passado, sendo que a sua inscrição se dava através de "mediadores" oriundos de outras classes (Ginzburg, 2002). Este aspeto, interfere na forma como a tradução, processo que implica filtragem, da cultura popular acontece, situação que parece ter semelhanças com o tipo de relação estabelecida entre artistas profissionais e não profissionais, no âmbito das práticas artísticas comunitárias. No sentido de clarificar estes processos de contaminação, convoca-se os conceitos de circularidade e hibridismo cultural que sublinham que estes processos acontecem de forma dialógica e com influências recíprocas, com movimentos de "baixo para cima" e de "cima para baixo" (Bakhtin, 1999; Burke, 2003). Burke (2005) sugere mesmo que as trocas entre cultura erudita e popular justificam o abandono dos adjetivos usados.

Esta discussão conecta-se com as ideias binárias de produção-criação e receção-consumo (Chartier, 1988; Domingues, 2011). Ao separar a produção e criação (de autoria inerente à cultura erudita) da receção e consumo (associados à cultura popular) não se leva em conta que o processo de receção implica uma reinterpretação da obra por parte de quem acede a esta. Ou seja, que o consumo implica também produção, colocando, desde logo, as suas tipologias em profundo confronto e contaminação (Chartier, 1988; Eco, 2016).

No entanto, o modelo hierarquizado é, no presente, ainda, suportado por visões espartilhadas do mundo, privilegiando, na maior parte dos casos, a cultura erudita em detrimento da cultura popular. Tal acontece com base em classificações verticais de organização social, reforçando a implementação de conceções de cultura de massas articuladas com o domínio do poder económico. Muitas vezes, como alerta Thompson (1998), "o próprio termo cultura, com a sua invocação confortável de um consenso, pode distrair a nossa atenção das contradições sociais e culturais, das fraturas e oposições existentes dentro do conjunto" (p. 17). Assim, o território da cultura é naturalmente imerso em contradições, disputas e no dissenso[7] (Rancière, 1996), nomeadamente, o da cultura popular, e não um espaço que potencia a homogeneização, a generalização, o único e o fechado.

1.3.2. Da democratização à democracia cultural

O conceito de democratização cultural, influenciado pela educação popular e a ação cultural,[8] nasce no período pós-colonial, sublinhando a sua pertinência contextual nas ideias de "cariz integrador da cultura e arte, instrumentos de coesão social, cimentos ideológicos de uma virtual unidade nacional" (Lopes, 2009, p. 3). Ou seja, a possibilidade de as/os cidadãs/os acederem a determinadas ideias e formas de arte é assumida como uma espécie de garantia para que a ideia de progresso, desenvolvimento e civilização vingue (Williams, 1977). A unanimidade em torno da ideia do processo da democratização cultural e a confusão que se instalou no uso deste termo com o de democracia cultural, sublinha a necessidade de clarificação dos dois conceitos com relevância para as práticas em estudo (Baeker, 2002; Gattinger, 2011; Gorodnichenko & Roland, 2020; Lacerda, 2015; Lopes, 2009; Matarasso, 2019).

O conceito de democratização cultural centra-se na ideia basilar de acesso, ou seja, parte-se do pressuposto de que ao alcançá-la é possível que as/os cidadãs/os, no seu maior número possível, acedam a referências culturais fundamentais para a sustentabilidade da ideia de civilização, nação e Estado (Caune, 1999; Lopes, 2009).

Ora, essa conceção, segundo Lopes (2019), é caracterizada por um olhar de cima para baixo da transmissão cultural, assente na

7 O dissenso implica uma crítica ao discurso dominante que remete para a racionalidade política associada ao consenso, um regime pautado pela necessidade económica, e este ao princípio da democracia. Este conceito não procura apenas valorizar o conflito, as diferenças culturais e o antagonismo social, vai mais além: "O dissenso não é a diferença dos sentimentos ou das maneiras de sentir que a política deveria respeitar — É a divisão no núcleo mesmo do mundo sensível que institui a política e a sua racionalidade própria" (Rancière, 1996, p. 368).

8 Este conceito sustentou a política pública cultural francesa nos anos 1960, referindo-se a "[...] tornar acessíveis as obras capitais da humanidade, e inicialmente da França, ao maior número possível de franceses — garantir o público mais amplo para o nosso património cultural e favorecer a criação das obras de arte e do espírito que o enriquecem" (Krebs & Robotel, 2008, p. 25).

crença de que os bens culturais pertencem a uma minoria especialista e com notoriedade, sendo a partir desta e da sua visão que são transmitidos. Pode-se considerar como uma postura paternalista, na medida em que cria uma espécie de "obsessão" pela elevação do nível cultural das massas, desvalorizando a diversidade cultural em função da cultura legitimada. Revela-se, ainda, hierarquizada porque baseada na defesa de valor patrimonial da cultura erudita como única e com a clarividência necessária perante o desafio consumista da cultura de massas e a incapacidade de acumulação de poder simbólico da cultura popular (Grosjean & Ingberg, 1980). Finalmente, esta conceção limita um olhar relativo ao indivíduo, não concebendo a possibilidade de este fazer opções divergentes e desvalorizando a construção de múltiplos sentidos (Botelho, 2007; Lopes, 2009).

O conceito de democratização cultural foi abalado com a proposta de Bourdieu (1969) que contemplou a impossibilidade do acesso à oferta cultural ser, muitas vezes, justificado pela dimensão simbólica e não, necessariamente, pela material. A visão de Bourdieu (2010), por um lado, sublinha a rigidez dos conceitos de estrutura e reprodução; por outro, destaca a flexibilidade e potencial trazido pela tomada de consciência do poder simbólico e do capital cultural, analogia sugerida a partir das ideias de capital económico e simbólico. O capital cultural integra uma série de elementos do indivíduo que potenciam a sua mobilidade social numa sociedade organizada em classes. Este constructo atua nas relações sociais assentes num sistema de troca, no qual se incluem os bens materiais e simbólicos e as classes dominantes mantêm e acentuam as diferenças, funcionando o capital cultural como um importante dispositivo de dominação (Bourdieu, 2010). Nesta perspetiva de relações sociais integradas num sistema de troca, o capital cultural corresponde a conhecimento cultural acumulado que permite aceder a estatuto social e poder. A este respeito, um exemplo paradigmático é a visão de arte como forma de cultura superior onde o/a artista se enquadra no "cliché" de alguém carismático, dotado de dom e vocação, que contraria as normas sociais (Bourdieu, 1992). Esta conceção antecipa as tensões contraditórias no campo artístico entre critérios autónomos e heterónomos. Os primeiros passam pelas ideias de produção restrita, dos lucros materiais como heresia e pela ressalva da independência da criação artística relativamente a outros campos, principalmente o político e económico — "obras que fazem o seu público" (Lopes, 2007, p. 24) e os segundos assentam numa lógica da grande produção, valorização comercial e mercantil das obras — "obras feitas para o público" (Lopes, 2007, p. 24).

Bourdieu (2010) apresentou uma proposta de diálogo entre a rigidez bloqueadora das estruturas e a reprodução e flexibilidade inspiradora do capital cultural e da tomada de consciência do poder simbólico. Aproximando-se do pensamento de Weber (2015) e Marx (2017), o autor situa-se numa visão de "mudança social" e afasta-se dos conceitos de "ordem" e "consenso", propostas funcionalistas que atribuem a seleção ao mérito, não contemplando as diferenças inerentes às classes de origem. Apesar de reconhecer a existência de estruturas que permitem ter acesso a dimensões inteligíveis e sustentam a ação dos seres humanos, ao mesmo tempo, permite a procura do não lugar, do que ainda está por vir, do que ainda não é possível com base em processos progressistas e emancipatórios de investigação.

O conceito de capital simbólico fundamenta a ideia que remete para os espaços de criação enquanto territórios privilegiados de desocultação de símbolos e da sua reinterpretação, tornando-os visíveis e, por isso, observáveis. Este capital, que atua na dimensão do implícito, permite aos indivíduos reconhecer ou desconhecer a estrutura social e as dinâmicas da sua reprodução. As práticas artísticas comunitárias podem, por isso, funcionar como uma plataforma para visibilizar o capital simbólico. Apesar da consideração do condicionamento que os processos de classificação produzem, procura-se não abordar este aspeto como inevitável, destacando, antes, a possibilidade da fluidez e da mudança social. Para isso, Bourdieu (2010) sublinha a necessidade de existência de oportunidades para a identificar e tornar conscientes as estruturas existentes quer mentais, quer sociais, tendo acesso a coisas que não se sabe, ou que não se querem saber e sustentam as estruturas. Ao abordar a ideia de divisão, o autor alerta para a sua função de manutenção da ordem social que se inscreve nas estruturas mentais e no corpo das pessoas, tornando a mudança, muitas vezes, complexa (Bourdieu, 2010).

Esta ideia de divisão, gravada não só nas estruturas mentais, mas também corporais, remetendo para o papel do corpo na produção do conhecimento, é essencial para a presente investigação. Atendendo aos elementos definidores das práticas artísticas comunitárias, estas podem ser perspetivadas como dispositivos relevantes em processos de desconstrução, podendo, assim, contribuir para inverter processos de reprodução social.

Bourdieu (2010) teorizou, também, acerca da noção de "gosto". Começa por destacar a forma pejorativa como são consideradas vivências e tradições populares consideradas como de "mau gosto", expressando-se, desta forma, a negação dos gostos populares pelos gostos dominantes, que se traduz num processo de auto-negação pelas próprias classes populares. Estabelece-se uma oposição entre a arte que privilegia o sensível face ao sentido e a arte que privilegia o sentido perante o sensível, associando-se o gosto puro e impuro, respetivamente.

A tendência dominante aproxima-se da ideia de proximidade à arte legítima e de rejeição da postura oposta considerada como fácil e simples, sem profundidade, disponibilizando prazeres demasiadamente acessíveis. Esta visão explica como a cultura popular e de massas é considerada inferior, sendo o gosto "desinteressado" e "distante" o legitimado pelos circuitos oficiais da arte. A crítica direciona-se para a estética popular, partindo do pressuposto de que se centra na imitação da realidade, permitindo um fluxo contínuo entre arte e vida e subtendo a forma à função. A este respeito, uma das propostas das práticas artísticas comunitárias passa pela abordagem poética das realidades, permitindo, assim, um afastamento das mesmas, no sentido que Kant (1993) atribui, destacando o reconhecimento da obra artística, enquanto tal.

Considerando o conceito de capital cultural, o acesso à oferta cultural não significa, em si mesmo, uma real possibilidade de receção da mesma, isto porque os capitais culturais de partida são diversos, desenvolvendo-se com base noutros dispositivos e sentidos. O acesso não significa necessariamente apropriação, uma vez que esta necessita de compreensão, participação e disputa de sentido (Cerdeira & Lacarrieu, 2017). Para além disso, o acesso cultural e artístico não assegura a agência, não sendo suficiente que este seja gratuito e aberto quando se desvaloriza as diferenças e as desigualdades relativas ao capital cultural, podendo-se, desta forma, não estar a contribuir para realmente o democratizar (Barbieri, 2018; Canclini, 1999). Assim, a ideia de transmissão cultural homogénea é, em si mesma, inibidora de um real acesso à oferta cultural, uma vez que se centra numa abordagem de minoria erudita da qual a maioria das/os cidadãs/os se sentem afastados. Heinich (2002) refere-se a uma sensação de "não estar no lugar, que se manifesta nas posturas do corpo, na aparência indumentária, na maneira de falar ou de se deslocar " (p. 20). Esta é a perceção ainda presente, tantas vezes, nas populações mais marginalizadas quando se relacionam com equipamentos culturais legitimados. Os pontos anteriores permitem enquadrar uma reflexão sobre o risco da instrumentalização do acesso. O acesso, por si só, não garante agência e muito menos uma efetiva inclusão social (Asensio, Mestre & Merillas, 2016). Por exemplo, assistir a uma apresentação pontual num teatro não garante, por si só, uma mudança individual, coletiva e muito menos institucional. Esta instrumentalização expandiu-se, ainda, ao discurso relativo ao impacto social das políticas culturais, exigindo-se que estas, implicitamente, resolvessem problemas estruturais de desigualdade social.

Nos anos 1960, assiste-se à identificação da desadequação das políticas baseadas na democratização cultural, discutindo-se, por exemplo, como níveis mais elevados de escolaridade não estavam a corresponder, necessariamente, a uma aproximação a formas culturais e artísticas mais exigentes, como se supunha (Bourdieu, 2010; Lopes, 2009). Procura-se, desta forma, o afastamento da ideia de consumo cultural, optando-se pelo conceito de participação cultural, que abre caminho, a partir dos anos 1970, a uma vaga de novas políticas assentes na animação sociocultural, enquanto concretização da democracia cultural.

A animação sociocultural é um campo de cruzamento do social e cultural que resulta dos movimentos sociais dos anos 1960 e que de forma mais ou menos eficaz, promove uma aproximação política entre camadas sociais intermédias, populares e operárias (Gillet, 2006). Com fundamentos anticapitalistas, emerge com ligações às ideias de "sociedade de lazer" e "tempo livre" em oposição à visão industrial, tecnológica, programada e promotora de alienação (Dumazedier, 1988). A animação sociocultural é considerada um "conjunto de práticas sociais que têm como finalidade estimular a iniciativa, bem como a participação das comunidades no processo do seu próprio desenvolvimento e na dinâmica global da vida sociopolítica em que estão integrados." (UNESCO, 1977, p. 21). De uma forma mais específica, considera-se um processo político, transformador, consciencializador, que perspetiva a democracia cultural como um processo de empoderamento das comunidades, suportada numa ação vivencial e comunitária por práticas culturais comprometidas (Caride, Martins & Vieites, 2000).

Viché Gonzalez (1999) avança numa maior concretização do conceito de animação sociocultural afirmando que passa, essencialmente, pela gestão positiva da diversidade cultural, destacando: a solidariedade, na organização e gestão da coletividade; a tolerância e respeito relativamente ao outro; o diálogo, escuta e empatia; a autenticidade e coerência individual e coletiva; a sensibilidade face ao facto cultural enquanto dinamizador do desenvolvimento.

A participação cultural constitui-se, assim, como crucial nas práticas de animação sociocultural. Ao contrário da sua conceção limitada do passado, concentrada, exclusivamente, no consumo de produtos culturais ou na presença nas programações das instituições culturais, numa visão de públicos restrita, tornou-se necessário ir mais além e explorar os múltiplos significados da participação (Ariño, 2016; UNESCO, 2012). A participação cultural mobilizou uma visão mais abrangente, contemplando objetivos como: aceder e assistir a ações desenvolvidas por organizações culturais diversas; desenvolver uma prática de cidadania,[9] integrando criação, formação e expressão; potenciar uma participação mais ampla na comunidade, como, por exemplo, pertencer a entidades, grupos e coletivos culturais diversos; e garantir a participação nas tomadas de decisão inerentes às políticas culturais públicas (Barbieri & Salazar, 2019).

9 A cidadania, enquanto modo de vida política da/o cidadã/o na cidade, exige a participação das/os mesmas/os para se constituir enquanto tal. Definiu-se como uma prática e lugar de realização e determinação de si. A realização, por seu lado, assentava na ideia de uma vida reconhecida, honrada, sendo que esses elementos se constituíam através das/os outras/os. Ou seja, é nos atos que se concretiza o participar com as/os outras/os, enquanto iguais, e também nas palavras na cidade, sustentando a liberdade e uma vida comum (Arendt, 2000; Pocok, 1995). Nas sociedades atuais ocidentais a cidadania perspetiva o indivíduo em "registos universalizáveis, jurídicos e formais, abrangendo noções científicas especificas de pertença, identificação e participação na sociedade" (Olson, 2012, p. 20).

Atualmente, continua a ser fundamental que a participação cultural não seja, exclusivamente, perspetivada a partir do ponto de vista das instituições culturais e da oferta que estas apresentam. É importante considerar que existem formas de participação cultural diversas, e muitas práticas definidas como "ócio" podem ser culturais ou artísticas, dependendo de como a análise da participação cultural é feita; ou seja, é importante entender de onde partem os critérios dessa análise (Crossick & Kasynska, 2016). Não deixa de ser importante realçar que se insiste mais na necessidade de diversificar públicos, do que na necessidade de integrar manifestações culturais e artísticas não legitimadas nas programações, limitando-se, muitas vezes, esta análise a argumentar o desinteresse e a má formação dos públicos (Barbieri & Salazar, 2019; Stevenson, 2019). Esta é uma das realidades recorrentes no campo das práticas artísticas comunitárias, plasmada, nomeadamente, na dificuldade em integrarem programações, sem que para isso tenham de prescindir dos seus princípios, estéticas e modos de fazer específicos. Nesta linha, é determinante que a diversidade de pessoas e comunidades esteja vertida nas decisões que determinam a participação cultural.

A "crise da escola" dos anos 1960/1970 registou um questionamento forte relativamente à reprodução (Bourdieu, 2010) e excesso de formalismo e autoritarismo, fechando a educação num sentido direcionado para a instrução (Ferreira, 2006a). Em alternativa, propôs-se um processo de transformação da escola numa recriação dos seus métodos e estruturas, chegando mesmo à descolarização da sociedade (Ilich, 1971). Neste contexto, a ideia de educação assume-se mais veiculada à dimensão formal e a de animação às preocupações sociais, culturais e de desenvolvimento comunitário, com enfoque na "informalidade, a participação, a diversidade e a endogeneidade, e contrariando simultaneamente a racionalização e a uniformidade das estruturas e dos processos escolares" (Ferreira, 2006a, p. 50). Perante, em parte, esta incapacidade de a escola responder aos desafios da democratização cultural e a manutenção da hierarquia de níveis de cultura no contexto das instituições culturais, tornou-se necessária a construção de uma outra abordagem, orientada para as culturas populares. É, assim, que emerge o conceito de democracia cultural, que se procura concretizar nos princípios subjacentes à animação sociocultural.

A democracia cultural opera-se de "baixo para cima" privilegiando as necessidades sentidas pelas comunidades e os elementos endógenos das mesmas. Surge como uma resposta ao período fortemente marcado pela sociedade de massas e consumo, envolto na dispersão identitária e na irrelevância dada à diversidade cultural. Esta perspetiva assume a importância do desenvolvimento da autoconsciência dos protagonistas relativamente aos processos, ou seja, existindo a possibilidade dos indivíduos se envolverem, efetivamente, na construção da sua própria história e na da sua comunidade. A capacidade de síntese cultural (Freire, 1987) e de valorização do quotidiano, cruzando o fazer, com o saber e o poder, são fundamentais para ultrapassar a dominação social e cultural, intimamente ligadas (Lopes, 2009). Torna-se, ainda, fundamental, nesta perspetiva, uma visão global e integradora, que permita analisar a complexidade das realidades e enfrentar as situações problemáticas das comunidades (Morin, 1990).

Apesar destas intenções, a democracia cultural desenvolveu, naturalmente, espaços para contradições e antagonismos. Os seus principais impasses, segundo Lopes (2009), prendem-se com uma determinada tendência para o populismo e o voluntarismo. Lopes (2009) explica que este populismo se revela relativamente às questões de legitimação cultural, ou seja, quem, onde e quando se legitimam determinadas práticas culturais. Neste sentido, ou a democracia cultural aceita, horizontalmente, que todos os públicos são legítimos nos seus gostos, ou acha que é preciso formar públicos e isso pode remeter para uma perspetiva de cima para baixo que, por sua vez, remete para configurações anteriores.

Este populismo está também relacionado com a representação da voz dos/as oprimidos/as em determinadas comunidades por determinados interlocutores (Boal, 1977, 1995; Freire, 1987, 1996). Esta questão é complexa e merece ser analisada e visibilizada, considerando a concentração de poder em sujeitos que se assumem como portadores de uma voz universal dos/as oprimidos/as, como por exemplo, alguns artistas e técnicos/as sociais e educativos que trabalham no âmbito das práticas artísticas comunitárias (Chinyowa,

2015). Alguém que fala por eles/as, "dando-lhes voz", expressão tantas vezes repetida, revela uma posição importante de ser questionada, suscitando a interrogação — porque razão não falam eles/as? Esta abordagem alimenta um perigoso populismo, tendo implícito o não reconhecimento do lugar de onde o/a protagonista fala, que já é, necessariamente, outro (Taylor, 1992).

O voluntarismo surge muito ligado ao ponto anterior, esquecendo-se em ambas as situações "a complexidade dos circuitos de construção, circulação e incorporação de sentido" (Lopes, 2009, p. 6). Tal pode significar que a receção e compreensão da obra está blindada pelas linguagens estéticas apresentadas, mesmo que em contextos populares, gerando, por isso, um afastamento provocado pela incompreensão e a inacessibilidade aos códigos, sem qualquer tipo de mediação. Estas situações levariam a uma dupla exclusão, como explica Gamboni (1992), a exclusão das práticas apresentadas e do espaço onde são esporadicamente apresentadas.

Assim, destaca-se a atenção que é necessária dar aos "desentendimentos percetivos na apropriação e construção de sentido (que) implica questionarmos o desconhecimento voluntarista sobre processos de incorporação da experiência social e cultural dos sujeitos" (Lopes, 2009, p. 7). Esta visão não considera as múltiplas representações culturais das comunidades e arrisca-se a seguir uma espécie de processo de doutrinação através das práticas culturais, na verdade reproduzindo a lógica vertical da democratização cultural, da qual se tentou libertar. Alimenta, ainda, uma perceção de superioridade intelectual e moral ao propor determinadas práticas em contextos populares, descentradas da ação das instituições culturais, como acontecia em períodos anteriores, com as quais as comunidades têm dificuldades em se relacionar pelas suas culturas distintas. A questão pode passar por, eventualmente, implicar as comunidades no processo de construção de sentido, no ato da criação e não apenas na sua receção. Esta é a proposta que se procura fazer nas práticas artísticas comunitárias, convocando para o processo de criação os códigos, dispositivos, especificidades e visões de mundo das comunidades, não deixando de as confrontar com um diálogo mais abrangente, sem que este seja imposto, mas antes que emerja organicamente.

1.3.3. A democracia cultural e as práticas artísticas comunitárias

Ao longo do tempo revelaram-se insuficiências e limitações dos modelos de democracia cultural apresentados, deixando a nu contradições inevitáveis, nomeadamente, em relação aos princípios em que assenta a sua conceção. Assim sendo, a política de formação de novos públicos, por exemplo, continua genericamente a basear-se em premissas que defendem uma transformação de públicos "selvagens" em públicos "civilizados" (Lopes, 2009, p. 9). Parte-se, desta forma, do pressuposto que há um nível de cultura desejável a ser alcançado pela população e que, acedendo-se a ele, o acesso à fruição e criação cultural está garantido, desconsiderando-se o encontro e contaminação entre culturas distintas, que, por si só, tem um valor intrínseco (Taylor, 1992). Os espaços das instituições culturais continuam, salvo raras e boas exceções, a ser pensados para esse público "perfeito", único e homogéneo, não se adaptando à diversidade cultural, essencial à promoção da participação cultural.

A dimensão cultural, genericamente, não é levada em conta quando se perspetiva a desigualdade social que atravessa as sociedades, ou seja, os direitos culturais não são contemplados como uma parte relevante na promoção da igualdade, nem a desigualdade social tem espaço nas agendas das políticas culturais (Barbieri, 2018; Gayo & Teitelboim, 2010). Este aspeto revela que as políticas culturais têm dificuldade de diálogo com as desigualdades sociais, reproduzindo-as muitas vezes, nas suas conceções e práticas, assim como as políticas sociais desvalorizam a vivência cultural como algo determinante nos processos de combate à pobreza que preconizam. A perceção comum é de que a participação cultural é algo que não é prioritário para as populações mais fragilizadas, uma vez que estas têm, ainda, lacunas a um nível básico relacionado com a saúde, habitação e educação. Perspetiva-se, assim, a participação cultural como um privilégio apenas dirigido a alguns setores da sociedade. Com base nesta conceção, continua a não acontecer um envolvimento destas populações na definição das prioridades políticas a serem implementadas.

As políticas culturais são fundamentais na promoção dos direitos culturais, perspetivados como direitos humanos fundamentais, assim inscritos na Constituição da República Portuguesa e Brasileira, relevantes no caso específico desta investigação, a par da habitação, educação e saúde (Gohn, 2005). Segundo Barbieri (2018), estes direitos podem organizar-se em três dimensões: participação, produção e decisão. A participação cultural refere-se tanto ao acesso enquanto público, quanto à prática expressiva, criativa, formativa e associativa, contemplando hoje elementos dos conceitos de democratização e democracia cultural (Martín-Barbero, 2008; Neelands et al., 2015). A produção refere-se ao "saber fazer" desta área, com ligação à sua profissionalização. Finalmente, a decisão remete para quem toma ou influencia as decisões relativas às políticas culturais (Barbieri, 2018). Nesta linha, estas três dimensões são afetadas por desigualdades multifatoriais e multidimensionais que se sintetizam na diferença (e.g., género, origem, idade, território, etnia, diversidade funcional), recursos (e.g., tempo, rendimento, capacidade cognitiva, educação formal, familiarização) e conexão (e.g., acesso a redes de informação e conhecimento, conectividade digital, interação social, mobilidade e proximidade) (Barbieri, 2018; Callejo, 2017). Reconhecendo os caminhos feitos, continua-se a ter pouca informação sobre os elementos afetivos das experiências e das práticas culturais, bem como sobre a sua ligação com valores como justiça e equidade (Holden, 2004). No sentido de atualização do conceito de democracia cultural, a que se chamou políticas culturais de 3ª geração, Lopes (2009) desenvolve um exercício em que propõe alguns pontos a ter em consideração:

— negar um conceito de cultura hierarquizado e hierarquizador, classificatório e estigmatizante, que passa por rejeitar critérios absolutos e essencialistas de gosto e que se traduzem em violência simbólica;
— sublinhar a relação intrínseca da democracia cultural com o direito à cultura, individual e coletivo, baseado na ideia de serviço público, assente em políticas públicas de liberdade;
— fortalecer uma visão de democracia cultural transversal à criação, distribuição e receção de bens e obras culturais, ou seja, não é suficiente que essa perspetiva se limite a uma destas dimensões, como, por exemplo, na receção, como é mais usual;

— negar a ideia de "público único" idealizada como se magicamente se terminasse com as desigualdades sociais e optar, antes, pela conceção de "públicos", sublinhando-se, assim, a diversidade e contrariando a ideologia dominante; ou seja, afirmar o centro da pluralidade de públicos, de culturas e de modos de relação com os bens e obras culturais. A este respeito Barbieri (2017) acrescenta que apesar da vontade de ampliar o acesso e a participação, os efeitos, em geral, podem ter sido regressivos por não levar em conta a diversidade de públicos.

— aproximar as/os cidadãs/os das instituições culturais, o que implica contemplar uma cultura organizacional distinta, mais aberta e flexível. Para isso os profissionais da mediação e interpretação devem ser transversais ao funcionamento destas instituições para que se respeitem as apropriações e usos diversos dos equipamentos culturais pelos diferentes públicos, com base nas múltiplas interpretações dos públicos, numa postura ativa e produtora de sentidos diversos.

A estas propostas acrescenta-se a necessidade de integrar políticas culturais, sociais e educativas (Canclini, 2003; UNESCO, 2016), às quais se podem e devem juntar visões dos sectores da saúde e ambiente. Este processo de cruzamento pode ser potenciado se, para além do nível nacional, contemplar o local, assegurando-se o trabalho em rede entre diferentes agentes de distintas áreas, parceiros formais e informais e a participação ativa das/os cidadãs/os (Amaro, 2009; Cruz, 2015).

Torna-se, assim, necessário aprofundar um conceito alargado de cultura que vai para além da atividade cultural promovida pela administração pública e que se centre no trabalho a partir da diversidade, assumindo-se que há muito mais participação, produção e decisão no âmbito da cultura do que as que são propostas pelas políticas culturais (Barbieri, 2018; Cerdeira & Lacarrieu, 2017). Nesta linha, o reforço de políticas culturais que tenham em atenção a definição de ações de criação, circulação e receção de obras alicerçadas em princípios comunitários, segundo a presença de determinados elementos, pode constituir-se como fundamental.

É nesta visão mais ampla, integrada e sustentável de políticas culturais que as práticas artísticas comunitárias podem, também, encontrar o seu lugar e dar o contributo. As tensões que estas práticas vivenciam — entre artistas profissionais e não profissionais, instituições legitimadas e configurações informais, áreas distintas de ação, conceções de cultura, arte e política diversas — revelam ideias verticais baseadas em hierarquias sociais, que desvalorizam a profunda ligação entre criação artística e manifestações culturais e as políticas culturais e realidades sociais. O exercício e aprofundamento destas práticas pode contribuir, ainda, para dissipar estas fronteiras, questionando terminologias, níveis e conceções que contribuem, muitas vezes, para perpetuar relações de poder instaladas, sejam estas simbólicas e/ou concretas.

1.4. A dimensão artística

1.4.1. A arte contemporânea e a relação com a política

É fundamental ler as manifestações artísticas no contexto do seu *habitus*, tendo sido o séc. XX, neste aspeto, fértil em mudanças muito relevantes nas organizações sociais e económicas. A transição de uma sociedade centrada no modelo capitalista clássico e na produção industrial para uma sociedade de produção em massa, abriu espaço para a generalização da cultura do consumo, que contempla muitos consumidores e teve fortes impactos na forma como a arte se configurou. A produção em larga escala e a força do terceiro sector instigaram a criação de um apelo contínuo ao consumo, gerando-se mais necessidades nos/as muitos/as consumidores/as, em parte resultado de um proletariado que passou de produtor, também a consumidor. Simultaneamente, no campo da arte este movimento criou um/a consumidor/a insatisfeito/a que anseia sempre por mais, mas que, num processo de massificação, revela uma postura passiva perante as realidades sociais (Lattanzi, 2009).

É neste cenário que Debord (2017) propôs o conceito de "sociedade do espetáculo", colocando a responsabilidade de manter a alienação, que permite a perpetuação deste sistema, no próprio espetáculo. Ou seja, a sua ideia passava por sugerir que, através de imagens fortes, intensas e apelativas, são invisibilizadas relações de poder instaladas e criada uma falsa sensação de acesso a conteúdos, até então impossível por determinados grupos sociais. O espetáculo, com as suas imagens e representações, desembocara em processos de reconhecimento instrumentalizados, abrindo caminho à nova etapa do capitalismo, ainda mais desregulada (Debord, 2017). O espetáculo, e os/as profissionais do mesmo, invadiram outras áreas de ação, nomeadamente, a política e a comunicação social, tendo este autor antecipado o que aconteceria cerca de 50 anos mais tarde.

O princípio de funcionamento fabril constante, mecanizado, que alimenta o consumo pelo consumo, sobrepôs a economia à cultura, como já tinha sido avançado pelo conceito de "indústria cultural" (Jameson, 1995). As mercadorias culturais passaram a assentar num esquema de produto sem tempo e espaço para pensamento na criação e segundo categorizações, respondendo a padrões de consumo dominantes (Adorno & Horkheimer, 1997). Os bens culturais são, assim, transformados em objetos de troca e a comercialização da cultura assume-se, em simultâneo, como dispositivo de controlo político e social, como defendeu a teoria crítica integrada na escola de Frankfurt (Adorno, 1970; Benjamin, 2017; Horkheimer, 1975).

O modernismo propõe-se contrariar esta conceção, baseando a ideia de arte na autonomia e abstração. Perspetivou-se a arte como um último reduto de resistência à proposta capitalista, sendo por isso necessário o distanciamento, baseado na definição de ramos distintos de arte e na sua respetiva especificidade (Greenberg, 1986). A arte modernista promoveu a reflexão contínua sobre si própria e a ideia de artista enquanto ser original e da sua obra como única (Greenberg, 1986). No entanto, a lógica do nivelamento de gostos e visões do mundo, assente na primazia da "massa", como agregado de pessoas pouco estruturado e organizado (Cazeneuve, s.d.), dissemina o mito da "cultura de todos e para todos" baseado na crença de um nível universal médio (Lalive, Bassand, Christe & Gros, 1982, p. 142). Esta primazia da cultura de massas abriu caminho à ascensão dos populismos, demagogias e potencialmente dos fascismos e seguramente à implementação mais refinada das visões liberais.

Com a emergência da classe média e o acesso à oferta cultural mais generalizada, a distinção entre cultura erudita e popular parece ter-se dissipado. Os trânsitos entre os diferentes níveis de cultura, propostos anteriormente, são intensificados, destacando-se o desenvolvimento de processos de apropriação (Crane, 1992; Lopes, 2007). Apesar do movimento de ampliação e multiplicação de géneros culturais e artísticos, a par de uma maior diversidade de gostos e públicos (DiMaggio, 1982), é importante atentar no efeito da dimensão simbólica nas relações entre atores/atrizes culturais. Apesar de uma narrativa de contaminação entre as diferentes classificações de cultura, estas relações espelham, muitas vezes, uma prática baseada nos binómios arte legitimada-não legitimada ou objetos vulgares-artísticos.

Esta perspetiva é central para questionar as tentativas recorrentes de instrumentalização política no contexto das práticas artísticas comunitárias. Se, por um lado, se sublinha os riscos da politização da arte, simultaneamente, deve-se destacar o perigo concreto da estetização da política, do quotidiano e do próprio mundo, colocando no "belo" a missão de "salvar o mundo". A este respeito é importante salientar que o "capitalismo artístico" conseguiu criar um ambiente estético proliferante; no entanto, o frenesim consumista e a velocidade que propõe está muito afastada do sentido de uma vida bela, mais conectado ao "[...] tempo interior e na emoção do momento, a disponibilidade para o inesperado e o instante vivenciado, a fruição das belezas ao alcance da mão, o luxo da lentidão e da contemplação" (Lipovetsky & Serroy, 2013, p. 364).

Logo no início do séc. XX desenvolvem-se algumas experiências no campo artístico que dialogavam com as dimensões social e educativa, que interessa, particularmente, convocar neste contexto. Considerando o envolvimento de cidadãs/ ãos não profissionais das artes nas criações, estar-se-ia perante o que mais tarde se veria a designar por arte comunitária. O pós-guerra foi caracterizado por experimentações e manifestações artísticas num período histórico mergulhado em demandas sociais, onde se exigiam direitos iguais. No caso da Grã-Bretanha, por exemplo, o Estado-Providência nos anos 1950 incluía preocupações de um maior e melhor acesso à oferta cultural. No entanto, a ideia de que as pessoas poderiam participar na criação artística continuava excluída, assim como uma tendência de desvalorização da cultura popular, mantendo-a à margem da definição das políticas culturais (Matarasso, 2019).

É neste cenário que as propostas que contemplam o fazer artístico e o acesso aos seus modos de produção, pela generalidade da população, é aprofundado e desenvolvido, enquadrado no que, anteriormente, se designou como democracia cultural. Perante a hegemonia da ampliação do consumo indiscriminado nos campos cultural e artístico, a perspetiva evoluiu para a diferenciação desse consumo e o envolvimento na sua produção, rejeitando-se a verticalidade nas relações produtivas e optando-se pelo poder múltiplo e ampliado (Benjamin, 2017). São, assim, privilegiadas as conceções que contemplassem a diversidade e valorizadas as identidades múltiplas que se contaminam, assumindo-se o desejo de romper com os limites espaciais e técnicos da arte dominante e legitimada e avançando-se, assim, para a hibridez entre géneros e materiais artísticos que caracterizam a arte contemporânea (Foster, 2001). O processo passou, ainda, por rejeitar as tentativas de homogeneização das visões de mundo e da criação artística — "a antiga obra de arte transformou-se num texto cuja leitura deve fazer-se mediante a diferenciação e não mediante a unificação" (Jameson, 1995, p. 53).

No âmbito deste livro são, igualmente, de destacar os movimentos da arte contextual (Ardenne, 2002; Świdziński, 1976), que dialoga com a estética relacional (Bourriaud, 2009), dado o intenso interesse que revelam pelas realidades sociais na criação artística. Estas duas visões apresentam-se como complementares, mas simultaneamente paradoxais, provavelmente pelos períodos em que emergem e pelos pontos de partida distintos (Bishop, 2011). A grande distinção entre as duas consiste em que, por um lado, a estética relacional perspetiva as obras como mobilizadoras de utopias e da proximidade. Para isso concebe a ação dos/as artistas na relação com o mundo sensível ou contextual, sendo abordadas as circunstâncias do presente para transformar o contexto das suas vidas, numa lógica duradoura. Por seu lado, a arte contextual implica engajamento, ou seja, assumir posicionamento político na sua ação (Bourriaud, 2009),

> a conexão própria do artista que trabalha em contexto real é frequentemente da ordem da reivindicação. Resulta de uma po-

sição menos estética que política. É um compromisso, dentro do qual o artista deixa a parte decisiva para o outro, convertido em colaborador voluntário ou involuntário (Ardenne, 2002, p. 43).

A relação com a realidade, ou seja, com os contextos é o elemento fundamental, tendo sido determinante para a reformulação da definição de arte, à qual se passaram a associar designações como, por exemplo: arte comprometida; arte que ocupa o espaço urbano ou a paisagem; arte enquanto produção de estéticas participativas (Szmulewicz, 2012); arte dialógica (Kester, 2004); e *social practice* (Bishop, 2012). Na perspetiva da arte contextual, há uma relação direta, sem intermediários, entre a obra e a realidade, baseada na ideia de produção de intersubjetividades artístico-sociais, continuamente atravessadas pelas idiossincrasias dos lugares. Afirma-se a ideia de uma arte que vai para além de criar realidades imaginárias e utópicas e objetos artísticos (Szmulewicz, 2012). O foco estabelece-se nos acontecimentos e na emergência de modos de existência e ação nas realidades sociais existentes, inserindo-se nestas e não se limitando a se inspirar nelas ou a representá-las. Neste sentido, a proposta da estética relacional (Bourriaud, 2009) propõe uma visão de arte contemporânea que, para além das utopias se compromete na construção de espaços concretos, ordinários, a que o autor chamou "micro utopias do quotidiano" e "estratégias miméticas". Perante a crítica da modernidade, relativamente ao domínio da comunidade face ao indivíduo e às formas de alineação coletiva, "hoje quer-se voltar ao sagrado e à áurea tradicional [...] nas nossas sociedades pós-industriais, já não é emancipação dos indivíduos que se revela como o mais urgente, mas sim a emancipação da comunidade humana, a dimensão relacional da existência" (Bourriaud, 2009, p. 84).

Há um interesse na criação artística contemporânea, contrariando a arte moderna, pelas realidades sociais e pelas relações que se constroem com outros/as protagonistas, para além dos/as artistas. As experiências relacionais de colaboração entre pessoas são pensadas como objetos artísticos em si mesmas, ou seja, a forma da obra vai para além da sua dimensão material, destacando-se a sua construção dinâmica com múltiplos contributos (Oiticica, 2011). Esta abordagem destaca a relevância do quotidiano, tal como acontece nos estudos da *performance* com o conceito de liminaridade (Turner, 1982) e das estratégias miméticas enquanto recursos inseridos diretamente nas realidades, fazendo parte ativa da construção das práticas e experimentações sociais. A proposta da estética relacional destaca, ainda, o conceito de pós-produção na arte contemporânea, enquadrado na tendência das sociedades para a hibridez, desregulação, fragmentação e individuação (Bourriaud, 2009; Oiticica, 2011). No entanto, é também esta combinação de características que potencia a reapropriação de elementos das realidades existentes, permitindo a exploração de outras formas estéticas abertas e lúdicas (Lattanzi, 2009).

Em síntese, a arte contextual associa-se à rua e a contextos múltiplos e foca-se no/a "outro/a", enquanto a estética relacional se tem limitado às abordagens institucionais, ligada às galerias, por exemplo, ou seja, sedimentando-se na relação com contextos específicos, sem ampliar a sua ação para realidades diversas, facto que se tem configurado como a sua principal crítica (Oliveira & Corrêa, 2016). A relação entre estas duas visões sublinha aspetos paradoxais que

> acabam também por delinear um cenário da crítica de arte, onde há uma polaridade entre critérios éticos e estéticos ou artísticos e sociais, que se movem em torno de uma impossibilidade de conciliação [...] a crítica de fundamentação mais artística exalta componentes mais conceituais e intelectuais da obra, desprezando conteúdos éticos e insistindo que o artista deva lutar contra a contaminação da estética pela ética, livrando-se desta obrigação de uma arte engajada socialmente. Por outro lado, uma crítica de cunho mais social, entende que o artista, para driblar a transformação (imposta pelo capitalismo) dos significados artísticos em mercadorias, deve rejeitar trabalhos com "neutralidade política", que só aguçam uma espécie de egoísmo e individualismos artísticos (Bishop, 2010, citada em Bienal de São Paulo, 2010).

Apesar das disputas de sentido, é inegável que estas duas visões permitiram o aprofundamento da dimensão de comprometimento e política da arte. A discussão persistente ao longo da história da arte em torno deste aspeto revela como fundamental o questionamento de uma visão dicotómica entre conceções de "arte pela arte" e "arte com função social". A dimensão política e comprometimento que são trazidos pela estética relacional e a arte contextual abrem e sublinham espaço para visões como a que perspetiva esta relação como continuamente e desejavelmente tensa (Bishop, 2011). Ou seja, a opção rígida que reporta esta tensão para um binómio com dois caminhos possíveis — "colapso" e "reconciliação" — na relação entre arte e política, não considera as dinâmicas que se exigem nos processos de compreensão das realidades sociais. Para além disso, a dimensão política da arte é algo inevitável e que se configura antes ainda da própria arte negar a existência desta relação (Rancière, 2005). Este autor vai mais longe ao propor que política e arte revelam uma origem comum. A partir da sua ideia de "partilha do sensível", sublinha a formação da comunidade política com base na discordância e apresenta as práticas artísticas como "maneiras de fazer" que intervêm na distribuição geral das maneiras de fazer e nas suas relações com maneiras de ser e formas de visibilidade" (Rancière, 2005, p. 17). Segundo esta perspetiva, a política é essencialmente estética, fundada sobre o mundo sensível, assim como a arte. Por isso, um regime político só pode ser democrático se incentivar a multiplicidade de manifestações dentro de uma comunidade (Rancière, 2005). Concebe-se, aqui, democracia enquanto espaço de conflito e discussão entre diversas opiniões, procurando-se fazer convergir esta diversidade em decisões que espelhem não olhares homogéneos e únicos, mas, pelo contrário, que contenham nelas as diversidades de opiniões expressas (Trend, 1996). Como afirma Arendt (1995), a política e a democracia podem ser fortalecidas, numa visão alargada, na medida em se possam constituir espaços entre pessoas diferentes, com uma relação entre iguais, na sua diversidade. Perspetivando as sociedades como arenas de uma infindável diversidade de experiências, culturas e pessoas, a ação política das sociedades deverá, necessariamente, acompanhar esta diversidade reconhecendo-se a "diversidade na diversidade" (Trickett, 1994, p. 585).

No entanto, a conceção defendida por Rancière (2005) não anula as preocupações legítimas e necessárias relativamente à estetização da política e da politização da arte. É importante atentar nas tendências atuais de estetização da intervenção política, que desviam a atenção das/os cidadãs/os para a forma e a *performance*, em detrimento dos conteúdos em questão. Por outro lado, as críticas relativas a processos de politização da arte prendem-se com algumas tendências de ideologização associadas ao campo da criação. No entanto, esta divisão parece ser artificial, como já se discutiu, traduzindo-se numa forma de vivência e análise do mundo limitada, que pretende estabelecer relações lineares causa-efeito sobre os fenómenos. O relevante, a ser considerado, é a presença de riscos associados a estes processos, mais do que distinguir campos distintos e/ou funções sectorizadas.

No presente momento, urgem ser rompidas estas conceções para que se possam encontrar outras soluções e se valorize a diversidade e o dissenso, tendo em atenção que "a escolha desse termo não procura simplesmente valorizar a diferença e o conflito sob as suas diversas formas: antagonismo social, conflito de opiniões ou multiplicidade das culturas " (Rancière, 1996, p. 368). O autor propõe a ideia de dissenso que se direciona para o que não é normativo e se distancia do senso comum, do que ainda não está definido pelas normas dominantes. Esse pode ser, exatamente, o espaço de subversão gerador da criação e ensaio de outros modos de existência e de relação. A arte, a política e as práticas artísticas comunitárias, particularmente, podem ser vistas como arenas de prática deste dissenso, essenciais no momento atual.

A relação entre arte e política é intensa, profunda, complementar e território de constante disputa, que exige confronto, não perspetivado como algo negativo, mas pelo contrário, como algo que permite novas configurações e alternativas. A arte é parte do real, inspira-o e revela de outras formas esse real de forma poética, e o político necessita da subjetividade da criação artística para se rever e reconfigurar (Cruz, 2015). Esta disputa é, muitas vezes, apresentada como uma "dicotomia acirrada", o que revela "uma incompreensão do fundamento do regime estético, que torna por mutuamente exclusivas duas premissas que se interpenetram, apesar de se afirmarem nos seus sentidos opostos" (Rocha & Kastrup, 2008, p. 100). É a valorização desta tensão e a participação que podem instigar a sociedade atual anestesiada, caracterizada pela indiferença ao outro e perdida no sistema capitalista de produção, tendo nesse processo as práticas artísticas um papel determinante, propondo um afastamento da construção individual e do consumo passivo de cultura e de arte (Bishop, 2006).

Na atualidade, são poucos os lugares onde os assuntos políticos se abrem a ser discutidos e deliberados pelas comunidades de forma inovadora e questionadora da hegemonia neoliberal. Questiona-se, então, se a arte contemporânea, com a sua dimensão política, pode representar a possibilidade de identificar e contribuir para superar situações opressivas e gerar mudanças sociais, indo para além da experiência estética e da desmontagem institucional (Saavedra & Alarcón, 2016). Estes autores propõem uma visão aberta e flexível de arte contemporânea que contemple uma praxis artística com investigação, processo, negociação, e ação da parte dos participantes, os que se convertem em geradores de um projeto comum: mudança de paradigma que dá lugar à criação de uma nova visualidade (carregada de realidade e imaginação), onde se conjugam gestos éticos e estéticos [...] colocando nas mãos das pessoas ferramentas para abordarem horizontes futuros (Saavedra & Alarcón, 2016, p. 7).

1.4.2. A construção da arte comunitária

A arte comunitária, que se consolida nos anos 60 e 70, configura-se como reação às tentativas de uniformização, especialização e comercialização da criação artística e enquanto alternativa aos modos de produção dominantes. Para isso, mobiliza um grupo de não profissionais e/ou pertencente a uma comunidade local para abordar um assunto com o qual exista relação num trabalho longo, que pode ir até dois anos (Pavis, 2014). Para Kelly (1984) a arte comunitária apresenta-se com três objetivos principais distintos

> Primeiro, temos que nos envolver em projetos que explorem modelos alternativos de produção, distribuição e receção cultural. Segundo, temos que manter uma análise clara do que fizemos e do que estamos a fazer, e das formas como isso se enquadra no programa revolucionário que tem por objetivo implementar a democracia cultural. Terceiro, temos que persuadir outros a

unirem-se a nós numa série de alianças expansivas que podem incluir o capitalismo e as suas opressões sistémicas (p. 137).

Num primeiro momento, e mais próximos dos princípios de democratização cultural, os/as artistas com inquietações sociais relacionavam-se com comunidades mais desfavorecidas para desenvolver os seus projetos artísticos, distanciando-se do circuito artístico legitimado (Suess, 2006). Havia também a preocupação de "melhorar os espaços públicos onde vivia a classe trabalhadora, promovendo que fossem os próprios residentes, agentes ativos na transformação desse entorno" (Palacios, 2009, p. 203). Esta abordagem foi muito usual na arte pública que privilegiou a *community-based art* em detrimento de uma intervenção monumental (Szmulewicz, 2012). É destacado o diálogo como parte integral da obra, pensada um processo ativo e generativo que pode criar "fala" e imaginação, para além dos limites das identidades fixadas e dos discursos oficiais (Kocur & Leung, 2005). A *community-based art* privilegiou o encontro, a conexão e o reconhecimento entre a comunidade e obra, propondo à comunidade o desenvolvimento da consciência da possibilidade da autorrepresentação na mesma (Kwon, 2002).

A crítica à conceção de "arte pela arte", ao formalismo e à forma de funcionamento do mercado artístico, abriu espaço para a arte comunitária propor uma ideia de arte profundamente conectada com o seu contexto e não necessariamente com um objeto autónomo. Desenvolveu-se um interesse genuíno pelos/as participantes e as formas de os/as implicar na criação artística o que levou a conceber as obras fora dos circuitos culturais convencionais e legitimados, aproximando-as dos quotidianos (Nardone, 2010; Palacios, 2009).

O movimento inicial da arte comunitária concentra-se na sua componente experimental, inovadora e com preocupação de mudança social vincada, mais próxima dos princípios de democratização cultural numa perspetiva de oferta cultural e do desenvolvimento de projetos "para" as comunidades desfavorecidas (Braden, 1978; Kelly, Lock & Merkel, 1986). Esta abordagem refere-se ao trabalho de artistas profissionais e não profissionais que colaboram, focando na expressão de identidades, preocupações e aspirações na criação artística — "é um processo que constrói o dominio individual e a capacidade cultural colectiva contribuindo para a mudança social" (Goldbard,

2006, p. 20). Ou seja, a relação de artistas profissionais e não profissionais era estabelecida com base numa ideia de necessidade de um/a, que o/a outro/a poderia suprir. No entanto, esta abordagem foi evoluindo no sentido de uma mudança conceptual orientada para a democracia cultural, que reconhece a diversidade cultural das comunidades, assumindo-as no desenvolvimento autónomo das suas práticas (Morgan, 1995; Nogueira, 2008; Roitter, 2009).

Apesar das críticas que apontam para riscos de populismo e voluntarismo, a abordagem da arte comunitária passa, então, a caracterizar-se por uma mudança de conceção e considera um trabalho "com" as comunidades, reconhecendo a sua postura ativa de construção e a necessidade de acesso aos modos de produção cultural e artística (Suess, 2006). Este período enquadra-se na 3ª geração de políticas culturais que concebem o acesso e participação nas diferentes fases dos processos criativos, a que alguns autores também chamaram de "assistência social radical" (Lopes, 2009; Nardone, 2010). Esta visão acrescenta aos anteriores "para" e "com" as comunidades, o "pelas" e "das" comunidades, ou seja, estas passam a fazer parte integral dos processos criativos e dos seus resultados (Nogueira, 2008). Defende-se que o desenvolvimento cultural das comunidades passa pela criação artística, tornando-se este não o objeto das práticas, mas sim o seu próprio objetivo (Goldbard, 2006). Esta proposta, no entanto, foi acompanhada de receios de que o foco dado, prioritariamente, ao processo colocasse em questão a qualidade artística, assim como o excesso de profissionalização das/os envolvidas/os e fragilizasse a motivação de transformação social destas práticas (Koopman, 2007; Nardone, 2010).

Uma das principais características da arte comunitária é, exatamente, a criação artística ser baseada na comunidade, e o processo criativo acontecer integrado no quotidiano comunitário (Congdon & Blandy, 2003). Putland (2008) sublinha também esta relação intrínseca, não utilizando a designação de públicos, mas antes a de participação ativa de pessoas e grupos, destacando a intencionalidade ampla de gerar bem-estar da arte comunitária. Neste ponto Palacios (2009) é mais directivo associando a arte comunitária

> a um tipo de práticas que procuram uma implicação com o contexto social, que perseguem, acima das realizações estéticas,

> um beneficio ou melhoria social e sobretudo, que favorecem a colaboração e a participação das comunidades implicadas na realização da obra [...] o artista delega parte das suas funções tradicionais no grupo e o conceito de obra artística transforma-se pelo seu carácter processual e de intervenção social (p. 203).

Aliás, principalmente as propostas da América Latina, orientam-se e sublinham a componente comunitária, sendo estas práticas, principalmente, associadas à procura de vínculos de carácter comunitário (Wortman, 2001). Desta forma, a arte comunitária é entendida como um recurso na resolução de problemas que ultrapassam o âmbito cultural (Lacarrieu, 2008). É nesta linha que Koopman (2007) acrescenta que esta abordagem se centra em grupos específicos, nas suas necessidades e preferências, chegando a pessoas distanciadas de circuitos legitimados de arte e convocando-as para o envolvimento em actividades artísticas que permitem o acesso a competências artísticas. No entanto, esta perspetiva é colmatada por diferentes autores/as que reconhecem que as comunidades apresentam os seus próprios recursos, desde logo as suas estéticas específicas, desfocando, exclusivamente, de uma ideia de deficit, nomeadamente, artístico (Boal, 1977; Lacarrieu, 2008; Sonn, Drew & Kasat, 2002).

Numa proposta de definição mais recente, que procura integrar as anteriores, Matarasso (2019) entende a arte comunitária como a "criação de arte como direito humano, por artistas profissionais e não profissionais, que cooperam entre iguais, para propósitos e com padrões estabelecidos em conjunto, e cujos processos, produtos e resultados não podem ser conhecidos antecipadamente" (p. 56). Outros/as autores/as completam as propostas avançadas perspetivando a arte comunitária enquanto um conjunto de práticas artísticas, de carácter inclusivo, baseadas nas comunidades, que se constituem em atividades criativas grupais assentes na horizontalidade e na participação das comunidades, com uma finalidade artística e social (Bezelga, Cruz & Aguiar, 2016; Bidegain, 2007; Kuppers, 2007; Nardone, 2010; Wald, 2009). Caracteriza-se por se desenvolver recorrendo a linguagens artísticas distintas em espaços diversos, com financiamentos muito diferentes e trabalho não necessariamente renumerado, cruzando artistas profissionais com não profissionais (Bezelga, Cruz & Aguiar,

2016; Cohen-Cruz, 2005; Crehan, 2011). Para distintos autores/as, a arte comunitária tem o seu foco no grupo e nas suas necessidades, nas atividades, mais do que no produto final, e na aprendizagem informal, que também pode envolver um/a professor/a ou facilitador/a (Cruz & Serafino, 2016; Erven 2013; Kester, 2004; Koopman, 2007; Mora & Oliveira, 2019) .

Das várias conceções avançadas é certo que elementos como a crítica e urgência de combater as hierarquias culturais, a crença na coautoria e o potencial criativo de todos/as, independentemente das suas especificidades, são consensuais (Cruz, 2021; Erven, 2013; Nardone, 2010; Suess, 2006; Wilson, Gross & Bull, 2017). A estes pontos acrescenta-se ainda, embora seja apenas referido em algumas abordagens, a necessidade destas práticas não serem centradas apenas nas populações desfavorecidas, mas em toda a população, de forma transversal (Cruz, 2015, 2019; Greco, 2007). Exemplos disso são os espaços ligados a movimentos sociais e de cidadania que se transformam em centros culturais, destinados não apenas às populações fragilizadas, constituindo-se, antes, como espaços autorreferenciais (e.g., fábricas ocupadas e recuperadas ou assembleias de bairro) (Wortman, 2005). Numa visão mais abrangente, Negri (2011) considerou que qualquer tipo de mudança pode ser uma forma de arte comunitária. Desta forma, tentou contrariar a ideia que integra a arte comunitária como uma componente da mudança social, alargando a sua definição a uma proposta com o objetivo do bem comum e que envolve todos os protagonistas que se empenham no desenvolvimento de mudanças sociais, económicas, tecnológicas e ecológicas. O desafio passa, exatamente, pelas formas como são articulados estes distintos contributos na arena comum da arte comunitária (Bruyne & Gielen, 2011).

Em síntese, a arte comunitária encontra-se inscrita, principalmente, na produção dos países anglo saxónicos (e.g. Grã-Bretanha, E.U.A. e Austrália), sendo as suas definições, por esse mesmo motivo, muito associadas a estes contextos. O ambiente propício ao desenvolvimento da arte comunitária configura-a com base nos princípios da democracia cultural, ou seja, alicerçada num movimento de questionamento e distanciamento do sistema capitalista e da visão de arte elitista, sem ligação à maior parte da população. A sua definição não é naturalmente simples, nem tão pouco consensual, remetendo para os percursos, premissas e urgências que tem convocado um pouco por todo o mundo, obviamente considerando as idiossincrasias locais. A arte comunitária resulta do cruzamento de contributos de diferentes áreas e estimula distintas visões do mundo o que, muitas vezes, pode resultar numa perceção de dispersão e superficialidade no trabalho desenvolvido. Por outro lado, é exatamente nesta característica de diversidade e na capacidade de confrontar distintas culturas e opiniões, gerando dissonância cognitiva e produzindo a construção de outras possibilidades de abordagem da realidade, onde se encerra uma das suas principais potencialidades. Talvez por estes motivos, é interessante verificar que as suas definições se inscreveram com dificuldade na história da arte, que durante muito tempo privilegiou, exclusivamente, o sistema de criação artística baseado no/a autor/a e no individual, tendo partido, em muitos casos, as tentativas da sua construção conceptual de outras áreas disciplinares.

1.4.3. A viragem da arte comunitária para a arte participativa

Os anos 1980 são, na arte comunitária, um período fundamental para a sua institucionalização. Em vários países, principalmente nos anglo-saxónicos, desenvolveram-se políticas públicas de apoio a estas práticas com a intenção de as fazer chegar às populações com limitações no seu acesso devido a circunstâncias económicas, geográficas e sociais (Pitts & Watt, 2001). A estruturação destas políticas permitiu o reforço da ação da arte comunitária, mas trouxe consigo, simultaneamente, fragilidades associadas à liberdade criativa e a uma menor capacidade de ação reivindicativa (Kwon, 2002; Matarasso, 2019). No entanto, o avanço do neoliberalismo, nas políticas sociais, culturais e económicas, e os ataques ao Estado-Providência deixam a arte comunitária enfraquecida e, gradualmente, com o seu financiamento reduzido. Os anos 1990 são ainda mais severos e reduzem estas práticas a uma resposta à necessidade de gerarem valor e garantirem impacto social, contribuindo para que os grupos e artistas se aproximassemcadavezmaisdasáreassocial, educativa, da justiça e da saúde (Kwon, 2002; Putland, 2008; Wong, 2016). Gradualmente, evoluiu-

-se para a chamada arte participativa (Bishop, 2006; Erven, 2001; Kester, 2011; Kravagna, 1999), conceção proveniente do campo das artes plásticas e, mais tarde, apropriada pelas artes performativas.

Nesta nova fase, a arte participativa sublinhou uma abordagem mais individual, ou seja, centrada no desenvolvimento de competências pessoais e sociais das pessoas envolvidas. Esta visão tentou colmatar as lacunas que as abordagens tradicionais da área social não estavam a conseguir resolver, diminuindo o papel central que a dimensão estrutural tem na resolução destes problemas. No entanto, a sua definição não fica por aqui. Tal como a arte comunitária, a arte participativa é considerada um

> movimento que acontece no mundo inteiro, mas que académicos, políticos e mesmo os próprios praticantes consideram extremamente difícil classificar. É consensual que os artistas que se envolvem nesta forma de criar partilham elementos metodológicos significativos, estratégias de organização, e preocupações complexas, tais como a eficácia do seu trabalho, questões sobre a ética de artistas de classe-média que trabalham com grupos periféricos, e sobre estética e status da arte participativa como uma forma de arte distinta (Erven, 2001, p. 2).

Esta conceção propõe uma ideia de criação artística que envolve as pessoas das comunidades que desenvolvem formas de compreensão e apropriação das linguagens artísticas durante o próprio processo, sendo o motivo da sua reunião o propósito de produzir objetos artísticos. Concretizando, numa abordagem teatral, por exemplo, estas práticas poderão traduzir-se em processos de criação coletiva baseados nas histórias das pessoas e lugares, não partindo de uma dramaturgia previamente existente, mas que é gerada normalmente a partir de exercícios de improvisação (Bidegain, 2007; Cohen-Cruz, 2005; Erven, 2001; Prentki, 2009). Na mesma linha, a proposta de Matarasso (2019), intencionalmente sintetizada e alargada, considera a arte participativa "a criação de um trabalho artístico por artistas profissionais com artistas não profissionais" (p. 52). Ou seja, o fundamental é o facto desta criação assegurar os elementos que permitem distinguir um trabalho artístico de um social e/ou educativo. O autor destaca, ainda, três características fundamentais que a arte participativa deve integrar: "uma estrutura teórica e estética que orienta quem está envolvido; a duração no tempo, com princípio, meio e fim; e a apresentação da criação" (Matarasso, 2017, p. 2).

Finalmente, a terminologia proveniente das artes visuais — *socially engaged art* — apresenta-se com um sentido muito próximo das definições anteriores. Esta abordagem perspetiva uma ação dos/as artistas e organizações culturais centrada nos processos, procurando que estes se integrem nas comunidades com que trabalham. Esta postura tenta abordar as necessidades sentidas pelas comunidades enquanto elementos fundamentais na criação artística, levando em conta que as trocas comunicativas são essenciais na vida social, "as conversas organizadas permitem que as pessoas se envolvam com as outras, criem comunidade, aprendam juntas ou simplesmente partilhem experiências sem ir mais longe" (Helguera, 2011, p. 40).

A visão da arte participativa é fortalecida com o reconhecimento da relevância da dimensão social na arte contemporânea nos anos 2000, sendo a enfâse colocada no "como" as colaborações se desenvolvem e direcionada para o quão bem-sucedida é a colaboração desenvolvida pelos/as artistas (Bishop, 2006). Mais recentemente, a arte contemporânea parece estar menos interessada na estética relacional e mais nas conquistas criativas para a participação, seja com comunidades ou no estabelecimento de uma rede interdisciplinar própria. Estes trabalhos estão, assim, cada vez mais ligados à valorização da criatividade enquanto motor que enriquece a ação coletiva e as ideias partilhadas. Nos últimos anos, a tendência do campo artístico para o aprofundamento da sua dimensão participativa tem vindo a potenciar-se o que tem permitido um maior interesse pela arte participativa e uma "renovada" arte comunitária, de forma distinta do que aconteceu no passado.

1.4.4. As visões do artivismo e da "arte em comum"

O *artivismo* (Duncombe, 2016; Raposo, 2015) é uma das propostas que tem vindo a cruzar os campos da política e da arte e ganhando uma potente força expressiva nos últimos anos. Segundo Raposo

(2015), o *artivismo* traduz-se na utilização de inúmeras linguagens e plataformas para explicitar, comentar e expressar visões do mundo e de produzir pensamento crítico, [sendo possível] intervir poética e performativamente e construir espaços de comunicação e de opinião no campo político — arte de rua, ações diretas, *performances*, vídeo-art, rádio, culture jamming, hacktivism, subvertising, arte urbana, manifestos e manifestações ou desobediência civil, entre outras (p. 4).

O terreno do *artivismo* é complexo, ambíguo e instável, muito por conta das múltiplas perspetivas que convoca, cruzando historicamente a tensão e relação orgânica entre política e arte, assim como um sentido de resistência e subversão (Sandoval & Latorre, 2008). Na sua definição, convoca-se o ativismo, relativo às mais diversas causas, enquanto espaço de aprofundamento da solidariedade na procura da transgressão invocando um "sentido de identidade partilhada", que pode ser entendido como "qualquer ação positiva — fazer algo — que tem implicações concretas, e geralmente imediatas, sobre os seus alvos" (Jordan, 2002, p. 11). Assumindo-se este ponto de partida, cruzado com o olhar artístico, destaca-se

> a sua natureza estética e simbólica [que] amplifica, sensibiliza, reflete e interroga temas e situações num dado contexto histórico e social, visando a mudança ou a resistência. *Artivismo* consolida-se assim como causa e reivindicação social e simultaneamente como ruptura artística — nomeadamente, pela proposição de cenários, paisagens e ecologias alternativas de fruição, de participação e de criação artística (Raposo, 2015, p. 5).

Neste contexto é relevante serem abordados os princípios fundamentais do *artivismo* que se sintetizam, segundo Duncombe (2016), nos seguintes pontos:

- — gerar diálogo em torno de tópicos ignorados ou pouco comuns;
- — construir e manter comunidade;
- — fazer um lugar, ou seja, criar espaços onde as pessoas se encontram e se criam outras formas de pensar e estar;

convite à participação;

— perspetivar as pessoas mais do que "consumidores/as" como "produtores/as", mais do que "espectadores/as" como "colaboradores/as";
— transformar ambiente e experiência, propondo a alteração de experiências ambientais e práticas corporais das pessoas;
— revelar a realidade, ou seja, dar visibilidade uma realidade que de outra forma permanecia oculta;
— alterar a perceção, que pode passar por transformar a forma como as pessoas percebem a realidade, desfuncionalizar o mundo como ele é;
— criar interrupção, desafiar a forma como as pessoas geralmente pensam uma situação;
— *inspire dreaming*, conseguir visualizar um mundo alternativo;
ter utilidade, ou seja, práticas que respondam a algo necessário;
— expressão política, o sucesso da obra é determinado pela forma como transmite o sentimento artístico sobre o momento político;
— incentivo à experimentação e negar a instrumentalidade, ou seja, nem tudo tem que ter uma função.

Outra perspetiva, próxima desta, defende a evolução dos conceitos de arte comunitária e arte em comunidade integrando, no âmbito destas práticas artísticas, ações fora da lógica do mercado e estado. Recorrendo a uma proposta mais flexível, autónoma, diversa e baseada na auto-organização está-se perante o que se chamaria "arte em comum" (Oliveira, 2017; Otte & Gielen, 2019). Contempla-se na noção de comum a sua "dimensão conflituosa", reconhecendo-a, e não a considerando como um lamentável "efeito colateral" que se deveria evitar. Assim, o comum não se refere a uma "governança" pacífica que funciona de base ao consenso, não se constitui, não se perpetua e não se expande de outro modo senão no conflito e através dele (Dardor & Laval, 2015).

Esta abordagem, "arte em comum", defende a reciprocidade, a colaboração entre as pessoas de forma a gerar de "um modo independente, novos produtos e serviços, materiais ou imateriais, que ficam disponíveis para todos" (Otte & Gielsen, p. 14). Por essa razão, esta perspetiva propõe chamar a "arte em comunidade" de "arte em comum", pelo facto de "[...] não haver adesão às necessidades civis, e não atuarem nem no mercado, nem no domínio público dos governos" (Otte & Gielen, 2019, p. 14). Sublinha-se a possibilidade não apenas da produção de bens com as suas práticas, mas sim de se criarem novas opções de ação. Esta abordagem defende, ainda, que o/a "artista do comum", seria aquele/a que conseguisse captar as necessidades de uma comunidade especifica, do/a "outro/a", para, então, as canalizar para uma criatividade partilhada, não se focando apenas nas suas ideias criativas e trabalhos autónomos, mas sim numa visão alargada de comunidade, definindo-se como parte integrante da mesma e não especificamente de um mundo à parte, o da arte, separado da vida (Otte & Gielen, 2019). Esta visão encara a pulsão da arte como decisiva na ativação de espaços dialógicos e de confronto de ideias que (re)imaginem as realidades disputadas pelos grandes poderes económicos. A partir destas paisagens (re)desenhadas de forma partilhada podem-se abrir outras formas de imaginar a comunidade projetando-se, assim, outros territórios e lugares, para a arte e para a política (Quezada, 2016).

As práticas artísticas comunitárias, consolidadas a partir das abordagens da arte participativa e da arte comunitária, revelam alguns elementos que são recuperados e atualizados pelas propostas da "arte em comum" e do *artivismo*. Particularmente, perante o período que se vive, faz todo o sentido revisitar, atualizar e reinventar premissas e princípios, clarificando-se em que consistem hoje as práticas artísticas comunitárias. Para isso, é relevante que este exercício não tenda para uma homogeneização, mas antes que potencie a diversidade como base destas práticas.

1.4.5. O teatro e as suas características comunitárias como opção desta investigação

A conceção do fazer teatral, pela qual aqui se opta, reúne um conjunto de características que remetem para um funcionamento baseado em princípios comunitários, instigadas por distintas abordagens teatrais. O espaço de criação teatral, ambíguo e aberto na sua essência, define-se no contexto deste livro, como eminentemente coletivo, convocando distintas configurações metodológicas, assim como outras linguagens artísticas numa abordagem à criação integrada, multidisciplinar e híbrida (Pavis, 2014). A ideia de teatro aqui mobilizada apresenta elementos da tradição ocidental grega, mas também da arte da *performance* (Pavis, 2014). O enfoque construído suporta-se em determinados contributos que se destacam, essencialmente, para o diálogo entre teatro e política. Para isso, são convocados os contributos do teatro grego, da *commedia dell' arte*, mas também as relevantes inspirações teatrais do séc. XX, principalmente na sua segunda metade. Neste período, em particular, destaca-se uma abordagem do teatro que rejeita uma visão textocêntrica, no sentido mais convencional, assumindo a teatralidade, criatividade e expressividade em todos os espaços possíveis e com múltiplas incorporações, que correspondem às desconstruções ocidentais e às expressões não ocidentais (Guinsburg, 2014; Lehmann, 2007).

Neste exercício de fundamentação, mobiliza-se a definição de teatro expandido, próxima do que se consideram ser as principais características do teatro no séc. XXI (Fernandes, 2018; Monteiro, 2016). Esta proposta destaca a relevância das distintas formas e contextos para o fazer teatral, o cruzamento de linguagens artísticas e as relações porosas e intensas entre teatro e vida (Krauss, 1979/2008). Perspetiva-se o teatro como espaço de convergência entre conhecimentos oriundos das artes performativas, visuais, do audiovisual e mais especificamente da tecnologia (Monteiro, 2016). Outro aspeto mobilizador desta opção remete para a constatação dos percursos históricos e atuais da criação teatral em diálogo com as comunidades locais, revelando-se uma forte tradição e implementação destas formas quer no contexto português, quer no brasileiro e relações entre os dois. O facto de a criação teatral ser conectada à criação baseada num coletivo, sendo pouco comum ser produzida individualmente, é algo igualmente fundamental a considerar para fundamentar esta escolha.

As manifestações teatrais são associadas, desde a Antiga Grécia, ao sagrado e às festas e procissões dionisíacas,[10] assim como ao

10 As procissões dionisíacas que se deslocavam até à ágora eram constituídas pelos cidadãos comuns que assumiam como privilégio a participação nestas manifestações. Claro que não se pode deixar de referir que nestas atividades os escravos e as mulheres não participavam o que revela as maiores contradições na ideia da civilização grega e democracia que chega até nós.

conceito de *pólis*.[11] Nesse contexto, o envolvimento da/o cidadã/o individual em atividades diversas (políticas, financeiras, militares e recreativas) de interesse coletivo era usual no funcionamento da *pólis* e a sua associação às festas dionisíacas servia de suporte para um "espaço e um tempo específicos para a realização dos espetáculos teatrais" (Andrade, 2013, p. 39). Neste sentido, no envolvimento das/os cidadãs/os nas atividades recreativas

> [...] destaca-se sobremaneira o fenómeno teatral, enquanto força viva que espelha intensamente a maneira como se cruzam e interpelam a aura identitária do *polites* (o cidadão que partilha "interesses comuns" enquanto membro de uma *pólis*) e a do *idiotes* (o indivíduo e os "interesses "privados" que o marcam), acompanhando assim de perto as tensões e desafios a que a *pólis* vai sendo sujeita (Leão, 2015, p. 19).

Os problemas comuns da *pólis* eram convocados para o teatro de uma forma metafórica, num ambiente de forte vivência política, onde os/as mesmos/as cidadãos/ãs se cruzavam enquanto espectadores/as das representações teatrais e nas discussões de funcionamento democrático, ligando-se as esferas da democracia, justiça e teatro. Em síntese, os assuntos da pólis eram abordados poeticamente nas manifestações teatrais. Neste sentido, por exemplo, a tragédia grega[12] assentava no mito, carácter, elocução, pensamento, espetáculo e melopeia, consistindo numa "imitação de uma ação de carácter elevado" com o objetivo de provocar o "terror e a piedade" (Poética, 1449/50, citado em Andrade, 2013, p. 49). É interessante verificar o quanto a cidade tem sido palco privilegiado do fazer teatral, o

> teatro nasceu na e para a cidade. Político, social, mostra por palavras e acções os feitos e as fragilidades dos homens [sic].

11 A *pólis* é perspetivada como uma associação local com o objetivo de segurança comum que se transformou no centro de atividades intelectuais, morais, estéticas e sociais. Define-se como um território de disputa e equilíbrio entre as dimensões individual e coletiva, sendo a ágora o símbolo de espaço público e da política (Kitto, 1990).

12 Considera-se como um género que deu origem a um outro campo da cultura grega, associada aos mitos de heróis que conquistou um lugar próprio o do teatro, como algo distinto, relativamente à dança ritual e celebração dos deuses (Finley, 1963).

Neste sentido, todo o teatro é originariamente tragédia, porque trata da condição humana e do destino no seio de uma cidade" (Ribeiro, 2000, p. 37-38).

O coro, elemento transversal à criação artística grega, assumia-se como um dispositivo fundamental nas representações pelas suas dimensões narrativa, dramática, mimética e festiva. Permitindo a participação de um grande número de cidadãs/ãos e assumindo a sua heterogeneidade, estas massas humanas, procuravam concretizar o coletivo, expressando as comunidades (Andrade, 2013). Enquanto espaço de síntese entre individual e coletivo onde se confrontavam diferentes corpos, identidades e memórias, o coro era "composto por forças não individualizadas, frequentemente abstratas, representando interesses morais ou políticos superiores, expressando ideias e sentimentos gerais" (Hegel, citado em Pavis, 1998, p. 96). É de destacar a sua abertura à participação ativa do público, a sua reciprocidade e reconhecimento, garantindo-se que, de alguma forma, os/as mais "talentosos/as" não se sobrepunham aos restantes (Bernardi, 2004). Estes aspetos remetem ao uso atual do coro pelo teatro comunitário, apesar de ter sido um dispositivo do qual o teatro se afastou, sendo mesmo referido como o terror dos encenadores — "Quase nunca funciona" (Ley, 2007, p. 114).

As características, da criação teatral na Antiga Grécia, funcionam como inspiração para o que são considerados elementos fundamentais do teatro comunitário. Ou seja, "a função social e política do teatro, a conjugação entre tradições seculares e inovações artísticas, a importância dos mitos e da memória bem como aspetos relacionados com a conceção, organização ou financiamento dos festivais dramáticos" são pontos fundamentais para o que se veio a designar de teatro comunitário (Andrade, 2013, p. 48).

A abordagem do teatro comunitário baseia-se, também, numa tentativa de restabelecer essas conexões com o público, tentando-se ultrapassar a ideia de espetáculo apenas "como um conjunto de imagens, mas como uma relação social entre pessoas, mediatizada por imagens" (Debord, 2017, p. 38). Procura-se, ao mesmo tempo, sublinhar a componente participativa, destacando-se que o teatro envolve sempre uma participação física, emocional e intelectual do público.

A relevância para esta discussão da *commedia dell' arte* é incontornável, enquanto forma de teatro popular com origem em Itália no séc. XV que se propôs a uma aproximação do povo e a um afastamento do teatro erudito e literário. Entre as suas várias características, como ser baseado na criação coletiva, destaca-se a sua vocação para o espaço público (Vendramini, 2001). Os espetáculos aconteciam nas praças e ruas, permitindo, desta forma, o acesso a um público vasto e diverso e garantido a sua participação, contemplando na sua estrutura base a possibilidade de improvisação com o público. A relevância dada aos espaços públicos e a forma próxima como a *commedia dell' arte* dialogava com as comunidades e com suas identidades e dinâmicas faz deste género teatral uma inspiração para as conceções atuais de teatro comunitário.

O início do século XX é marcado pelo surgimento do teatro de *agit-prop*[13] e do teatro épico desenvolvido por Meyerhold (1969), Piscator (1967) e Brecht (1957/1964). A principal motivação do teatro de *agit-prop*, era a política, baseando-se numa ação ideológica e na crítica ao universo burguês e referindo-se ao fazer teatral que sobrepõe a ideologia à estética. Esta proposta teatral teve o seu início a partir de um movimento que integrou trabalhadores, estudantes, militares e artistas. Foi responsável por redefinir a relação entre ator e público, fazendo uma profunda revisão da tradição do teatro popular e ganhando um alcance inédito na história teatral russa e europeia (Nascimento, 2019).

O teatro épico, influenciado pelo teatro político, convida o/a espectador/a a tomar decisões e a desenvolver conhecimentos e argumentos, assente na ideia de transformação. No que se refere ao teatro político, assumir que todo o teatro é político, não deixando de ser verdade é, no entanto, uma análise limitada deste movimento e procura resolver a necessidade de afastamento do teatro de *agit-prop*, que se tonou pejorativo. No entanto, Lehmann (2007) sugere que para o teatro ser político terá que abandonar a significação e destituição de categorias tradicionais do que é o político optando-se por uma "política da perceção" em ligação com uma "estética da respon-

13 Designação que provém do russo *agitatsiya-propaganda:* agitação e propaganda (Pavis, 1998, p. 441).

sabilidade" (Lehmann, 2007). O teatro político "denuncia o estado das coisas, tenta convencer o público a observar a política e a vida social com um olhar crítico" (Pavis, 2017, p. 240). O teatro político é hoje muito distinto do seu carácter militante e de comunicação direta inicial. Esta tendência intensificou-se desde os anos 1960 e assume hoje, desde a crise financeira mundial de 2008, novas configurações, tentando o teatro e as artes acompanhar os distintos formatos políticos que têm emergido (Malina, 2012/2017; Pavis, 2017). Apesar das suas origens na Antiga Grécia, onde a vida da pólis era convocada para a representação, só no séc. XVIII, no contexto europeu, e mais tarde no séc. XX, se assumiu o teatro político baseado na ideologia enquanto arma política. Para isso, foram determinantes as propostas de Piscator como

> a rutura da quarta parede, o uso da narração e a utilização épica de filme e vídeo, demasiadas vezes carecem de um elemento essencial: o elenco empenhado, um grupo que tenha questionando os significados e a interpretação da peça e seus personagens e analisado seu significado social (Malina, 2012/2017, p. 285).

Na sequência do teatro político de Piscator (1967) e no ambiente vivido na sequência da Revolução Russa, Brecht (1957/1964) propõe o conceito de distanciamento. Este elemento, central na abordagem deste autor, baseia-se na ideia de estranhamento que suscita uma revisão de atitudes e factos perante os quais o/a espectador/a perde perspetiva crítica, dado a sua familiarização. Remete para

> uma técnica [...] que permite retratar acontecimentos humanos e sociais, de maneira a serem considerados insólitos, necessitando de explicação, e não tidos como gratuitos ou meramente naturais. A finalidade deste efeito é fornecer ao espectador, situado de um ponto de vista social, a possibilidade de exercer uma crítica construtiva. (Brecht, 1967, p. 148).

O distanciamento potencia uma postura crítica do público que através deste distanciamento da ação tem acesso a uma visão externa da mesma, e por isso, mais ampla e complexa. Este posicionamento pode estimular, para além da componente emocional, a racional, em linha com o momento histórico e as distintas áreas do conhecimento, sendo por isso fundamental para o desenvolvimento de uma função social e política do teatro. O distanciamento brechtiano propõe, tal como a proposta de Piscator (1967), a extinção da quarta parede e a distinção entre protagonista e espectador. O/A ator/atriz é, assim, observado/a, mas também se observa enquanto se desenrola a representação, assim como o público tem um papel ativo porque participa na receção da obra. Ou seja, na abordagem brechtiana

> a autonomia da produção de sentido do espectador fica definitivamente reconhecida, constatando-se que é a ele que cabe a tomada de consciência do diálogo a encetar com os signos cénicos e a interpretação dos mesmos e que é, em última instância, da sua responsabilidade e que desta forma empreende explicitamente um ato autoral (Correia, 2014, p. 202).

A perspetiva do teatro épico coloca a função social do teatro em evidência e os múltiplos olhares que esta propõe, assim como uma montagem baseada em "golpes".[14] Outro elemento que se destaca na sua proposta relaciona-se com uma nova aproximação ao dispositivo do coro, assumindo-o como um conjunto de múltiplos olhares que tende a sobrepor-se a uma ideia mais linear que o texto poderia propor (Bezelga, 2015).

O contributo de Brecht foi fundamental e revolucionário para a teoria e prática do teatro, trazendo um outro olhar sobre a função social de teatro, baseado nas questões sociais e humanas do momento e perspetivando como parte ativa de um processo de politização e tomada de consciência. A proposta brechtiana pretendia uma democratização teatral, propondo-se chegar a outros espaços e públicos, numa ótica de fruição estética e reflexão crítica sobre as questões essenciais do momento. O seu objetivo passava por romper a postura passiva de contemplação da parte do público, procurando uma comunicação interativa e assumindo-se, assim, a função pedagógica e política da

14 Esta ideia sintetiza-se numa "narrativa que avança aos golpes, interrompendo a identificação do espectador com o protagonista, distanciando-se da ação e inserindo-o na ação" (Desgranges, 2003, p. 129).

arte. É importante contextualizar a sua proposta de peças didáticas,[15] que tinham como objetivo ativar o questionamento a partir da ação dramática, no mesmo momento das experimentações cinematográficas e da imprensa operária (Frederico, 2010).

Apesar da separação entre teatro moderno e pós-moderno ser considerada artificial e centrada no contexto europeu, é relevante destacar as propostas diferenciadoras que se experimentaram. A abordagem teatral abriu-se ao cruzamento de linguagens artísticas rejeitando a releitura radical dos clássicos ou a interpretação inédita e original de obras, sugerindo-se processos de aceitação de outras leituras possíveis (Pavis, 2017).

Neste movimento, a *performance* assume um papel central no sentido em que "nenhum centro, nenhuma identidade estável controla mais o texto ou a representação" (Pavis, 2017, p. 263), sendo a emancipação da *performance* perante o texto literário a principal intenção. A procura de uma mensagem para decifrar a obra ou a ideia de autor original dão lugar à valorização da hibridez, do contraditório e do intercultural nos temas e estéticas. Como afirma Pavis (2017), o fim dos "grandes relatos" "[...] repercute na ausência narrativa, de

15 Brecht dedicou-se a pesquisar novas formas para abordar os temas que emergiam da realidade através da experimentação dos modelos da ópera, parábola e tragédia. Os textos que compõem as chamadas peças didáticas foram escritos no período entre as duas guerras marcado por uma forte instabilidade económica e política que, inevitavelmente, contaminou os mesmos. A sua escrita configurou-se em formas narrativas que pudessem ser alvo de reflexão, contribuindo, inclusivamente, para discutir o próprio teatro (Teixeira, 2014). Para o autor eram essenciais a dimensão didática e a transformação dos fatores de prazer em fatores de aprendizagem, assim como a transformação de "instituições de recreio" em "órgãos de instrução" (Brecht, 1967, p. 38). As peças didáticas são resultado das experiências de Brecht com a ópera e a experimentação sociológica do "Processo dos Três Vinténs" assumidas como estratégias político-estéticas (Teixeira, 2014). Estas peças foram concebidas para serem trabalhadas com operários/as e/ou outras/os cidadãs/os, e não com atores/atrizes. Para além disso, o autor defendia a ideia de que os públicos não deveriam entrar no teatro para esquecer a vida e o mundo exterior, mas antes para exercitar a dialética proposta pelos textos que, cenicamente, propunham um envolvimento ativo e imediato dos públicos nos dilemas das personagens (Coutinho, 2012). Como o próprio afirmou "a peça didática ensina quando nela se atua, não quando se é espetador" (Brecht, 1991, p. 16). As peças didáticas revelavam, essencialmente, preocupações pedagógicas, sublinhando a necessidade de rejeitar a "diversão perdulária" e reclamando "um procedimento que reunisse teatro, política e aprendizagem" (Koudela, 1991, p. 15). Para isso definiu-se como fundamental um fazer teatral que ao mesmo tempo implicasse ser atuante e observador/a, assumindo, neste processo, o jogo teatral uma função central (Koudela, 1991). Esta ideia de fim da separação entre atuação e observação remete para a assunção de uma ideia de espetadores ativos, em vez de reduzidos a um papel passivo, contribuindo, desta forma, para integrar no fazer teatral a dimensão artística, e coletiva, a atitude crítica e o comportamento político (Coutinho, 2012).

releitura dramatúrgica sistemática, mas não significa por isso o fim do relato [...] as formas são somente diferentes." (p. 263). As quatro características do cinema pós-moderno (Hayward, 2006) podem associar-se a esta fase do teatro: simulação, pré-fabricação, intertextualidade e bricolagem. Neste contexto, com base nestes elementos, em que a reverência ao cânone vais sendo substituída, eclodem, por exemplo, o teatro performativo (Ferál, 2008), teatro imersivo (Rutherford, 2013; White, 2012) e o novo teatro documental (Dawson, 1999; Weiss, 1968).

A definição de teatro pós-dramático é muito próxima da de teatro pós-moderno sendo infinito em extensão e compreensão, evidenciando as características do pós-modernismo: a fragmentação, a perda da historicidade e a valorização do específico (Pavis, 2017). A definição de Lehmann (2007) coloca a ênfase na *performance*, no corpo vivo e não mimético e nas suas relações com o material que o rodeia. Considera-se o teatro para além do drama, incluindo nesta abordagem espetáculos de todos os géneros, artes visuais, cultura académica e literária. Procura-se, assim, romper com a hegemonia do texto composto por diálogos entre personagens no teatro, explorando-se um conceito expandido de drama.

É neste contexto que, a partir da segunda metade do séc. XX, a *performance* e o *happening*, assentes na intensa componente experimental, se assumem como as configurações centrais no panorama da criação. A interpretação é contaminada pelo carácter gestual, destacando-se em simultâneo o desenvolvimento do *work in progress* e a *body art*. A criação coletiva conquista um forte espaço, passando a ser o foco do trabalho dos grupos baseados na *performance* e não na visão artística de um/a único/a "mestre" (Carlson, 2015). As incorporações do real no teatro, já presentes noutros momentos da sua história, ganham força com o chamado *site-specific*, propondo-se ao público ambientes calculadamente ambíguos, que não eram constituídos nem de materiais não miméticos aleatórios, nem selecionados (Carlson, 2015). Neste período, destaca-se o trabalho marcante de grupos como o *Living Theatre*, *Open-Theatre*, *Performig Group*, *People Show* e o *Welfare State*. São, igualmente, (re)convocadas as ações de Grotowski (1975) e as práticas ritualísticas. Neste último ponto, as propostas de cariz antropológico do teatro e da *performance* destacam, entre outros elementos, a importância do papel, da *performance* do quotidiano, da festa, da celebração e de outros rituais e manifestações culturais populares (Barba, 1994; Schechner, 1985). É convocada a ação, o aleatório, o espaço liminar[16] e o simbólico, a catarse e o *embodiment*[17] (Bezelga, 2012; Chafirovitch, 2016). No sentido de diferenciar teatro e *performance* Schechner (1988) construiu o argumento seguinte "[...] o teatro é um conjunto específico de gestos executados pelos intérpretes num determinado espetáculo; a *performance* é todo o evento, incluindo público e intérpretes (atores/atrizes, técnicos/as e todos os demais intervenientes no processo)" (p. 87). Destaca-se ainda o carácter experiencial e vivencial da *performance* como responsável pela ativação de processos de descentralização, intersubjetividade e coautoria (Muller, 1996).

O modelo performativo com base na troca e no encontro que sublinha a relevância da interculturalidade (Barba, 1994; Brook, 1977) são contributos, igualmente, fundamentais na abordagem das práticas artísticas comunitárias. A valorização da interculturalidade e intersubjetividade remete para a necessidade de a diversidade cultural estar traduzida na ação teatral, na diversidade dos contextos, dos/as atores/ atrizes e dos públicos. Daí a importância dada às manifestações teatrais populares e aos elementos a que Barba (2008) designou de pré-existentes, universais no trabalho do/a ator/atriz que se baseia não só na sua personalidade, mas também nas heranças expressivas culturais e naturalmente nos contextos de vida. Brook (1970) considerava, mesmo, que o teatro era a própria vida, mas numa forma mais concentrada no tempo e no espaço; nesta ideia, convergia, manifestamente, com Boal (1977, 1995).

Os estudos da *performance*, campo diverso e complexo, fundamental na abordagem das práticas artísticas comunitárias, são consi-

16 Considera-se o espaço liminar como o território de transição e de *performance* entre quotidiano e não quotidiano, envolvendo transições de papéis e ordens (Gennep, 1960; Turner, 1982). É com base neste espaço que Turner (1982) propõe a teoria do "drama social" que apresenta os dispositivos que permitem identificar conflitos sociais latentes e contribuir para a sua resolução. Atua-se no terreno do simbólico falando-se de "drama social" quando se refere à *performance* da vida e "drama estético" quando se fala de uma perspetiva teatral.

17 O conceito de *embodiment* atribui aos corpos e às suas ações o potencial de produção de significados múltiplos, do ponto de vista cultural. Destaca-se, assim, a capacidade que os corpos têm de reproduzir, desafiar ou modificar estruturas e formulações existentes (Counsell & Mock, 2009).

derados pela potencialidade das análises que suscita, enquanto uma das responsáveis pelo desenvolvimento social e cultural (Conquergood, 1986; Turner, 1982). A *performance* caracteriza-se por ser uma prática de comunicação e construção de relações nas várias áreas da vida, centrando-se nas interações quotidianas entre os indivíduos, grupos e comunidades (Schininà, 2004). É, por isso, crucial aceder à forma como a *performance* reproduz, legitima, confirma ou desafia, critica ou subverte a ideologia, como se situa entre as forças da acomodação e resistência. É, igualmente, importante ter em atenção o que, simultaneamente, reproduz e de que maneira se contrapõe à hegemonia e que recursos performáticos utiliza para interromper os *scripts* oficiais (Conquergood, 1986).

A linguagem da *performance* é determinada por quem a faz e como a faz; ao contrário da tradição teatral, o/a *performer* é o/a artista, quase nunca uma personagem, como sucede com o/a ator/atriz, e o conteúdo quase nunca segue uma narrativa nos moldes convencionais (Goldberg, 2001). A não distinção entre o "eu" e a "personagem" tem implicações no processo de reflexão dos papéis, privilegiando-se espaços alternativos de apresentação, tempos longos de ensaios e trabalho de improvisação, constituindo-se estes aspetos como influências diretas nas práticas artísticas comunitárias. Por seu lado, a *performance* teatral pode ser encarada como um "laboratório controlado e uma atividade particularmente eficaz na observação do imparável e fascinante processo de auto-reflexão cultural, pessoal e de experimentação constante, em que as sociedades humanas se envolvem" (Fradique, 2014, p. 45). No contexto desta investigação é, ainda, fundamental convocar o espaço liminar, enquanto elemento inerente à *performance* e às "dramaturgias do real"[18] (Martin, 2010), que adquirem forte sentido na abordagem das práticas artísticas comunitárias. O encontro entre dimensão espetacular e liminar pode-se definir como o que, em parte, permite a sustentação das práticas artísticas comunitárias através, nomeadamente, da proatividade, da participação e dos processos de (re)criação de papéis e ordens, tendo em conta o empoderamento dos/das artistas

18 As "dramaturgias do real" remetem para um amplo conjunto de experiências no âmbito das práticas cénicas conectadas com o novo teatro documental e as intermitências entre o real e a cena contemporânea. Estas dramaturgias propõem um gesto contemporâneo de teatralização da categoria do real nos cenários atuais (Martin, 2010).

não profissionais e uma maior satisfação com os destinos individual e coletivo (Chafirovitch, 2016).

É, igualmente, neste período, pela centralidade que a criação coletiva ganhou, que se aprofunda o conceito de *devising theatre*. Esta abordagem sintetiza-se num conjunto de pressupostos assentes numa estrutura flexível baseada na ideia de que um grupo de pessoas, tendo acesso à oportunidade de experimentar arte como direito próprio, descobre a sua criatividade na forma e no conteúdo (Oddey, 1994). O seu principal objetivo é propor uma relação de colaboração que permita expressar, partilhar e articular opiniões, crenças e perceções sobre a cultura e a sociedade (Oddey, 1994). O mesmo autor sublinha a relevância de nestes processos se ter em consideração os seguintes aspetos:

— definição de regras claras e estabilizadas e atribuição das responsabilidades ou
— decisão de como se estrutura o processo de tomada de decisão democrática;
— definição de um "código da prática" onde se inclui política, objetivos,
— procedimentos, planeamentos, avaliação e linhas de ação;
— identificação de algo que o grupo está realmente interessado e empenhado em explorar teatralmente;
— desenvolvimento da confiança nos sentimentos e intuição acerca do desenvolvimento do processo;
— fazer perguntas durante todo o processo, sem ter medo de voltar ao ponto inicial clarificando o sentido da construção;
— ter em atenção o espaço de trabalho porque este é desenvolvido a partir desse lugar;
— analisar, criticar, e avaliar o trabalho à medida que se desenvolve e decidir o método ou critérios mais apropriados para o fazer; tentar manter um olhar externo crítico sobre o processo e o produto (Oddey, 1994).

É, também, nos anos 1960 e 1970 que, na América Latina, se desenvolve o teatro do oprimido.[19] Enquadrado enquanto teatro

19 Disponível em <www.theatreoftheoppressed.org>.

político, teve como objetivo desenvolver um teatro militante, direcionado para o proletariado, conectado com o quotidiano e que conseguisse expressar as relações sociais do momento. O teatro do oprimido não tem uma origem precisa, foi-se constituindo numa sucessão de encontros teatrais, como designou Boal (1995), num contexto de ditadura militar e repressão. Consolidou-se num método que integra várias técnicas — Teatro-Fórum, Teatro-Imagem, Teatro-Jornal, Teatro-Invisível, Teatro Legislativo e Arco Íris do Desejo — com o objetivo de, através de meios estéticos, refletir sobre o real e contribuir para a sua mudança. Fortemente influenciado pela pedagogia do oprimido (Freire, 1987) e pela proposta teatral de Brecht (1957/1964), o teatro do oprimido integra-se no movimento de teatro popular[20] mais amplo, onde também se enquadra o teatro comunitário, considerando-se um método teatral, que integra técnicas, exercícios, jogos teatrais que promovem a educação não formal, e o desenvolvimento e acesso à cultura pelas comunidades.

O objetivo deste método passa pela desmecanização física e intelectual dos indivíduos com a intenção de "ensaiar" alternativas para a resolução de situações do quotidiano. Potenciar a discussão e problematização destas situações através da reflexão sobre os padrões de poder instalados nas relações humanas é o centro desta abordagem (Boal, 1977). Procura-se potenciar "a observação e a representação crítica da realidade, visando a produção de consciência e de ações concretas" (Santos, 2015, p. 148) e continuadas e

> a eliminação da barreira entre palco e plateia para o trânsito livre entre artistas e espectadores, convidados a atuar como protagonistas e sujeitos — produtores de cultura e de conhecimento —, num espaço lúdico e democrático, de diálogo proposi-

20 Designação abrangente e com contornos pouco definidos tem várias influências, nomeadamente do teatro religioso da Idade Média. É normalmente associado às classes populares e surge em oposição ao teatro burguês ou literário. O teatro popular está muito associado à recuperação de tradições, adaptação e reinvenção de géneros teatrais populares. Apresentado nas ruas, praças e espaços públicos era dirigido à população de uma forma alargada sendo baseado, em alguns casos, na improvisação. No século XIX, o teatro popular, pela quantidade de pessoas a que chegava, foi considerado como um teatro de massas e designado como mercadoria de consumo (Silva, 2014).

tivo que busque a transformação dos conflitos representados (Santos, 2015, p. 148).

Esta comunicação direta e participada entre espetadores/as e atores/atrizes ativa a noção de "espectator/a" que perspetiva o indivíduo com a possibilidade de alternar entre os papéis de espetador/a da ação e de ator/atriz da mesma, o que permite ensaiar, exercitar e experimentar alternativas diversas para a ação com possíveis consequências no quotidiano. No entanto, as opressões sugeridas não devem ser centradas no indivíduo, a sua análise deve considerar a dimensão estrutural, levando em conta os diferentes contextos sociais, políticos, económicos e culturais. Rejeita-se a ideia da existência de opressores/as e oprimidos/as universais, optando-se por perceber como a situação é relevante para definir a opressão, para além do indivíduo, nesta abordagem (Boal, 1977). Para Boal o "debate, conflito de ideias, dialética, argumentação e contra-argumentação — tudo isso estimula, aquece, enriquece, prepara para agir na vida real" (2002, p. 19).

Neste sentido, Boal defendia que "nós somos teatro", "tudo é teatro" (Boal, 2009b, p. 1) e que que todas as pessoas são artistas e, por isso, podem fazer teatro. Reforça este pensamento quando foi nomeado embaixador mundial do teatro pela UNESCO: "teatro não pode ser apenas — um evento — é forma de vida! Atores somos todos nós, e cidadão não é aquele que vive em sociedade: é aquele que a transforma" (Boal, 2009b, p. 2). Naturalmente, estas bases permitem compreender a essência eminentemente comunitária do teatro do oprimido, considerando que todos podem aceder ao mesmo duplo papel — "espect-ator" — e a relevância de "desenvolver uma análise sobre a importância dos espaços comunitários (temáticos ou geográficos) no processo de difusão deste método teatral, que atualmente é utilizado e/ou conhecido em todo o mundo" (Santos, 2015, p. 148). Os princípios fundamentais do teatro do oprimido — ética, solidariedade, multiplicação e mudança social — são requisitos incontornáveis na conceção de práticas artísticas comunitárias.

O teatro comunitário ganha forma com esta nomenclatura no início do século XX, à semelhança do conceito de arte comunitária. O seu trajeto tem conexões com distintas formas de contracultura, como o teatro de rua[21] e popular, o teatro anti e pós-colonial, o teatro educacional e de libertação (Erven, 2001). No entanto, o teatro comunitário teve percursos diferentes consoante o seu espaço geográfico e cultural, estando em África mais associado à luta anticolonial e a objetivos educacionais e de saúde pública. Na Europa e nos E.U.A., associou-se a movimentos políticos radicais e, na América Latina, revestiu-se de um forte peso educativo e político. É justamente neste continente, nomeadamente na Argentina, que na atualidade se organiza um dos maiores movimentos de teatro comunitário do mundo, com dinâmicas próprias e um número muito significativo de grupos que se organizam numa rede — Rede Nacional de Teatro Comunitário.[22] O teatro comunitário argentino é também designado de teatro de vizinhos/as considerando que é

> um teatro de vizinhos para vizinhos, é o mesmo que dizer que é a própria comunidade que o faz. A prática artística deve ser um dos eixos da vida comunitária, assim como também um direito, e quando isso acontece a comunidade transforma-se [...] Se falamos de teatro comunitário referimo-nos a uma prática política. Não se trata de uma tarefa inocente e desinteressada nas mudanças sociais (Scher, 2015, p. 92).

O teatro comunitário é encarado como uma resposta possível a uma necessidade de um grupo de pessoas de determinado lugar, de se agrupar e comunicar a partir do teatro. É perspetivado como um direito de todos, partindo da premissa mais larga de arte para todas/os as/os cidadãs/os. É assumido como um ato de cidadania e de transformação social, sendo a sua intenção que a comunidade seja o seu cerne, fundamento e base, rejeitando um registo de apenas ser uma aproximação ou colaboração pontual com a comunidade (Bidegain, 2007). As suas características fundamentais na atualidade, segundo

---

21 O teatro de rua atravessa toda a história teatral, sendo associado a diferentes períodos e contextos. Encontra-se associado, por exemplo, nos E.U.A. a causas políticas, sociais e culturais nos anos 1960, quando se destacam os grupos *Living Theatre* e *Bread and Puppet Theatre*. É apresentado em espaços exteriores ao edifício teatral de preferência públicos, como praças ou ruas, recorrendo a técnicas específicas que garantem o foco dos/as espectadores/as perante espaços abertos e, por isso, mais suscetíveis à dispersão da atenção (Enciclopédia Itaú Cultural, 2020).
22 Disponível em <http://www.redteatrocomunitario.com.ar/red-nacional/>.

Scher (2015), passam por: territorialidade, a criação baseia-se nos lugares onde vivem os/as integrantes dos grupos; ser festa e celebração; a criação ser baseada na memória e identidade dos territórios e dos/as seus/suas participantes; normalmente o/a encenador/a viver na comunidade onde se constitui o grupo, para que se garanta o seu envolvimento profundo. Esta definição congrega a ideia de que a "comunidade delimita o âmbito da produção teatral comunitária, uma vez que ela é simultaneamente tema, sujeito e destinatário. Assim, teatro comunitário será aquele que é da comunidade, com a comunidade, sobre a comunidade, para a comunidade e na comunidade" (Andrade, 2013, p. 24).

Embora com algumas diferenças, vários/as autores/as abordam esta nomenclatura, e sinteticamente considera-se que é "da" comunidade na medida em que é dela que emerge a prática teatral, "com" a comunidade porque esta é envolvida no processo de criação, "sobre" a mesma porque convoca a memória, identidade e o imaginário da comunidade, "para" porque se dirige em primeiro lugar a um público da própria comunidade e finalmente "na" comunidade porque acontece em espaços do quotidiano da comunidade (Bidegain, 2007; Nogueira, 2007). Vários/as autores/as (Bidegain, Marianetti & Quain, 2008; Borba, 2009; Ramos & Sanz, 2010) apontam três aspetos recorrentes na definição de teatro comunitário: horizontalidade, finalidade artística e social, e democracia cultural. A horizontalidade, porque implica inclusão e integração, o teatro comunitário é autoconvocado e autogerido, os/as profissionais participam também como membros da comunidade e é gratuito para fazer e para ver. A dupla finalidade porque exige um compromisso artístico com as tarefas de funcionamento dos grupos, centra-se na arte como direito, não tem filiações religiosas e partidárias, contribui para a construção de identidade coletiva, recupera memória e estimula o diálogo entre participantes. Finalmente, contribui para constituir um espaço de produção, ou seja, os/as participantes acedem aos modos de produção diretamente, o que se traduz num elemento fundamental da democracia cultural (Lopes, 2007, 2009).

Num contexto anglo-saxónico, nomeadamente americano, salienta-se a conceção de Cohen-Cruz (2005) que opta pela designação *community-based performance* referindo-se à criação que se desenvolve a partir das respostas a uma circunstância ou assunto significativo para o coletivo. Resulta da colaboração entre um/a artista ou um grupo de artistas e uma comunidade que é a fonte principal dos textos, possivelmente dos/as atores/atrizes e definitivamente de grande parte do público. O foco desta proposta não é o/a artista individual, mas antes a comunidade constituída com base numa identidade partilhada localmente (Cohen-Cruz, 2005).

Finalmente, numa visão mais global, Erven (2001) define teatro comunitário como uma prática artística alternativa que funciona como um dispositivo de capacitação das comunidades que se reúnem para criarem objetos artísticos, não sendo apenas as dramaturgias e as formas estéticas que se revelam alternativas, mas também os processos. Com base na criação coletiva e a partir de improvisações, e não de peças preexistentes, as dramaturgias dos espetáculos partem normalmente de histórias locais e pessoais.

O teatro aplicado é uma proposta que surge no contexto anglo-saxónico, embora com uma forte influência de Boal (1995) e de Freire (1987), com disseminação um pouco por todo mundo. A sua principal característica prende-se com a possibilidade de as apresentações acontecerem em espaços não convencionais, lugares não teatrais, numa grande diversidade de espaços geográficos e sociais, como ruas, prisões, centros comunitários, conjuntos habitacionais, ou qualquer outro lugar que possa ser significativo e vá ao encontro dos interesses das comunidades (Prentki & Preston, 2009). A ideia do "aplicado" surge em oposição ao "puro", ou seja, tal como sublinha Nicholson (2005), à semelhança das disciplinas científicas, como a matemática pura e aplicada, o teatro aplicado sugere a ação teatral em situações e contextos que não os convencionados, no sentido de propor a transformação. A dimensão política do teatro é, claramente, convocada nesta proposta que assenta no prazer que pode gerar um processo de participação e de exercício da imaginação, que uma criação coletiva pode suscitar, sendo o seu objetivo maior estimular o pensamento crítico perante o funcionamento social e, através da conscientização de assuntos específicos, projetar a sociedade em que se deseja viver (Taylor, 2003).

A conceção de Prentki (2009) é construída na mesma linha:

> hoje, os exemplos mais efetivos de teatro aplicado são aqueles que conseguem coordenar a noção de pós-iluminismo, de melhoria social, com a noção de Carnaval comunitário. [...] o desafio, como sempre, não é render-se à loucura suicida, mas encontrar dentro de nós, usando todos os nossos poderes criativos geneticamente desenvolvidos, outra maneira de viver quecombine melhor com o nosso desejo de dignidade, justiça e sobrevivência (p. 35).

Um elemento fundamental que diferencia esta proposta de algumas anteriores é o facto de não contemplar necessariamente como ponto de partida uma intenção social, independentemente de a participação nestes processos poder causar efeitos nas pessoas que neles se envolvem. Ou seja, a tónica é colocada na imprevisibilidade, podendo esta ter o potencial de ser subversiva para o poder dominante ou, pelo contrário, domesticada (Prentki, 2009). Daí a exigência de uma contínua reflexão durante todo o processo criativo, para que se identifique a direção que se está a tomar e até onde estão dispostas a ir as comunidades envolvidas. Também esta abordagem destaca o diálogo e a horizontalidade como a base de todo o trabalho que é centralizado nas comunidades, tal como sublinha Coutinho (2012).

A base teórica do teatro aplicado defende que os processos criativos, que envolvem quase sempre a colaboração entre artistas e grupos comunitários, devam permitir a emersão de um teatro que responda à comunidade, que exerça uma comunicação e impacto específicos para os seus participantes e plateias; que os interesses, temas, histórias, e formas estéticas da comunidade sejam aproveitadas pela cena (p. 12).

Esta perspetiva desenvolve-se ao mesmo tempo que a do teatro educação, tendo sido estas perspetivas influenciadas, não só pelas novas abordagens teatrais que trouxe o século XX, mas também pelas perspetivas psicológicas e educativas que emergem nessa altura.

A proposta do teatro social, com forte implementação em Itália, recorre a distintos contributos, a saber — educativos, sociais, ideológicos, terapêuticos e antropológicos — numa lógica de integração e potencialização dos mesmos. De certa forma, corresponde à abordagem do teatro aplicado com origens anglo-saxónicas, sendo a sua complexidade resultado, também, desta diversidade de influências, definindo-se como "uma multiplicidade de técnicas, processos dramatúrgicos, que resultam em diferentes formatos, como seja o teatro de festa, de ritos, de eventos e de espetáculos" (Chafirovitch, 2016, p. 24).

Na conceção de Bernardi (2004) são destacados três níveis de intervenção que formam o que chamou a "dramaturgia no social". O primeiro nível foca-se nas pessoas em situação de desigualdade social pelos mais diferentes motivos. O segundo nível dirige-se às instituições que trabalham quotidianamente com muitas destas pessoas, destacando-se as Organizações Não Governamentais (ONG) e algumas instituições culturais. Finalmente, refere um nível mais alargado que se direciona ao envolvimento da comunidade nestes processos.

O teatro social apresenta três vertentes: educacional/pedagógica, terapêutica e antropológica (Chafirovitch, 2016). Num primeiro momento, é intencionalmente dirigido para o indivíduo que, por distintas motivações, se encontra numa situação de vulnerabilidade social, tendo perdido o contacto com o sentido de pertença a um grupo (Pontremoli, 2005). Esta proposta defende que é no processo de transição de não *performer* a *performer* que se pode desenvolver a desconstrução da imagem negativa que os indivíduos têm de si próprios e que a sociedade definiu para eles com uma categorização pejorativa. Este aspeto é muito sublinhado, por exemplo, em Espanha, onde o teatro social está muito implementado numa orientação de trabalho centrado no individual. No entanto, esta abordagem acarreta riscos quando se associa o teatro social, exclusivamente, a populações vulneráveis e ao trabalho das instituições sociais. Este sentido pode limitar o contacto com outras pessoas da comunidade, perpetuar ideias negativas sobre as/os participantes, assim como acentuar uma desvalorização da componente estética destes processos. As apresentações públicas podem funcionar como espaços de valorização "maquilhada" o que expressa uma desresponsabilização das comunidades face às pessoas envolvidas. Existe algum risco de paternalismo associado que convém ser refletido e atuado durante os processos. Se, por um lado, há um movimento do indivíduo para se inserir participando destes processos, é importante refletir sobre o que é feito pela comunidade nesse mesmo sentido, para além da existência do grupo de teatro, para o incluir esse indivíduo. É essencial considerar nestes processos criativos a dinâmica entre estes dois processos — inserção e inclusão — que se pode designar por integração social (Amaro, 2000).

Com base nas diversas influências, Chafirovitch (2016) propõe a seguinte definição síntese para teatro social em que:

— prevalece o trabalho assente em processos individuais no sentido de reconhecimento de vozes marginalizadas e diversas;
— se desenvolve nos espaços liminar e artístico, valorizando em simultâneo processo e produto;
— tem como objetivo transformar não *performers* em *performers*, sem que isso implique ser obrigatório o aprimoramento técnico;
— explora formas alterativas de comunicação às adotadas pela sociedade atual;
— no sentido ótimo, deve ser desenvolvida a longo prazo, de forma sustentável até ao momento em que os/as participantes tenham desenvolvido a sua autonomia.

A proposta do teatro social, assim como a do teatro comunitário, passa por não explicar a quem participa e ao público o que tem que fazer, ou seja, uma ação contrária ao que são as críticas habituais ao teatro político pelo seu teor ideológico e endoutrinador. Pelo contrário, o objetivo, tal como acontece no teatro do oprimido, por exemplo, é que as próprias pessoas desenvolvam o seu posicionamento crítico face às realidades sociais e por isso possam contribuir ativamente para a sua transformação, numa lógica de cidadania. Não é suficiente abordar questões sociais e humanas nos processos criativos, é necessário que esse trabalho envolva efetivamente os/as participantes em todas as suas fases, potenciando a possibilidade transformativa individual e social.

O teatro educação que se concentra na função educativa da arte, mais concretamente do teatro, consolida-se, à semelhança das propostas anteriores, nos anos 1960, apesar do seu percurso ter origens anteriores. Desenvolve-se relacionado com a teoria de educação pela arte acabando por integrar a prática dramática no contexto escolar. A sua premissa base assentou na conceção de arte como algo essencial ao desenvolvimento individual e coletivo, para além da visão focada exclusivamente na fruição, com foco na relação dialógica entre obra artística e indivíduo e a sua relação mútua. Seria, desta forma, viável que um indivíduo desenvolvesse o questionamento e um processo de construção no campo individual e social. Esta abordagem foi influenciada por correntes educacionais, psicológicas e do teatro para a infância que se desenvolveram ao longo do séc. XX (Bezelga, 2012).

O teatro educação organizou-se em três linhas fundamentais definindo o drama enquanto (i) eixo estruturante no desenvolvimento pessoal; (ii) meio para as aprendizagens; ou (iii) forma de arte. Contempla influências provenientes da psicologia, como é o caso do humanismo com a abordagem centrada na pessoa (Rogers, 1977), em que esta é o cerne de qualquer ação, ou a lógica de desenvolvimento humano que considera que as aprendizagens ocorrem de forma integrada (Morin, 1990). Neste campo foram também fundamentais as teorias do desenvolvimento da criança, destacando-se a relevância dada ao jogo e à atividade lúdica (Freud, 1980; Piaget, 1978; Winnicott, 1975).

As ideias da escola progressista, ativa ou nova (Ferrière, 1928) são, igualmente, um forte contributo neste campo. Para isso, contribui o facto de considerarem que o contacto direto e a experiência com o meio são fundamentais na aprendizagem, nomeadamente através do jogo, para além da ideia de que o desenvolvimento de todas as dimensões da personalidade, de forma integrada, é fundamental (Froebel, 2001). Relativamente à relevância da experiência na aprendizagem, já Dewey (1958, 1971) tinha colocado em questão o seu formato convencional, por não contemplar este aspeto. Este autor contribuiu, decididamente, para a valorização da arte no contexto educativo e nos processos de aprendizagem, para além da proposta formal. Partindo do olhar do campo da educação, a arte passou a ser perspetivada como um espaço de estímulo ao pensamento crítico, no fundo, uma das grandes missões da educação. Neste sentido, o jogo dramático assume-se com um papel central no teatro educação, como descreve Spolin (1982):

> Os jogos desenvolvem técnicas e habilidades pessoais necessárias para o jogo em si, através do próprio ato de jogar. [...] Isto torna a forma útil não só para o teatro formal, como especialmente

para os atores interessados em aprender improvisação, e é igualmente útil para expor o iniciante à experiência teatral, seja ele adulto ou criança (p. 4-5).

Esta autora inspirou-se na formação de atores/atrizes e nos jogos tradicionais, nas suas regras e dinâmicas e adaptou-os para jogos teatrais que pudessem facilmente ser usados por educadores/as e professores/as. Desta forma, permitiu-se a generalização do seu uso através, nomeadamente, da célebre obra *Improvisation of the Theatre* (Spolin, 1982).

Nas suas origens nos anos 1960, Slade (1954), um dos impulsionadores do teatro educação, influenciado pelas teorias que defendiam a importância do "aprender a fazer" e do "aprender na ação" (Freinet, 1975), cria o chamado *Child Drama* centrado na importância do contexto informal e da dimensão processual. Esta proposta sublinha que, para as crianças, não é relevante o público, sendo que o que conta é o envolvimento na ação dramática, assumindo-se esta como uma experimentação relevante no contexto da sua vida. Slade (1964) é conhecido por defender a ideia de que a criança não devia ser exposta ao palco e que a arte da criança é um direito próprio. Esta perspetiva foi criticada por se centrar, exclusivamente, na vida interior da criança, na sua prática espontânea, sem a preocupação com os produtos teatrais.

Na mesma época, Way (1967), através da sua proposta designada *The Brian Way's Method*, vem propor um teatro em que as crianças podem participar, assumindo os públicos dos seus espetáculos para a infância como "atores/atrizes". A sua perspetiva aprofunda a ideia do contributo da ação dramática para o desenvolvimento pessoal integral. Destacou-se, ainda, a possibilidade de o drama funcionar como um facilitador da aprendizagem e a sua natureza eminentemente processual. Este autor defendeu que o drama tem um papel no que considerou ser o desenvolvimento das sete facetas da personalidade — concentração, sentidos, imaginação, eu físico, fala, emoção e intelecto. Defendeu que estas facetas, ao longo da vida, podem ser potenciadas no intuito de um desenvolvimento harmonioso e integrado. Estes dois autores foram fundamentais para se consolidar a ideia de que o impulso dramático é universal, no sentido em que é inerente a todo o ser humano. Esta ideia é muito relevante para o que é hoje o campo das práticas artísticas comunitárias, perspetivando-o como um direito de todos/as e rejeitando a necessidade do desenvolvimento de determinada técnica para a inclusão nestas práticas. Ou seja, o fazer teatral, pela interação que implica entre as pessoas e a forma como contribuiu para o processo de construção de conhecimentos, pode ser encarado como uma possibilidade de experiência educacional em distintos contextos, assentando, em muitos casos, em princípios da educação não formal.

Mais tarde, Heathcote (1980) propõe uma abordagem com foco na dimensão cognitiva e relacional que equilibra a ação da expressão dramática, enquanto forma de arte, com o desenvolvimento pessoal integral, sublinhando a importância da reflexão como base da ação dramática. Esta autora também valoriza o jogo dramático, a atividade lúdica e a criatividade e insiste na ideia da universalidade do impulso dramático. Foi, ainda, responsável pela implementação de conceitos dramáticos orientados para o desenvolvimento do processo de ensino-aprendizagem, levando o drama a um papel de destaque nos contextos educacionais (Mendonça & Bezelga, 2020).

Nos E.U.A., o drama é contextualizado na sua dimensão educativa definindo-se com as seguintes potencialidades: "para abrir a mente das crianças, estimular a sua imaginação e habilidades linguísticas e despertar o seu entusiasmo pela continuidade do desenvolvimento e descoberta" (Skis, 1977, p. 9). A autora faz a distinção clara entre drama como metodologia de ensino ao serviço de outras aprendizagens e drama como manifestação artística autónoma. Aliás, esta controvérsia é até hoje intensa e concretiza-se na discussão recorrente que opõe, numa leitura polarizada, processo/produto e meio de aprendizagem/forma de arte.

Nos anos 1980, esta área desenvolve pensamento teórico e prático influenciado, por exemplo, pela teoria da qualidade das inteligências (Goleman, 1997). Destaca-se a ideia da aprendizagem através da ação dramática, procurando, desta forma, libertar as/os alunas/os de estruturas mais convencionais e formais de ensino-aprendizagem e dando espaço neste processo à expressão de ideias e sentimentos (Hornbrook, 1989). Mais tarde, reconhece-se a importância do teatro e educação, não apenas nas dimensões da autoestima e autoexpressão, mas também no domínio sensorial, sublinhando-se, ainda, a sua relevância estética (Chafirovitch, 2016). Tendencialmente o teatro educação foi-se expandindo para além do espaço da escola, justificando-se as suas conexões ao teatro aplicado e teatro social.

No contexto francês, destacam-se as terminologias de expressão dramática e jogo dramático integradas nas propostas de Ryngaert (1981) e Barret e Landier (1994). O primeiro autor explora o conceito de "entre-lugar" como elemento do jogo dramático, defendendo que para jogar não são necessários pré-requisitos e que todos/as podem experimentar num contexto de riscos calculados e/ou desafio ótimo (Sprinthall & Scott, 1989), à semelhança do que se propõe nas práticas artísticas comunitárias. Por seu lado, Barret e Landier (1994) são claros defensores do processo e não do fim em si mesmo, perspetivando a expressão dramática como um meio para atingir o conhecimento. Define um conjunto de elementos indutores (e.g., objeto, imagem, som, personagem e texto)[23] para aceder a diferentes níveis experienciais orientados para o desenvolvimento expressivo e criativo.

Em Portugal, Arquimedes Silva Santos (1977) é uma figura central no desenvolvimento desta abordagem, muito contaminada pela visão francófona e anglo-saxónica através, por exemplo, da organização de formação em educação pela arte. Este domínio foi, igualmente, integrado nos currículos escolares através da Oficina de Expressão Dramática e criou-se a Associação Portuguesa da Expressão Dramática. Desta forma, parecia ter-se superado a ideia do teatro e educação como um conjunto de atividades circunscritas apenas à dimensão cultural recreativa. O movimento de "Encontros de Teatro na Escola" constitui-se como uma plataforma de concretização do teatro educação, destacando-se a sua capacidade de articulação com o pensamento contemporâneo e a convergência de objetivos entre diferentes disciplinas, funcionando como um catalisador de experiências multidisciplinares (Fragateiro, 1995). A respeito deste movimento, Amorim (1995) destaca a ideia de teatro

23 Os autores definem os seguintes elementos a ter em consideração no contexto da expressão dramática: exploração sensorial; relação com a afetividade; utilização da motricidade; abordagem vocal e verbal, e a exploração baseada na dramatização que convoca os cinco elementos indutores (Barret & Landier, 1994).

> como forma privilegiada de comunicar e refletir, sempre foi, desde há muito, utilizado pelos docentes nas escolas para motivar ou proporcionar momentos especiais na atividade discente e docente, enquanto passatempo, atividade lúdica ou didática. A componente didática era, nos anos do fascismo e da ditadura, aquela que era favorecida [...] com a Revolução de Abril e com a democratização do país, outras componentes e nomeadamente a lúdica e a pedagógica-artística começarem progressivamente a impor-se e a ganhar força no que respeita à prática extracurricular de atividades de carácter dramático-teatral (p. 13).

No contexto brasileiro é incontornável, no campo do teatro e educação, o contributo de Koudela (1984) que tem desenvolvido investigação sobre a pedagogia e didática do teatro e a relevância do jogo teatral. Para além, da forte influência de Brecht (1957/1964) no seu trabalho, esta autora foi ainda tradutora de Spolin (1982) para o português.

A animação teatral surge, ainda, como uma relevante inspiração, nomeadamente no período pós 25 de Abril, integrando as ações das Campanhas de Dinamização Cultural e Ação Cívica e do Fundo de Apoio aos Organismos Juvenis (FAOJ). A ideia de animação teatral surge muito associada à de animação sociocultural, sublinhando a sua função educativa, especificamente com influências da pedagogia social. Embora a sua definição seja complexa e diversa, alguns autores avançam com distintas possibilidades. Para Úcar (2000) é «um conjunto de práticas socioeducativas com pessoas, grupos ou comunidades que, através de metodologias dramáticas ou teatrais, gera processos de criação cultural e persegue o empoderamento dos participantes» (p. 3). Na mesma linha Ventosa (1993) define animação teatral como «esse tipo de animação cultural que aproveita o teatro e as suas técnicas para a consecução da sua meta fundamental, isto é, o desencadeamento de processos auto-organizativos mediante a promoção da criatividade individual e da expressão coletiva» (p. 164).

Em Portugal, este trabalho é responsável pela criação de muitas companhias de teatro, como a ACERT, O Bando, A Comuna, que ainda hoje enriquecem o tecido artístico português. Outro destaque fundamental, na realidade teatral portuguesa, prende-se com o movimento do teatro amador e universitário, com matriz associativa, e de onde muito do que são as práticas artísticas comunitárias, nomeadamente a criação teatral, hoje, vai beber. A este respeito importa indagar se as experiências de teatro comunitário em Portugal, atualmente, não se podem assumir como uma possibilidade de evolução do teatro amador. Esta hipótese foca-se na sua rejeição dos princípios do teatro burguês, centrados na/o encenador/a e no texto e do qual, em muitas casos, o teatro amador se foi aproximando, procurando agora princípios de horizontalidade e de criação coletiva.

Perspetiva-se, neste trabalho, o teatro, pelas idiossincrasias[24] atrás traçadas, enquanto uma prática artística comunitária, reconhecendo o seu contributo específico marcado pela sua natureza eminentemente comunitária, na conceção geral destas práticas. Na mesma linha, opta-se por não usar nenhuma das nomenclaturas abordadas como teatro comunitário, teatro social ou do oprimido porque são distintas, embora com contributos relevantes para a conceção das práticas artísticas comunitárias.

1.5. A dimensão educativa

1.5.1. A pedagogia crítica, libertadora, engajada e do oprimido

Neste exercício de construção de alicerces teóricos, convoca-se a pedagogia crítica como importante contributo para a compreensão

24 Considerando as suas características, os desafios atuais para o teatro são enormes. Remete-se, por exemplo, para a necessidade da presença, do encontro, do "aqui e agora", de gerar oportunidades de criação de momentos irrepetíveis. Embora os avanços tecnológicos e as mudanças sociais e culturais já estivessem a colocar questões pertinentes ao fazer teatral, hoje mais do que nunca, estes desafios terão que ser enfrentados. A resposta através da ação virtual tem sido um dos caminhos, ainda incipiente, a ser explorado, sendo apenas parte da resolução de um problema que se adivinha de uma escala muito maior. É precipitado avançar com previsões, mas a distância entre público e atores/atrizes, a função do edifício do teatro, a circulação das obras e, obviamente, o trabalho teatral de cariz comunitário terão que encontrar novas configurações. Poderá o teatro voltar a ser teatro, mais próximo da sua essência, mas de forma reinventada? E qual o papel é que as práticas artísticas teatrais, assentes em princípios comunitários, podem ter neste processo de reinvenção?

das diferentes abordagens aos campos da educação e da arte, e, particularmente, das práticas artísticas comunitárias.

A pedagogia crítica é considerada como um "movimento educacional, guiado por paixão e princípio, para ajudar estudantes desenvolverem consciência de liberdade, reconhecer tendências autoritárias, e conectar o conhecimento ao poder e à habilidade de tomar atitudes construtivas" (Giroux, 2010, p. 12). Perspetiva-se que crianças e jovens possam desenvolver capacidades de discussão e questionamento "de maneira ativa, a relação entre a teoria e a prática, entre a análise crítica e o sentido comum, entre a aprendizagem e a mudança social" (Giroux, 2008, p. 17).

A escola de Frankfurt e a teoria crítica (Adorno, 1970; Benjamin, 2017; Horkheimer, 1975), que enquadram a pedagogia crítica, debruçaram-se na análise e compreensão das distintas formas de opressão e dominação, sendo que, para isso, tentaram desconstruir o conceito de poder. Neste sentido, constituíram-se como um confronto às grandes narrativas, como "o capitalismo, o racionalismo científico, a burocracia, os valores burgueses, o colonialismo, o patriarcalismo, o cristianismo, o liberalismo e a corporatização" (Berry, 2008, p. 117), e o determinismo, optando pelas "histórias de luta, de exclusão, de marginalização, de abusos, de falta de ação e de outras injustiças sociais que contrastam com os poderes discursivos" (Berry, 2008, p. 117). Assim sendo, a pedagogia crítica privilegia a ideia de construção de conhecimento como um processo, sendo no decorrer do mesmo estimuladas trocas educativas, sociais e culturais que permitem a desconstrução de dispositivos de poder, sejam de ordem social, política, educacional ou cultural, tendo como objetivo último o combate ao sofrimento humano (Kincheloe, 2008).

Nesta perspetiva, a educação tem que estar em profunda articulação com o mundo, numa ótica de espaço que abre a possibilidade de transformação. É, necessariamente, uma prática política que tem como principal intenção que seja possível aprender a refletir e a escolher capacidades, em que se baseiam a autonomia e as tomadas de decisão fundamentais, não só para as mudanças individuais, mas também coletivas. Num sentido mais alargado, a possibilidade de ser autónoma/o e emancipada/o permite o funcionamento da democracia, visto como um "espaço alargado de participação e de tomada de decisões" (Silva, 1999, p. 73). Também Freinet (1965), assim como o atual Movimento da Escola Moderna em Portugal (Neves, 2016; Niza, 2012), defendem a necessidade de uma educação pensada e agida com uma conexão profunda à comunidade. Para isso, defende-se o fomento da participação logo na formação do/a aluno/a, sendo a orientação pedagógica para o respeito e a cooperação essencial, defendendo-se que a democracia do futuro é preparada na democracia da escola.

Enquanto teoria com bases marxistas, esta visão de pedagogia tem o seu foco nos/as oprimidos/as e como principal objetivo a justiça educativa e social. Ou seja, tenta-se que se criem condições universais garantidas a todos/as, no sentido da igualdade e da pluralidade considerando, no entanto, as diversidades e idiossincrasias dos contextos e indivíduos. Esta noção de desenvolvimento de consciência emancipatória é fundamental numa prática educativa enquanto prática de liberdade.

Freire (1995) é dos principais autores críticos, tendo forjado muito do que este movimento veio a aprofundar. Na sua conceção, a educação teria que estimular um indivíduo a "ser capaz de recomeçar sempre, de fazer, de reconstruir, de não se entregar, de recusar burocratizar-se mentalmente, de entender e de viver como processo, como vir a ser..." (Freire, 1995, p. 103). Nada mais próximo do que se propõe nas práticas artísticas comunitárias: um lugar de pensamento crítico que se opera desde o corporal ao intelectual, numa postura crítica, mas construtiva, de realidades ainda por vir, que se expandem no espaço simbólico da criação artística.

A pedagogia do oprimido perspetiva o sujeito oprimido como responsável central para que a mudança se construa, no sentido em que é o principal interessado nela. A sua emancipação só poderá desenvolver-se alicerçada na organização coletiva, e não apenas num indivíduo, e na tomada de consciência das relações de poder instaladas, que, na maior parte dos casos, não são desveladas, sendo assumidas como impossíveis de mudar. Assim, a dominação simbólica mantém-se pela ação das estruturas de dominação que atuam com a cumplicidade dos/as oprimidos/as, sendo que os/as opressores/as acabam, eles/as próprios/as, por ser dominados/as por essas mesmas estruturas (Freire, 1987). Estas situações devem ser analisadas do ponto de vista estrutural e não individualizado, atuando num sentido humanista e libertador, sendo esse movimento inicialmente feito pelos/as oprimidos/as no sentido em que "ninguém liberta ninguém, ninguém se liberta sozinho — os homens [sic] se libertam em comunhão" (Freire. 1987, p. 29). A pedagogia do oprimido destaca o valor do saber experiencial, assente na vida quotidiana, para a construção de novos conhecimentos, contrariando uma visão clássica baseada em princípios rígidos e deterministas de produção científica (Freire, 1987). A sua proposta destaca, no entanto, que a ação não passa por um mero ativismo, ou seja, para que a libertação, realmente, suceda é necessária uma reflexão contínua. Este aspeto, em particular, dialoga com autores que o precederam e que sublinham a relevância do equilíbrio entre experiências de ação e reflexão na construção do conhecimento (Dewey, 1971; Mead, 1934; Piaget, 1941).

Para concretizar o enunciado é necessário ultrapassar uma visão de "educação bancária" baseada numa relação de poder vertical e autoritária e na transmissão de conteúdos. Pelo contrário, propõe-se uma educação assente na problematização da realidade, levando em conta as experiências e contextos dos/as protagonistas dos processos educativos. Esta é uma abordagem dialógica, em que se valoriza a troca e partilha de conhecimentos e, por isso, também com potencial de "conscientização", dando espaço para que novas conexões entre os elementos das realidades emerjam. Freire (1987) defende uma ideia fundamental para o tema em estudo nesta investigação, que passa pela ligação inevitável entre dimensões educativa, política e cultural, tendo por isso que ser perspetivadas de forma integrada. Em suma, a ação dialógica remete para a colaboração, união, organização e síntese cultural, sendo a humanização das relações humanas o principal objetivo (Freire, 2009). Estas são premissas fundamentais presentes no teatro do oprimido que destaca a necessidade de cada indivíduo ter a possibilidade de desenvolver a sua própria estética (Boal, 2009a). As ideias de Freire em torno dos conceitos de diálogo e aprendizagem bidirecional — no caso das práticas artísticas comunitárias, remetendo para a relação entre artistas-não profissionais e profissionais — e sobre o poder da educação e da cultura na vida das pessoas são fundamentais para o campo em estudo.

Fortemente influenciada por Freire, a pedagogia engajada vai para além da crítica, sendo mais exigente e dando ênfase ao bem-estar de todas/os as/os envolvidas/os nos processos de aprendizagem e à necessidade de uma revolução ao nível dos valores, baseada na diversidade cultural (hooks, 2019). Esta visão sublinha a importância da auto atualização e a sua dimensão libertadora, avançando-se com estratégias que a podem concretizar, como sintetiza Mohanty (1994):

> a resistência reside na interação consciente com os discursos e representações dominantes e normativos e na criação ativa de espaços de oposição analíticos e culturais. Evidentemente, uma resistência aleatória e isolada não é tão eficaz quanto aquela mobilizada por meio da prática politizada e sistémica de ensaiar e aprender. Descobrir conhecimentos subjugados e tomar posse deles é um dos meios pelos quais as histórias alternativas podem ser resgatadas (p. 208).

1.5.2. A educação popular

Estas premissas contaminaram a ideia de educação popular, com características de permanência e orientada para os/as adultos/as, enquanto prática política com o fim da participação democrática, implementada no pós 25 de Abril, por exemplo, nas campanhas de dinamização cultural e ação cívica e no papel das associações de educação popular. Este período, caracterizado pelo movimento do poder popular com base nas populações, integrou uma forte dimensão educativa espelhada no envolvimento e responsabilização pelos seus próprios destinos e na resolução de problemas quotidianos das comunidades. Concebendo a educação popular com a enfâse nas realidades sociais e na intersubjetividade das mesmas, define-se que é a partir das experiências e conhecimentos que o diálogo e a aprendizagem se desenvolvem contrariando a redutora ideia de "tábua rasa". A construção de saberes é, assim, assente na participação comunitária, permitindo uma leitura mais próxima das realidades sociais, tal como sucede na abordagem das práticas artísticas comunitárias, por exemplo, aquando da definição e da pesquisa do tema a trabalhar nos processos criativos. Este olhar fundamenta a distinção que Stoer e

Dale (1999) propuserem para a educação popular, podendo esta ser efetivada através do processo de alfabetização ou do poder popular, remetendo para o que aconteceu em Portugal no período pós-revolucionário. Para estes autores, a alfabetização colocava-se numa posição de "cima para baixo", uma vez que eram definidos programas a nível central a serem aplicados localmente; no fundo, tratava-se de uma ideia de difusão cultural junto de populações desfavorecidas. Com outra abordagem, o poder popular através das associações de educação popular trabalhava numa ideia de "baixo para cima", baseada numa aprendizagem coletiva, "o seu foco era local, o controlo democrático espontâneo e imediato de todas as instituições através da ação direta e da luta local" (Stoer & Dale, 1999, p. 74).

A ideia de educação popular não se deve confundir com a de educação informal, uma vez que a primeira tem a intencionalidade do desenvolvimento do indivíduo na dimensão da cidadania e uma visão política da organização e dos processos de resolução de problemas nas comunidades. A este respeito, e pelo que pode acrescentar à dimensão educativa do objeto em estudo, é relevante distinguir educação formal e informal. Sendo que a primeira se refere à aprendizagem que integra indivíduos e sistemas em interação, numa estrutura de

> processo cumulativo através do qual os indivíduos gradualmente internalizam unidades (conceitos, categorias, padrões de comportamento ou modelos) cada vez mais complexos e abstratos, quaisquer que sejam os seus conteúdos. É intencional e sistemática, integrando-se, por isso, no sistema de educação e formação (Imaginário, 2007, p. 4).

Já a educação informal refere-se à "mudanças mais ou menos permanente no comportamento, comoresultadodaexperiência [...] nos múltiploscontextosdassuasvidas no dia-a-dia [...] acontece acidentalmente, não intencionalmente, não planeadamente e é resultante de experiências de vida, de atividades diversas" (Imaginário, 2007, p. 4). A educação informal desloca-se para a aprendizagem realizada nos mais distintos contextos como a comunidade e a família, podendo confundir-se com o processo global de socialização de um indivíduo (Trilla et al., 2003).

Finalmente, a educação não formal, estando mais próxima da abordagem das práticas artísticas comunitárias, enquadra-se entre a formal e informal, porque contempla processos educativos estruturados e com intencionalidade que acontecem fora da escola, podendo acontecer em qualquer contexto de vida (Imaginário, 2007; Rogers, 2005; Trilla et al., 2003). Assume-se, assim, que a educação não formal não está integrada no sistema formal. É voluntária e rejeita a verticalidade, optando-se pelo *continuum* na abordagem da aprendizagem. Contempla diferentes mecanismos de avaliação que se ativam durante todo o processo e de forma distinta, e não atribui relevância à certificação de qualificações (Canário, 2006).

1.6. A dimensão comunitária

A dimensão comunitária é, obviamente, nuclear no desenvolvimento das práticas artísticas comunitárias — contribuindo para a sua complexidade e diversidade. Como ponto de partida faz-se aqui um exercício de discussão do conceito de comunidade, missão complexa pelas contradições que encerra, tendo em conta a grande variedade de significados associados que reflete, também, interesses ideológicos de distintos grupos de interesse (Coimbra & Menezes, 2009).

As definições de comunidade são múltiplas, desde as mais clássicas, baseadas nas ideias de partilha geográfica e relacional, assim como de sentido comum (Buber, 2008; Cohen, 1998; Hillery, 1959; McMillan & Chavis, 1986; Tönnies, 1925/1995; Vidal, 1996; Weisenfeld, 1996), às mais atuais, com características mais abertas e defensoras de um equilíbrio tensional inerente ao conceito (Agamben, 1996; Bauman, 2003; Berger & Luckmann, 2004; Ferreira, Coimbra & Menezes, 2012; Maffesoli, 2005; Montero, 2004; Putnam, 2007). Um exemplo concreto destas visões mais atuais inclui a abordagem às comunidades virtuais, espaços onde as pessoas sem se conhecerem podem ter, no entanto, algo em comum (Congdon & Blandy, 2003; Rodgers et al., 2002). Apesar destas diferenças, existem, um conjunto de elementos estáveis que se têm estruturado ao longo do tempo e que são recorrentes como, por exemplo, aqueles que um estudo que partiu de 94 definições distintas de comunidade define como fundamentais: local partilhado; relações e laços comuns, e interação social (Hillery, 1959).

1.6.1. Noções de comunidade e implicações para as práticas artísticas comunitárias

Na extensa literatura em torno deste conceito, destaca-se como incontornável a proposta de Tönnies (1925/1995), que distingue dois tipos de organização social — *gemeinschaft* (comunidade) e *gesellschaft* (sociedade). Esta distinção remete para a ideia de comunidade associada a grupos pequenos e pré-industriais baseados no parentesco e em práticas transmitidas pelos/as antepassados/as. Enquanto que a sociedade se refere a grupos que têm um estilo de vida urbana e uma complexa divisão do trabalho estabelecida, a comunidade apresenta-se como uma entidade natural e, por isso, consequência da vontade da natureza e não da vontade humana. A organização comunitária perspetiva a/o cidadã/o enquanto um indivíduo concreto com características pessoais específicas. Por seu lado, a sociedade é apresentada como uma entidade artificial ligada à vontade humana, resultando de uma reunião de indivíduos em torno de um interesse comum e de um contrato (Antunes, 2017; Tönnies, 1925/1995).

Este binómio, *gemeinschaft* (comunidade) vs. *gesellschaft* (sociedade), foi aprofundado e extremado, espelhando uma ideia romântica da comunidade, onde a harmonia e os aspetos positivos se destacavam, que se perdia para a dominante e fragmentada ideia de sociedade (Buber, 2008). Esta visão contribuiu para associar a vivência comunitária apenas à sua dimensão positiva, alimentando o que se designou de "mito do nós" (Weisenfeld, 1996). Esta mitificação conduziu a uma noção de comunidade que remete para um grupo de pessoas homogéneo e compacto, assumindo-se que os seus elementos têm comportamentos, sentimentos e pensamentos semelhantes e previsíveis, traduzindo-se, desta forma, a sua pertença à comunidade. Remete, ainda, para a ideia de que a inclusão, identidade, sentimento de pertença, vínculo emocional e adesão não variam ao longo do tempo e nos elementos da comunidade (Weisenfeld, 1996). No entanto, já Tönnies (1925/1995) antecipava e assumia na sua reflexão a existência de comunidades homogéneas, caracterizadas pelas relações de proximidade, lealdade, interação frequente e solidariedade; mas, também, de comunidades heterogéneas caracterizadas pela não personalização, as relações formais/associações e a fragmentação.

Ao longo do tempo, a conceptualização em torno da ideia de comunidade evoluiu, assim, para uma visão mais equilibrada

> entidade à qual as pessoas pertencem, maior que as relações de parentesco, mas mais imediata do que a abstração a que chamamos sociedade. É a arena onde as pessoas adquirem as suas experiências mais fundamentais e substanciais da vida social (Cohen, 1998, p. 15).

Ou ainda, uma comunidade pode ser entendida como um

> sistema ou grupo social de raiz local, diferenciável no seio da sociedade de que faz parte com base em características e interesses partilhados pelos seus membros e subsistemas que incluem: localidade geográfica (vizinhança), interdependência, e interação psicossocial estável, sentido de pertença à comunidade e identificação com os seus símbolos e instituições (Vidal, 1996, p. 84).

Ao longo do tempo foi sendo sublinhada a necessidade de manter uma visão tensionada entre os conceitos de comunidade e sociedade, mais do que assumir a valorização de um e a desvalorização de outro. Esta opção permitiu a abertura necessária a configurações de comunidade e sociedade recriadas e, neste sentido, Bauman (2003) atualizou a conceção propondo a comunidade como um espaço de entendimento partilhado por todos os seus membros, sendo que as comunidades de hoje parecem mais fortalezas sitiadas e continuamente bombardeadas por inimigos, perspetivam-se as trincheiras como lugares onde se procuram a simplicidade e tranquilidade comunitárias (p. 15).

A definição de comunidade foi organizada, fundamentalmente, em função da sua ligação a um território específico e enquanto grupo relacional (Gusfield, 1975; Heller, 1989). Cruzando vários contributos, emergem alguns elementos comuns neste exercício continuado de definição: sentido e pertença à comunidade, reciprocidade e estabilidade das relações, lugar partilhado, relações e laços comuns e interação social, bem como a presença de heterogeneidade, desfragmentação, conflito, diversidade e exclusão social (Coimbra & Menezes, 2009; McMillan & Chavis, 1986; Menezes, 2007; Montero, 2004; Putnam, 2007; Vidal, 1996).

A definição do sentido de comunidade contribuiu para aprofundar a visão idealizada de comunidade. Entende-se por este conceito "o sentimento de que a pessoa pertence e é significativamente parte de uma coletividade mais alargada" (Saranson, 1974, p. 1). Os autores McMillan e Chavis (1986) atribuíram ao sentido de comunidade quatro componentes: (i) pertença — o que separa os membros dos não membros; (ii) influência — recíproca entre comunidade e indivíduo; (iii) integração e satisfação de necessidades; e (iv) conexão emocional partilhada. O sentido de comunidade deu origem a vários estudos que indicavam correlações positivas com o bem-estar, apoio social, empoderamento, ajustamento pessoal, satisfações com a comunidade, participação cívica e voluntariado, e desenvolvimento de relações positivas entre vizinhos/as (Florin & Wandersman, 1984; Omoto & Malsch, 2005; Peterson, Speer & Hughey, 2006). No entanto, o sentido de comunidade foi questionado por potenciar uma ideia subjacente de homogeneização, assim como quanto à sua dimensionalidade, interrogando-se se os quatro elementos definidos se diferenciam ou não (Chipuer & Pretty, 1999; Peterson, Speer & Hughey, 2006).

Ferreira, Coimbra e Menezes (2012) sublinham, também, que as comunidades, para além dos aspetos romantizados como respeito, ajuda, solidariedade e empatia, são espaços que revelam tensões, porque povoados pela diversidade. Ora são, exatamente, as características de pluralismo e diversidade que se constituem e que deviam estar reconhecidas como intrínsecas ao funcionamento comunitário, como pontos essenciais ao desenvolvimento pessoal e coletivo (Ferreira, Coimbra & Menezes, 2012). Estas características estão associadas ao funcionamento democrático, perspetivado como um terreno de conflito e discussão entre diversas opiniões, procurando-se fazer convergir a diversidade e pluralismo em decisões que espelhem, não olhares homogéneos e únicos, mas, pelo contrário, que contenham nelas as diversidades de opiniões expressas (Trend, 1996). Assim, é relevante reconhecer o que Trickett (1994) designou de "diversidade na diversidade", perspetivando a comunidade como espaço de experiências e pessoas diversas.

Claro que a hipótese de desenvolver comunidade e laços solidários no mundo globalizado, fragmentado e individualista levanta inquietações e dificuldades. No entanto, a crise das visões e instituições modernistas, que davam sentido e permitiam laços de socialização entre as pessoas, pode ser transformada numa oportunidade de compreensão do pluralismo presente nos processos atuais que agrupam pessoas diversas, com distintas formas de ver e de atuar (Berger & Luckmann, 2004).

Mais recentemente, a ideia de comunidade integra, enquanto características definidoras, a abertura e a presença de relações menos dependentes entre os indivíduos (Agamben, 1996; Maffesoli, 2005). Estas novas configurações geram redes, mas de uma forma distinta do que acontecia no passado, não tanto por algo que as una ou por fins racionais, mas com características do aleatório e intrínseco (Maffesoli, 2005). Aparentemente, o estar com os/as outros/as não tem motivações racionais, ou seja, não está predeterminado; o seu fim é o fim da relação entre indivíduos. Nesta linha, a noção de comunidade pode manifestar-se através de formas relacionais mais espontâneas com regras móveis, afetivas, emocionais, sem hierarquias e elementos de ancoragem (Lattanzi, 2009).

Ao longo dos tempos as comunidades mais desfavorecidas socialmente tornaram-se, muitas vezes, em espaços de oposição à cultura dominante, sendo a utilização da terminologia comunidade direcionada, na maior parte dos casos, no sentido destes grupos de população com necessidade de visibilidade e de fazer ouvir a sua voz. Estas comunidades transformaram-se, também, num lugar no qual se intervém artisticamente (Palacios, 2009). Neste contexto específico, a comunidade pode ser perspetivada de distintas formas, em articulação com distintas propostas artísticas (Maya Jariego, 2009; Kwon, 2004):

— comunidade enquanto categoria social e grupo relacional — neste caso, o sentido de pertença em comunidade pode acontecer sem que se partilhe espaço comum, baseando-se nas relações interpessoais para além das questões geográficas, como têm vindo a acontecer com algumas experiências de teatro e dança com não profissionais via *on-line* no contexto da atual crise pandémica;

— comunidade enquanto grupo ou organização assente no lugar — a comunidade define-se pelo projeto artístico, ou melhor, o/a artista define com que grupos e organizações do lugar vai trabalhar. Remete para uma ideia clássica de comunidade, sendo esta entendida como o próprio lugar, alicerçada no sentido de comunidade, proximidade das relações entre os/as moradores/as do espaço partilhado e a vinculação a esse mesmo lugar;

— comunidade que se cria a partir do desenvolvimento de uma obra de arte e que desaparece depois do trabalho artístico feito;

— comunidade que se cria na construção da obra de arte, mas que continua depois como entidade autónoma e independente — nesta opção a comunidade beneficia se a/o artista for morador/a do mesmo lugar.

O desenvolvimento comunitário é perspetivado como um processo que capacita uma comunidade com recursos e apoios, assumindo a importância dos seus membros fazerem a validação da situação atual e dos seus problemas, o que envolve uma desprofissionalização da ação e a partilha de competências com os membros da comunidade (Dalton, Elias & Wandersman, 2001). Alerta-se para o facto de a mudança só ocorrer baseada na participação da comunidade, garantindo o seu protagonismo e cruzando as dimensões social, cultural e económica. Muitas vezes, estas abordagens pecam por se construírem "de fora para dentro" das comunidades, ou seja, supondo quais são as necessidades sentidas pelas comunidades sem as envolver nesse processo. Como refere Rappaport (1981), "temos estado excessivamente disponíveis para intervir, rotular e dizer às pessoas como lidar com a vida sem compreender como a diversidade de contextos em que as pessoas vivem bem, efetivamente operam" (p. 19). Este é um aspeto igualmente presente na abordagem e na relação estabelecida entre artistas profissionais e as comunidades no âmbito das práticas artísticas comunitárias. Um exemplo concreto pode passar por serem os/as artistas profissionais a definirem o tema e o texto teatral a ser trabalhado pelos/as artistas não profissionais, mesmo antes de se estabelecer qualquer relação com as comunidades envolvidas na criação artística.

A participação e o empoderamento são frequentemente invocados nas abordagens comunitárias. O conceito de empoderamento é perspetivado como um processo ou mecanismo pelo qual as pessoas, organizações e comunidades podem assumir o controlo das suas próprias vidas e a participação democrática na vida das suas comunidades (Rappaport, 1984/1987). O empoderamento concretiza-se em duas dimensões

> [...] a do poder, que é a raiz da palavra, e a do processo de aprendizagem através do qual o poder é ganho [...]. Implica um processo de autorrealização e emancipação de indivíduos, reconhecimento de grupos e comunidades e transformação social" (Bacqué & Biewener, 2015, p.153).

Este conceito atua a diferentes níveis — individual, organizacional e comunitário — orientando-se para os processos e os resultados (Zimmerman, 1995). No nível individual, os processos de empoderamento remetem para as competências de tomada de decisão, gestão de recursos e trabalho com os/as outros/as. Neste mesmo nível, os resultados empoderados traduzem-se no sentido de controlo, consciência crítica e comportamento de participação. No nível organizacional, os processos têm relação com as oportunidades de participação na tomada de decisão, partilha de responsabilidades e liderança. Quanto aos resultados, focam a influência em políticas e o trabalho em parceria com outras organizações. Finalmente, no nível comunitário, os processos de empoderamento centram-se no acesso a recursos, estrutura de "governo" aberta e relevância da diversidade, sendo que, relativamente aos resultados, são apresentadas coligações de organizações, liderança pluralista e competências de participação dos membros (Zimmerman, 1995). Este modelo é particularmente relevante para situar as práticas artísticas comunitárias na sua orientação para os processos e resultados nos três níveis definidos.

No exercício de levantamento de princípios estruturantes da intervenção e educação comunitária encontra-se a proposta das oposições dos seus quatro ofícios de Menezes (2007). A autora refere como primeira oposição o *ofício da relação versus o da récita*, destacando a centralidade que a construção da relação com as comunidades assume num processo desta natureza. Mais do que apresentar soluções para os problemas, o foco deverá estar na construção de relações de confiança com os/as outros/as, o que pode garantir legitimidade e eficácia. Destaca-se a relevância da diversidade das vozes comunitárias e da polifonia de visões que não se limitam ao estritamente factual, no que chamou de *ofício do pluralismo versus o da verdade*. Como terceiro ofício, alerta para a necessidade do/a profissional da intervenção comunitária *se tornar irrelevante versus ser insubstituível*, ou seja, o desenvolvimento da autonomia das comunidades é crucial num trabalho desta natureza não sendo a/o profissional quem "salva" as comunidades ou traz consigo a resolução dos problemas numa visão de especialista. E, finalmente, *o ofício de "fazer política por outros meios" versus o de "não tomar partido"*, que exclui a possibilidade de neutralidade na postura dos/as profissionais, exigindo-se antes um pensamento e ação estratégica política no sentido "[...] em que a realização de alguns não requeira a negação dos outros, em que o interesse de poucos não exija a desumanização de todos" (Martin-Baró, 1996, p. 23). Estes quatro ofícios são elementos que se conectam, apesar das especificidades da criação artística, com o que pode ser o papel dos/as artistas profissionais no contexto das práticas artísticas comunitárias.

Para Vidal (1996) existem alguns elementos fundamentais a serem levados em conta pela/o profissional envolvida/o no desenvolvimento comunitário e que se traduzem em princípios da intervenção comunitária, a considerar no contexto do objeto de estudo desta investigação: definir os objetivos a desenvolver baseados num processo dinamizador e aglutinador; estimular o sentido de potência e coesão ou comunidade como elemento de motivação; procurar tensões, contradições e processos de mudança já existentes; identificar as necessidades sentidas; apoiar no desenvolvimento de meios materiais e institucionais para a satisfação das necessidades, incluindo a mudança de sistemas ou organizações existentes, ou a criação de novas instituições ou espaços se as existentes forem pouco abertas à mudança.

A ação comunitária, baseia-se no coletivo potenciando que o "indivíduo ou grupo toma consciência dos problemas existentes e dispõe-se a implicar os afetados na sua solução consultando-os como parte mais dinâmica, estabelecendo uma organização para a resposta e tentando implicar o resto da comunidade" (Vidal, 1996, p. 506). Estes aspetos são mobilizados na análise do funcionamento dos grupos que trabalham recorrendo às práticas artísticas comunitárias.

2. A participação — ou o risco da "panaceia" das democracias

Perante a fragilidade atual das democracias, a participação é convocada, transversalmente, como uma possibilidade de reinvenção destes sistemas, nomeadamente na sua componente representativa (Benedicto & Morán, 2002; Borba, 2012; Putnam 2001). A necessidade, na atualidade,[25] de imaginação cívica e política (Baiocchi et al., 2014) para repensar configurações de participação convencionais, modos de vida e de produção, é determinante (Baiocchi et al., 2014; Menezes, Fernandes-Jesus, Ribeiro & Malafaia, 2012; Norris, 2004).

25 O atual período pandémico coloca grandes desafios às/aos cidadãs/os e à sua participação que requer formas distintas das que se conheciam até aqui. Se a situação dos processos participativos já revelava fragilidades e necessidades de mudança, essas mesmas necessidades são hoje ampliadas e aceleradas, perante as restrições quotidianas que se impõem à liberdade individual e coletiva. A impossibilidade de contacto físico, devido às normas definidas pelo distanciamento social, traz novos contornos às dificuldades que se podem levantar à participação, ou pelo contrário, potenciá-la no sentido da sua reinvenção. No entanto, é de salientar que o momento atual acarreta riscos reais de limitações dos direitos e liberdades das/os cidadãs/os, ou por outro lado, representa a possibilidade de experimentação de outros modos de vida. Este é um período que se define pelas múltiplas interrogações e possibilidades e por isso exige, ainda mais, uma cidadania ativa, atenta, questionadora e uma crítica incisiva, mas construtiva que possa fazer frente às tendências mundiais de populismo e demagogia. Veja-se como estes movimentos se têm instalado em países como o Brasil e os E.U.A. e com os seus exemplos também na Europa, nomeadamente em Portugal, onde se revela a sua cada vez maior visibilidade. Este livro inscreve-se, justamente, nesta suspensão do tempo onde muito parece estar em jogo nas decisões a tomar e que, necessariamente, terão implicações profundas nas próximas décadas.

É neste contexto que proliferou e prolifera o apelo à participação — enquanto processo que implica partilha e expressão de decisões, reconhecidas pelo contexto social, com implicações na vida das/os cidadãs/os e das comunidades. Perspetiva-se, de uma forma sintética, a participação como um pilar da democracia, constituindo-se como um dever e direito fundamental de cidadania (Hart, 1992). A participação implica a distribuição de responsabilidades e compromissos nos processos de tomada de decisão relativos a diferentes questões, processos de negociação e reconhecimento do/a outro/a, e o respeito dos direitos políticos e cívicos dos cidadãos, independentemente das suas diferenças (Hahn, 1998; Sullivan & Transue, 1999; Winter, 1997).

A etimologia latina da palavra participação remete para *participatio/onis* — "tomar parte". A este ponto de partida acrescentam-se três significados: comprometer-se, partilhar e comunicar (Ventosa, 2016). "Comprometer-se" direciona e aprofunda o "tomar parte de algo", fazendo parte das que fazem algo, diferenciando-se, assim, as pessoas ativas das passivas, enquanto aquelas que não atuam. O elemento "ação" é, assim, fundamental na definição de participação. "Partilhar" orienta-se para a dimensão social da participação, ou seja, aprende-se a participar em grupo, sendo este crucial para a concretização da ação. Relativamente a "comunicar" remete para a interação com os outros, sublinhando a sua dimensão relacional (Ventosa, 2016). O mesmo autor acrescenta o aspeto relativo ao ato de se "associar", considerando que em muitos casos se identifica, nomeadamente nos âmbitos educativo e comunitário, a participação com o associativismo. Acrescenta-se que "a participação não é algo unívoco, nem imediato, pontual ou conquistado de maneira instantânea, mas gradual e contextual e, por isso, requer um processo ou estratégia [...]" (Ventosa, 2001, p. 65).

No mesmo sentido, Zask (2011) considera que "[...] uma participação limitada ao engajamento dos participantes numa empreitada cuja forma e natureza não tiverem sido previamente definidas por eles mesmos só pode ser uma forma ilusória de participação" (p. 9). Esta visão defende três experiências fundamentais, sendo que é a sua articulação subtil, que sustenta a participação num grupo: "tomar parte", "contribuir" e "beneficiar". A primeira experiência implica o prazer de fazer junto, de encetar uma ação comum, articulando-se neste processo os fins e esforços dos/as envolvidos/as. Neste caso, é necessária a mobilização de "[...] indivíduos permeáveis à qualidade inovadora das experiências, e atividades aprofundadas ou enriquecidas pela diversidade dos pontos de vista, das práticas e dos compromissos que as fazem surgir" (Zask, 2011, p. 48). Na experiência de "contribuir", é ativado o investimento pessoal com base no compromisso com o ponto comum definido e que justifica a existência do grupo e transforma a perspetiva do mesmo. Quanto a "beneficiar" implica vantagem ou satisfação, e remete para o que os indivíduos recebem do seu meio.

A síntese das variadas conceções de participação aponta para elementos comuns como: recursos, partilha ou redistribuição de poder e controlo, noções de contribuição e influência, benefícios, conhecimento e desenvolvimento de competências, resultantes do envolvimento nos processos de tomada de decisão. A natureza da participação é ser voluntária com o objetivo de potenciar a expressão própria e possibilidades de escolha. Para isso, é tendencialmente direcionada para todas/os numa convocação para o envolvimento em decisões que afetam os seus quotidianos (Ghai & Hewit de Alacantara, 1990; Korten, 1980; Ventosa, 2016).

A participação na vida política, social, educativa e cultural é perspetivada como um direito humano fundamental reconhecido na Declaração Universal dos Direitos Humanos. Neste documento consagra-se o direito a participar na vida cultural da comunidade, de reunião e associação pacíficas e de ingressar em sindicatos. O mesmo acontece com a Constituição da República Portuguesa, que inscreve uma perspetiva face à participação enquanto elemento crucial na concretização da cidadania e de uma democracia para todos. Esta relevância dada à participação pressupõe um certo nível esperado participativo como, por exemplo, votar nas eleições.

Pode-se considerar o tipo de participação — direta (participativa) ou indireta (representativa) — assim como os graus e níveis de participação e os diferentes âmbitos onde se desenvolve (cultural, social, político, educativo), o que sugere as mais diversas configurações (Ventosa, 2016). Neste sentido, é incontornável abordar o clássico modelo da escada da participação (Arnstein, 1969). Construído no contexto dos programas de regeneração urbana e de combate à pobreza nos E.U.A., este modelo tornou-se uma referência neste domínio e, ainda hoje, é um ponto de partida para a concetualização da participação.

Esta abordagem, representada na Figura 1, define a existência de uma estrutura hierárquica de oito níveis de participação, agrupados em três dimensões. A primeira dimensão — não participação — refere-se aos níveis de manipulação e de terapia, em que não existe uma verdadeira participação e se visa apenas a aceitação pública de decisões que já foram tomadas. A dimensão seguinte — concessão simbólica de poder integra os níveis de informação, consulta e pacificação, sendo que, apesar de se introduzir o diálogo, a tomada de decisão continua do lado das instituições. Finalmente, a dimensão — poder do cidadão — remete para a parceria, delegação do poder e controlo cidadã/o, descrevendo situações em que cidadãs/os têm o controlo total ou parcelar do planeamento, implementação e decisão sobre as soluções encontradas (Arnstein, 1969).

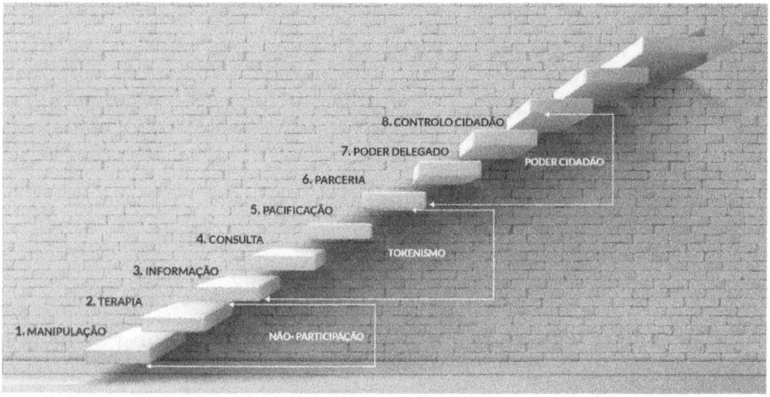

Figura 1. Modelo da escada de participação. Adaptado de Arnstein (1969).

Esta abordagem, assente numa hierarquia progressiva e sequencial, foi questionada por não considerar outras variáveis relevantes. Assim, foram sendo propostas outras visões mais flexíveis para desenvolvimento do processo participativo, destacando-se a importância dos distintos momentos e percursos da participação. Um dos exemplos desta lógica alternativa é o modelo pirâmide TYPE (Wong, Zimmerman & Parker, 2010) que integra, numa leitura múltipla, os tipos de participação com os níveis de empoderamento, relacionando-os com as variáveis controlo e participação, num contexto de desenvolvimento dos/as jovens. Relativamente ao clássico modelo anterior, este acrescenta uma visão de que um controlo partilhado é desejável — o pico da pirâmide, como ilustrado na Figura 2 — não se tratando o processo participativo exclusivamente de uma transferência de poder para os/as cidadãs/os.

Figura 2. O modelo de participação pirâmide TYPE. Adaptado de Wong, Zimmerman & Parker (2010).

O modelo pirâmide TYPE organiza-se em cinco tipos de participação — recipiente, simbólico, pluralista, independente e autónomo — em relação com o controlo dos envolvidos nos processos participativos entre adultos/as e jovens — controlo pelos/as adultos/as, partilhado e pelos/as jovens. Interessa aqui entender melhor os vários tipos de participação propostos, na medida em que permitem estabelecer relações com os modelos anteriores:

— recipiente — falta de participação das/os jovens e as/os adultas/os têm o controlo total;

— simbólico — os/as jovens participam mas os/as adultos/as continuam a ter mais controlo;
— pluralista — as/os jovens participam ativamente e partilham o controlo com as/os adultas/os;
— independente — os/as jovens participam ativamente e têm mais controlo permitido pelos/as adultos/as;
— autónomo — as/os jovens participam ativamente e têm o controlo total (Wong, Zimmerman & Parker, 2010).

O modelo CLEAR (Vivien, Lawrence & Gerry, 2006) sugere outros aspetos fundamentais a ter em conta num processo participativo, para além dos seus níveis e do controlo partilhado desejável, como os dois modelos anteriores defendem. Esta proposta sublinha os recursos necessários à participação dos/as cidadãos/ãs, assim como a perceção da sua eficácia neste processo. Sinteticamente, defende que os/as cidadãs/ ãos participam quando têm um conjunto de elementos reunidos, a saber:

— *Can* — recursos apropriados associados ao diálogo, competências verbais, existência de limitações físicas e/ou doença mental, entre outras;
— *Like* — interesse e sentido de pertença a determinada comunidade, sentirem-se integradas no grupo;
— *Enabled* — possibilidades e condições necessárias, muitas vezes instrumentais;
— *Asked* — motivação e mobilização;
— *Responded* — acreditam que a sua participação tem impacto e pode fazer a diferença (Vivien, Lawrence & Gerry, 2006).

As distintas grelhas de análise propostas pelos modelos anteriores, embora tenham enfoques diversos relacionados com a participação das crianças, jovens e adultos/as em contextos também diferentes, permitem uma adaptação no sentido de aceder e refletir sobre a componente participativa e as relações de poder estabelecidas nas práticas artísticas comunitárias. À luz destes modelos podem-se enquadrar as relações estruturadas em torno de padrões rígidos, por exemplo, entre instituições sociais e culturais, artistas profissionais, técnicos sociais e educativos e artistas não profissionais, membros das comunidades. A forma como estas relações inibem ou potenciam a participação das/os artistas não profissionais é um dos aspetos fundamentais enquanto contradição da participação, confrontando intenções de desenvolvimento e manipulação, onde se confunde intencionalmente, ou não, a participação enquanto meio e/ou enquanto fim.

2.1. A PARTICIPAÇÃO CÍVICA E POLÍTICA — ARENA DA DEMOCRACIA, CIDADANIA E DIVERSIDADE

Partindo da visão mais alargada do sentido da participação, anteriormente apresentada, afunila-se, agora, para uma maior especificidade remetendo para as dimensões cívica e política. Procura-se, assim, definir um dos conceitos-chave desta investigação no sentido de potenciar o entendimento das ligações que se podem estabelecer entre este e as práticas artísticas comunitárias, concretizando-se, assim, um dos objetivos do presente trabalho.

Para isso, recorre-se a uma definição clássica de participação cívica e política considerando-a como um conjunto de atividades voluntárias e individuais das/os cidadãs/os, que se pretende que influenciem direta ou indiretamente as decisões a diversos níveis do sistema político (Barnes & Kaase, 1979). Nesta linha, o funcionamento das democracias convoca os/as cidadãos/ãs e a sua ação participativa para a esfera política, sendo em simultâneo, nesse exercício, respeitados os direitos políticos e cívicos das/os suas/seus concidadãs/os independentemente das suas diferenças, sendo, em grande parte, estes dois elementos que dão forma à democracia (Butler, 2017; Hahn, 1998; Sullivan & Transue, 1999). Considera-se, ainda, que a participação cívica e política é multideterminada pelas estruturas que contaminam a ação dos indivíduos nas sociedades (e.g., leis, regras burocráticas e recursos), assim como, pela capacidade de agência desses mesmos indivíduos traduzida em intervenção e influência no estado das sociedades (Giddens, 1984). O carácter multideterminado da participação cívica e política implica a aceitação da sua dependência de distintos fatores, tais como: sociodemográficos (e.g., idade, género, nível educativo); macrossociais (e.g., históricos, políticos, económicos, culturais); proximais (e.g., família, pares, escola, media, ONG's, grupos de teatro numa lógica comunitária); e psicológicos (e.g.. cognitivos, comportamentais, motivacionais, identitários tanto na ação individual como coletiva) (Ribeiro, 2014).

Ainda no contexto dos fatores estruturais que definem a participação cívica e política, Verba e colegas (1995) descrevem como preditores poderosos para a participação o dinheiro e as competências dos indivíduos, sendo estes mais mensuráveis do que as motivações, por exemplo. A ser assim, a perspetiva de que a participação se pode constituir como um processo de redistribuição de poder, funcionando como um dispositivo pelo qual cidadãs/os excluídos politicamente e economicamente possam ser futuramente incluídos é, em parte, questionado. A ideia de que as populações mais marginalizadas pudessem aceder aos direitos em causa, através da participação, e, nesse processo, contribuir para reformas sociais significativas fica fragilizada e remete para uma visão "remediativa" da participação (Arnstein, 1969). A acontecer desta forma será necessário ter em consideração aspetos como a qualidade das experiências participativas.

A promoção de um envolvimento destas populações, nomeadamente as que participam nas práticas artísticas comunitárias, muitas vezes, traduzem-se em processos participativos despolitizados,[26] que mais não fazem do que contribuir para a manutenção das relações de poder instaladas. Este é um dos motivos que pode ajudar a justificar os indicadores de baixa participação, uma vez que as pessoas não se

26 A perspetiva da participação despolitizada remete para uma postura passiva da/o cidadã/o na construção da realidade e do próprio processo participativo e de cidadania. A desvalorização da reflexão das/os cidadãs/os sobre o poder ou impotência, enquanto protagonistas do sistema político, não permite um acesso à informação e competências convocadas para o envolvimento nos processos de tomada decisão (Zimenkova, 2013). Esta postura é identificada em algumas intervenções que visam o desenvolvimento da participação, como é o caso das práticas artísticas comunitárias. A ideia implícita a esta postura, considerando as populações mais marginalizadas que participam nestes projetos, é centrada nos objetivos da coesão social e experimentação artística, afastando as/os cidadãs/os envolvidos no estabelecimento de relações com instituições políticas, de uma reflexão sobre igualdade e desigualdade e comprometendo, inclusive, a conceção de sujeitos políticos (Hedtke & Zimenkova, 2013). Tal manifesta-se quando, por exemplo, se propõe uma participação de cidadãs/os em espetáculos, estando as dramaturgias dos mesmos definidas, segundo os padrões estabelecidos pelas instituições, sejam sociais, culturais e artísticas. A efetiva participação fica, desta forma, comprometida num processo que se pode designar próximo da "figuração comunitária" (Cruz, 2015).

sentem envolvidas e mobilizadas, mas antes, pelo contrário, instrumentalizadas.

Tendo em conta o exercício que aqui se faz, de clarificação do conceito, destaca-se a sua dupla componente cívica e política que, desde logo, é relevante diferenciar, reconhecendo, no entanto, a sua profunda relação. A distinção entre os dois comportamentos participativos opera-se, classicamente, relacionando a participação cívica às ações que se desenvolvem no sentido de contribuir para a resolução de problemas das comunidades, assim como, para o seu bem-estar; e a participação política às ações que, direta ou indiretamente, têm como objetivo influenciar os processos das instituições políticas nos seus mais distintos níveis (Verba, Schlozman & Brady, 1995).

Acima de tudo, esta diferenciação faz-se pela diversidade de contextos e interlocutores/as, na ação mais ou menos direta, na ideia subjacente de micro e macropolítica e na maior ou menor relação com a democracia representativa e as suas instituições. Refere-se aos diferentes níveis em que a participação pode atuar, sendo a tendência mais genérica a associação da participação cívica a uma visão menos politizada e comunitária, que dá conta dos problemas reais e imediatos dos membros das comunidades, enquanto a política se concebe como uma esfera de conceção e ação macro, de leis gerais e universais, que implicam um intenso diálogo entre democracia participativa e representativa.

2.1.1. As questões centrais da participação cívica e política

A literatura neste campo centra-se, essencialmente, no contexto europeu e americano e orienta-se para "o que é" a participação, "onde acontece" e "com que intensidade" (Huxtin & Denk, 2009). Fica por isso, mais a descoberto o "como" se participa politicamente, ou seja, como se iniciam os processos participativos (antecedentes), as condições em que se desenvolvem e como são as experiências participativas, assim como os seus resultados. Ao analisar a literatura das últimas décadas refente à participação cívica e política, levando em conta a sua diversidade espacial e temporal, podem-se identificar três linhas: uma que defende que se pode estar perante uma "revolução participatória" (Kaase, 1984); outra, mais fatalista, que define o cenário como uma "crise participatória" no sentido recessivo (Stolle, Hooghe & Micheletti, 2005; Zukin et al., 2006); e uma terceira que identifica as duas tendências anteriores (Menezes et al., 2012). Esta aparente contradição encontra justificações plausíveis, para lá de uma primeira leitura superficial.

Concretizando, o declínio das ações participativas refere-se, genericamente, às configurações políticas convencionais (e.g., militante num partido ou sindicato, acompanhar ações políticas, votar, participar em manifestações) (Borba, 2012; Putnam, 2001). Simultaneamente, regista-se uma expansão de movimentos de protesto e de novas formas de participação definidas como ações políticas não convencionais (e.g., assembleias, petições, orçamentos participativos, grupos *on-line* com temas políticos, ambientais ou de direitos humanos) (Kaase, 1984). Ou seja, a narrativa que sustenta uma "crise participatória" é desconstruída e reformulada no sentido em que as pessoas não participam necessariamente menos, mas antes participam de formas alternativas, fluídas, menos institucionalizadas e hierarquizadas, rejeitando relações verticais (Berger, 2009; Borba, 2012; Ekman & Amnå, 2012). Esta conclusão aplica-se com maior intensidade às/aos mais jovens, reforçando-se que as pessoas participam hoje de uma forma diferente da do passado, mais focada na representatividade.

A participação tem vindo a evoluir de um lugar associado às modalidades eleitorais para novos formatos que se experimentam no que se considera ser a vida democrática. Parece ter-se evoluído para uma premissa distinta, centrada na necessidade e possibilidade de influência na distribuição dos bens públicos, através de configurações baseadas na ação concreta e participativa, que se tem alargado para o território dos média, galvanizados pelos avanços tecnológicos (Borba, 2012; Kaase, 2000). O *artivismo*, abordado anteriormente, é disso um exemplo concreto. No entanto, é nos movimentos que emergiram desde 2011 que se podem encontrar casos ilustrativos mais aprofundados. Não deixa de ser curioso que pouco se tenha investigado sobre estes fenómenos, e mesmo o que se tenha estudado não esteja largamente disseminado. O que é certo é que a "Primavera Árabe" (Países do Norte de África), o *Occupy Wall Street* (E.U.A.), os

"Indignados" (Espanha), os "*Secundaristas*" (Brasil) e a "Geração à Rasca" em Portugal, se constituíram e inscreveram como movimentos a aprofundar nas suas premissas e dinâmicas de funcionamento (Harvey, 2013; Negri & Hardt, 2014).

Apesar das suas especificidades locais, estes movimentos caracterizaram-se por elementos comuns como: as lideranças que se afastaram da ideia do/a líder «único/a" e da relação vertical; a realização de assembleias assentes na lógica da participação direta; a forte conexão à ocupação dos espaços públicos; e a utilização estratégica das novas tecnologias, até então menos potenciadas neste contexto. Assim, estas experiências podem se enquadrar no que Baiocchi e colegas (2014) designam de imaginação cívica, enquanto "formas através das quais as pessoas, individual e coletivamente, perspetivam melhores ambientes políticos, sociais e cívicos e trabalham para atingir esses futuros" (p. 15). Neste contexto de emergência de novas formas de participação, Juris e Pleyers (2009) sinalizam a forma como os/as mais jovens se relacionam com o exercício da cidadania apontando no sentido não de um declínio, mas antes da construção de outras possibilidades de envolvimento cívico que se têm vindo a consolidar e ganhar visibilidade nas sociedades contemporâneas, embora não sejam tidas em consideração pelas formas políticas convencionais. Exemplos disso mesmo são as "greves climáticas" e, no caso português, na sequência da crise pandémica, o movimento "Pelo presente e futuro da cultura em Portugal", ou ainda, à escala mundial, em torno da causa da luta contra o racismo, o *Black lives matter*. Embora com contornos distintos, estes movimentos apresentam estratégias comuns e uma mobilização que recorre, em alguns casos, a ações performativas, nas suas distintas formas de expressão, no espaço público concreto e virtual.

Na linha dos estudos que se fixaram na "crise participatória", baseada nos baixos níveis de participação na democracia representativa, foi desenvolvido um dos principais mitos em torno da participação. Este mito que, apesar da sua forte implementação, tem vindo a ser desmontado pela literatura (Azevedo, 2009; Ferreira, Azevedo & Menezes, 2012; Flanagan, 2004) assenta na ideia de que a participação é boa e positiva em si mesma, o que não corresponde, necessariamente, à realidade. Aliás, a qualidade da participação, conceito a aprofundar, parece ser mais determinante do que a quantidade das experiências de participação, sendo os aspetos processuais mais decisivos do que os seus resultados (Ferreira, Azevedo & Menezes, 2012). A participação, por si só, perspetivada como um meio para um fim pode alimentar inclusivamente processos de instrumentalização. Esta postura de positividade excessiva foi fomentada por uma reação ao declínio da participação, mas, para além disso, pela apatia e desinteresse instalado face às ações políticas que como já se viu se aproximavam mais dos formatos convencionais (Benedicto & Morán, 2002; Galston, 2001; Putnam, 2001).

Ora, esta situação coloca as democracias numa situação de enorme fragilidade, nomeadamente, na sua dimensão representativa. Veja-se o caso português que revela baixos níveis de confiança nas instituições políticas e avalia a responsividade política de forma negativa, justificando-se, assim, o desinteresse das/os cidadãs/os (Magalhães, 2009). Perante esta situação e a necessidade de outras visões direcionadas para a qualidade da participação, o investimento da União Europeia neste campo tem vindo a ser reforçado, nomeadamente no que se refere à população mais jovem. Esta posição revela o reconhecimento de que as democracias necessitam do exercício de uma cidadania ativa e, por isso, se devem empenhar em ser promotoras da participação cidadã — direta ou representativa — nos processos de deliberação, nas estruturas políticas e na sociedade civil (Eurydice, 2005; Sullivan & Transue, 1999).

Nesta linha, a investigação revela que a participação gera participação, ou seja, que as experiências anteriores dos indivíduos, integradas como eficazes e satisfatórias, parecem incentivar a uma participação posterior (Putnam, 1995). Neste caso, haveria uma espécie de "contaminação" em que a participação, de uma forma geral, por exemplo, social e cívica, pode ter efeitos positivos especificamente na participação política (Putnam, 1995). Este aspeto relaciona-se diretamente com o segundo objetivo desta investigação que remete para as ligações existentes entre a participação nos grupos de teatro, participação cultural e artística, e a participação cívica e política dos/as envolvidos/as nos diferentes estudos.

Destaca-se, ainda, a relevância da qualidade da participação para o desenvolvimento da competência para participar e de tal acontecer, gradualmente, através da prática, ao invés, de ser ensinada na abstração (Hart, 1992). Neste sentido as perspetivas do "aprender a fazer" e do "aprender na ação" (Freinet, 1975) são convocadas, destacando-se, igualmente, o carácter eminentemente prático ao qual se associa o trabalho teatral associado às práticas artísticas comunitárias.

Outro aspeto sublinhado pela literatura refere-se à eficácia da participação, ou seja, a perceção que os indivíduos têm de que o seu envolvimento faz a diferença e tem consequências parece ser, também, relevante ao contrário da perceção de uma participação vazia (Lawy & Biesta, 2006). A este respeito, Verba e colegas (1995) avançaram com dois aspetos que podem definir o nível em que se desenvolve a participação: na partilha de preocupações e preferências com os/as decisores/as políticos/as; e na pressão que pode ser feita pelas/os cidadãs/os juntos dos/as decisores/as políticos/as com o objetivo de fazerem algo perante as suas preocupações. Nesta revisão da literatura sublinha-se, ainda, a importância dos contextos e da continuidade da participação, assim como, a relevância do envolvimento emocional nas experiências participativas (Nicholson, 2013).

No cenário presente, a análise e cruzamento de vários fatores que determinam a participação cívica e política é crucial para responder à complexidade da mesma. Destacam-se alguns modelos que permitem situar a participação cívica e política e, assim, aprofundar a sua análise.

Um destes modelos é um clássico, assente na lógica piramidal, e que define três perfis de pessoas relativamente à participação cívica e política, dando uma visão de determinados comportamentos face a esta dimensão da vida: (i) os/as gladiadores/as — participam ativamente no processo; (ii) os/as espetadores/as — participam moderadamente no processo; e (iii) os/as apáticos/as — não participam no processo (Milbrath, 1965). Este modelo, centrado nas formas políticas convencionais, permite ter um olhar sobre a existência de diferentes perfis de participação. No entanto, é importante que tal estruturação não se foque apenas no indivíduo como o centro desta definição. Os perfis são dinâmicos e, como se explanou na proposta anterior, podem evoluir consoante a multiplicidade de fatores, que influenciam a participação cívica e política, não devendo esta ser atribuída apenas a uma dimensão. A este nível é relevante alargar a mesma análise às práticas artísticas comunitárias, perspetivando que a sua dimensão participativa inclui uma série de influências que as determinam em diferentes formas, não sendo possível isolar causas para determinados efeitos de um fenómeno tão complexo.

Afirma-se, assim, a necessidade de se alargarem os modelos, orientando-os para a análise das configurações políticas não convencionais. Neste sentido, pode-se tentar entender como se organiza, por exemplo, o ativismo político recorrendo a três níveis: macro, meso e micro. O primeiro nível refere-se à modernização societal e à estrutura do Estado (e.g., leis eleitorais, sistema partidário); segundo define as agências de mobilização (e.g., igrejas, partidos, movimentos, média, sindicatos); e o último nível, o micro concretiza-se em duas dimensões que sustentam o ativismo político — recursos (e.g., tempo e competências) e motivação (e.g., interesse político e confiança) (Norris, 2002). As analogias podem ser feitas, através de vários elementos apresentados, com as práticas artísticas comunitárias, destacando-se a importância da reflexão mais ampla sobre a possibilidade de estas serem vistas como configurações não convencionais, de ativismo político, em simultâneo com a sua natureza e ação artística.

Deste modo, perante o confronto com a emergência de novas configurações e contextos, a participação cívica e política necessita de abordagens multidisciplinares, como é o exemplo da perspetiva da qualidade da participação e dos diferentes contributos que mobiliza e cruza, tal como acontece com a proposta desta investigação, que, para além da educação e da intervenção comunitária, acrescenta a visão artística à discussão deste campo.

Seguindo e concretizando a perspetiva multidimensional e multidisciplinar da participação cívica e política, um modelo mais compreensivo, apresentado mais recentemente por Ekman & Amnå (2012), cruza diferentes contributos de ciência política, sistematizando uma proposta orientada para os/as jovens. Esta perspetiva alerta para o facto da dimensão cívica, como estava definida, ser demasiado larga e por isso não permitir diferenciar adequadamente as experiências de participação (Berger, 2009; Ekman & Amnå, 2012). Por outro lado, a definição remetia para uma visão demasiado afunilada, considerando apenas as ações que estivessem orientadas para influenciar resultados políticos nas sociedades (Ekman e Amnå, 2012; Teorell et al., 2007).

Sinteticamente, este modelo procura "capturar basicamente todos os tipos de comportamento político" (Ekman & Amnå, 2012,

p. 294). Defende-se, assim, a possibilidade de cruzar formas distintas de participação — ativas/passivas e individuais/ coletivas — num *continuum* que vai desde o ativismo ao interesse pessoal em assuntos sociais e políticos, numa configuração, mais ou menos, convencional, e ainda mobilizando as formas participativas individuais e coletivas. Ou seja, é uma visão que integra as múltiplas dimensões envolvidas, às quais se acrescentam os elementos estruturais (e.g., tempo, dinheiro, e competências cívicas), determinantes na participação cívica e política. O modelo complexifica-se ao considerar as predisposições diversas — individual, institucional e nacional – quando se perspetiva a participação cívica e política (Menezes et al., 2012).

O debate sobre a visão da participação como um meio ou como um fim alimenta a controvérsia entre autores/as e abordagens distintas em épocas e campos, também eles distintos (Picciotto, 1992). Esta é uma discussão que também se expande, apesar de existirem elementos comuns e outros específicos, para a dimensão participativa das práticas artísticas comunitárias.

Perante o uso atual generalizado e em "moda" de palavras como, por exemplo, "participação", "sustentabilidade", "empoderamento", "diversidade" e "diálogo" é fundamental entender o porquê dessa tendência e a sua correspondência, em muitos casos, a uma ação absolutamente contraditória ao sentido destas terminologias. Assim, é importante recuperar as premissas subjacentes às mesmas através de uma prática contextualizada que contemple a operação do novo, perspetivando esta postura como a que atua não por "[...] falta de crença nos princípios democráticos, mas por interesse enorme numa mudança crítica e produtiva" (Miessen, 2014, p. 18).

Uma das principais contradições presentes na participação passa por esta tanto poder contribuir para manter e inclusivamente reforçar os poderes instalados de alguns sobre uma maioria; ou, pelo contrário, por estimular e reforçar a participação assente em princípios democráticos, na cidadania, no pensamento crítico e na solidariedade social (Weizman, 2014).

A mobilização da participação, encarando-a como uma "panaceia" dos problemas atuais, pode concorrer, justamente, para enfraquecer o seu real potencial de mudança e resultar na desilusão. Ou seja, perante processos participativos instrumentalizados, em que a manipulação dos/as envolvidos/as é, na maior parte dos casos, subtil e invisibilizada, não garante uma efetiva participação que tenha em consideração e integre as distintas vozes, interesses e motivações. Como também alertou a pedagogia crítica, as práticas participativas, muitas vezes, perpetuam as relações de dominação presentes nas duas partes — grupo dominante e menos privilegiado — sendo a participação construída a partir da visão do primeiro (Ellsworth, 1989).

A forma como a participação é desenvolvida pode criar uma ilusão de liberdade e empoderamento das populações que se confrontam quotidianamente com desigualdades sociais, mantendo, no entanto, as relações opressivas e a necessidade constante de resistência, sobrevivência e desafio destas populações (Chinyowa, 2015). Esta postura tem subjacente uma postura paternalista que desequilibra a relação, por exemplo, entre artistas profissionais e não profissionais, mantendo a perpetuação e valorização apenas de determinadas conceções dominantes de cultura e arte. A este respeito é importante destacar que o entendimento do conceito de "poder" é crucial para a concretização do empoderamento. No entanto, este conceito não tem sido muito considerado nas narrativas sobre a participação, sendo substituídas por reivindicações de artistas, técnicos sociais e educativos, e profissionais sobre o empoderamento das populações com quem trabalham (Chinyowa, 2015).

As "saídas" para as situações são, muitas vezes, impostas e agarradas à ideia da participação como "salvação para todos os males" e/ou "solução para todas as crises", constituindo-se como soluções aparentes que servem poucos, relativamente ao que seria um interesse coletivo. Fala-se de uma abordagem à participação que evita ao máximo qualquer tipo de tensão e confronto, encarando-o como uma dimensão negativa a abolir e contribuindo para a desvinculação das tomadas de decisão. Traduz-se numa "falsa" participação obcecada por uma narrativa do "sentido do comum", direcionada para a obediência (voluntária ou forçada) e que apresenta os caminhos como únicos, inevitáveis e fechados ao questionamento. Por isso, o risco de manutenção de objetivos do poder político e económico é real (Weizman, 2014). As soluções da participação, neste sentido, revelam e implementam uma ideia de menorização dos danos, mais do que uma participação implicada numa efetiva mudança, o que levanta dilemas éticos, políticos e artísticos (Weizman, 2014).

Ressalta-se a necessidade de contrariar uma perspetiva da participação assente numa prática que não se resuma à produção de narrativas "sobre" as realidades sociais, mas que avance para uma postura alicerçada no construir essa participação "com" as/os cidadãs/os e a partir das realidades sociais (Cooke & Kothai, 2004; Rahnema, 1992). Neste sentido, é fundamental o desenvolvimento de uma prática que não se limite à construção de consensos artificiais e que evite a dimensão conflitual da participação (Mouffe, 1999), mas que estimule o dissenso necessário ao processo participativo (Rancière, 1996). Procura-se, deste modo, evitar

> [...] práticas sociais, justapondo e confundindo fenómenos mais genuínos — porque relevantes, enquanto efetiva participação — com fenómenos superficiais e consumistas. Ou seja, por detrás de um mesmo tipo de manifestação material, tanto se pode encontrar o seu correspondente conceptual — por exemplo, o elogio de uma capacidade crítica mais alargada — como o seu exato oposto (Costa, 2015, p. 239).

A "tirania da participação" (Cooke & Kothai, 2004) e o "mito repressivo" (Rahnema, 1992) constroem-se em torno de vários fatores que se foram instalando nas realidades ao longo do séc. XX. O primeiro conceito refere-se à situação em que o discurso da participação incorpora um exercício injustificado de poder (Cooke & Kothai, 2004). Apesar do desenvolvimento da participação ser justificado pela agência, sustentabilidade, relevância e tomada de decisão das populações mais marginalizadas, os processos ou meios desenvolvidos podem assumir contornos tirânicos (Chinyowa, 2015). Relativamente ao segundo, remete para "o jargão moderno que usa palavras estereotipadas para apoiar as mais fantasiosas construções que mais não são do que ideias com fins manipuladores" (Rahnema, 1992, p. 116). Este "mito repressivo" atua no espaço de suscetibilidade da participação, afastando-a das suas raízes socioculturais e remetendo-a para como uma "coisa" ou "recurso" disponível para alimentar a economia de mercado (Rahnema, 1992). Alguns exemplos desses aspetos negativos passam por uma valorização exclusiva das práticas relacionais e sociais e as suas interações com a estética, da centralidade da experiência do corpo e o seu impacto na construção de conhecimento e pela ação hegemónica das novas tecnologias, nomeadamente junto das gerações mais novas.

No entanto, uma abordagem à participação, exposta aos riscos do consenso, pode ser contrariada por uma visão situada fora das estruturas existentes, enquanto práticas polifónicas conectadas com as realidades sociais e políticas, que questionam a teoria do consenso (Miessen, 2014; Mouffe, 1999). Destaca-se uma estratégia de fomento das micropolíticas[27] da participação na criação artística, assumindo-se o contributo em simultâneo para outras dimensões da existência humana. Sublinha-se aqui a necessidade da existência de outras noções de participação, de clarificação deste conceito e do questionamento da alienação provocada pelos poderes múltiplos instalados. Pelos elementos anteriormente explanados, a dimensão da qualidade dos processos participativos é um caminho a aprofundar como reforço de condições para estes serem efetivos, nomeadamente, quando se abordam as práticas artísticas comunitárias.

2.2. A qualidade da participação

A construção da definição de qualidade é, em si mesma, complexa, polissémica, controversa e inerente a espaços e tempos nas

27 Apesar do autor não se ter referido concretamente ao conceito de "micropolítica", este está intimamente ligado ao de "resistência", esse sim abordado por Foucault (2003). O autor considerava que as resistências decorrem dos confrontos de práticas sujeitadas às políticas de governo intrínsecas a elementos totalitários e individualizantes do poder derivados da razão do Estado (Foucault, 2003). Fala-se, portanto, de resistências à biopolítica, soberania, disciplina que toma a forma, desde a Reforma, à radicalidade. A análise do poder, enquanto produtor e não apenas como repressor, coloca-lhe a responsabilidade de produzir verdades, modos de vida, espaços e estruturas sociais. Ao considerar o descrito como acontecimentos políticos fala-se do que Guattari e Rolnik (1986) designaram de micropolíticas, como algo que desmistifica o poder, potencia a multiplicidade e duplicidade e revela a forte conexão à vida quotidiana. Para além, do poder se manifestar opressivo, negativo e coercivo, pode também ser positivo e construtivo, produzindo saberes, subjetividades e agenciamentos, por exemplo. A este respeito os autores afirmam que "a questão da micropolítica é a de como reproduzimos (ou não) os modos de subjetividade dominante" (Guattari & Rolnik, 1986, p. 132-133). Em concreto, neste trabalho, associa-se o conceito de micropolítica à participação, remetendo para estes modos de operar no contexto dos processos participativos, nomeadamente no campo das práticas artísticas comunitárias.

suas dimensões políticas, sociais e culturais específicas, não existindo, por isso uma posição consensual relativa a este constructo (Ferreira, 2006b). Apesar disso, nesta linha de investigação, suportada por contributos de distintos autores, define-se que a participação implica os processos (os condimentos da participação) e os resultados pessoais (maior complexidade de pensamento, disposições para a participação futura, autoeficácia política) e societais (pluralismo, valorização da diversidade) (Ferreira, Azevedo & Menezes, 2012; Ferreira & Menezes, 2005). A qualidade da participação é, assim, perspetivada enquanto um conjunto de elementos e dispositivos que permitem reforçar condições para que os processos participativos estejam mais conectados com os fundamentos de pensamento crítico, cidadania e democracia, considerando que nenhum destes três conceitos é universal e inequívoco. Parte-se, assim, do pressuposto, confirmado na investigação (Azevedo, 2009; Ferreira, Azevedo & Menezes, 2012; Flanagan, 2004), de que nem todas as experiências de participação são boas, aliás como também sucede nas experiências participativas associadas às práticas artísticas comunitárias, conforme estudos apresentados anteriormente (Cruz, 2015; Suess, 2006).

Assim sendo, as experiências de participação podem permitir, ou não, o desenvolvimento de competências, atitudes e disposições pessoais e sociais nas pessoas (Ferreira, 2006b; Ferreira, Azevedo & Menezes, 2012; Ferreira & Menezes, 2005; Veiga, 2008). Nesta linha, a investigação tem apontado no sentido de se "(..) assumir que nem todas as experiências de participação promovem atitudes, disposições e comportamentos democráticos nos indivíduos, sendo, aliás, mesmo possível que estimulem a emergência de características antidemocráticas" (Ribeiro, 2014, p. 68).

Parte-se, então, da ideia de que a qualidade não está garantida e que, inclusive, as experiências de participação podem ter impactos negativos, reforçando, por exemplo, estereótipos, conformismo, desconfiança e ceticismo (Coimbra, 2012; Fredricks & Eccles, 2006; Mahoney, 2000; Menezes, 2003). É fundamental conceber estas experiências participativas como oportunidades de desenvolvimento humano, considerando-as como indutoras de transformação, que se manifesta nas complexificações de modos de compreensão, reflexão e ação dos indivíduos, assumindo-se a espontaneidade como um dos elementos da transformação desenvolvimental (Ferreira, 2006b). Recorre-se aos contributos da educação e da psicologia do desenvolvimento para aceder aos elementos fundamentais da qualidade da participação (Ferreira, 2006b; Ferreira, Azevedo & Menezes 2012; Menezes 2003). Várias teorias apontam no sentido da importância das experiências de *role-taking*, interação social e o equilíbrio entre ação e reflexão (Dewey, 1971; Mead, 1934; Piaget, 1941; Vygotsky, 1967), aliás características que assumem centralidade nas teorias psicológicas e pedagógicas e se destacam como significativas na visão de aprendizagem transformadora, como por exemplo o processo de conscientização (e.g. Freire 1979; Lave & Wenger, 1991; Rogoff, 1998). São ainda destacados, na promoção do desenvolvimento psicológico, como importantes para estes processos, o conflito cognitivo e as oportunidades de reflexão sobre este (Coimbra, 1991; Sprinthall, 1980).

Gradualmente a ênfase foi, também, colocada na importância da continuidade, do desafio ótimo e da sua relevância para os indivíduos (Sprinthall, 1991), sendo que para este propósito o modelo da educação psicológica deliberada (Sprinthall, 1980, 1991)[28] constitui-se como um contributo relevante a considerar. A estes aspetos acrescentou-se a relevância da colaboração e comunidade (Schoenfeld, 2004). O conceito de qualidade da participação mobiliza, ainda, pensadores/as da política (Arendt, 2001; Bobbio, 1995; Walzer, 1995, 2002) que reforçam a ideia da importância do envolvimento emocional e do pluralismo na ação política, distanciando-se do foco exclusivo na dimensão racional (Ferreira, Azevedo & Menezes, 2012).

---

28 Este modelo considera as estruturas pessoais e estruturais no desenvolvimento humano, baseando-se em princípios desenvolvimental-ecológicos de ação-em-contexto no processo de construção de mudança e conhecimento (Campos, Costa & Menezes, 1993). Sprinthall (1991) destaca a relevância nesta proposta do role-taking que implica o envolvimento numa situação de vida real; da reflexão crítica e sistemática sobre as experiências; do equilíbrio entre momentos de ação e reflexão; da continuidade das experiências, destacando a importância do "tempo" nas tarefas; e finalmente o apoio e suporte na vivência das experiências. Assim sendo, a presença destes elementos é fundamental para que se possam transformar as experiências reais em contexto, os climas sociais, as redes de apoio e gerar oportunidades de atividades desafiantes (Campos, Costa & Menezes, 1993). Neste sentido, a ênfase situa-se no carácter analógico da vivência humana e à promoção do desafio com apoio na exploração de outras realidades, procurando-se reunir características de um desafio ótimo, que passa por ajustar o nível da exigência ao momento do indivíduo e da comunidade em que este se integra. Acrescenta-se a este respeito as semelhanças entre a conceção de *role-taking* e de *embodiment*, abordados anteriormente.

É, ainda, de destacar a relevância do desenvolvimento humano ocorrer em contexto e não de forma isolada, sem ligação ao exterior. Ou seja, é crucial a existência de contextos onde se enquadram ações e interações com os/as outros/as, garantindo-se, desta forma, o confronto com a diferença, no sentido de construir significados cognitivos e emocionais para as experiências, tal como acontece na criação teatral (Nicholson, 2013). Aliás, como afirma Ferreira (2006b) é

> preciso promover a participação significativa em contextos reais onde os indivíduos se envolvam em interações com outros, em tomada de perspetiva, onde existam condições para a reflexão crítica e integração tanto cognitiva como afetiva da experiência, e se dê forma ao desenvolvimento que transforma (p. 42-43).

Sinteticamente, a qualidade da participação depende do envolvimento com questões significativas da vida real dos indivíduos e a expressão e negociação de pontos de vista distintos. Destaca-se a interação com pessoas diferentes num contexto plural onde o conflito, disputa e divergência, no sentido produtivo, são apoiados, com a implicação de reforçar o significado pessoal das experiências (Ferreira 2006; Ferreira, Azevedo & Menezes, 2012; Menezes, 2003).

Um dos grandes desafios que se coloca, hoje, à participação cívica e política, passa pela capacidade que esta pode ter de gerar canais de efetiva comunicação e ação entre as várias formas de democracia representativa e participativa. É importante garantir-se neste processo a (re)invenção do próprio conceito e em simultâneo do poder representativo e institucional, com tendências recentes agravadas de controlo da participação cívica e política dos cidadãos. No contexto deste trabalho impõe-se a interrogação de qual e como está a ser o contributo das práticas artísticas contemporâneas, especificamente as comunitárias, mobilizando as estratégias específicas que atravessam o território do dissenso (Rancière, 1996) e as micropolíticas da participação. Como afirma Bishop (2011) poderemos estar perante uma realidade em que a participação artística se afirma como uma pré figuração da participação democrática direta?

2.3. A participação cultural e artística ou a participação nas práticas artísticas comunitárias

Apesar da expressão da dimensão participativa ser nuclear, em geral, nas práticas artísticas contemporâneas, as práticas artísticas comunitárias, por envolverem não profissionais, requerem uma atenção particular. Recupera-se o conceito de participação cultural, abordado anteriormente, e que neste caso assume um carácter mais específico porque se alarga à dimensão artística. A visão convencional de participação cultural direciona-a para o acesso à fruição cultural, descurando o envolvimento dos/as artistas não profissionais nos modos de produção cultural e artística. Ora, é exatamente neste ponto que as práticas artísticas comunitárias e a forma como, no seu contexto, se experimenta a participação, se diferenciam das demais. Opta-se, assim, no âmbito desta investigação, como já tinha sido referido, pelo conceito de participação cultural e artística.

Alguns autores (Brown et al., 2011; Dupin-Meynard, 2018; Helguera, 2011; Kravagna, 1999; Nardone, 2010) têm vindo a desenvolver diferentes modelos que ensaiam a participação em contextos de criação artística, assente em distintas linguagens, que servem de importantes pontos de partida para esta investigação, no sentido de situar as práticas artísticas comunitárias. Com relativa facilidade se entende a relação de paralelismo entre os modelos apresentados, anteriormente, e os seguintes, que se concretizarão num *continuum* entre a não participação, ou uma participação incipiente, até níveis que permitem o acesso à autonomia participativa associada às especificidades da criação artística.

No domínio das artes plásticas, Kravagna (1999) propõe a sistematização de um conjunto de aspetos direcionados para a relação entre artistas profissionais e não profissionais, dimensão na qual se concretiza o processo participativo. A sua proposta permite identificar práticas associadas a níveis distintos consoante a participação de artistas não profissionais contempladas nas mesmas. Num primeiro nível, considera-se o trabalho com artistas não profissionais baseado numa inserção despolitizada do social na experiência artística. Um nível seguinte corresponde a ações baseadas na interação, ou seja, situações idealizadas previamente por artistas profissionais, sem mediação e que tendem a não promover uma articulação produtiva com os membros das comunidades. O último nível corresponde ao que chamou de ação coletiva, no qual se contemplam práticas cuja conceção, desenvolvimento e produção se geram a partir dos contributos das pessoas e/ou dos grupos nas comunidades. É uma visão que se afasta de visões hierárquicas, com objetivos políticos definidos e uma prática participativa implementada. A abordagem deste último nível implica negociar e articular, no sentido da procura de configurações distintas de inclusão, a responsabilidade e compromisso dos/as atores/atrizes envolvidos nestas práticas.

A proposta desenvolvida por Brown e colegas (2011) é mais ambiciosa do que a anterior e apresenta uma escala de participação assente no controlo criativo dos membros das comunidades (cf. Figura 3). O espetro de envolvimento do público[29] que sugere refere-se, nos dois primeiros níveis, a um caráter exclusivamente recetivo, considerando-se aqui o público, no sentido mais convencional, enquanto espetador/ recetor de um objeto artístico acabado e não envolvendo a sua expressão criativa. Os três restantes níveis, esses sim, são designados como participação: curatorial, interpretativa e inventiva. Estes níveis estão presentes nos três formatos sugeridos — contributo(s) do público; cocriação e o público como artista. Pela sequência em que estão referidos, o contributo do público associa-se mais ao curatorial, a cocriação à interpretativa e a do público como artista à inventiva. Recorre-se a exemplos concretos: no formato do contributo do público, este é convidado a escolher ou a contribuir para determinados objetos artísticos (e.g., concursos de fotografia, coros virtuais). A cocriação propõe um envolvimento do público numa experiência artística curada por um/a artista profissional. Por fim, na proposta do público como artista, este assume o controlo substancial da experiência artística, ou seja, o foco passa, gradualmente, do resultado artístico para o processo de criação (Brown et al., 2011).

29 Neste ponto, em particular, destaca-se a crítica, aprofundada anteriormente, a uma conceção paternalista assente num ideal de formação de públicos que se pode traduzir numa tendência de homogeneização espelhada na designação "público", no singular. Em alternativa, a opção passa por dar foco ao desenvolvimento de estratégias eficazes que permitam a concretização do desenvolvimento de públicos, no plural, remetendo para a relevância da sua diversidade e para a afirmação das suas próprias estéticas.

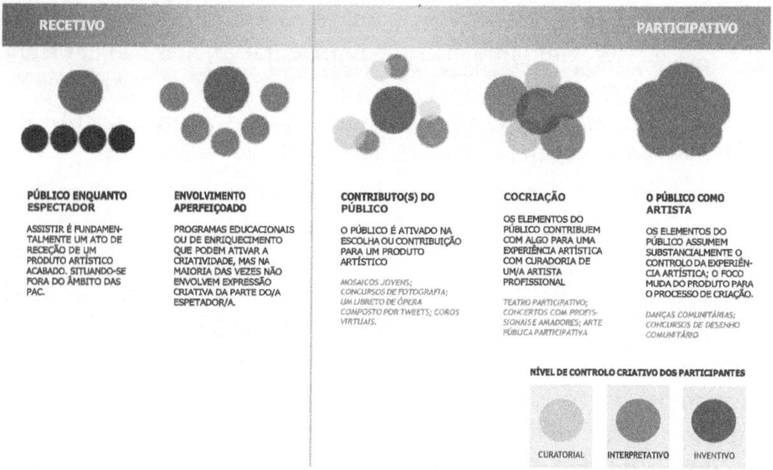

Figura 3. O espetro do envolvimento do público. Traduzido e adaptado de Brown, Novak-Leonard & Gilbride (2011).

Outro modelo mais recente, construído a partir do anterior, apresenta uma escala de oito níveis de participação de artistas não profissionais nestas práticas, dando um maior enfoque e pormenor à participação de artistas não profissionais nos processos de criação e apresentando inclusivamente conceções que remetem para a codireção e a direção autónoma dos processos criativos. Este modelo organiza-se do seguinte modo:

— público, no sentido exclusivamente recetivo;
— público ativo, envolvimento numa pesquisa aberta com feedback e contributos *on-line*;
— inspiração, as pessoas contribuem com entrevistas e sugestões que constituem *inputs* para as/os artistas;
— codramaturgia, através da coescrita a partir das propostas dos/as participantes;
— experimentação, criação a partir da informação gerada no contexto dos grupos;

— ator/atriz, os/as participantes são assumidos como atores/atrizes tendo influência na representação, mas não nas regras que a determina;
— codiretor/a, os/as participantes passam a influenciar o processo e resultado da criação;
— diretor/a, as/os artistas são totalmente dirigidos/as pelos/as participantes (Dupin-Meynard, 2018).

Nardone (2010) sintetiza as propostas anteriores em três níveis de participação concentrando-se no grau de envolvimento de artistas não profissionais nos processos criativos, desde espetadores/as até a cocriadores/as: (i) nível baixo de participação — implementação do projeto a partir de fora da comunidade, a intervenção é desenvolvida através de artistas profissionais; (ii) nível médio de participação — cocriação entre artistas e comunidades, envolvendo a formação de voluntários/as e agentes chave da comunidade; e (iii) nível alto de participação — cooperação de voluntários/as da comunidade na planificação destas práticas, integrando-se na criação de oficinas e estudos abertos aos/às interessados/as (Nardone, 2010).

Por último, Helguera (2011) acrescenta a dimensão temporal como central às propostas anteriores, remetendo para o facto destas práticas necessitarem de tempo para o desenvolvimento de um olhar constante sobre a arte, novas experiências, perspetivas e mudanças de opinião. Estas práticas "exigem uma mudança na nossa compreensão do trabalho artístico — uma redefinição da experiência estética como duracional e não imediata" (Kester, 2004, p. 12). Concretizando, Helguera (2011) relaciona a duração com as formas de participação, diferenciando as de curta e longa duração. As de curta duração são subdivididas em: nominais, enquanto espaços onde o/a participante observa o trabalho de forma a refletir sobre ele e sobre si; e direcionadas, onde o/a participante é convidado a fazer uma simples tarefa para completar a obra. As de longa duração incluem as criativas, em que participantes partilham o seu conhecimento perante uma estrutura de trabalho previamente pensada por artistas; e as colaborativas, em que participantes usufruem da liberdade e partilham-na com outros/as, de modo a desenvolver-se uma estrutura e conteúdo da obra, em diálogo e colaboração com artistas.

Fundamentalmente, estes modelos permitem sublinhar a relevância da organização da imensa diversidade de formas de participação nas práticas artísticas comunitárias, que implicam impactos concretos nos distintos níveis de aprofundamento dessas experiências participativas, da satisfação com as mesmas e nos seus efeitos. Na implementação de propostas de participação diversas, a relação entre artistas profissionais e não profissionais surge como uma dimensão recorrente e decisiva, salientando-se a este respeito que a participação não deve ser vista como um fim em si mesma, mas sim como um elemento fundamental no desenvolvimento dos processos criativos (Bishop, 2011).

No campo das práticas artísticas comunitárias, a aplicação do conceito de qualidade da participação é, ainda, pouco explorada. Destaca-se, no entanto, a título de exemplo, a reflexão de Bishop (2012) que levanta questões relativamente a quem participa nestas práticas, com que finalidade e através de que meio estético. Este terreno constitui-se, assim, como um espaço com necessidade de aprofundamento que se pode traduzir num exercício de melhor compreensão dos elementos participativos envolvidos nestas práticas, bem como na forma como estes podem ser potenciados, nomeadamente, pelas especificidades da linguagem teatral. É por este motivo que um dos objetivos desta investigação passa pela identificação das potencialidades e fragilidades destes processos criativos. Para além disso, procura-se aceder às ligações entre as práticas artísticas comunitárias e a participação cívica e política, respondendo a uma lacuna encontrada na investigação neste campo, conforme abordado anteriormente, em particular nos contextos português e brasileiro.

O ato de inspirar caracteriza este capítulo onde se mobilizaram referências distintas numa procura de encetar diálogos entre elas. A partir destas inspirações e do seu confronto, construiu-se um quadro teórico que permita situar o assunto desta obra.

Situados/as, é, agora, o momento de apresentar a abordagem metodológica que corporiza as questões levantadas na investigação sobre a qual se debruça este livro.

Bonobando
Monumoments
@Hugo Cruz

II. ABORDAGEM METODOLÓGICA

(ato de idealizar — planificar a ideia; opções de métodos de trabalho para a criação)

1. Situar metodologicamente a investigação

A investigação, tendo em conta a sua diversidade, organiza-se segundo paradigmas, objetivos, abordagens e procedimentos. O seu desenho parte da definição de pressupostos filosóficos para clarificar os objetivos da investigação, definindo-se as estratégias e os procedimentos mais coerentes, que se socorrem dos métodos e técnicas de recolha e de análise dados e da escrita científica (Amado, 2013; Creswell, 2003; Holden & Lynch, 2004).

A presente investigação coloca em tensão paradigmas epistemológicos, formas de abordar as realidades e de construir conhecimento, característicos dos campos da arte e da educação. Um dos seus desafios passou pelo confronto com estas diferenças, colocando-as em diálogo sobre um mesmo fenómeno em estudo e densificando a sua interpretação — daí a opção pelos métodos mistos, com abordagens qualitativa e quantitativa, que expressam esta diversidade de perspetivas.

É importante localizar o desenho metodológico teoricamente, relacionando-o intimamente com os contextos, os/as participantes e o fenómeno em estudo, atravessado pelas dimensões tempo e espaço. Esta investigação situa-se entre os paradigmas interpretativo-simbólico-hermenêutico-fenomenológico e o paradigma crítico, afastando-se de uma abordagem hipotético-dedutiva. Cada um destes paradigmas tem uma conceção estabilizada sobre os sujeitos e os fenómenos em estudo e as relações que se estabelecem entre as duas dimensões (Sarmento, 2003).

O posicionamento desta abordagem metodológica afasta-se de uma preocupação persistente com a generalização de resultados (paradigma hipotético-dedutivo). Por outro lado, foca-se mais nos significados das interações humanas e da vida social, ou seja, de pessoas comuns em situações particulares — paradigma interpretativo-simbólico-hermenêutico-fenomenológico (Bogdan & Biklen, 1994) —, aos quais se acrescenta uma preocupação política e reflexiva orientada para a mudança social — paradigma crítico (Amado, 2013; Cohen, Manion & Morrison 2000; Mertens, 2010; Morgado, 2012).

Uma visão interpretativa considera os indivíduos como produtores ativos de realidade social, ou seja, os sujeitos envolvidos nos estudos não são perspetivados como recetáculos passivos da realidade, antes pelo contrário, valoriza-se a sua contribuição na construção dessa realidade. Deste ponto de vista, faz sentido que os dados da investigação sejam acedidos nos contextos de vida privilegiados dos/as participantes onde se desenvolvem os fenómenos sociais em estudo, neste caso concreto, no terreno das práticas artísticas comunitárias (Creswell, 1998). Os procedimentos hermenêuticos que caracterizam este paradigma são, essencialmente, provenientes das visões sociológica, antropológica e filosófica. Estas visões, produzidas em reação ao positivismo, focado na explicação e possibilidades de verificação, são, em alternativa, centradas na compreensão e interpretação dos fenómenos sociais.

O paradigma crítico, baseado na teoria crítica de Frankfurt (Adorno, 1970; Benjamin, 2017; Horkheimer, 1975), tem em comum com o paradigma interpretativo- simbólico-hermenêutico-fenomenológico a perspetiva do mundo assente na forma nominalista, pós-positivista, voluntarista e ideográfica (Afonso, 2005). No entanto, tenta ir além da visão interpretativa no sentido de compreender as rápidas transformações sociais a partir das relações existentes entre valor, interesse e ação. Considera-se, assim, como uma postura de resistência, destacando as componentes política e ideológica baseadas na emancipação do sujeito.

No campo da arte, a problematização em torno das questões metodológicas, nos últimos anos, tem sido intensa. Esta discussão tem contribuído para a afirmação de um campo específico de produção de conhecimento com características comuns a outras áreas, nomeadamente as ciências sociais e humanas, mas também com particularidades que remetem para a investigação artística. Este posicionamento questiona a organização das disciplinas e de algumas visões mais tradicionais de produção de conhecimento assentes numa espécie de "regimes de verdade" (Foucault, 1980). A este propósito e a título de exemplo, apresentam-se três possibilidades diferentes de diálogo entre a investigação e o fazer artístico:

— "investigação baseada nas artes", que propõe uma rutura relativamente às formas tradicionais de fazer "falar" as realidades e considera que existem outras alternativas, nomeadamente formas artísticas, de "dar conta" dessas mesmas realidades; sinteticamente, a investigação acontece suportada no desenvolvimento de métodos artísticos, configurados numa prática artística experimental, sendo que este tipo de investigação tem-se estabelecido, particularmente na área da educação (Chapman & Sawchuk, 2012; Hernández, 2008);

— "investigação artística" é uma das definições mais controversas, considerando-se que a prática artística pode ser reconhecida, em si mesma, como uma prática de investigação. Neste caso, a indagação acontece no desenvolvimento do processo criativo, constituindo-se este como uma possibilidade de investigação qualitativa alternativa (Chapman & Sawchuk, 2012; Huss & Cwikel, 2005; Huss, Kaufman, Avgar & Shouker, 2015; Sullivan, 2004). Esta proposta de investigação tem como base elementos artísticos e estéticos com a intenção de aceder a outras formas de olhar e de representar as experiências e de tentar convocar aquilo de que não se fala (Eisner, 2006);

— utilização de métodos comuns às artes e às ciências sociais e humanas para reconhecer evidências, sendo de destacar a observação, mais concretamente, a participante. Nesta linha, os processos interpretativos mobilizados são similares, assumindo perspetivas fenomenológicas, hermenêuticas e heurísticas (Hernández, 2008).

A presente investigação, mais próxima da última possibilidade, procurou no seu percurso não perder de vista um dos seus grandes desafios — um diálogo vivo entre as visões extremadas e pré-concebidas da cognição científica *vs.* da imaginação artística e/ou, em espelho, da imaginação científica *vs.* da cognição artística. Para isso, procurou-se, com base numa postura de comunicação aberta entre prática e teoria, explorar a polimorfia de alternativas às dicotomias tradicionais de organização das realidades sociais.

2. Objetivos, questões e desenho da investigação

Situada a investigação, do ponto de vista dos seus paradigmas, é fundamental definir as suas principais questões, que se formulam da seguinte forma:

— Quais são as dinâmicas presentes nos processos de criação coletiva, nomeadamente teatrais, que garantem uma efetiva participação dos/as envolvidos/as e definem as práticas artísticas comunitárias?

— No contexto das práticas artísticas comunitárias, como se desenvolvem os processos criativos e, mais concretamente, quais são as suas principais potencialidades e fragilidades?

— Quais as ligações existentes entre as práticas artísticas comunitárias e a participação cívica e política relativamente aos/às artistas não profissionais envolvidos nestes processos criativos?

A partir das três questões definidas, elencam-se os principais objetivos estruturados em torno desta investigação:

— identificar e discutir as dinâmicas fundamentais para o desenvolvimento de processos artísticos de criação coletiva, em particular em teatro, no contexto das práticas artísticas comunitárias;
— identificar e discutir aspetos que se constituem como potencialidades e fragilidades no desenvolvimento de processos de criação artística teatral com base coletiva, recorrendo ao estudo de caso múltiplo em Portugal e no Brasil;
— desenvolver e aprofundar o estudo da relação entre a participação cívica e política e este tipo de experiências estéticas;
— identificar e potenciar contributos que possam influenciar a definição de políticas públicas intersectoriais nas áreas cultural, social e educacional, concretizando a ligação essencial entre a investigação e os contextos reais de vida.

Para a concretização das questões e objetivos definidos, esta investigação desenhou-se suportada num corpo central que implicou a realização de três estudos com características distintas, mas complementares. Os métodos e técnicas mistas mobilizados para a recolha e análise de dados encontram-se sistematizados e relacionados na Figura 4, que se segue e que representa o desenho global desta investigação.

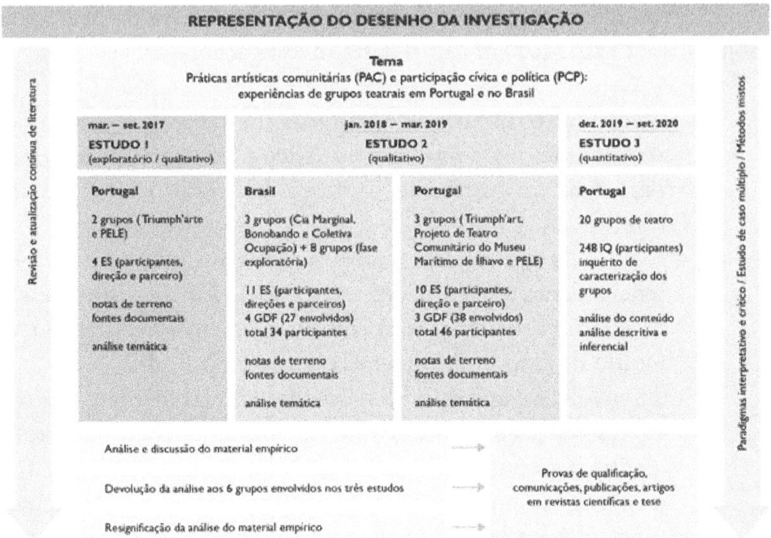

Figura 4. Representação do desenho da investigação.

O estudo 1, de carácter exploratório e qualitativo, desenvolvido entre fevereiro e junho de 2017, contemplou a construção dos guiões das entrevistas e o seu desenvolvimento com artistas não profissionais, diretor/a (artista profissional) e parceiro/a de dois grupos portugueses. O desenvolvimento de um total de quatro entrevistas permitiu, numa lógica exploratória, a adequação dos guiões, no que se refere à clarificação de questões de linguagem e temas a explorar. Nesta linha, foram, ainda, produzidas notas de terreno referentes a ensaios e espetáculos dos grupos Triumph'arte e PELE, que se encontravam, nesse momento, em finalização de processos criativos. Tendo em conta que o investigador era um dos diretores artísticos do projeto em desenvolvimento pelo primeiro grupo, foram mobilizados elementos da autoetnografia. Perspetivou-se, desta forma, a produção de dados assente na auto- observação e dimensão reflexiva num contexto de trabalho e de escrita etnográfica, conectando aspetos pessoais do investigador com significados mais amplos sociais, políticos e culturais (Maréchal, 2010).

No âmbito do estudo 2, com abordagem dupla nos contextos português e brasileiro, foram realizadas onze entrevistas semiestruturadas a artistas não profissionais, profissionais e parceiros de três grupos no Brasil. Relativamente aos três grupos portugueses, realizaram-se dez entrevistas semiestruturadas aos/ às mesmos/as interlocutores/as. As entrevistas tiveram uma média de duração de cinquenta minutos tendo sido, numa fase posterior, transcritas. Foram, também, dinamizados quatro grupos focais no contexto brasileiro e três no contexto português, referentes aos mesmos grupos teatrais, com uma média de duração de uma hora e vinte minutos. Para além disso, foram produzidas notas de terreno em diferentes momentos e contempladas fontes de material diverso, textual e visual, relacionado com os grupos (e.g., sites, redes sociais, programas de espetáculos, publicações, artigos, vídeos e fotografias).[30] O estudo 2 realizou-se no Brasil entre janeiro e julho de 2018 e em Portugal entre novembro de 2018 e junho de 2019. No conjunto, nos dois países, participaram 6 grupos, 34 participantes no Brasil e 46 em Portugal, num total de 80 pessoas envolvidas no processo investigativo. Neste âmbito, foram desenvolvidos 7 grupos focais e 22 entrevistas semiestruturadas.

O estudo 3, desenvolvido entre novembro de 2019 e fevereiro de 2020, contemplou a construção do questionário baseado nos estudos 1 e 2, na revisão da literatura, na experiência profissional do investigador e noutros questionários validados. Ainda neste estudo, foi desenvolvido um breve inquérito direcionado a cada grupo participante, contemplando as dimensões seguintes: designação, breve descrição, objetivos, ano de origem, configuração atual, número de elementos, comunidades envolvidas, entidade promotora (caso

30 O investigador, numa abordagem exploratória, teve encontros, fez visitas, assistiu a espetáculos e ensaios de grupos com ações próximas às práticas artísticas comunitárias nos dois países. No contexto brasileiro, os grupos envolvidos nesta primeira abordagem foram os seguintes: Grupo Atiro, Coletivo Peneira, Teatro da Lage, Grupo Código e Cia.do Invisível (Rio de Janeiro); Estopô Balaio, Cia. de Teatro de Heliópolis e Pombas Urbanas (São Paulo). Esta fase permitiu uma aproximação global a esta área de ação e pensamento no Brasil, que serviu como base para a opção pelos três grupos a estudar (Cia. Marginal, Bonobando e Coletiva Ocupação). No período de tempo passado no Brasil, foi, ainda, fundamental a integração do investigador nas atividades do Programa de Pós-Graduação em Educação da Universidade Estadual do Rio de Janeiro e na Unidade Curricular "Arte e política da cena" e no Programa de Pós-graduação em Artes da Cena da Universidade Federal do Rio de Janeiro, assim como a sua participação em seminários e congressos enquanto público e orador.

existisse), posicionamento relativo à sua ação ser considerada como prática artística comunitária e a sua justificação e, ainda, indicação de fontes de informação extra sobre o grupo que considerassem relevantes. Este inquérito teve como objetivo construir uma caracterização destes grupos e sistematizar esta informação. Para além, da análise desta informação, este estudo contemplou, também, a análise descritiva e inferencial relativa aos inquéritos por questionário.

Após a análise do material empírico dos três estudos, avançou-se para a fase de ressignificação dos dados. Os estudos foram, transversalmente, acompanhados da escrita e submissão de artigos, assim como da participação em seminários e congressos nacionais e internacionais.

Globalmente, esta investigação foi atravessada, do ponto de vista metodológico, por uma preocupação constante de mobilização da diversidade de vozes sobre o tema. Para isso, foi explorada a dimensão participativa com a intenção de que fossem trazidas, o mais possível, as experiências autênticas dos/as participantes para a investigação, desafiando-a e questionando-a, desta forma, continuamente (Winter, 1998). Esta preocupação foi melhor concretizada em alguns momentos como, por exemplo, na fase da ressignificação do material empírico, e complementada por uma posição de participação moderada da parte do investigador. Procurou-se, assim, uma prática de interpretação envolvendo intérprete e interpretante numa intersubjetividade em busca de um acordo que não envolve prioritariamente a comunidade legítima dos intérpretes (a comunidade científica), a praxeologia da tradução subentende um tradutor capaz de recriar, capaz de inventar uma linguagem que, não seja apenas sua, mas que realize também um entendimento entre linguagens diferentes, isto é, um tradutor que seja capaz de, ao assimilar, elementos estranhos, desenvolver o seu próprio sistema linguístico (Correia, 1998, p. 187).

3. O estudo de caso múltiplo

Partindo da natureza, configurações e dinâmicas das práticas artísticas comunitárias, a opção pelo estudo de caso, especificamente múltiplo, concretizou-se como a mais ajustada ao fenómeno em estudo. Esta escolha permitiu focar na definição clara de objetivos de investigação num terreno em que as fronteiras em termos de tempo eventos e processos não são precisas. Em simultâneo, abriu-se espaço para o aprofundamento de uma análise que privilegiou uma maior profundidade do que abrangência ou amplitude, numa primeira fase, que incluiu o estudo 1 e 2 (Coutinho & Chaves, 2002; Morgado, 2012). Esta primeira fase da investigação, assente na reflexividade e num equilíbrio entre rigor e criatividade, informou o estudo 3 que, por sua vez, permitiu alargar o número de grupos e de participantes, sendo de carácter mais extensivo (Pyett, 2003).

O estudo de caso é, segundo Morgado (2012), "uma técnica apropriada para procurar explicar os aspetos pertinentes de um dado acontecimento ou situação, podendo proporcionar informação específica sobre um projeto, uma inovação ou um acontecimento durante um período de tempo prolongado" (p. 57). Segue uma sequência que implica uma fase exploratória, a recolha de dados, o desenvolvimento de uma visão interpretativa sobre os mesmos que corresponde à sua análise centrada no caso, o que implica trabalho de campo e de escrita, numa lógica de divulgação dos resultados (Amado, 2013; Morgado, 2012). É uma abordagem apropriada para procurar explicar os aspetos pertinentes de um dado acontecimento ou situação, podendo proporcionar informação específica sobre a mesma e focando-se mais no processo e na sua compreensão e menos no resultado, na previsão e no controlo (Patton, 1990). Destacam-se como os seus principais elementos uma visão holística e empírica que se suporta essencialmente na observação, numa ideia de menor intervenção possível do investigador, privilegiando a sua presença numa ótica naturalista (Creswell, 1998).

Esta investigação considera-se como um estudo de caso múltiplo ou estudo de casos coletivo, na medida em que se centra em diferentes casos, o que permite uma maior abrangência e diversidade, tendo em conta contextos muito distintos como Portugal e Brasil. Definiram-se diferentes casos, com participantes e contextos diferentes, assumindo-se, no entanto, um objeto comum nos três estudos — as práticas artísticas comunitárias (Strauss & Corbin, 2008; Yin, 2001). Tentou evitar-se o risco de desfoque da investigação, através da definição antecipada e clara dos fenómenos em estudo e dos contextos do seu desenvolvimento, embora com alguma dificuldade, dada a instabilidade de organização e funcionamento destes grupos de teatro. No entanto, sublinha-se a potencialidade da riqueza e diversidade trazidas para a investigação pelos múltiplos casos e perspetivas estudadas. Este aspeto encontrou, da parte do investigador, sempre que necessário, a concretização dos ajustes propostos pelas realidades ao desenho da investigação inicial.

Outra característica importante do estudo de caso é que sublinha a relevância do processo de triangulação, permitindo o cruzamento de dados provenientes do uso de diferentes técnicas. Esta ação permite "clarificar o significado da informação recolhida, reforçando ou pondo em causa a interpretação já construída. Por outro lado, pretende-se identificar significados complementares ou alternativos que deem melhor conta da complexidadedoscontextosemestudo"(Afonso, 2005, p. 73). A este respeito é importante destacar que se procurou seguir uma visão de triangulação baseada na metáfora do cristal, assumindo-se a possibilidade dos seus múltiplos reflexos e potenciando o acesso a aspetos distintos de uma mesma realidade (Denzin & Lincoln, 2005). A enfâse dada nesta investigação à pluralidade na recolha e análise de dados teve como intenção desenvolver conclusões sustentadas, credíveis e valoradas (DeCuir-Gunby & Schutz, 2017; Maxwell, 2005). A opção, mais abrangente, pelo estudo de caso abriu, assim, espaço para a definição de métodos mistos no desenho global desta investigação.

4. Métodos mistos: o encontro educação-arte e qualitativo-quantitativo

A definição da utilização de métodos mistos torna-se percetível remetendo para a hibridez, complexidade e multidimensionalidade do campo das práticas artísticas comunitárias que convoca as dimensões artística e educativa, que remetem, por sua vez, para modos de pensar e fazer específicos, embora apresentando elementos comuns.

Partindo do pressuposto de que toda a investigação é interpretativa e que existe um leque imenso de abordagens metodológicas, a divisão rígida que separa investigação qualitativa e quantitativa limita a leitura do mundo, que se pretende complexa e diversa (Johnson, Onwuegbuzie & Turner, 2007). Segundo estes mesmos autores, os métodos mistos apresentam um conjunto de características relevantes que se procurou ativar no desenho desta investigação, a saber:

— complementaridade — o objetivo é procurar a clarificação dos dados através de métodos diversos, como se pretendeu fazer, cruzando os dados de 3 estudos, com formatos distintos, na produção das conclusões finais;
— desenvolvimento — são utilizados resultados acedidos através de um método para informar o outro; como aconteceu com os dados do estudo 1 (e.g., notas de terreno e entrevistas exploratórias) relativamente ao estudo 2 (e.g., entrevistas e grupos focais) e, por fim, estes dois que informaram o estudo 3 (e.g., inquérito por questionário);
— expansão — permite um maior alcance e divulgação de investigação com base em diferentes métodos, como se concretizou, por exemplo, com a submissão de artigos a revistas científicas com focos distintos, na arte e/ou educação e/ou com abordagens quantitativa e/ou qualitativa (Johnson, Onwuegbuzie & Turner, 2007).

Acrescenta-se mais um aspeto, sublinhado por DeCuir-Gunby e Schutz (2017), a iniciação ou triangulação, que potenciou a possibilidade de fazer emergir novos conceitos e relações entre estes, que permitiram (re)situar a área em estudo, como parece ter sucedido, por exemplo, com as relações entre os conceitos de conceções de teatro, práticas artísticas comunitárias, participação cívica e política, democratização e democracia cultural. A triangulação desenvolveu-se entre as fontes, métodos, perspetivas teóricas e distintos/as participantes, garantindo-se a validação assente, igualmente, no rigor da definição de quem participou na amostra, recolha e análise de dados (Pyett, 2003; Yin, 2009).

Concluindo, perante a natureza das práticas artísticas comunitárias, optou-se por uma perspetiva de "pluralismo metodológico" (Barker & Pistrang, 2005), segundo a qual se acede, analisa e cruza, integrando e relacionando, os dados quantitativos e qualitativos, em diferentes fases de uma mesma investigação (Creswell, 2003). No presente caso foi possível cruzar distintas estratégias/métodos de recolha de dados, com enfoque qualitativo (e.g., entrevistas, grupos focais e observação participante) e quantitativo (e.g., inquérito por questionário) de forma complementar, na exploração do estudo de um fenómeno complexo e multidimensional.

4.1. A abordagem qualitativa

A opção pela perspetiva qualitativa, nesta investigação, emerge e consolida-se no contexto de uma afirmação associada ao paradigma interpretativo-simbólico- hermenêutico-fenomenológico. Ou seja, os princípios deste desenho da investigação são múltiplos e interligados, cruzando abordagens mais tradicionais e inovadoras com diferentes proveniências (Denzin & Lincoln, 2005) e focando-se, essencialmente, na relevância dada ao estudo dos quotidianos, dos indivíduos e das suas relações. Esta perspetiva ganhou o seu espaço a partir do fim do séc. XIX, destacando-se pela importância dada, não tanto às causas, mas antes ao interesse em perceber os significados que acontecimentos e relações têm para pessoas comuns em situações particulares (Bogdan & Biklen, 1994).

Inicialmente associada às ciências sociais e humanas, a abordagem qualitativa é hoje transversal a outras áreas disciplinares. Se, por um lado, se sublinha a sua fragilidade na diversidade, intensidade e subjetividade é, também, nessas características que se podem encontrar as suas mais valias. O conceito de validade desta abordagem está relacionado com os aspetos de compreensão, representação e explicação de quem investiga (Pyett, 2003). Apesar de ser possível quantificar alguns dados qualitativos, genericamente, a sua análise é baseada na interpretação, codificação e organização dos dados, ou seja, na conceptualização e redução dos dados e na construção de categorias e de relações entre elas, de forma prepositiva (Strauss & Corbin, 2008). Esta abordagem foi concretizada nesta investigação nas técnicas de recolha e análise de dados que de seguida são explicitadas.

4.1.1. Entrevistas semiestruturadas e grupos focais

As entrevistas desenvolvidas no contexto desta investigação seguiram uma perspetiva compreensiva e, neste sentido, os seus guiões contemplaram perguntas abertas. Esta abordagem permitiu a emergência de respostas de "baixo para cima", ou seja, privilegiando a construção de teoria a partir dos dados do terreno, deixando-os "falar" continuamente com a teoria (Creswell, 1998). As entrevistas constituíram-se como momentos mais próximos de um diálogo recíproco, com o devido espaço para a espontaneidade, tanto da parte de quem perguntava como de quem respondia (Ferreira, 2014). A opção por esta técnica permitiu o acesso e aprofundamento das subjetividades inerentes às visões dos/as diferentes participantes na investigação. A forma como se desenvolveram baseou-se numa dupla visão, integrando dedução e indução (Flick, 1998).

As entrevistas decorreram com o ambiente necessário à relação e empatia, não se prendendo apenas nas questões instrumentais, mas abrindo-se, também, a aspetos implícitos que as complementaram e que remetem para os contextos distintos onde as entrevistas decorreram e as idiossincrasias dos/as participantes. A riqueza das respostas encontradas, as suas subjetividades, o não verbal, assim como a possibilidade de, no momento, o investigador clarificar respostas ou reformular perguntas, são algumas das mais valias desta técnica, se comparada, por exemplo, com o inquérito por questionário (Foddy, 1996). Por isso, a complementaridade entre esta técnica e o questionário tenha sido fundamental, ao recorrer, a outras características deste último, como por exemplo, a possibilidade de chegar a mais indivíduos.

Os guiões definitivos das entrevistas foram reconstruídos com base na revisão da literatura e na sua experimentação com distintos participantes no estudo 1, de carácter exploratório. Foram, ainda, considerados elementos como o tamanho adequado dos guiões, o tempo médio que as pessoas demorariam para responder, assim como, a utilização de uma linguagem clara, direta e percetível.

Os guiões desdobram-se em três, isto é, dirigidos a artistas não profissionais nos grupos teatrais, diretores/as desses mesmos grupos (artistas profissionais) e seus parceiros. As entrevistas a estes diferentes protagonistas tiveram como objetivo cruzar as suas perspetivas relativas a um mesmo fenómeno, vivido em papéis distintos, que se traduziram como complementares na análise dos dados. Os diferentes guiões abordaram, no entanto, os mesmos temas, levando em conta as diferentes experiências de cada um dos/as entrevistados/as relativamente aos grupos em questão. Foi, ainda, desenvolvida uma versão posterior para os grupos brasileiros com adequações contextuais e linguísticas.

Após um momento inicial de legitimação da entrevista e motivação da pessoa entrevistada, assim como a assinatura mútua do consentimento informado, os temas abordados nos distintos guiões foram os indicados na Tabela 1.

Tabela 1. Sistematização dos temas abordados nas entrevistas a artistas não profissionais, profissionais e parceiros.

1. dados biográficos	género, idade, estado civil, escolaridade, profissão, naturalidade.
2. conceções de teatro	primeira memória de teatro, há quanto tempo faz teatro, definição de teatro, relação com o grupo, diferenças entre o teatro que faz e o que conhecia, identificação de mudanças relacionadas com a participação no grupo de teatro.
3. processos de criação teatral	como é um processo de criação, aspetos fundamentais, momento-chave, fragilidades, potencialidades e soluções para os impasses que surgem.
4. participação cívica e política	definição de participação, formas e contextos de participação na comunidade, relação da participação na comunidade com o grupo de teatro.
5. relação entre teatro e participação cívica e política	qual a ligação entre teatro e participação cívica e política, exemplos concretos a partir da experiência do grupo.

Salienta-se que a estes temas foi acrescentado um último ponto, para que os/as participantes pudessem colocar uma pergunta que achassem relevante para a investigação e que não tivesse sido colocada, reforçando, assim, a dimensão participativa. Desta forma, foi possível uma troca de papéis, sublinhando-se a apresentação do que os/as participantes consideravam ser o mais relevante e que poderia não estar contemplado pelo investigador, necessariamente, por apresentar uma visão especifica da realidade em causa. O mesmo procedimento foi, também, introduzido no final dos grupos focais.

Os temas construídos procuraram concretizar os objetivos definidos para a realização das entrevistas e que se sintetizam da seguinte forma: (a) legitimar a entrevista e motivar a/o entrevistada/o; (b) aceder a informação fundamental que permita caracterizar os/as entrevistados/as, nomeadamente no que se refere à integração e participação no grupo; (c) aceder à relação que a/o entrevistada/o tem com a dimensão cultural da vida e especificamente com a linguagem teatral, assim como eventuais efeitos percebidos nos seus comportamentos (participação cultural); (d) aceder à primeira memória relacionada com o teatro; (e) identificar o início da relação com o teatro e com o grupo que integra; (f) identificar a perceção que a/o entrevistada/o tem de teatro e do seu papel do ponto de vista individual, artístico e social; (g) clarificar diferentes formas de fazer e de apresentar teatro; (h) identificar a perceção que a/o entrevistada/o tem acerca do desenvolvimento de características pessoais e sociais (e.g., análise crítica da realidade, autorreflexão, criação coletiva, tomada de decisão) neste tipo de processos; (i) aceder à perceção que o/a entrevistado/a tem de um processo de criação teatral e do que este envolve globalmente; (j) identificar os principais obstáculos e potencialidades de um processo desta natureza; (k) identificar as principais motivações e expectativas para a participação nestes processos; (l) aceder à perceção que a/o entrevistada/o tem sobre o espetáculo no contexto global do processo de criação; (m) qual a noção que o/a entrevistado/a tem acerca da participação cívica e política, o que é e como a concretiza na sua comunidade; (n) aceder a outras atividades comunitárias que desenvolve e desde quando o faz; (o) clarificar a relação da sua participação específica no grupo em que está integrado e a participação cívica e política; (p) identificar se o/a entrevistado/a estabelece ou não alguma relação entre a participação cívica e política e o teatro; (q) concretizar a relação entre participação cívica e política e o teatro; e (r) dar oportunidade ao/à entrevistado/a de acrescentar alguns dados relevantes para a investigação que não tenham emergido ao longo do tempo da entrevista.

Foi utilizado como despoletador da entrevista um objeto solicitado previamente a cada um dos/as participantes no sentido de iniciar o diálogo. A solicitação consistia em escolher um objeto e/ou foto/vídeo que sintetizasse a sua participação no grupo teatral. As entrevistas realizaram-se nos mais variados contextos de vida dos participantes (e.g., cafés, praças, casas, trabalhos, universidades, espaços de ensaio) indo ao encontro do que era o mais ágil, fácil e acessível para cada um/a deles/as. Todas as entrevistas foram realizadas presencialmente com gravação áudio, exceto uma delas, que foi realizada via *on-line*.

Por seu lado, os grupos focais permitiram explorar a informação produzida a partir da interação dos elementos de um grupo, num processo bidirecional de influência entre investigador e participantes (Krueger & Casey, 2000; Tonkiss, 2004). No caso da presente investigação, estes grupos de discussão foram responsáveis por informação distinta relativamente às entrevistas, reforçando-se o sentido de complementaridade, através de uma visão triangulada, baseada em estratégias investigativas distintas. Tal deveu-se às dinâmicas próprias estabelecidas no contexto destes grupos focais que se diferenciam das abordagens individuais, assumindo um carácter eminentemente participativo e destacando a produção de discurso do grupo e não apenas do indivíduo, em consonância com a realidade em estudo (Hennessy & Heary, 2005). Ou seja, no contexto grupal, natural e com a sua própria rotina e padrões de relação estabelecidos, por exemplo, entre artistas não profissionais e profissionais, a interação com o investigador pode ser distinta do que na relação individual no ambiente de entrevista. Esta diferença permitiu o acesso a outro tipo de dados. De salientar, ainda, que estes grupos se desenvolveram segundo o princípio de relação colaborativa e informal, numa disposição em círculo, num processo de influência mútua investigador-participantes, privilegiando como espaços de realização os contextos de vida dos/as integrantes dos grupos (Williams & Katz, 2001).

Num primeiro momento, foi apresentado um conjunto de fotografias com o propósito de despoletar a discussão. Estas fotografias foram selecionadas por remeterem para espetáculos representativos do percurso dos grupos e para espaços associados às comunidades de origem dos mesmos. Os temas das entrevistas, apresentados anteriormente, serviram de base para a sua melhoria e adequação dos pontos de partida incluídos no guião dos grupos focais, realizados depois das entrevistas, e que se resumem nos seguintes: (a) o que é o teatro; (b) porque fazem teatro; (c) como descrevem sinteticamente um processo de criação teatral; (d) quais as principais fragilidades e potencialidades de um processo de criação teatral; (e) quais as mudanças relacionadas com a participação no grupo de teatro;(f) existe alguma relação entre teatro e participação; (g) o que é a participação.

4.1.2. A observação participante e as notas de terreno

A recolha de material empírico teve a observação participante como uma das suas aliadas, considerando a prática experimental inerente à criação teatral. Assumindo-se como uma das técnicas centrais do método etnográfico, a observação foi essencial para a produção de notas de terreno, principalmente, no contexto dos estudos 1 e 2.

A observação participante permitiu, através da presença nos contextos de atuação dos grupos, a descrição das atividades segundo o olhar do investigador e para além das visões dos participantes. Este aspeto não invalidou que este tenha sido um registo "multivocal"; antes, pelo contrário, teve em conta e integrou formas de agir de diferentes pessoas (Salgado, 2015). A "descrição densa" (Geertz, 1993), que contém significados e comportamentos dos/as participantes, implicou uma procura do ponto de vista do investigador em constante articulação com os dos/as "outros/as", sem se tentar ser o/a outro/a (Neves, 2008). É um processo que, na definição clássica da etnografia, se considera "estranhar o familiar e familarizar-se com o estranho" (Geertz, 1989, p.17). A aproximação cognitiva e afetiva foi central neste processo, mantendo-se este trabalho numa fronteira constante entre o "fora" e o "dentro" (Salgado, 2016). A observação participante colocou o investigador na interação com os/as participantes, sendo importante o fazer "com" e "entre" o grupo (Salgado, 2015). A escrita permitiu o distanciamento face ao que foi observado, num exercício transversal do estar "dentro" e "fora" e tentando reproduzir as dimensões descritiva, teórico-metodológica e pessoal presentes (Neves, 2008). Para isso, foi determinante que o investigador não fosse perspetivado como aquele que assistia, mas como alguém que também se envolvia neste tipo de práticas.

A observação participante foi construída com base nas questões de investigação, mas manteve-se sempre aberta a reformulações perante as realidades encontradas, obrigando a uma constante adaptação. Neste processo, foram fundamentais os contactos no terreno com os seis grupos e com pessoas chave nos circuitos das práticas artísticas comunitárias. A adequação dos grupos selecionados relativamente aos objetivos da investigação nem sempre foi fácil, o que obrigou à sua flexibilização, assim como à familiaridade e segurança dos contextos, que assumiram contornos distintos em Portugal e no Brasil (Angrosino, 2012).

A recolha empírica desenvolveu-se em diversos contextos, eminentemente comunitários (e.g., ensaios, apresentações públicas, discussões após espetáculos com o público, participação dos elementos dos grupos em aulas e conferências). Para além destes, relacionados diretamente com a criação teatral, destacam-se, também, espaços de vivência quotidiana, como bares, cafés, associações, praças e rodas de samba. Este trabalho sugeriu uma imersão nos quotidianos dos/as participantes e grupos em estudo, partilhando espaços e momentos mais e menos formais (Priest, 1998). Na observação direta de carácter naturalista e sistemático, o investigador recorreu a registos fotográfico e vídeo, assim como à escrita das suas impressões, sentimentos, ideias recorrentes e primeiras interpretações (Amado & Silva, 2014; Neves, 2008).

4.1.3. As diversas fontes documentais

Esta investigação foi, ainda, informada por diversas fontes documentais relacionadas com os percursos dos grupos. Apesar de alguns deles, pelas suas características de informalidade, não terem arquivos organizados, foi possível ter acesso a alguns materiais relevantes para contextualizar a sua ação. Para além dos sites e redes sociais, foi possível aceder a programas, textos, fotografias e vídeos de espetáculos, e publicações diversas, nomeadamente académicas (Anexo 1). Estas fontes, não só de conteúdo escrito, mas também visual, permitiram aceder a outras dimensões, como, por exemplo, às opções estéticas dos grupos, de difícil acesso através das narrativas dos/as participantes, servindo de complemento à observação participante.

A estas fontes juntou-se material de enquadramento legislativo e teórico que sustenta políticas públicas culturais, sociais e educativas nos dois países, mas também relativo a outros contextos internacionais, com base na revisão da literatura. As fontes foram analisadas de forma transversal na investigação e, a partir daí, foram identificadas recorrências nas dinâmicas organizativas e criativas dos diferentes grupos envolvidos, servindo, também, para a readaptação de métodos e de técnicas de recolha de dados, para além da produção das reflexões finais desta investigação.

4.1.4. A ressignificação dos dados

Perspetivando a participação como um conce ito central nesta investigação, as preocupações das abordagens metodológicas contempladas nos diferentes estudos foram constantes, no sentido de garantir elementos participativos na relação dos/as envolvidos/as com os processos investigativos. Em particular, na última fase da investigação, após o desenvolvimento dos estudos e da produção de reflexões finais preliminares, esta intenção foi aprofundada dando origem a um espaço de ressignificação dos dados. Ou seja, foram devolvidos aos/às participantes dos estudos qualitativos (no total 20), com os/as quais se estabeleceu uma relação de maior proximidade, uma primeira construção de dez reflexões finais propostas para esta investigação. O documento que se construiu com esta informação, tendo em conta que esta etapa se desenvolveu durante a fase de confinamento despoletado pelo Covid-19, foi enviado via *e-mail* e redes sociais e acompanhado de contacto personalizado. As respostas de 16 participantes foram dadas pelas mesmas vias, apesar de o investigador se ter disponibilizado para dinamizar encontros pessoais e/ou coletivos virtuais para este efeito. Estes dados foram alvo de análise e o seu resultado integrado nas reflexões finais deste trabalho.

4.2. A abordagem quantitativa

A abordagem quantitativa, no quadro desta investigação, permitiu, para além de uma outra visão, sublinhar elementos de precisão, relevância e confiança dos indicadores de medida (Pyett, 2003). Desta forma, foi possível o acesso a dados alargando o número e diversidade de participantes e de grupos a colaborar na investigação, nomeadamente no contexto português. Outros aspetos contemplados por esta abordagem passaram por uma maior garantia de anonimato das respostas, a possibilidade de o questionário ser respondido em momentos mais apropriados para os/as participantes e, ainda, a diminuição das possibilidades de influência direta do investigador na relação com quem respondeu. Para além disso, destaca-se o acesso a uma ampla impressão dos/as participantes, das suas experiências e pontos de vista (Almeida & Pinto, 1995; Clough & Nutbrown, 2012; Field, 2009).

Esta perspetiva desenvolveu-se na última fase da investigação, estudo 3, o que permitiu beneficiar da revisão de literatura contínua e da abordagem qualitativa na recolha de dados e na sua análise, nos estudos 1 e 2. Estes aspetos geraram uma estruturação da informação e uma maior clarificação de o que perguntar, como perguntar e com que intenção. Assim, os vários temas abordados encontravam-se mais trabalhados no momento desta abordagem, permitindo um maior foco na construção do questionário, na sua aplicação e na análise estatística do material empírico.

4.2.1. Inquéritos por questionário

O inquérito por questionário "Práticas artísticas comunitárias e participação cívica e política",[31] constituído por 114 itens, foi desenvolvido com base nos objetivos da investigação, atendendo ainda à revisão bibliográfica e à análise dos dados referentes aos dois estudos

31 Para ter acesso ao questionário "Práticas Artísticas Comunitárias e Participação Cívica e Política" de autoria de Hugo Cruz, Isabel Bezelga e Isabel Menezes (2020) deverá ser enviado e-mail para: hugoalvescruz@gmail.com.

qualitativos, anteriormente apresentados. Integra, também, 8 itens provenientes do "Questionário das Experiências de Participação" (Ferreira & Menezes, 2001) nos blocos 17 e 18.

O desenvolvimento deste questionário permitiu cruzar os elementos da participação no grupo teatral, no contexto das práticas artísticas comunitárias, com a participação cívica e política dos/as participantes que integram estes grupos. A sua construção tornou-se fundamental, uma vez que na literatura internacional e nacional escasseiam instrumentos com objetivos semelhantes, o que remete, como já foi referido, para a raridade de estudos quantitativos nesta área. Os poucos estudos identificados que contemplam métodos mistos são dirigidos a jovens em contexto escolar e comunitário (Hughes & Wilson, 2004; McLauchlan, 2010; Omasta, 2011). Estes estudos apresentam-se, no entanto, sem uma explicitação das propriedades psicométricas consideradas nos instrumentos referidos. Para além deste aspeto, os instrumentos identificados foram desenvolvidos nos contextos anglo-saxónicos, tendo-se acedido apenas posteriormente à construção do presente questionário, a um estudo que recorreu a métodos mistos no contexto espanhol publicado em junho de 2020 (Motos-Teruel & Alfonso-Benlliure, 2020). O estudo em questão refere-se ao desenvolvimento de um questionário com o principal objetivo de avaliar a perceção dos/as jovens sobre a sua experiência teatral e o impacto desta, exclusivamente, no seu desenvolvimento pessoal e social (Motos-Teruel & Alfonso-Benlliure, 2020).

Perante esta realidade, numa fase exploratória e a partir dos conceitos mais recorrentes identificados nesta área, dos mapas temáticos e conclusões emergentes da análise de dados dos estudos qualitativos, construíram-se e organizaram-se os itens que integram o questionário. Procurou-se, neste processo, que os itens fossem claros, acessíveis e de fácil autopreenchimento, tendo sido as respostas aos questionários sempre acompanhadas das explicações necessárias.[32] Ainda, teve-se em atenção a extensão do questionário, de forma a

32 Embora o investigador não tivesse estado presente em todas as recolhas, as mesmas, foram acompanhadas por outros/as investigadores/as e/ou elementos representantes dos grupos. Neste processo, foi previamente trabalhada com estes/as colaboradores/as a informação necessária para a introdução ao questionário, assim como, para eventuais dúvidas colocadas pelos/as participantes aquando da resposta ao mesmo.

permitir um preenchimento que, em média, não ultrapassasse os 20 minutos. Uma primeira versão foi experimentada com alguns/mas participantes de grupos com características próximas dos considerados no estudo, como artistas, técnicos/as sociais e educativos e investigadores/as da área do teatro e da participação cívica e política. As suas dúvidas, dificuldades e sugestões foram levadas em consideração numa reformulação da primeira versão do questionário.

A versão final do questionário divide-se em duas partes, sendo que a primeira se foca nos dados sociodemográficos dos/as participantes (idade, sexo, nível de escolaridade, ocupação atual, nacionalidade, literacia, rendimentos da família e com quem vive), assim como no tempo de relação com o "fazer teatral" e, especificamente, com os grupos que integram neste momento, e a segunda, noutras dimensões, conforme se sintetiza na tabela 2.

Tabela 2. Síntese dos blocos de perguntas e respetivos temas dos inquéritos por questionário

Parte I questões	(1. a 8.) dados pessoais
	(9. e 10.) memórias e experiências teatrais.
Parte II	(11.) motivações para fazer teatro;
	(12.) conceções de teatro – estéticas;
	(13.) conceções de teatro;
	(14.) metodologias teatrais mobilizadas;
	(15.) qualidade da participação cultural e artística - processos criativos e organizativos;
	(16. e 18.) efeitos percebidos na participação cultural e artística;
	(17.) efeitos percebidos na participação cívica e política;
	(19., 20. e 21.) acesso às práticas e espaços de criação e apresentação;
	(22. e 23.) efeitos percebidos na participação cívica e política e na participação cultural e artística;
	(24. e 25) efeitos percebidos na participação cívica e política (individuais, grupais, comunitárias e institucionais).

A segunda parte do instrumento recorre a uma escala de tipo *likert* de 5 pontos, na qual 1 significa "discordo totalmente" ou "nunca/quase nunca", consoante a formulação das perguntas, e 5, "concordo totalmente" ou "sempre/quase sempre". Destacam-se dois blocos de itens com um formato diferente: um deles apresenta imagens de espetáculos (12.), garantindo assim o acesso visual às diferentes estéticas teatrais inerentes às também diferentes conceções de teatro, e um outro relativo aos espaços de criação e apresentação (20.). Em ambos os casos, as possibilidades de resposta são diretas entre uma e outra foto, ou ambas, no primeiro caso, optando-se pelo "sim" e "não" no segundo.

A constituição de uma amostra de 248 participantes é muito positiva pois, para efeitos de estatística inferencial, o número de observações acima de 200 permite aceder a estimativas fidedignas, incluindo ao nível da estabilidade das soluções fatoriais (Field, 2009).

5. A análise de dados

A análise dos dados seguiu, num primeiro momento, a abordagem da análise de conteúdo, o que permitiu uma primeira organização de categorias que deu origem à primeira árvore de categorias contaminada, inevitavelmente, pela revisão da literatura nesta área e a própria experiência do investigador. Num momento seguinte, partiu-se para uma análise temática, construindo-se, com base nos processos de desconstrução e construção inerentes, mapas temáticos sucessivos até à definição dos temas, subtemas e códigos finais. Nesta última fase da análise, chegou-se à validade dos temas, estabilizando-os, processo também chamado de redução progressiva dos dados (Miles & Huberman, 1984), no qual foram tidos em conta os temas individuais na relação com o conjunto dos dados (Braun & Clarke, 2006). De forma transversal, definiu-se o organizador central e a estrutura do mapa temático, o que permitiu a organização dos dados ligando códigos, subtemas e temas e ensaiando possíveis considerações conectadas com as questões de investigação (Braun & Clarke, 2006).

O mapa temático final que contempla a análise de dados das entrevistas e grupos focais, segundo os mesmos procedimentos, considera seis grandes temas: (1) contexto social, político, cultural, educativo e económico; (2) participação cívica e política; (3) conceções de teatro; (4) qualidade da participação cultural e artística; efeitos percebidos; e (6) relação parceiro/a-grupo.

Resta acrescentar que, após o processo de transcrição das entrevistas e grupos focais, a análise foi desenvolvida utilizando como suporte o programa Nvivo 12. A análise não se centrou apenas na estrutura definida previamente à sua codificação, permitindo a emergência de novas estruturas, bem como de outras relações entre estas. Foram tornadas evidentes propriedades dos textos e à *posteriori* emergiram a partir daí as diferenças, semelhanças e transformações (Ghiglione & Matalon, 1992). Considerando a visão crítica e reflexiva adotada, a análise não se esgotou, naturalmente, na transcrição e codificação dos dados das entrevistas e dos grupos focais.

Relativamente à análise de dados do estudo quantitativo, esta foi desenvolvida com base no programa SPSS *Statistics* 26 contemplando diferentes fases:

— análise descritiva — que permitiu um primeiro contacto com a globalidade dos dados e uma análise baseada essencialmente na média (*M*) e desvio padrão (*DP*) para cada bloco de perguntas e para cada item;
— análise fatorial exploratória — que permitiu a validação de 5 escalas e respetivos fatores com base nas consistências internas encontradas. A definição das escalas e fatores baseou-se na articulação das definições teóricas com os dados empíricos. Concretamente, procuraram-se valores aceitáveis nos testes de KMO e do *Bartlett test of Sphericity*. Adicionalmente, usou-se o valor de 0.5 como indicador de corte no que às comunalidades diz respeito, tendo-se aceitado em alguns casos 0.4 porque justificados teoricamente. Foi utilizada rotação VARIMAX, tendo-se genericamente usado o valor de 0.5 de saturação (ou *loading*) como valor mínimo. No entanto, itens com valores próximos foram mantidos, quando a sua eliminação baixava excessivamente o número de itens por fator. Como medida de consistência interna foi utilizado o alfa de Cronbach (Cohen, 1988;

Field, 2009). A opção de exclusão de alguns itens no processo de constituição destas escalas baseou-se no confronto da literatura, matrizes rodadas e comunalidades, sendo que, neste procedimento, alguns blocos de itens não deram origem a escalas, mas foram alvo de análise descritiva.

— análise e construção de correlações bivariadas — a identificação de correlações significativas seguiu a análise das matrizes considerando-se valores entre 0,1 e 0.3 uma correlação baixa, entre 0.3 e 0.5 moderada e uma correlação elevada acima de 0.5 (Cohen, 1988).

— análise de variância em medidas repetidas — que permitiu comparar as variações nas respostas intraindivíduo, ou seja, analisando como cada participante aprecia a variação na sua própria participação antes e depois.

— produção de modelos de regressão múltipla — que permitiram analisar o poder preditivo diferencial e de forma simultânea de um conjunto de variáveis independentes sobre as dependentes.

As opções de toda esta análise de dados, orientaram-se pelos objetivos definidos para esta investigação, assim como pelo seu enquadramento teórico.

Finalmente, no que se refere às várias técnicas de recolha e de análise de dados mobilizadas, é importante salientar que, para garantir a sua intersubjetividade e consistência do processo de investigação, os dados foram apresentados, discutidos e validados por outros/as investigadores/as, assim como os procedimentos anteriormente explanados. Estas discussões ocorreram não apenas durante as reuniões de supervisão e do grupo de investigação Participação, Comunidades e Educação Política do Centro de Investigação e de Intervenção Educativas (CIIE), mas, também, nas apresentações públicas do projeto, em congressos e outros eventos de natureza científica.

6. Critérios e opções tomadas na identificação dos grupos e participantes

A definição de quem iria participar nesta investigação foi planeada e ajustada em cada momento da mesma, considerando-se a organicidade inerente às práticas artísticas comunitárias. Seguiram-se critérios mediante duas realidades: por um lado, a dos grupos teatrais e, por outro, a dos/as participantes, levando em conta os diferentes papéis desempenhados no contexto dos grupos. Ou seja, do ponto de vista da seleção dos grupos, foram consideradas características associadas às práticas artísticas comunitárias, considerando a presença dos seguintes aspetos:

— processos de criação coletiva que recorrem a dinâmicas processuais criativas e organizativas horizontais;
— temas identificados na criação artística ligados às comunidades de origem dos/as participantes não profissionais;
— presença da relação profissionais-não profissionais das artes;
— percurso continuado e estruturado, o que implica criação e apresentação de espetáculos regular;
— recurso à linguagem teatral como preferencial;
— representação territorial diversa nos dois países integrados na investigação;
— preferencialmente com ação em contextos eminentemente comunitários, para além dos circuitos convencionais culturais;
— preferencialmente não diretamente mediados por instituições culturais, educativas e/ou sociais.

No caso do estudo 3, para possibilitar o alargamento aos 20 grupos, alguns critérios, como o percurso continuado e estruturado, e os dois últimos critérios referidos, foram flexibilizados. Esta decisão permitiu contemplar grupos com uma formação mais recente e com uma definição de estéticas, objetivos e missões ainda em construção.

Relativamenteàseleçãodos/asparticipantescompertinênciaparaainvestigação, resumem-se a artistas não profissionais, profissionais e parceiros/as dos grupos teatrais, com maior enfoque nos/as primeiros/as. Os critérios para a sua participação passaram, essencialmente, pela relação presente com os grupos e a disponibilidade para voluntariamente participarem na investigação. No caso da abordagem qualitativa, as entrevistas realizaram-se com pessoas representativas do ponto de vista da diversidade etária e de género, assim como no caso dos parceiros/as se procurou a interação equilibrada com os que tinham como proveniência as áreas artística, social e educativa. Relativamente aos/às artistas profissionais estavam definidos à partida pela realidade destes grupos. Desta forma, tentou-se assegurar que a opção pela colaboração destes/as participantes seguisse princípios de pertinência e de coerência com o pretendido, globalmente, com a investigação (Quivy & Campenhoudt, 2008).

7. Caracterização dos contextos, grupos teatrais e participantes

7.1. Os contextos e as suas políticas

Baseados nos critérios apresentados, foram definidos os grupos e participantes que aceitaram colaborar. À partida, ficaram claras as características instáveis de funcionamento dos grupos e o facto da maior parte deles não estar em fase de criação, ou seja, a desenvolver processos de raiz para a apresentação de novos espetáculos. Este aspeto refletiu, desde logo, as dificuldades de apoio, financiamento e sustentabilidade presentes no campo das práticas artísticas comunitárias nos dois países. A este propósito, sublinham-se as idiossincrasias de cada contexto, resultantes de influências sociais, culturais, educativas, económicas e políticas, intrinsecamente relacionadas com as políticas públicas nas áreas cultural, social e educativa.

No Brasil e localizando a recolha de dados no primeiro semestre de 2018, assiste-se, na sequência do *impeachment* de Dilma Roussef e posterior empossamento de Michael Temer, a uma intensificação do desinvestimento nas políticas públicas culturais, sociais e educativas. Este movimento contrastou com o apoio de um período político anterior,[33] que contribuiu para o fortalecimento e visibilidade destes grupos teatrais. São dessas políticas exemplos, os programas "Cultura Viva"[34] de carácter nacional (Andries, 2010 ; Governo do Brasil, 2005) ou "Piá" e "Vocacional"[35] em São Paulo, promovidos pela prefeitura (Prado & Filler, 2014). Desde 2017, para além das medidas nacionais, os governos federais e prefeituras foram, em muitas situações, consoante a orientação política, sublinhando esta estratégia nacional, como é o caso do Rio de Janeiro, ou contrariamente, como aconteceu em São Paulo. A estas políticas acrescenta-se a ação fundamental, a

33 A eleição de Lula da Silva em 2002 traz uma nova vaga de políticas culturais no Brasil, das quais se destacam exemplos como o programa "Cultura Viva". No entanto, já anteriormente, ao longo dos anos 1980, se destacaram algumas perspetivas e experiências contrárias, face à visão neoliberal da cultura vigente, que defendia um estado mínimo nesta matéria. Um desses exemplos é a ação de Augusto Boal e outros que, alicerçada na política educativa de Darcy Ribeiro no estado do Rio de Janeiro, incentivaram e consolidaram o potencial da animação sociocultural. Ou ainda, em São Paulo, a implementação do conceito de cidadania cultural através de Marilena Chauí na prefeitura da cidade, que assumiu a democratização cultural como essencial. O direito de acesso aos bens culturais foi sublinhado, mas também a participação mais alargada nas políticas públicas culturais, considerando-se que a cultura é, simultaneamente, um facto e um valor. Chauí (2008) acrescenta que "cultura que é o modo de ser dos seres humanos sendo, por isso, necessário expandir esse direito para aqueles que não exercem planeamento o seu ser cultural, ou seja, a classe trabalhadora". Com base nestas experiências, o início do séc. XXI é, assim, marcado pelo desenvolvimento de algumas tentativas de mudança de práticas assentes noutras narrativas face à cultura, destacando-se a necessidade da "ampliação do conceito de cultura, para além da produção cultural e das linguagens artísticas; cultura, enquanto produção simbólica, enquanto cidadania e enquanto economia; mudança do público-alvo principal das políticas e ações, que passa a ser o cidadão, e não apenas o artista e o produtor ou o difusor cultural" (Gil & Ferreira, 2013, p. 229).

34 O programa Cultura Viva, que integra cultura, educação e cidadania, surge com o "objetivo de promover o acesso aos meios de produção e difusão cultural" e com a intenção de" potencializar energias sociais e culturais visando à construção de novos valores de cooperação e solidariedade" (Portaria MinC 525/2003). Ou seja, esta proposta avançou com elementos associados à democratização cultural, mas também da democracia cultural definindo-se como "uma política pública de acesso à cultura tem que ir além da mera oferta de oficinas artísticas, espaços e produtos culturais; precisa ser entendida em um sentido amplo, expresso em um programa que respeite a autonomia dos agentes sociais, fortaleça seu protagonismo e gere empoderamento social" (Turino, 2010, p. 131). Este programa, inicialmente dividido em quatro eixos - Agente Cultura Viva, Cultura Digital, Escola Viva e Pontões de Cultura — é implementado em todo o país através dos pontos de cultura. Estes pontos foram definidos baseados numa lógica de trabalho "de baixo para cima", enraizados nas dinâmicas territoriais idiossincráticas, orientados e construídos com as comunidades marcadas pelas desigualdades sociais, nomeadamente a população jovem desses territórios.

35 Os Programas "Vocacional" e "Piá" iniciaram-se em 2001 e definem-se como um conjunto de ações continuadas com o objetivo de desenvolver processos criativos emancipatórios assentes em práticas artísticas-pedagógicas (Prado & Filler, 2014). Destaca-se, nestes programas, a relevância dada à figura do/a artista mediador/a, professor/a, investigador/a como elemento chave nos processos de intercâmbio cultural, através da dinamização das interações que operam na articulação da criatividade, ação coletiva e práticas artísticas (Amaral, 2014; Irwin, 2009;).

partir do sector privado, do Serviço Social do Comércio (SESC)[36] responsável por um vasto conjunto de equipamentos e projetos culturais em todo o país.

É neste cenário que se desenvolve o trabalho de recolha de dados, espelhado, naturalmente, nas narrativas e posicionamento dos/as participantes na investigação. Ao longo dos meses, esta realidade foi-se agravando na sequência de acontecimentos como o assassinato de Marielle Franco, a determinação da intervenção militar no Rio de Janeiro, a prisão de Lula da Silva e, mais tarde, no final de 2018, a eleição de Jair Bolsonaro. Concretamente, este momento vivido pelos elementos dos grupos, reequacionou prioridades que passaram por, em primeiro lugar, garantir a subsistência, a sua e das suas famílias, e, em segundo plano, dar continuidade a ensaios e espetáculos que deixaram de garantir qualquer tipo de rendimento. Os seus quotidianos foram diretamente afetados, limitando, por exemplo, o acesso a determinadas áreas da cidade, como as Favelas. A inexistência de condições básicas para o funcionamento do grupo instalou-se, considerando que as/os participantes não tinham tempo disponível, porque precisavam de trabalhar mais horas e noutros contextos e não conseguiam garantir o dinheiro necessário para assegurar o transporte público para os ensaios.

No entanto, os grupos continuaram a resistir e a desenvolver de alguma forma a sua ação, garantindo uma atividade mínima, recorrendo a um esforço pessoal e coletivo e a alguns dos seus parceiros nos territórios. Estes são aspetos determinantes a ter em consideração quando perspetivamos estes grupos e as vozes dos/as envolvidos/as, integradas nesta investigação, que obviamente se adaptou constantemente ao cenário descrito que se precipitou, baseada nos princípios éticos e científicos.

Relativamente ao contexto português, depois dos anos de austeridade, caracterizados por enormes dificuldades para a generalidade das/os cidadãs/ãos e indiretamente para o funcionamento destes grupos, a partir de 2011, assiste-se a um reforço formal destas práticas e, como consequência, dos grupos que conseguiram subsistir e/ou se recriar. No entanto, muitos são os contributos anteriores que

---

36 <https://www.sesc.com.br/portal/sesc/o_sesc/>.

permitiram o desenvolvimento deste campo e grupos em Portugal, destacando-se, por exemplo, um conjunto de ações muito relevantes no período revolucionário decorrente do 25 de Abril de 1974.[37]

Nos últimos anos, os apoios a nível europeu, nacional e local multiplicaram-se nas áreas social, educativa e cultural, revelando, no entanto, desarticulações entre políticas e desequilíbrios de investimento relativamente aos diferentes territórios. Destacam-se a este respeito, a título de exemplo, a nível europeu, programas como "Europa Criativa", [38] "Erasmus +"[39] e "Cultura para Todos",[40] que apresentam, particularmente, preocupações acentuadas relativas às migrações exponenciais (Comissão Europeia, 2008). A nível nacional, sublinha-se, através da área da cultura, a introdução de alguns elementos nas candidaturas ao apoio à criação artística, assim como

37 O período revolucionário constituiu-se como um momento marcante de abertura para o início da construção de novas políticas culturais em Portugal, aproximando-se dos elementos da democratização e democracia cultural. Neste cenário, o Movimento das Forças Armadas (MFA) desenvolveu uma série de ações com componentes educativa e cultural, das quais se destacam as Campanhas de Dinamização Cultural e Ação Cívica do MFA e o Fundo de Apoio a Organizações Juvenis (FAOJ). As primeiras, entre vários objetivos, destinavam-se à divulgação do programa político do MFA, incluindo intervenções artísticas e culturais, com a intenção de se criar uma rede cultural no país, através do desenvolvimento e ativação de centros culturais locais e regionais (Gonçalves, 2018). Esta visão propunha uma articulação integrada das dimensões política, educativa e cultural, trazendo consigo outros riscos, como a presença ideológica marcada nas abordagens feitas à população, sendo esta uma das principais críticas que lhe era apontada (Lourenço, 1976). No entanto, não deixa de ser importante ressalvar que, nas suas linhas orientadoras, constavam os princípios de "isenção partidária" e a "promoção da inteligência política de actuação" (Correia, Soldado & Marujo, s.d., p. 22). Relativamente ao FAOJ, tinha como objetivo a capacitação do movimento associativo e pretendia "fomentar a formação democrática e cultural da juventude" (Decreto-lei 179/74). Foi responsável pela dinamização de cursos de animação sociocultural com a finalidade de contribuir para a formação de uma nova mentalidade, assente na democratização das relações humanas (Marie, 2017). Neste período, muitos/as foram os/as artistas internacionais exilados/as em Portugal que, de alguma forma, contaminaram as formas de fazer com outras abordagens. Na área do teatro, o exílio de Augusto Boal em Portugal é disso um bom exemplo, tendo este trabalhado inclusivamente no FAOJ enquanto formador. Este caso, entre outros, estimulou encontros com as conceções e experiências oriundas da América Latina "contaminando positivamente as abordagens artísticas, educativas e sociais com princípios participativos e de criação coletiva, alicerçados num forte desejo de mudança característico de um processo revolucionário" (Cruz, 2019, p. 22).

38 Disponível em <https://www.europacriativa.eu>.

39 Disponível em<https://www.erasmusmais.pt>.

40 Disponível em <http://bibliotecas.dglab.gov.pt/pt/noticias/Paginas/Programas-Operacionais-Cultura- para-Todos.aspx>. A respeito deste programa assinala-se que neste momento face à situação da pandemia Covid-19 está a ser implementada uma decisão de corte do investimento em cerca de 70%.

mais recentemente o desenho do "Plano Nacional das Artes",[41] com objetivos direcionados para a educação (Comissão Executiva do Plano Nacional das Artes, 2019). Destacam-se, ainda, um conjunto de iniciativas levadas a cabo, ao longo dos anos, nas áreas da segurança social[42] e da educação,[43] envolvendo as linguagens artísticas. De referir, também, os diversos apoios integrados na ação das autarquias, assumindo-se enquanto projetos pontuais e/ou como medidas de política consolidadas.

Em paralelo, no contexto privado, refere-se o apoio da Fundação Calouste Gulbenkian, na sequência da sua ação ao longo do tempo na área da educação artística, através do "PARTIS – Programa Práticas Artísticas para a Inclusão Social"[44] e, mais recentemente, da Fundação BPI / La Caixa com o programa "Art for Change",[45] duas iniciativas que se associaram em Portugal. Este cenário convocou e convoca os grupos à realização de candidaturas, sendo que, muitas vezes, reajustam a sua ação e objetivos mediante os regulamentos e exigências apresentadas pelas mais diversas estruturas financiadoras públicas e privadas. Noutros casos, grupos sem percurso de práticas desta natureza são estimulados a concorrer com a intenção única de sustentabilidade. Se, por um lado, o investimento nesta área é necessário e valoriza o trabalho desenvolvido, por outro, o perigo de instrumentalizar a sua intencionalidade pode ser real, desviando-se para a manutenção de estratégias mais abrangentes do ponto de vista social e cultural.

---

41 Disponível em <https://www.pna.gov.pt>.

42 No cruzamento entre a segurança social e a cultura, destacam-se vários programas, projetos e ações comoo Programa de Luta Contra a Pobreza e os Contratos Locais de Desenvolvimento Social (CLDS), para além de ações ligadas ao Instituto de Emprego e Formação Profissional, assim como ao Alto Comissariado para as Migrações das quais são exemplo o "Programa Escolhas".

43 Entre programas, projetos, ações e documentos orientadores, destacam-se os seguintes exemplos: Escola Cultural, Educação Estética e Artística (PEEA), Programa Pegada Cultural, Plano para Eliminação da Exploração do Trabalho Infantil (PETI), Território Educativo de Intervenção Prioritária (TEIP) e Relatório do Grupo de Contacto entre os Ministérios da Educação e Cultura – "A Educação Artística e a Promoção das Artes, na Perspetiva das Políticas Públicas" (Silva, 2000).

44 Disponível em <https://gulbenkian.pt/project/partis/>.

45 Disponível em <https://fundacaolacaixa.pt/pt/disseminacao-da-cultura-e-da-ciencia/partis-and-art- for-change/descricao-do-programa>.

Apesar de todos os avanços feitos nos últimos anos em Portugal no contexto das práticas artísticas comunitárias, a conceção de políticas públicas a este nível, que reconheçam as especificidades destas práticas e a necessidade de articulação entre áreas distintas, continua, ainda, por ser implementada. É neste ambiente que se desenvolveu a recolha de dados junto de três grupos teatrais portugueses com enquadramento financeiro diverso, gerando possibilidades de participação instrumentais e o desenvolvimento da sua ação, baseada em relações estabilizadas com as comunidades nas quais se centra o seu trabalho.

7.2. Grupos e participantes dos estudos

Tendo presentes as grandes diferenças entre o contexto português e brasileiro, opta-se por caracterizar os grupos e participantes na investigação separadamente, sendo que metodologicamente a abordagem foi similar.

Os três grupos brasileiros têm origens relacionadas com a implementação de políticas públicas sociais e educativas, exceto um deles que emerge da realidade dos movimentos sociais. O número de elementos que constituiu os grupos varia entre os seis e dezasseis.

Um dos grupos que participou na investigação é a Coletiva Ocupação que resultou de um encontro entre estudantes, artistas e *performers* de diferentes regiões de São Paulo. Este cruzamento aconteceu durante as ocupações decorrentes da reorganização escolar proposta pelo Governo do Estado em 2015 e 2016. O grupo nasceu dessa aproximação e desde aí desenvolve um trabalho contínuo de criação. O movimento "*secundarista*",[46] do qual a maior parte dos elementos fez parte, ganhou diferentes desdobramentos, e a criação artística, neste caso, a teatral, foi um deles. Durante as ocupações,

46 Em 2015, na sequência de uma proposta de reorganização do ensino público no estado de São Paulo, que previa o encerramento de cerca de 100 escolas, surge um movimento de estudantes designado "Secundaristas". As suas ações de resistência passaram pela ocupação de cerca de 200 escolas públicas, nas quais se desenvolveram atividades como debates, oficinas, espetáculos, saraus, e trabalhos de cozinha, limpeza, jardinagem e carpintaria. A ação deste movimento, que incluiu protestos de rua, levou à demissão do secretário da educação e à suspensão da proposta de reorganização (Copiano, 2017).

o grupo, que é atualmente constituído por 16 elementos, experienciou o que é pensar e agir através do corpo e da *performance* como possibilidade de protesto.[47] O coletivo caracteriza a sua dramaturgia como viva e baseada na escuta, como indica Perrone, em entrevista a Ventura (2019),

> [...] temos muitos momentos de improvisação, em que cada dia a peça é transformada a partir da urgência das ruas e do presente [...] tudo na peça é texto, não somente a palavra, mas o gesto, música, dança, vídeo, imagens [...] a presença desses corpos nessa peça/manifestação são os corpos que estão historicamente em perigo e agora em levante", como afirma a diretora do grupo (p. 1).

Outro dos grupos que colaboraram com a investigação foi o Bonobando (Bando de Artistas Autónomos), criado a partir da parceria entre o Observatório de Favelas do Rio de Janeiro[48] e o Grupo de Teatro da Laje,[49] e tinha como objetivo inicial criar relações afetivas, estéticas, culturais e políticas com os territórios em torno da Arena Carioca Dicró,[50] equipamento público da prefeitura do Rio de Janeiro, localizado na Penha Circular.

Em 2015, o projeto ampliou a parceria para o Bonobando, que foi criado durante o primeiro ano de residência (Alcure & Florencio, 2017). Os elementos do grupo são provenientes de várias partes do Rio de Janeiro, na sua maioria de territórios populares

Vila Cruzeiro, Olaria, Complexo do Alemão, Brás de Pina, Caxias, Cidade de Deus, Serrinha e Humaitá (Souza, 2018). Assumem como ação central a conexão da cidade e a ocupação de espaços, ou seja:

> o projeto tinha como fundamento criar raízes num território e afirmar uma produção artística produzida fora do centro-zona sul, o centro nervoso da produção artística da cidade. Por outro

47 Retirado e adaptado a partir de <https://casadopovo.org.br/coletiva-ocupacao>.
48 Disponível em <https://www.observatoriodefavelas.org.br>.
49 Disponível em <https://www.observatoriodefavelas.org.br>.
50 Disponível em <https://arenacariocadicro.org.br>.

lado, ao se fixar no território marcando esse posicionamento, ele gerou ali uma desterritorialização imediata quando traz pessoas de vários lugares da cidade para interagir num território não necessariamente familiar (Alcure, 2015).

Os objetivos do grupo passam por contribuir para uma territorialização dinâmica, descentralização e democratização dos recursos e acessos à arte e à cultura, celebrando e revelando a contribuição que as práticas quotidianas da juventude das periferias cariocas podem dar para a criação de um outro teatro possível.[51]

A Cia. Marginal formou-se, igualmente, no Rio de Janeiro e tem desenvolvido uma estética que articula território, memória e política, baseando-se em imersões sensíveis e reflexivas, em determinados contextos periféricos e em diferentes maneiras de inscrever o "real" em cena. Com cinco espetáculos no seu percurso, o grupo apresentou os seus trabalhos nos mais importantes teatros do Rio de Janeiro e em festivais prestigiados. Além disso, realizou em 2017 a sua primeira viagem internacional e integrou, em 2018, o mais abrangente circuito de espetáculos no Brasil, o Palco Giratório do SESC. [52] Na narrativa da sua diretora, a Cia. Marginal "trata-se, portanto, de um grupo que já superou as fronteiras do local, deslocando-se regularmente do contexto "comunitário" a escalas cada vez mais amplas de difusão teatral." (Penoni 2019, p. 49).

O grupo é composto, na sua maioria, por atores/atrizes da Maré, bairro da Zona Norte do Rio de Janeiro, junto da Baía de Guanabara, que integra 16 Favelas. Um dos integrantes do grupo caracteriza este lugar na sua relação com o Estado, como um lugar onde direitos humanos estão em causa, para ele: "as *Favelas* serão constantemente expostas à exclusão, silenciamento e subalternização da população que aí reside". (Lino, 2019, p. 599). O grupo mantém o seu núcleo fundador estável desde 2005, momento da sua criação.[53]

Os grupos brasileiros são, maioritariamente, constituídos por jovens negros/as, provenientes de bairros populares do Rio de Janeiro,

51 Retirado e adaptado a partir de <https://www.sympla.com.br/bonobando>.
52 Disponível em <http://www.sesc.com.br/portal/site/palcogiratorio/2018/Inicio>.
53 Retirado e adaptado a partir de <https://www.facebook.com/pg/ciamarginal/about/?ref=page_internal>.

com vivências associadas à discriminação e forte desigualdade social, apresentando, deste ponto de vista, o grupo de São Paulo uma maior heterogeneidade. Num total de 34 participantes dos três grupos, 18 são do género feminino e 16 do masculino.

Os elementos dos grupos são na sua maioria solteiros/as e com idades compreendidas entres os 15 e 23 anos. A sua ocupação atual concentra-se no estudo, nomeadamente nas áreas das artes cénicas e ciências sociais e humanas, sendo muitas vezes compatibilizado com trabalho artístico e atividades de cariz pedagógico e/ou trabalhos diversificados precários. Os níveis de escolaridade de pós-graduação referem-se às direções e parceiros dos grupos, considerando a idade, desde logo, da maior parte dos participantes. Segue-se, na Tabela 4, um resumo da caracterização dos/as participantes que aceitaram colaborar nas entrevistas e grupos focais.

Tabela 3. Caracterização dos/as entrevistados/as e participantes nos grupos focais no contexto brasileiro

total de grupos envolvidos	3 (Rio de Janeiro e São Paulo)
total participantes nas entrevistas e grupos focais	11+ 23 = 34 (18 género feminino / 16 género masculino).
estado civil	32 (solteiro/a) e 2 (casado/a).
idade	15 (18-23 anos); 5 (24-29 anos); 8 (30-35 anos); 2 (36-41 anos); 4 (> 42 anos).
ocupação atual	11 (estudante); 10 (artista – teatro e música); 6 (ator/atriz – professor/professora); 1 (produtor); 3 (diretoras teatrais); 1 (diretora de ONG); 1 (diretor organismo diplomático) e 1 (diretora de associação cultural).
nível de escolaridade	4 (frequenta ensino médio); 9 (ensino médio); 3 (frequenta ensino técnico); 1 (ensino técnico); 5 (frequenta ensino superior); 17 (ensino superior); 1 (ensino superior incompleto); 6 (ensino superior pós-graduação).

Praticamente todos os elementos dos grupos fazem teatro desde que os integram e desde a sua origem, ou seja, há 15 anos no caso da Cia. Marginal, e há sensivelmente 5 anos nos casos da Coletiva Ocupação e Bonobando. Acrescenta-se que as direções artísticas dos grupos se mantiveram as mesmas desde a sua origem, funcionando numa configuração informal, sendo que do ponto de vista de estatuto jurídico encontram soluções junto dos seus parceiros quando necessário.

Relativamente aos grupos portugueses, a sua constituição mantém-se estável desde a sua origem, sendo o caso da PELE diferente, pois aproximadamente metade do grupo está integrado há apenas 2-3 anos. Os tempos de existência dos grupos distribuem-se da seguinte forma: a PELE com 13 anos e os outros dois grupos com 4 anos.

A diversidade quanto ao número de elementos está presente, destacando-se como grupos maiores a PELE (19) e Trium'pharte (17) e o Projeto de Teatro Comunitário do Museu Marítimo de Ílhavo como o mais pequeno (6).

A PELE é um grupo que se formaliza enquanto associação sem fins lucrativos em 2007, embora tenha iniciado a sua atividade anteriormente. Desde a sua origem, trabalha em torno da ideia de afirmação da arte enquanto espaço privilegiado de diálogo e criação coletiva. Os seus processos de trabalho assentam no princípio de criar condições para que indivíduos e comunidades possam ser o centro da criação artística. Pretende, desta forma, potenciar processos de "empoderamento" individuais e coletivos num equilíbrio entre ética, estética e eficácia. Tem como objetivos principais: promover projetos artísticos que permitam o desenvolvimento, integração e a afirmação da cidadania, concebendo e produzindo projetos com linguagens distintas em diferentes comunidades e contextos de exclusão social; e ainda criar uma rede de trabalho entre organizações artísticas, educativas e sociais.[54]

O grupo caracteriza-se pelo trabalho com diferentes comunidades, onde o teatro se define por aqueles/as que nele participam, assumindo-se estes/as como os/as seus/suas protagonistas centrais (Parente, 2015). Ao longo do seu percurso, desenvolveu mais de 54

54 Retirado e adaptado a partir de <www.apele.org>.

projetos em contextos de exclusão e vulnerabilidade social (Serafino, 2019), como prisões, bairros sociais, escolas, lares de acolhimento de crianças e jovens, em comunidades rurais e urbanas envolvendo associações culturais, desportivas, coletividades e Instituições Particulares de Solidariedade Social (IPSS's), privilegiando o teatro e integrando outras linguagens como a música e a dança. Os seus projetos têm vindo a ser apresentados no espaço público, festivais, teatros municipais e nacionais, e em contextos internacionais.

O grupo Trium'pharte surge no contexto do projeto AMARe-MAR, promovido pelo Município de Esposende, e teve a sua origem em 2016. O projeto tem como objetivo promover a inclusão social e cultural, potenciando o desenvolvimento e a participação das/os cidadãs/os, colocando em reflexão a cultura local, a história das gentes e a transformação social. Os processos do grupo têm seguido uma abordagem às histórias e identidades locais e necessidades sentidas no presente, com maior enfoque na relação com o mar e a pesca. Para além das pessoas provenientes, na sua maioria, dos empreendimentos de habitação social do município, os processos criativos envolvem ainda associações locais diversas.[55]

O grupo tem-se orientado por uma ação de abertura identitária, considerando-se que neste conceito se reúnem atos, procedimentos e recursos diversos e identificáveis nos processos de criação capazes de identificar dois movimentos relacionais — "o movimento de acionar o poder em comum; e o movimento de ativar em cada um o poder de ser desdobrado em dois sentidos, para si ou de autorrealização, e com o outro ou de partilha" (Mora & Oliveira, 2019, p. 59).

O terceiro grupo considera-se um projeto de teatro comunitário que o Museu Marítimo de Ílhavo tem desenvolvido continuamente a partir do seu Serviço Educativo. Com base em jogos, exercícios e improvisações teatrais e na criação coletiva, o grupo tem trabalhado temáticas relacionadas com o mar e a pesca, elementos identitários do território. Com uma formação constituída, na sua maioria, por moradores/as de Ílhavo, tem, nos últimos anos, desenvolvido vários espetáculos e apresentações em diversos locais.[56] Os vários trabalhos

55 Retirado e adaptado a partir de <http://www.municipio.esposende.pt/pages/994>.
56 Retirado e adaptado a partir de <https://museumaritimo.cm-ilhavo.pt>.

concretizados têm permitido o enfoque num "[...] processo social, que se reflete em dois momentos de mediação: por um lado o trabalho do grupo no processo criativo e de interpretação da obra; por outro lado, a devolução ao público, que se vê representado. Este trabalho de mediação é também uma forma de educação não formal, uma oportunidade de aprendizagem, de partilha e de enriquecimento cultural" (Nunes, 2018, p. 8).

A PELE está sediada no Porto e os outros dois grupos relacionam-se com contextos difusos entre rural, industrial e urbano (Esposende e Ílhavo). As configurações dos grupos passam pelo formato de associação social e cultural, criada na sequência de trabalhos desenvolvidos neste campo, ou integrada em ações despoletadas no âmbito de políticas públicas locais nas áreas da cultura, educação e social. De referir que os/as diretores/as artísticos dos grupos, ao longo dos anos e consoante os diferentes processos desenvolvidos, foram distintos, existindo deste ponto de vista uma diversidade de propostas artísticas e estéticas.

Neste estudo, relativamente ao contexto português, colaboraram 46 pessoas, sendo 34 do género feminino e 12 do masculino, o que revela uma clara predominância da participação feminina. Embora os grupos se apresentem como heterogéneos, do ponto de vista etário, com idades compreendidas entre os 10 e os 83 anos, destacando-se a dimensão da intergeracionalidade, a distribuição etária concentra-se em idades superiores aos 55 anos. São grupos constituídos, na sua maioria, por integrantes que, relativamente aos locais de nascimento e de morada, são os mesmos onde se desenvolvem as atividades. Quanto à ocupação atual, a situação mais expressiva é a de reformado/a, seguindo-se a relacionada com a educação (professores/as e auxiliares ação educativa), a área social, principalmente assistentes sociais e ainda estudantes, sendo residual os/as que frequentam o ensino superior. Destes estudantes apenas um estuda teatro, num curso profissional, estando os restantes integrados no ensino regular. Salientam-se ainda algumas ocupações relacionadas com serviços diversos.

No que se refere ao nível de escolaridade, os grupos mais representativos são os do 2º e 3º ciclo e secundário. Sublinha-se que o número de envolvidos/as com o ensino superior tem em conta, à semelhança dos grupos brasileiros, as direções e parceiros/as dos grupos. O estado civil é na sua maioria solteiro/a, apresentando-se, no entanto, o/a casado/a com valor praticamente igual, sendo o estado de viuvez o menos expressivo.

Tabela 4. Caracterização dos/as entrevistados/as e participantes nos grupos focais no contexto português

total de grupos envolvidos	3 (Porto, Esposende, Ílhavo)
total participantes nas entrevistas e grupos focais	46 (34 género feminino / 12 género masculino).
estado civil	21 (solteiro) 20 (casado) e 5 (viúvo).
idade	6 (<18 anos); 3 (19-24 anos); 6 (25-34 anos); 5 (35-44 anos); 4 (45-54 anos); 9 (55-64 anos); 13 (> 65 anos).
ocupação atual	7 (estudante); 3 (educação); 2 (artes); 7 (ciências sociais e humanas); 15 (reformado) e 8 (serviços diversos) 4 desempegados.
nível de escolaridade	1 (sem escolaridade); 7 (1º ciclo); 12 (2º e 3º ciclo); 12 (secundário); 10 (bacharelato/licenciatura); 4 (pós-graduação, mestrado, doutoramento).

O grupo de participantes do estudo 3 é constituído por 248 pessoas que integram, enquanto artistas não profissionais, 20 grupos de teatro portugueses que desenvolvem a sua ação com elementos das práticas artísticas comunitárias. A recolha empírica desenvolveu-se entre os meses de dezembro 2019 e fevereiro de 2020.

Os grupos que integram este estudo foram selecionados com maior flexibilidade de critérios relativamente aos outros estudos, conforme foi salientado anteriormente, permitindo um grupo maior de participantes. Apesar das suas semelhanças, os grupos são muito diversos na sua constituição, ação, estética e recursos envolvidos, modos de funcionamento e financiamento, na relação que estabelecem com parceiros formais/informais e comunidades locais onde se inserem. Os grupos considerados neste estudo atuam nos concelhos do Porto, Esposende, Aveiro, Ílhavo, Covilhã, Fundão, Torres Vedras, Valongo, Lisboa, Almada, Guimarães, Belmonte, Sobral de Monte

Abraço, Setúbal, Amadora e Vila Franca de Xira, como é possível verificar na Figura 5.

Uma das preocupações deste estudo foi considerar a maior representatividade possível de práticas desenvolvidas no país com estas características, sendo, mesmo assim, a amostra muito centrada no litoral e nas áreas do grande Porto e Lisboa, o que corresponde à implementação destas práticas no país.

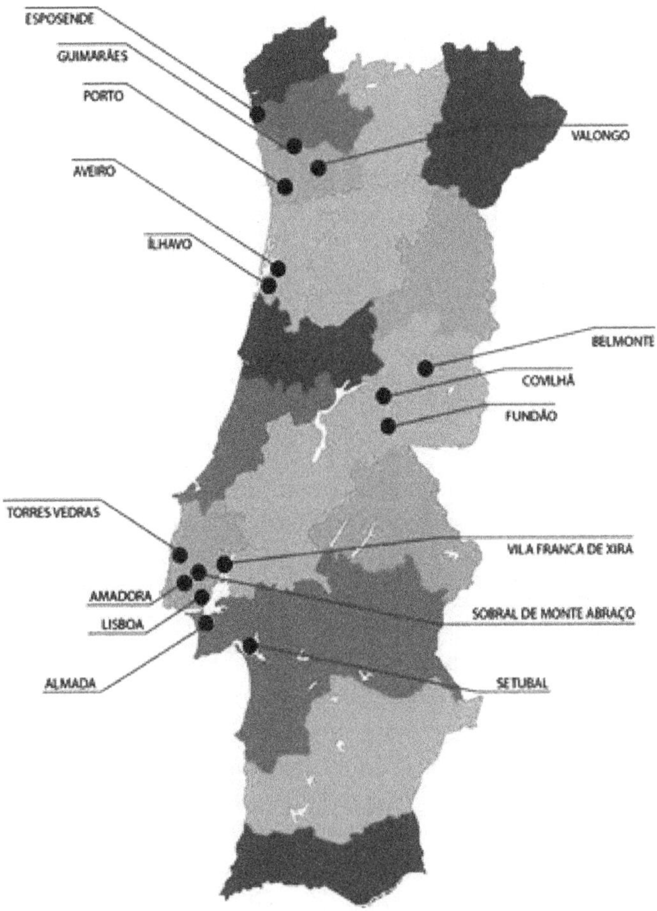

Figura 5. Localização geográfica dos grupos do estudo 3.

Todos os grupos, quando abordados através de um curto inquérito, apresentado anteriormente aos/às seus/suas diretores/as, consideraram que desenvolvem práticas artísticas comunitárias, justificando-o das seguintes formas:

— desenvolvimento de práticas artísticas com as comunidades locais com objetivos de transformação social e mobilização comunitária;
— criações coletivas com base na horizontalidade e tomadas de decisão coletivas;
— valorização de grupos heterogéneos, com opiniões e visões diversas, que se constituem com identidades próprias;
— presença da experimentação artística, reflexão, discussão, espírito crítico;
— envolvimento dos grupos em todas as fases dos processos criativos;
— criações a partir das histórias, vivências, "urgências" e quotidianos dos grupos e das comunidades onde se inserem.

A síntese desenvolvida permite sublinhar a coincidência das características apontadas com a definição dos critérios para integrar este estudo e as abordagens teóricas em torno das práticas artísticas comunitárias explanadas anteriormente.

Embora, quanto à sua configuração, os grupos se assumam maioritariamente como informais, todos estão integrados em estruturas associativas de carácter cultural e/ou social ou no âmbito de políticas autárquicas, enquanto projetos e/ou programas sociais, culturais e educativos promovidos pelos municípios. O tempo de início de atividade dos grupos vai desde o ano 2006 até 2019, estando perante grupos entre 14 anos e 1 ano de existência, o que acarreta implicações na diversidade e consolidação das suas práticas. O número de elementos dos grupos varia entre 6 e 45 o que representa uma média de 18,6 elementos por grupo. No total de participantes 73% são do sexo feminino e 27% do masculino (cf. Figura 6).

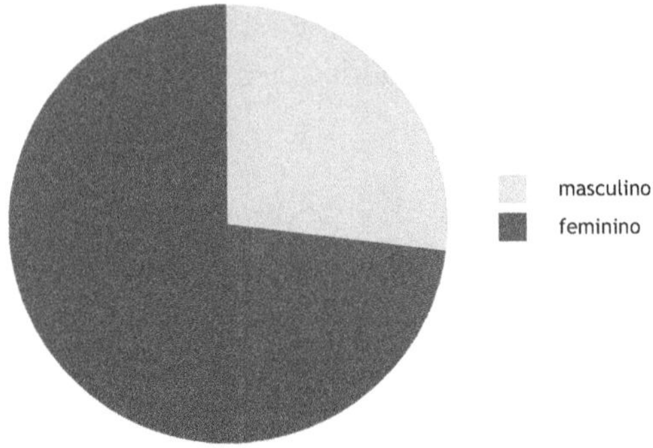

Figura 6. Distribuição por sexo dos participantes no estudo.

Os grupos envolvidos no estudo são também heterógenos do ponto de vista etário, exceto relativamente às realidades de dois grupos que se organizam exatamente a partir da dimensão idade, com integrantes entre os 14 e os 21 anos. Com base numa análise de estatística descritiva, identifica-se que a média de idades é de 35.58 anos, com desvio padrão de 19.37, sendo a idade mínima de 9 anos e a máxima de 89 anos. As idades dos participantes distribuem-se conforme visível na Figura 7.

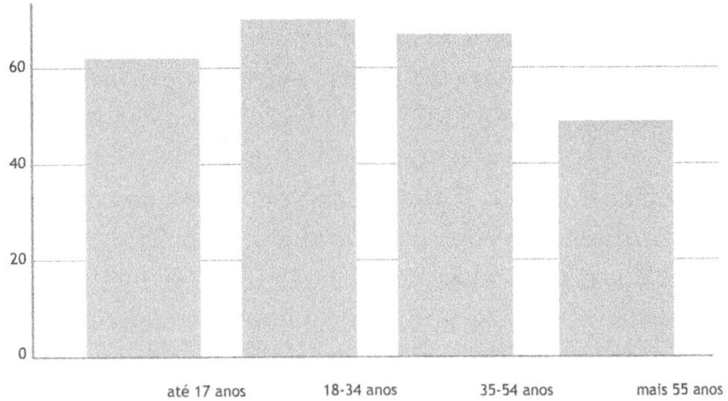

Figura 7. Distribuição por idade dos/as participantes no estudo.

Relativamente ao nível de escolaridade a distribuição é equilibrada, tendo em consideração os dois grupos específicos com elementos em idade escolar já citados, 32.7% com o 2ª e 3ª ciclos e 31.7% com o ensino secundário, seguindo-se o nível de bacharelato e licenciatura com 20.6%. Mais detalhadamente a distribuição relativamente a esta variável encontra-se espelhada na Figura 8.

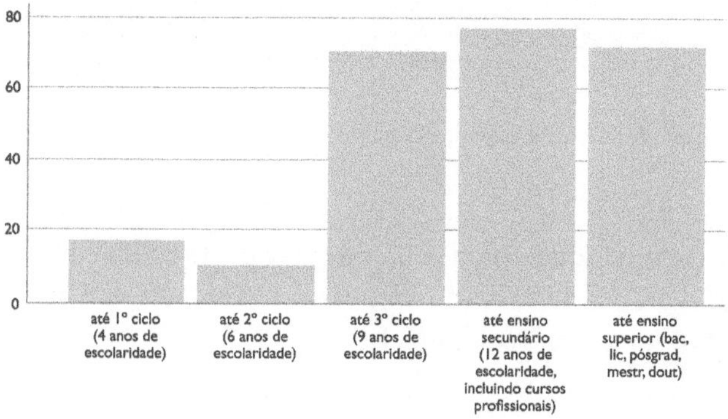

Figura 8. Distribuição por escolaridade dos/as participantes no estudo.

Quanto à ocupação atual, trata-se de uma variável que se apresenta muito heterogénea, sendo que, agrupada por categorias, se organiza com a seguinte distribuição, nas três percentagens mais significativas: 40.3% estudante, 17.7% serviços diversos e 12.5% reformado/a. A Figura 9 clarifica, para além destas, as outras categorias consideradas.

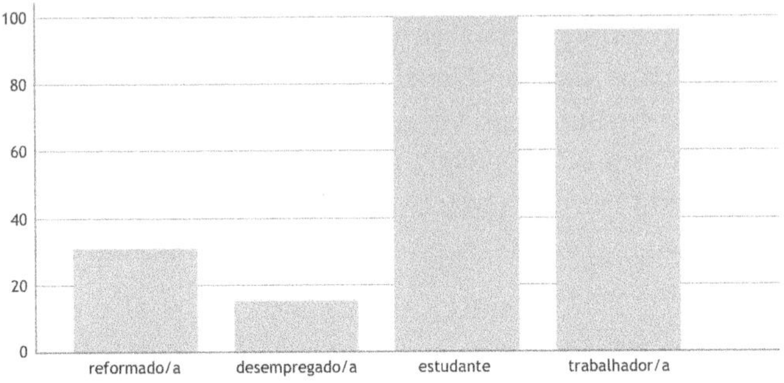

Figura 9. Distribuição por ocupação dos/as participantes no estudo.

A nacionalidade predominante é a portuguesa com 94% dos participantes, sendo a mais expressiva, das outras oito indicadas, a brasileira com 1.6% (cf. Figura 10).

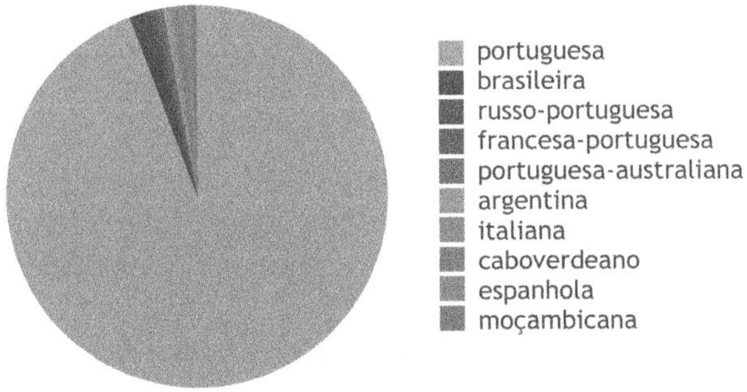

Figura 10. Distribuição por nacionalidade dos/as participantes no estudo.

O nível sociocultural dos participantes foi inferido a partir do número de livros existentes em casa e que, neste estudo, aponta para entre 11-50 livros em 26.2% dos casos, valor seguido pelos 23.4%, que indicam a existência de mais 200 livros em casa, como se pode identificar na Figura 11.

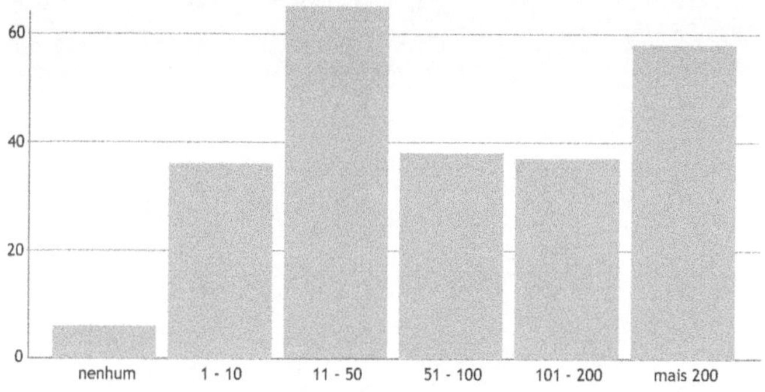

Figura 11. Distribuição por número de livros em casa dos/as participantes no estudo.

Quanto ao nível socioeconómico, a distribuição é uniforme, ou seja, 32.7% dos participantes referem que os rendimentos da sua família são suficientes para tudo o que precisam "quase sempre", seguidos de 29.8 % que referem "em parte", sendo "totalmente" suficiente para 25.8% dos participantes (cf. Figura 12).

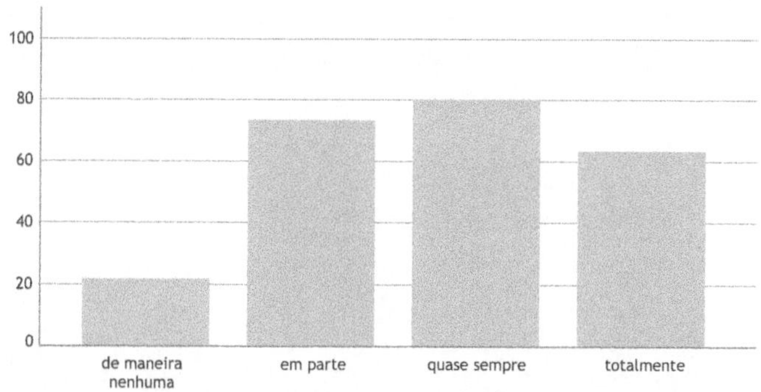

Figura 12. Distribuição por rendimentos dos/as participantes no estudo.

Destaca-se ainda que 13.3% dos/as participantes vive sozinho/a, apesar de que a maioria (39.9%) vive numa configuração familiar constituída por pai, mãe e filho/a ou filhos/as e 15.7% assumem outras configurações de família (cf. Figura 13).

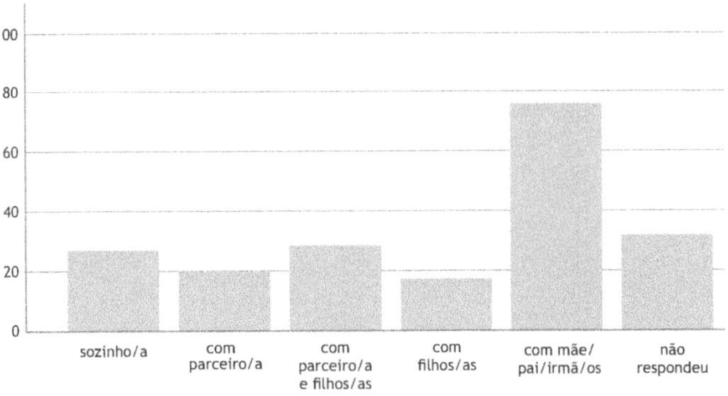

Figura 13. Distribuição segundo o agregado familiar dos/as participantes no estudo.

No que se refere à experiência teatral, os/as participantes fazem teatro em média há 6.6 anos e integram os grupos envolvidos no estudo numa média de 3.5 anos (cf. Figura 14).

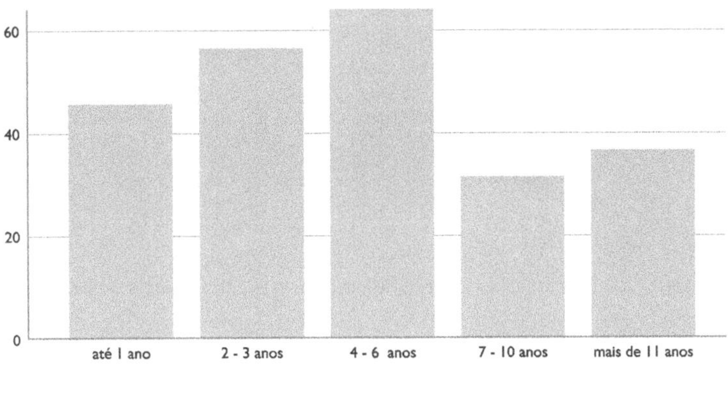

Figura 14. Distribuição por tempo de experiência em teatro dos/as participantes no estudo.

Por fim, considerando que a maior concentração de respostas relativamente ao tempo desde que fazem teatro e que integram o grupo é, nos dois casos, entre 1 e 4 anos, pode-se considerar que a experiência destes grupos é, para muitos/as artistas não profissionais, a primeira experiência teatral (cf. Figura 15).

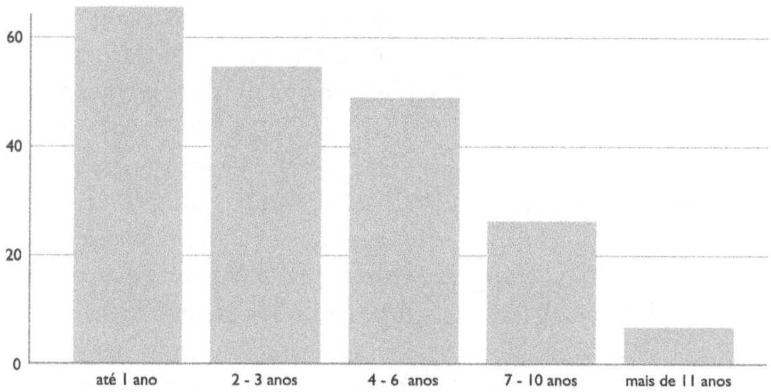

Figura 15. Distribuição por tempo de experiência nos grupos de teatro dos/as participantes no estudo.

8. O lugar do investigador, dimensões éticas e tomada de decisões

O lugar de investigador não é um lugar neutro. Esta é uma premissa fundamental e que, recorrentemente, ao longo do processo investigativo, foi confrontada pelas realidades que pediram tomadas de posição claras e firmes. É importante distinguir o que é um olhar externo e distanciado, por não se assumir um protagonismo dos fenómenos em estudo, e a exigência de uma neutralidade impossível ao investigador. Este é mais um ator na realidade social, fazendo parte dela e contribuindo para a sua construção, rejeitando-se, assim, uma perspetiva positivista como essencial à validação do conhecimento científico.

Este enquadramento permite entender melhor o porquê da opção por não desenvolver esta investigação envolvendo processos artísticos nos quais estivesse diretamente ligado no momento da mesma. Tal aconteceu apenas no estudo 1, com um objetivo exploratório, e viabilizou um mais fácil acesso às experiências, contribuindo de igual forma para a reflexão sobre as práticas que decorriam. Em todos os outros casos, integrados nos estudos 2 e 3, as pessoas com as quais o investigador tivesse tido relação direta em experiências passadas foram entrevistadas ou participaram nos grupos focais desenvolvidos por uma investigadora do CIIE-FPCEUP. Desta forma, tentou-se menorizar o efeito da desejabilidade social. Não obstante, a experiência de mais de 16 anos de atividade na área das práticas artísticas comunitárias dificultou em muitos momentos a identificação de grupos e participantes na investigação com o qual não tivesse existido relação anterior. Relativamente aos grupos brasileiros, esta situação foi de mais fácil resolução. No entanto, esta experiência profissional prévia, por outro lado, facilitou o acesso a participantes e grupos que teria sido provavelmente mais difícil sem qualquer tipo de relação anterior à investigação. Mais do que elencar as vantagens e desvantagens de estar, mais ou menos, próximo do fenómeno em questão, é fundamental considerar o que foi relevante para as dinâmicas em estudo, acedidas dentro e através de determinada cultura. No que diz respeito às diferentes funções, assumidas pelo investigador, procurou-se que fossem fluídas, constituindo-se em diferentes tempos e espaços e funcionando como um ou vários contínuos (Hellawell, 2006; Merriam et al., 2001).

Neste espaço é importante referir a dificuldade sentida para não interferir nos processos artísticos dos grupos em estudo, não deixando de emitir opiniões sempre que solicitado. Foi um desafio inibir uma postura ativa treinada para o ato de criação, assumindo um papel mais passivo de observação e de registo. Talvez por isso, a opção pelas entrevistas, em relação bilateral, os grupos focais e os inquéritos por questionário, na maior parte dos casos desenvolvidos fora dos contextos de ensaios e apresentações públicas, possa ter sido uma mais valia no distanciamento pretendido. Assim como se considera que o investigador não é neutro, tem de igual forma que se assumir que tem uma personalidade e experiência concreta que o empurram para determinada forma de ação e reflexão. Esta investigação foi também um espaço de treino para momentos mais contínuos, sistemáticos e refletidos de uma ação que se espera no futuro mais informada neste campo concreto. Porém, é de ressalvar que a experiência profissional do investigador contaminou a motivação para esta investigação, o seu desenvolvimento e a escrita que a concretiza, considerando-se que esta situação permitiu uma relação contínua de construção entre teoria, prática e rigor metodológico (Trickett, 2009).

Toda a investigação é atravessada por dilemas éticos que se resolvem com partilha, ponderação e, acima de tudo, clarividência relativamente aos objetivos e ao que é a produção de conhecimento e ao serviço do que está. Neste contexto concreto, foi muito importante entender que benefício teria esta investigação para quem participou nela, para além do que ganharia o investigador. Para isso, e em coerência com o conceito de participação, um dos constructos centrais desta investigação contemplou uma fase de devolução aos/às participantes de considerações prévias referentes aos estudos, discutindo com eles/as as mesmas. Esta fase decorreu antes da escrita das reflexões finais deste livro, tendo contribuído para o processo de construção das mesmas.

Outro aspeto importante a referir remete para a preocupação em ter uma explicação clara e acessível acerca dos objetivos, fases, implicações do estudo, assim como do seu financiamento. Na linha desta relação de confiança e transparência participante-investigador foram assinadas declarações de consentimento informado, nas quais se explicitou o direito voluntário à participação, de desistência a qualquer momento do processo, de aceder aos procedimentos, propostas e às conclusões da investigação. As questões relativas ao anonimato e confidencialidade foram asseguradas e discutidas entre participantes, investigador, centros de investigação e outras instituições envolvidas. A este propósito emergiram algumas situações relevantes como a identificação ou não dos/as participantes da investigação na escrita de artigos e texto final deste livro. Este aspeto foi alvo de questionamento, nomeadamente ao que refere aos grupos brasileiros. Assim, foi equacionada a sua identificação, assumindo a coautoria e evitando o sistemático apagamento destes indivíduos e das suas vozes na investigação, focando-osgenericamente como uma massa humana que tem determinadas opiniões. O facto de se assumirem como artistas e a relevância da autoria das suas produções estava também aqui em causa.

No entanto, considerando que não faria sentido usar procedimentos diferentes para os grupos do Brasil e de Portugal numa mesma investigação e a hipótese de que algo nas narrativas registadas pudesse futuramente comprometer os/as envolvidos/as, seguiu-se os procedimentos de uso de iniciais para identificar as/os participantes. A estes aspetos acrescentaram-se as regras para publicação determinadas por algumas revistas científicas relativamente a este aspeto. Este aspeto foi recuperado no capítulo final deste livro, assumindo-se a identificação das opiniões relativas às conclusões dos estudos, uma vez que as questões anteriores se resolvem, neste caso, por elas próprias.

Outro desafio passou por não ter a tentação de comparar o incomparável. Este cuidado foi mais necessário tendo em conta as experiências de contextos totalmente distintos como são Portugal e Brasil, mas também pelas opções metodológicas tomadas. Foi importante ter como ponto de partida que cada caso era um caso e recolocar o olhar constantemente direcionado para o denominador comum, as práticas artísticas comunitárias. A este propósito, o papel de um investigador homem, branco, europeu, especificamente português, a desenvolver uma investigação com grupos de teatro das periferias do Rio de Janeiro e São Paulo, constituídos maioritariamente por jovens negros/as, levantou uma série de questionamentos. O reconhecimento das nossas ancestralidades e das relações de poder passadas e presentes, assentes na definição e diferenças de raça e de classe socioeconómica, foi central para mim enquanto investigador, mas acima de tudo determinante e transformador enquanto pessoa, e para a relação construída com os participantes. Assumindo a impossibilidade de neutralidade, foi fundamental atentar à necessidade de clarificação da função e da proposta apresentada e quais os possíveis benefícios mútuos a considerar. Este questionamento foi atravessado pela crítica aos processos de construção de conhecimento validados e que, sistematicamente, se organizaram e se organizam numa lógica vertical entre norte e sul, Europa e América Latina, apelando às perspetivas pós-coloniais e decoloniais (Fanon, 1979; Kilomba, 2019; Mignolo, 2008).

Esta experiência alertou para a abordagem posterior aos grupos portugueses que sublinhou, com as devidas diferenças, a desconstrução de ideias pré-concebidas sobre a relação vertical entre o investigador, como o que detém o conhecimento, e a/o participante, aquele/a que não o tem. Neste sentido, aceitar as tensões de perceções estabelecidas de cultura erudita e popular e as suas interferências na construção de conhecimento foi determinante.

É relevante referir que as altas expectativas para esta investigação e para o desempenho enquanto investigador foram, muitas vezes, difíceis de gerir. Ou seja, algum excesso relativamente ao esperado quanto à dimensão e profundidade das conclusões finais do estudo, impulsionado por uma prática intensa anterior, confrontou-se com a necessidade real de valorização de um conhecimento que sublinha os pormenores, a consistência, a integração e um tempo justo para a sua consolidação.

Finalmente, as contradições entre a produção de pensamento divergente e convergente, os paradigmas distintos da arte e da educação, as solicitações diversas de processos e resultados, a forma como se encaram os fenómenos sociais como vivos e orgânicos e as barreiras geradas pela rigidez e inflexibilidade de visões distintas entre áreas revelaram-se como desafios constantes. Foram sendo, no entanto, ultrapassados pela força que se pode gerar entre os diferentes que dialogam, sem cristalizar na ideia de que o antagónico é, necessariamente, imutável e incompatível.

O ato de idealizar, inerente a este momento do processo investigativo, permitiu que o mesmo tivesse a estrutura necessária para se desenvolver, assumindo-se a sua flexibilidade em relação aos distintos impasses e obstáculos que emergiram neste percurso. Esse desenho de um ponto de partida sistematizado, informado e organizado constituiu-se como fundamental para a relação a estabelecer com os grupos, traduzindo-se no capítulo seguinte destinado à empiria.

PELE
Jardim das Pedras
@Patrícia Poção

III. OS ESTUDOS

(ato de conceber — improvisar; o corpo e a palavra na criação; ensaiar)

1. Breve descrição e articulação dos estudos

O terceiro núcleo deste livro remete para os dados, a sua discussão e os resultados relativos aos três estudos que integram esta investigação. A integração dos artigos neste livro, assim como da última seção referente ao estudo 3, procura traduzir os diferentes momentos e andamentos do processo investigativo e as opções tomadas expressas no capítulo da abordagem metodológica. A sequência em que os estudos são apresentados segue a sequência cronológica em que se desenvolveram. Assim sendo, o estudo 1 (exploratório) informou o estudo 2 (qualitativo) que, por sua vez, permitiu a construção do estudo 3 (quantitativo).[57]

57 Os artigos são apresentados neste capítulo seguindo a utilização das normas referentes a cada revista onde foram publicados. O acesso às referências bibliográficas de cada artigo implica a consulta das publicações originais devidamente identificadas através do código DOI.

O primeiro ponto deste capítulo refere-se ao estudo exploratório (estudo 1) focado na identificação dos elementos definidores das práticas artísticas comunitárias, baseando-se na articulação entre um exercício de revisão da literatura e a produção e análise temática de notas de terreno e fontes documentais relativas a grupos teatrais dos dois países. Este estudo é apresentado no artigo intitulado "Para uma tipologia da participação nas práticas artísticas comunitárias: a experiência de três grupos teatrais no Brasil e Portugal".

O segundo ponto deste núcleo, informado pelo estudo anterior, nomeadamente, no processo de construção dos dispositivos investigativos, orienta-se para o aprofundamento dos elementos definidores das práticas artísticas comunitárias e a conceptualização do conceito de qualidade da participação cultural e artística. O estudo 2 deteve-se na ação dos grupos teatrais no Brasil e em Portugal.

Assim, o artigo "A qualidade da participação em grupos teatrais brasileiros no contexto das práticas artísticas comunitárias" remete para a parte do estudo desenvolvida no contexto brasileiro e o artigo "Práticas artísticas comunitárias e participação cívica e política na ação de três grupos teatrais em Portugal" foca-se nas experiências dos grupos portugueses. Neste último artigo, para além dos aspetos anteriormente referidos, é, também, abordada a relação entre as práticas artísticas comunitárias e a participação cívica e política.

Finalmente, é apresentado o estudo 3 — "Elementos das práticas artísticas comunitárias e suas ligações com a participação cívica e política no contexto de grupos teatrais em Portugal — uma abordagem quantitativa". Nesta seção, as conexões entre as práticas artísticas comunitárias e a participação cívica e política são aprofundadas e expressas num estudo com um carácter ampliado, dada a quantidade de pessoas envolvidas, estabelecendo-se associações com os estudos anteriores qualitativos, numa lógica de triangulação metodológica.

2. Para uma identificação dos elementos definidores das práticas artísticas comunitárias - Estudo I

2.1. "Para uma Tipologia da Participação nas Práticas Artísticas Comunitárias: a experiência de três grupos teatrais no Brasil e Portugal"

Cruz, Hugo, Bezelga, Isabel & Menezes, Isabel (2020). Para uma tipologia da participação nas práticas artísticas comunitárias: a experiência de três grupos teatrais no Brasil e Portugal. *Revista Brasileira de Estudos da Presença, 10*(2), 1-30. DOI: 10.1590/2237- 266089422.

Resumo

O artigo tem como objetivo abordar a dimensão participativa como característica central na criação artística contemporânea, aprofundando a relação complexa e ambígua entre processos e resultados. O ponto de partida é uma revisão da literatura sobre práticas artísticas comunitárias e participação cívica e política. Esta revisão é então articulada com a experiência de três grupos teatrais no Brasil e Portugal. A partir de dados empíricos coletados através da observação etnográfica e da produção de notas de terreno, identificaram-se dimensões estruturantes da qualidade das experiências de participação em processos artísticos, a saber: formas de participação das comunidades (participantes não profissionais); dinâmicas dos processos criativos; temas basilares; relação entre profissionais e comunidades; e espaços de criação e apresentação.

Palavras-chave: Criação Artística Participativa. Teatro. Práticas Artísticas Comunitárias. Participação Cívica e Política.

Abstract

The article aims to address the participatory dimension as a central feature in contemporary artistic creation, deepening the relationship between processes and results. Having as a starting point the practices of three theater groups in Brazil and Portugal, articulated them with the literature on community artistic practices and civic and political participation. From empirical data, based on participant and non- participant observation and gathering of fieldnotes, we identified structural dimensions of the qualities of the participation experiences in artistic processes, to know: forms of participation of communities (non-professional); dynamics of creative processes; core themes; relationship between professionals and communities; and spaces of creation and presentation.

Keywords: Participatory Artistic Creation. Theater. Community Artistic Practices. Civic and Political Participation.

Introdução

Na criação artística contemporânea, envolvimento comunitário e participação, em configurações diversas e em formatos também distintos, são constructos com uma centralidade crescente. Muitas das práticas artísticas contemporâneas centram-se na ideia de restauração do vínculo social, perante um mundo fragmentado, perspectivando a participação como meio de reencontrar esse sentido de comunidade. Um movimento similar acontece em projetos de educação social e comunitária que recorrem às linguagens artísticas em diferentes contextos, também como forma de promover esse sentimento de pertença e o desenvolvimento de visões criativas de transformação social. Ora, essa relação entre práticas artísticas comunitárias e educação (social e comunitária) gera tensões significativas entre o valor artístico, a dimensão ética da participação nos processos artísticos e seus potenciais impactos na vida das comunidades e na participação cívica e política das pessoas envolvidas.

Este artigo procura refletir sobre essas tensões a partir de experiências concretas de grupos de teatro, focando-se nas dinâmicas geradas nos processos de criação coletiva, procurando-se identificar as suas principais fragilidades e potencialidades e conexões com a participação cívica e política dos participantes. Para a concretização desses objetivos o estudo segue uma metodologia qualitativa centrado nas experiências de três grupos de teatro comunitário, em Portugal e no Brasil. No caso português, o primeiro autor assumiu simultaneamente o papel de investigador e de direção artística do projeto, numa abordagem inspirada na autoetnografia (Maréchal, 2010); nos casos brasileiros, o primeiro autor realizou uma observação etnográfica na condição de investigador. Essas decisões assentam na perspectiva de que a investigação deve ser próxima da prática, numa triangulação em contínua construção entre teoria, prática e rigor metodológico (Trickett, 2009).

As práticas artísticas comunitárias, nomeadamente as teatrais, são perspectivadas como espaços particulares que permitem o aprofundamento da relação entre processos coletivos de criação artística e a participação cívica e política. Esses processos de criação são, geralmente, desencadeados pelas culturas, identidades, histórias, tradições e necessidades sentidas de pessoas e comunidades que, abordadas artisticamente, sustentam o desenho de dramaturgias diversas (Cruz, 2015). Desse modo, propiciam uma revisão de um tempo passado, um ponto de situação face ao presente e uma projeção, possivelmente alternativa, do futuro — o que explica por que o seu potencial emancipatório e político tem vindo a ser sublinhado, para além da clássica dicotomia entre "arte pela arte" e "arte com função social" (Rancière, 2005).

A literatura revela que as práticas artísticas comunitárias se desenvolvem um pouco por todo o mundo, envolvendo profissionais e não profissionais, com significativa partilha de elementos metodológicos, estratégias de organização e preocupações (Erven, 2001; Katzmair, 2018). Em particular são assinaladas questões relativas à eficácia do trabalho em relação ao restauro de vínculo social e questões éticas derivadas do fato de, genericamente, artistas de classe média trabalharem com grupos periféricos (Erven, 2001). Katzmair (2018), que mapeou iniciativas, projetos, grupos, pessoas e instituições em 92 países com relação direta a essas práticas, identificou ainda algumas semelhanças nas motivações e requisitos de projetos diversos em contextos geográficos distintos. Em termos motivacionais, destaca-se a possibilidade de participação, a promoção da coesão social com base na experiência coletiva ou a perspectiva da arte como um motor para a mudança cultural e social. Dentre os requisitos para a qualidade das práticas, apontam-se, essencialmente, os recursos materiais e imateriais, as competências e a visão dos profissionais envolvidos.

As práticas artísticas comunitárias, uma das configurações possíveis no vasto espectro da criação artística que convoca a participação, constituem um espaço alternativo de criação em que profissionais e pessoas das comunidades são capacitadas no e pelo processo, reunindo-se com o propósito de criar objetos artísticos, na maior parte dos casos com características instáveis e abertas. Matarasso (2017, p. 2) define-as como processos de criação artística que envolvem artistas profissionais e artistas não profissionais, com três características centrais: "[...] uma estrutura teórica e estética que orienta quem está envolvido; a duração no tempo, com base no princípio, meio e fim; e a apresentação da criação".

Atendendo à sua expansão e modos de expressão, poderão esses processos artísticos ser considerados espaços de experimentação de outras formas de participação, assentes na capacidade criativa e nas lógicas da criação (artística) coletiva? Poderão ser perspectivadas as práticas artísticas comunitárias como mais uma possibilidade de configuração de formas emergentes de participação cívica e política? Reconhecendo a sua diversidade, começaremos por destacar alguns fundamentos dessas práticas, discutindo depois as suas ligações com as transformações contemporâneas da participação cívica e política.

Fundamentos das práticas artísticas comunitárias

A natureza híbrida dessas práticas advém, em boa medida, dos seus alicerces em diferentes campos disciplinares, incluindo a educação, embora as comunalidades entre artes e ciências tendam a ser esbatidas, quando não negadas (Hernández, 2008). Por exemplo, os processos educativos frequentemente advogam a desocultação ou problematização que permite aceder a aspectos invisíveis — que aparentemente não se sabem ou que não interessam saber — e que são responsáveis, muitas vezes, por configurar as experiências à luz das estruturas sociais e culturais. Essa visão coloca em causa r*egimes de verdade* aparentemente irrefutáveis (Foucault, 1979; Bourdieu, 2010), um mecanismo que apresenta semelhanças com o efeito de distanciamento proposto por Brecht (1957), em que o foco na dimensão poética visa provocar um afastamento crítico sobre as situações do real, para que se possa desenvolver um outro olhar sobre estas e, desse modo, multiplicar visões alternativas do que o *real* pode ser.

A pedagogia do oprimido é convocada a esta discussão, enquadrando-se num movimento mais amplo da educação popular que reverbera no campo da arte por meio do teatro do oprimido e do teatro popular. A proposta de Freire (1987) destaca o conceito de emancipação que se baseia na organização coletiva e na tomada de consciência da relação de poder instalada, valorizando o saber experiencial, para além do científico, centro do conhecimento pós-moderno, como o património da vida quotidiana. Entende-se a pedagogia como uma ação processual, uma educação conscientizadora, que nasce da observação e da reflexão sobre a realidade e culmina numa ação transformadora (Teixeira, 2005). A pedagogia do oprimido baseia-se no diálogo, constituído pela colaboração e síntese cultural, e no seu potencial promotor da conscientização, encarando esse processo como gerador de novas conexões entre diferentes elementos da realidade. Outra ideia fundamental é a de que educativo, político e cultural estão intimamente ligados e que por isso devem ser perspectivados de forma integrada (Freire, 1987).

Em coerência com essa abordagem educativa, o contributo do teatro do oprimido para as práticas artísticas comunitárias contemporâneas é inegável. A essência comunitária desse método sintetiza-se numa abordagem aberta e flexível, baseando-se na ideia de teatro essencial, que se sustenta em premissas controversas, como: "[...] em algum momento escrevi que ser humano é ser teatro. Devo ampliar o conceito: ser humano é ser artista" (Boal, 2009, p. 19). Ou seja, todos podem aceder ao fazer teatral numa postura ativa e questionadora da realidade no duplo papel de *espect-actor*. O principal objetivo é estimular a discussão e a problematização das situações numa lógica de reflexão sobre as relações de poder que caracterizam as interações humanas (Boal, 1977).

Outros elementos fundadores dessas práticas derivam de propostas anglo- saxônicas como a "*performance* baseada na comunidade" (Cohen-Cruz, 2005) e o *devising theatre* (Oddey, 1994). No caso da *performance*, "[...] uma prática de comunicação e construção de relações nas várias áreas da vida, ou seja, focando-se nas interações quotidianas entre indivíduos, grupos e comunidades" (Schininà, 2004, p. 24). Salienta-se a relevância dada ao ritual, celebração, festa e outras manifestações culturais populares, para além do espaço simbólico, catarse e *embodiment* (Chafirovitch, 2016). De referir também as implicações da noção de liminaridade, olhando-a como o território de transição e de *performance* entre o quotidiano e o não quotidiano, o que implica transições de papéis e ordens (Turner, 1982). Aplicando o conceito de *performance* ao esquema comunitário, Cohen-Cruz (2005) perspectiva esse tipo de criação como uma resposta a um assunto coletivamente significativo, alicerçando-a numa colaboração entre artista, ou grupo de artistas, e uma comunidade, assumindo-se esta como fonte principal do texto, dos atores e definitivamente de grande parte do público. Ou seja, o centro não é o artista individualmente, mas sim a comunidade constituída através de uma identidade partilhada, baseada no local.

Também o *devising theatre* (Oddey, 1994) se centra numa abordagem à criação que depende das pessoas, suas experiências de vida e motivações. O ponto de partida para o processo pode ser muito diverso: uma ideia inicial, um sentimento, uma imagem, um conceito, uma história, um tema, um texto, uma fotografia, uma música, um grupo de pessoas ou um interesse comunitário específico. O objetivo é colocar um grupo em estreita colaboração para expressar, partilhar e articular as suas opiniões, crenças, ou percepções sobre a cultura e a sociedade (Oddey, 1994), aspectos fundamentais a ter em conta na análise das práticas artísticas comunitárias.

Participação cívica e política e práticas artísticas comunitárias

Na sua definição clássica, a participação cívica e política é o conjunto de atividades voluntárias dos cidadãos que visam influenciar, direta ou indiretamente, as decisões a diversos níveis do sistema político (Barnes; Kaase, 1979). As democracias assentam na participação dos cidadãos e, ao mesmo tempo, no respeito pelos direitos políticos e cívicos dos seus concidadãos, independentemente das suas diferenças. Ou seja, trata-se não apenas de estar disposto a envolver-se na vida cívica e política, mas de estar aberto ao envolvimento de outros cidadãos, com opiniões diversas (Hahn, 1998; Sullivan; Transue, 1999; Butler, 2017). Nas últimas décadas tem havido preocupação com o declínio da participação política, em especial em relação a atividades tradicionalmente relevantes como militar num partido político ou ser membro de um sindicato, o que tem vindo a sustentar o discurso de uma crise da participação (Putnam, 2001; Borba, 2012). No entanto, verifica-se, em simultâneo, uma expansão de formas de ação política, genericamente definidas como formas de participação não convencionais (Kaase, 1984). Nessa linha, e recentemente, destacam-se os movimentos que emergiram a partir de 2011, como a *Primavera Árabe* (Países do Norte de África), o *Occupy Wall Street* (EUA), os *Indignados* (Espanha), a *Geração à Rasca* (Portugal) ou a ocupação das escolas pelos *Secundaristas* (Brasil) (Harvey, Teles & Sader, 2012; Negri & Hardt, 2014). Esses movimentos, embora com contornos específicos relacionados com os diferentes contextos, configuram-se a partir de uma nova vaga da participação cívica e política, associada ao conceito de *imaginação cívica*, definida como "[...] formas através das quais as pessoas, individual e coletivamente, perspectivam melhores ambientes políticos, sociais e cívicos e trabalham para atingir esses futuros" (Baiocchi et al., 2014, p. 15). Poderemos, assim, estar perante um outro cenário que contempla cidadãos, não a participarem necessariamente menos — embora o decréscimo da participação em atividades políticas convencionais seja uma ameaça à legitimidade das democracias representativas em que vivemos —, mas sim mais, embora de forma diferente, menos institucionalizada e hierarquizada, mas, por outro lado, de uma forma mais fluída e criativa (Norris, 2002; Menezes et al., 2012).

Assim, não é surpreendente que, dentre essas novas formas de participação, algumas tenham a sua filiação no campo artístico. O artivismo, resultado do cruzamento entre arte e ativismo, é uma forma de participação que envolve uma ação continuada com objetivos de mudança social ou política e que privilegia a ação direta (Jordan, 2002). Assume-se como a confluência da dimensão política da arte com os territórios do protesto social, visando dar visibilidade a situações sociais politicamente significativas (Raposo, 2015). Esse movimento emerge do crescente interesse que a arte contemporânea manifesta pelo político, debatendo-se com as limitações do sistema face à crítica política. Também as propostas de arte contextual (Ardenne, 2004) e de estética relacional (Bourriaud, 2009) remetem para uma intervenção artística politicamente comprometida (Fernandes, 2018). Nessas abordagens, a componente política sobrepõe-se à artística. No entanto, esse olhar, muito relevante pelo seu caráter desmistificador da criação artística, requer uma procura de tensão entre as duas dimensões, como, aliás, defende Bishop (2012). Em todo o caso, parece ser essencial aprofundar as dinâmicas e dimensões de participação que essas abordagens propiciam nos vários níveis do processo de criação artística e de reclamação de mudança social.

Neste artigo atendem-se a vários modelos de participação para construir uma estrutura analítica de alguns processos propostos pelas práticas artísticas comunitárias. Na proposta clássica de Arnstein (1969), o *modelo da escada da participação*, são identificados oito níveis: na base, dois níveis considerados como não participação porque o poder continua concentrado e não é partilhado, uma zona intermédia em que há uma concessão mínima de poder, e apenas os dois últimos propiciam um efetivo controle dos cidadãos. Numa lógica piramidal, Milbrath (1965) define três perfis de pessoas relativamente à participação: os gladiadores, que participam ativamente; os espectadores, que participam moderadamente; e os apáticos, que não participam. Mais recentemente, Ekman e Amnå (2012, 2014) desenvolveram um modelo sobre a participação cívica e política que diferencia e cruza formas de participação ativas/ passivas e individuais/coletivas. Ou seja, contempla formas que vão da alienação política, passando pelo interesse pessoal em assuntos sociais e políticos ao ativismo, num formato mais ou menos convencional, e cruzando lógicas mais individuais ou mais coletivas de participação. Importante é também a problematização que fazem da oposição passivo/ativo, vista não numa perspectiva dicotômica, mas antes sustentada numa multiplicidade de significados: ser passivo pode ser sinônimo de anomia, desinteresse e desvinculação, mas pode significar antes *estar à espera*. Nesse processo, é ainda de salientar a relevância de aspectos estruturais (tempo, dinheiro, competências cívicas, oportunidades), assim como predisposições e expectativas (normas sociais e sentido de eficácia), quando se analisa a participação cívica e política (Menezes et al., 2012).

Alguma investigação sobre práticas artísticas comunitárias tende a assumir uma abordagem assente na premissa de que a arte, especificamente o teatro, é um catalisador da participação cívica e política porque estimula o desenvolvimento de determinadas competências — nesse sentido, a participação em práticas artísticas seria (apenas) instrumental para o desenvolvimento cívico e político dos indivíduos e comunidades (Cadete, 2013; Neves; Guedes, 2016; Motos-Teruel; Benlliure, 2018). Neste artigo, em linha com a investigação sobre participação (e.g., Dias, 2013; Ferreira, 2006; Ferreira; Azevedo; Menezes, 2012; Malafaia, 2017; Menezes, 2003), privilegiamos antes a qualidade das experiências de participação geradas nas práticas artísticas comunitárias, considerando que esse é um condimento essencial para o seu eventual impacto nas pessoas e nas comunidades — valorizando, assim, tanto os processos quanto os resultados ou objetos artísticos produzidos (Huybrechts; Dreessen; Schepers, 2012; Huybrechts, 2014). Esse enfoque coloca a tônica em aspectos como: quem é envolvido, que tipo de participantes é convidado a participar; de que forma decorre esse envolvimento, como se faz a negociação entre profissionais e não profissionais, em que ambas as partes se envolvem numa troca participativa e arriscada, sendo incerto o resultado que possa daí emergir — é relevante quem define o quê e como, e quais as os princípios e regras inerentes ao processo; qual o material base de pesquisa, que temas emergem para serem trabalhados, como são convocados e por quem (profissionais ou não profissionais); e que opções estéticas tradicionais/populares e dinâmicas de participação local intrínsecas aos territórios são identificadas, estimuladas ou convocadas (Erven, 2001; Boehm; Boehm, 2003; Cohen-Cruz,

2005; Bidegain, 2007; Prentki; Preston, 2009; Kester, 2011; Matarasso, 2013; Cruz, 2015; Marceau; Gendron-Langevin, 2015). Na literatura salientam-se também os resultados produzidos por esse tipo de práticas apontando-se para o estímulo à participação, a promoção de competências individuais e grupais e o desenvolvimento e consolidação de redes pessoais e comunitárias (Ramos; Sanz, 2010; Sloman, 2012; Winchester, 2013). Alguns estudos indicam que o tipo de processos e o tempo são essenciais, ou seja, são relevantes projetos continuados conectados com os tempos dos participantes e das comunidades para que possam acontecer mudanças (Plastow, 2009; Sloman, 2012). A esse respeito refere-se que se os processos participativos não forem parte integrante das práticas o impacto da criação artística é limitado (Boeren, 1992; Sloman, 2012). Finalmente, são apontadas algumas limitações como a associação excessiva à intervenção pontual de organizações não governamentais (Prentki, 1998; Hopkins, 2014) e riscos elevados de manipulação política, descentrando-se as práticas dos interesses dos participantes (Nogueira, 2008; Plastow, 2009).

Numa tentativa de sistematizar alguns desses aspectos, Kravagna (1999) avança com uma reflexão sobre a relação artista-público, essencialmente no contexto das artes plásticas, cruzando a participação com a criação artística de uma forma estruturada. A sua análise permite identificar projetos com diversos níveis de complexidade. Um primeiro nível corresponderia a trabalhar com *os outros* (os não artistas), implicando uma inserção despolitizada do social na experiência artística; num outro nível estariam as atividades interativas, ou seja, situações idealizadas previamente, sem mediação para além da dos artistas, e que tendem a não promover uma articulação produtiva com as pessoas ou a comunidade; o nível de ação coletiva remete para práticas cuja concepção, produção e desenvolvimento acontecem baseadas num grupo sem diferenças hierárquicas e com objetivos políticos claros e prática participativa — implicando negociar e articular, procurando formatos diversos de inclusão e responsabilidade dos vários intervenientes no desenho e produção do projeto.

Ainda assim, é incipiente a investigação sistemática sobre as práticas artísticas comunitárias, em especial no espaço ibero-americano, onde, paradoxalmente, parecem ganhar uma relativa preponderância (Bezelga; Cruz; Aguiar, 2016). Por essa razão, atendemos às práticas artísticas comunitárias desenvolvidas por três grupos teatrais no Brasil e em Portugal, como ponto de partida para a identificação e discussão de algumas categorias estruturantes da qualidade dessas experiências de participação geradas.

A experiência de três grupos teatrais no Brasil e Portugal

Este artigo centra-se em algumas atividades de três grupos teatrais, em Portugal e no Brasil, com base numa recolha empírica que envolveu a observação, realizada pelo primeiro autor, no contexto de ensaios, apresentações públicas, discussões após os espetáculos com o público e participação de elementos dos grupos em aulas e conferências. Como referimos atrás, no caso do grupo português assumiu-se a dupla condição de diretor artístico e de investigador numa abordagem inspirada na autoetnografia; nos casos brasileiros, o papel foi apenas de investigação, numa lógica de observação etnográfica. Essa observação estendeu-se, ainda, a espaços de interação entre os elementos dos grupos e suas comunidades, que se definiram no quotidiano espontaneamente (e.g., cafés, associações recreativas, praças, rodas de samba e associação de pescadores). Nos três casos, a observação deu lugar a notas de terreno que se centraram na fase final do processo no Triumph'arte e, nos casos brasileiros, após a estreia dos espetáculos, tendo sido produzidas em contexto eminentemente comunitário. Essas notas basearam-se em elementos de observação direta (naturalista, sistemática, fotografia e vídeo), assim como em impressões e sentimentos, primeiras interpretações e ideias recorrentes do investigador (Amado; Silva, 2014).

Os grupos em estudo trabalham com teatro envolvendo as comunidades onde estão sediados, numa lógica participativa nas diversas criações que desenvolveram ao longo do seu percurso. A opção por esses grupos baseou-se nas suas características, que se enquadram nos objetivos do estudo: método de trabalho baseado na criação coletiva, envolvimento de não profissionais nas criações, identificação de temas nos quotidianos das comunidades onde se inserem e a utilização da linguagem teatral como principal nos seus processos. As suas práticas se assentam numa relação continuada, estruturada e sistematizada com o território, dando ênfase às caraterísticas sociais, históricas, econômicas, culturais e políticas.

É importante salientar as diferenças sociais e culturais associadas aos contextos dos dois países e específicas de cada um dos três grupos na relação com o seu território particular. Embora não seja objetivo comparar o incomparável, dada a incomensurabilidade das condições particulares de cada grupo, o contraste dessas experiências em contextos tão diversos pode ser útil para identificar comunalidades nas dinâmicas e nos processos. Ainda assim, destaca-se que o momento de recolha de dados no primeiro semestre de 2018 no Brasil foi profundamente influenciado por acontecimentos relacionados com a situação política (e.g., cortes de apoios a atividades culturais; assassinato de Marielle Franco; determinação da intervenção militar no Rio de Janeiro; e prisão de Lula da Silva). Esses aspectos são determinantes, tendo em conta a ação dos grupos e o impacto que esses acontecimentos tiveram no seu quotidiano. A esse propósito destacam-se: a impossibilidade de acesso a algumas áreas devido à intervenção militar, em determinados momentos, afetando a regularidade dos encontros dos grupos; o envolvimento recorrente e intenso em ações políticas relacionado com os acontecimentos referidos; e a inexistência de condições básicas de funcionamento dos grupos (e.g., dinheiro para transporte público e a necessidade de seus integrantes terem que trabalhar mais horas e mais longe, inibindo o tempo dedicado anteriormente aos grupos).

O Bonobando[58] (Bando de Artistas Autónomos) foi criado a partir da parceria entre o Observatório de Favelas e o Grupo de Teatro da Laje com o objetivo inicial de criar relações afetivas, estéticas, culturais e políticas com os territórios ao redor da Arena Carioca Dicró. Em 2015, o projeto ampliou a parceria para o Bonobando, que havia sido criado durante o primeiro ano de residência (Alcure; Florencio, 2017). Os elementos do grupo são provenientes de várias partes do Rio de Janeiro e assumem como ação central a conexão da cidade e a ocupação de espaços. Os seus objetivos passam por contribuir para a territorialização dinâmica, a descentralização e a democratização dos recursos e acessos à arte e à cultura, celebrando e mostrando a

58 Disponível em: <https://www.sympla.com.br/bonobando>. Acesso em: 15 nov. 2018.

contribuição que as práticas quotidianas da juventude das periferias cariocas podem dar para a criação de um outro teatro possível. Apesar do seu histórico de projetos muito diversificado, parecem ter o espaço público como central na criação, quer do ponto de vista das pesquisas e vivências, quer das apresentações públicas. Esse aspecto parece, igualmente, acontecer com os outros grupos. O coletivo concretiza essa característica no projeto *Monumoments* (Figura 1) ao estabelecer um diálogo intencional entre corpos em cena que habitam as periferias da cidade e monumentos relacionados com a história do Brasil na Praça Tiradentes (zona central do Rio de Janeiro).

Figura 1. Espetáculo *Monumoments* no Praça Tiradentes no Rio de Janeiro (Brasil). Foto: Hugo Cruz.

A Coletiva Ocupação[59] concretiza um encontro entre estudantes, artistas e *performers* de diferentes regiões de São Paulo que se conheceram durante as ocupações decorrentes da reorganização escolar proposta pelo governo do estado em 2015 e 2016. O grupo nasceu dessa aproximação e desde aí desenvolve um trabalho contínuo de convivência e criação. A luta *secundarista* ganhou diferentes

59 Disponível em: <https://casadopovo.org.br/coletiva-ocupacao>. Acesso em: 20 set. 2018.

desdobramentos, e o teatro foi uma delas. Durante as ocupações, o grupo experienciou o que é pensar e agir através do corpo e *performance* como instrumento de combate. Esse grupo espelha algumas das características evocadas anteriormente, com destaque para as premissas e modos de ação do artivismo. Veja-se, por exemplo, o final do espetáculo *Quando Quebra Queima* (Figura 2), numa inequívoca ocupação da via pública por parte do grupo e do público presente seguindo estratégias de ação desenvolvidas e aperfeiçoadas ao longo dos anos pelos *Secundaristas*. Nesse caso concreto, o encontro entre a componente espetacular e a liminaridade parece sustentar a proatividade, participação e processos de (re)criação de papéis e hierarquias estabelecidas no sentido do empoderamento e de uma eventual maior satisfação com os destinos individual e coletivo.

Figura 2. Espetáculo Quando Quebra Queima no Teatro Oficina em São Paulo (Brasil). Foto: Mayra Azzi.

Finalmente, o grupo Triumph'arte surge no contexto do projeto AMAReMAR, promovido pelo Município de Esposende.[60] Esse projeto teve início em 2016 e tem como objetivo promover a inclu-

60 Disponível em: < https://www.municipio.esposende.pt>. Acesso em: 23 set. 2018.

são social e cultural potenciando o desenvolvimento e a participação dos cidadãos. O projeto coloca em reflexão a cultura local, a história das gentes e a transformação social. Esse grupo destaca-se pelo envolvimento de cerca de 70 participantes, numa lógica intergeracional, num espetáculo que estreou na lota de pesca (cais) dessa comunidade, intitulado *Quando o mar é mais* (Figura 3). O processo seguiu uma abordagem às histórias/identidades locais e necessidades sentidas no presente, com maior enfoque na relação com o mar e as atividades piscatória e turística. Para além das pessoas provenientes, na sua maioria, dos empreendimentos de habitação social do município, o espetáculo envolveu ainda associações locais (coro, clube náutico e associação de pescadores).

Figura 3. Espetáculo Quando o mar é mais na lota de Esposende (Portugal). Foto: Luís Eiras.

As notas de terreno foram alvo de uma análise de conteúdo da qual emergiram cinco categorias que parecem ser especialmente relevantes para caracterizar essas experiências: espaços, dinâmicas processuais, identificação de temas, relação entre não profissionais e profissionais e níveis de participação.

Categorias da qualidade da participação em práticas artísticas comunitárias

Nos espetáculos observados, os três grupos apresentaram-se no *espaço* público. Esse aspecto perfila-se como uma caraterística relevante, pois o espaço, e as possibilidades de acesso (simbólico e real) a ele, são uma componente fundamental de relação e questionamento da realidade na criação artística. Assim sendo, as dinâmicas de transformação que parecem gerar-se na relação espaço cênico-participantes-espaço público são essenciais em processos que se desenvolvem com esse enquadramento. Considerando o fazer teatral como uma possibilidade de criação de realidades alternativas, contendo ensaios de outras formas de ser e estar, pode-se ganhar maior potencialidade quando acontece nos espaços do quotidiano dos participantes (Boal, 1977; 2009; Katzmair, 2018):

> Pôr-do-sol intenso, tão intenso como a nortada que entra em todas as partes dos cerca de 70 corpos presentes na lota. A nortada que se infiltra em todos os lugares, visíveis e invisíveis, mas que parece desconcertadamente alimentar a motivação para o ensaio, para o querer estar ali. O grupo organiza os últimos pormenores para começar o ensaio [...] Falta, no entanto, algo essencial. É necessário retirar as redes de pesca antigas, pesadas, sujas, entrelaçadas de um lugar, aliás que interrompiam o acesso a essa área da lota. Essa mudança acaba por acontecer, depois de muitos obstáculos, pela necessidade de passagem de atores, de movimentação de maquinaria e implementação do desenho de luz. O espaço público da lota, pela necessidade definida, momentaneamente, pelo espaço cênico passou a ter concretamente uma área limpa pelos participantes de redes antigas que já não podiam ser usadas e por isso um acesso mais fácil na ligação da ria com a lota facilitando o trabalho diário (notas de terreno do ensaio geral *Quando o mar é mais* — junho de 2017).

> [...] o espetáculo termina com a convocação para que todos os que partilham o espaço de encontro deste espetáculo ocupem a via pública cortando o trânsito ao som de vozes amplificadas — a gente vai ocupar tudo, as escolas, as universidades, os teatros, a gente vai ocupar o mundo (notas de terreno da apresentação pública de *Quando Quebra Queima* — junho de 2018).

Outro aspecto refere-se às *dinâmicas processuais* que revelam diferentes percepções, expectativas e opções relativamente aos processos e à sua orientação para o resultado ou para o próprio processo. Essas dinâmicas manifestam a existência de um confronto de lógicas distintas entre o *fazer artístico num esquema comunitário* e o *fazer institucional* que coabitam num mesmo processo. Os pontos de partida, objetivos e formas de fazer diversas parecem ter implicações na concepção, implementação e recepção dos projetos, com consequências nos processos de criação e nos percursos desses grupos (Nogueira, 2008; Plastow, 2009). Uma proposta baseada no fazer coletivo, aberta e dialógica alicerçada na participação, contrasta com o fazer rígido, formal de algum institucional (e.g., o funcionamento de algumas instituições parceiras desses grupos, particularmente as financiadoras) (Prentki, 1998; Hopkins, 2014). O caso do espetáculo *Monumoments*, por exemplo, sintetiza essas dissonâncias que encerram em si mesmo, igualmente, potencialidades de diálogo e evolução:

> Dia escuro e abafado. Praça que sintetiza, pelo lugar que ocupa na cidade e os monumentos que ostenta, parte da história do Brasil e a sua diversidade. Depois de meses de pesquisa e de várias apresentações o grupo volta a este espetáculo numa relação estreita com este espaço que ocupam. Um grupo de atores jovens negros das periferias da cidade relacionam o seu corpo com as estátuas que expressam a representação da liberdade, justiça, união e fidelidade. [...] Procura-se ressignificar as relações cris-

> talizadas em padrões de poder seculares entre negros e brancos [...] um dos atores grita com urgência no megafone — eu não quero a cabeça de Zumbi — em direção à estátua de D. Pedro [...]. Na mesma praça estátuas, com o que significam e celebram, modos de produção deste grupo, um carro de polícia estacionado em cima do passeio [da calçada] com agentes [policiais] que assistem curiosos ao desenrolar da cena, o público diverso que cruza a praça, tudo isto revela vários contrastes do fazer artístico, comunitário e institucional (notas de terreno da apresentação pública de *Monumoments* — março de 2018).

Salienta-se ainda a forma como se gera a *identificação dos temas* a serem trabalhados. Nos três casos são selecionados pelos grupos com base nas necessidades sentidas e seguindo uma proposta participada com foco na mudança. Essa abordagem pode permitir a emergência de alterações momentâneas, consequência da abordagem poética, dos padrões de poder instalados nas relações comunitárias, com a transformação de papéis reais cristalizados na comunidade. O caso da Coletiva Ocupação é, desse ponto de vista, paradigmático. *Quando Quebra Queima* faz uma síntese e integração da experiência de ocupação das escolas em que os alunos assumiram a sua gestão, invertendo o padrão de poder estabelecido relativamente aos agentes e instituições educativas. Ou seja, a abordagem artística, a partir do tema escolhido e pesquisado pelo grupo, parece ter permitido aos participantes no território da criação reestruturar a experiência vivida e, mais do que isso, apresentar ao público a possibilidade de a realidade ser outra:

> Corpos vivos, densos, decididos, clarividentes rasgam a cena convocando o público para a celebração do que é ocupar algo que é de todos — a escola pública. Durante todo o espetáculo são reativadas memórias das ocupações das escolas, mas muito mais do que isso acontece [...] Pode-se perceber durante cerca de uma hora como seria uma escola gerida essencialmente pelos mais jovens — os alunos. A sensação de que sabem tão bem ou melhor que os adultos (agentes educativos) o que é necessário fazer numa escola é provavelmente a chave do

impacto gerado por este espetáculo no público visivelmente conectado. A forma como se relacionam em cena enquanto grupo é solidária, coesa, participada, coletiva e que por isso mesmo gera uma sensação emocional intensa (notas de terreno da apresentação pública de *Quando Quebra Queima* — junho de 2018).

No que se refere à *relação entre não profissionais e profissionais envolvidos*, destacam-se questões relacionadas com gênero, nível socioeconômico, função desempenhada e forma como os profissionais abordam o processo que podem interferir no desenvolvimento dos projetos e seus resultados (Erven, 2001; Boehm; Boehm, 2003; Cohen-Cruz, 2005; Bidegain, 2007; Prentki; Preston, 2009; Kester, 2011; Matarasso, 2013; Cruz, 2015; Marceau; Gendron-Langevin, 2015). Por exemplo, considerando que a direção artística do grupo é genericamente percebida como mais valorizada socialmente, é importante a horizontalidade, a negociação e as tomadas de decisão partilhadas desde o primeiro momento:

> A aula começa, com quatro elementos do grupo presentes, para os alunos do mestrado em artes cênicas. A diretora do grupo não está presente e isso não invalida, ao contrário do que se poderia supor numa visão mais tradicional de fazer teatro, que cada elemento do grupo se posicione numa reflexão crítica sobre o trabalho do coletivo de uma forma segura e fluida. A organicidade com que assumem a aula, e como se complementam no discurso, sublinha muito trabalho grupal de base (notas de terreno da aula ministrada pelo Bonobando na Universidade Federal do Rio de Janeiro — maio de 2018).

A análise sugere também *diferentes níveis e formatos na participação dos envolvidos*, muito para além do que é visível no espetáculo, desenhando-se um contínuo entre uma participação passiva e ativa (Milbrath, 1965; Arnstein, 1969; Kravagna, 1999; Ekman; Amnå, 2012). Em *Quando o mar é mais*, a participação dos pescadores, que posicionam o seu barco na rua como um dos elementos na paisagem do espetáculo, é diferente da participação dos elementos do grupo que participaram em todas as fases do processo, com duração de dez meses. Não obstante as diferenças em forma, intensidade e nível, e por isso também com potenciais distintos, são todas participações relevantes no processo:

> Todos, sem exceção, arrumam e preparam a sala do infantário onde se irá desenrolar o mesmo. Alguns participantes dedicam-se à montagem da cenografia, dos instrumentos musicais, à organização dos figurinos e adereços. Do elemento mais novo (6 anos) ao mais idoso (88 anos) todos participam nesta preparação rigorosa para o que segue [...]. Acrescenta-se a vinda do nadador-salvador que traz pedras da praia, da técnica da câmara municipal que comunica que iniciou contato com a associação de pescadores para a cena que envolve o barco e da filha da costureira que experimenta algumas soluções com os figurinos (notas de terreno de ensaio *Quando o mar é mais* — maio de 2017).
>
> No final do ensaio na praça todo o grupo se reúne em roda sentado no chão. A intenção é preparar a intervenção pública, com diversas atividades incluídas, que vão fazer antes do *Monumoments*. Cada elemento do grupo participa com sugestões para as ações e resolução das necessidades de produção. Entretanto a reunião passa para o café da esquina [...]. Desde trazer mantas para o público se sentar, até à alimentação e água, o sistema de som, o computador... tudo é discutido com o envolvimento e organização de todos (notas de terreno do ensaio geral do *Monumoments* — março de 2018).

Essa participação no processo, como um todo, parece sustentar a posterior sensação generalizada de superação, de estar a ser feito algo para além do expectável, tendo em conta a percepção desvalorizada socialmente das competências da parte dos participantes:

> No final da estreia os comentários recorrentes de vários participantes — isto parecia mesmo uma coisa a sério e nós somos só amadores — centram-se na ideia de que não se teria imagina-

do que conseguissem fazer o espetáculo, pelo menos com tanta qualidade. Percepção partilhada pelo público em geral, familiares, amigos, decisores políticos, parceiros e alguns elementos da própria equipa (notas de terreno do dia de estreia de *Quando o mar é mais* - junho de 2017).

Qualidade das práticas artísticas comunitárias: um exercício de síntese

Pretendemos neste artigo ensaiar uma proposta de síntese organizadora (Figura 4) de algumas dimensões associadas com a qualidade das experiências de participação em práticas artísticas comunitárias, cruzando as notas de terreno e sua análise com as discussões teóricas que atrás elencamos sobre a participação cívica e política e os processos de criação em práticas artísticas comunitárias. A proposta tem como objetivo estimular uma visão estruturada das múltiplas formas que assumem os processos participativos artísticos que envolvem diretamente profissionais e não profissionais.

FORMAS DE PARTICIPAÇÃO DAS COMUNIDADES PARTICIPANTES	DINÂMICAS DO PROCESSO CRIATIVO	TEMAS BASILARES	RELAÇÃO PROFISSIONAIS E COMUNIDADES (NÃO PROFISSIONAIS)	ESPAÇOS DE CRIAÇÃO E APRESENTAÇÃO
Passiva (relação com outros)	Orientados exclusivamente para o produto (espetáculo) e centrados apenas nos "ganhos" individuais dos profissionais e não profissionais	Sem relação com as comunidades onde se apresentam, mas com preocupações comunitárias (profissionais)	Artistas (atores) + artistas (direção artística)	Espaços privados
			Artistas (atores) + artistas (direção artística) + comunidades (não profissionais)	Centros e/ou periferias
Intermédia (ações coletivas)	Apresentação de espetáculo por profissionais com preocupações comunitárias Participação de não profissionais em algumas fases do processo criativo	Pesquisa sobre as comunidades onde se apresentam (profissionais)	Comunidades (não profissionais) + artistas (direção artística)	Espaços público-privados Ligação entre centros e periferias
	Participação de não profissionais em todas as fases do processo criativo	Pesquisa sobre a comunidade (profissionais e não profissionais)	Comunidades (não profissionais) + artistas (direção artística) numa lógica de monitorização	
	Autonomia dos grupos			
Ativa (práticas comunitárias)	Orientados para o processo e produto (espetáculo) e centrados nos "ganhos" individuais e coletivos	Pesquisa sobre a comunidade (não profissionais)	Comunidades (não profissionais) sem monitorização de profissionais	Espaços públicos

Figura 4. Dimensões estruturantes da qualidade das experiências de participação em processos artísticos. Fonte: Elaboração dos autores.

Desde logo, a figura assenta em cinco dimensões inter-relacionadas, cujo papel fomos discutindo e exemplificando ao longo do artigo: formas de participação das comunidades (participantes não profissionais) (Milbrath, 1965; Arnstein, 1969; Kravagna, 1999; Ekman; Amnå, 2012); dinâmicas dos processos criativos (Huybrechts; Dreessen; Schepers, 2012; Huybrechts, 2014); temas basilares (Oddey, 1994; Kester, 2011; Marceau; Gendron-Langevin, 2015); relação profissionais e comunidades (não profissionais) (Erven, 2001; Boehm; Boehm, 2003; Cohen-Cruz, 2005); e espaços de criação e apresentação (André, 2011; Cruz, 2015). Cada uma dessas dimensões apresenta um contínuo, uma gradação de intensidade que permitirá, em abstrato, a composição de múltiplos perfis de experiência na participação em práticas artísticas comunitárias — seguramente associadas a diferentes níveis de qualidade da participação e potenciais impactos para as pessoas e comunidades. Ainda assim, é possível que, ao longo dos processos, haja uma evolução no interior de cada dimensão: por exemplo, os participantes não profissionais podem ir gradualmente assumindo um papel menos passivo e mais envolvido com o projeto à medida que o tempo decorre. Relativamente às dinâmicas dos processos de criação é colocado o foco na sua orientação: exclusivamente para o resultado (espetáculo ou outro produto) ou, no outro extremo, para o processo. Nesse enquadramento é ainda relevante associar essas duas orientações aos ganhos individuais e/ou coletivos dos profissionais e/ou não profissionais. Essa dimensão é essencial porque diferencia as duas grandes abordagens existentes nesse domínio, a criação como fim e a participação como meio, ou a criação como meio e a participação como fim — muito embora, como é usual, a realidade dificilmente corresponda a essa dicotomização. A definição do tema basilar, a forma como se processa essa escolha e a pesquisa realizada em torno desse tema, constitui um outro elemento fundamental, em estreita ligação com a dimensão anterior das dinâmicas processuais (Cohen-Cruz, 2005). Considera-se que a escolha do tema é um dos primeiros momentos de um processo criativo, marcante para o que se vai construir daí em diante. Os processos de tomada de decisão quanto ao tema podem ser decisivos para estabelecer padrões de relação que se vão construir e aprofundar no grupo, futuramente. Esses padrões podem apoiar (ou obstaculizar) a conexão dos elementos do grupo entre si, bem como entre os profissionais e as comunidades de origem. A relação profissional-não profissional é um aspecto também crucial, pelo que é importante ter em consideração o tipo de relação, que funções são assumidas e por quem, e com base em que proposta de criação coletiva (Erven, 2001; Katzmair, 2018). É especialmente relevante atender a concepções elitistas, que replicam a ideia de criação artística como um campo só acessível a alguns (Kravagna, 1999): tendo em conta que muitos dos participantes são provenientes de grupos sociais desfavorecidos, a combinação das duas realidades (profissionais e não profissionais), com diferenças no acesso a oportunidades, particularmente artísticas, pode ser extremamente complexa na ótica da manutenção da reprodução social. Para que se possa contrariar essa tendência, é importante que a relação esteja assente em procedimentos claros e acessíveis a todos, com abertura de ambas as partes à participação e ao que resulta dela. Por tudo isso, são importantes os elementos que emergem durante os processos que resultam de padrões mais largos e anteriores da vivência comunitária de origem e que são questionados pela forma alternativa de funcionar horizontalmente em grupo. Esse aspecto também se reflete num diálogo tenso entre estéticas e em alguma tendência para reproduzir a realidade e de não explorar o potencial do simbólico que permite a (re)criação no terreno do teatral. Finalmente, a dimensão do espaço onde se desenvolve esse tipo de práticas, assumindo os interstícios entre público e privado, os centros e as periferias das cidades e/ou o local e o global. A ocupação de determinados espaços pode não ser fácil por razões instrumentais (e.g., poucos transportes públicos, preço para a deslocação, não ter onde e com quem deixar os filhos) ou simbólicas (e.g., os espaços da universidade e/ou teatro, normalmente centrais nas cidades, serem percebidos como lugares só para determinadas pessoas — simbolicamente são espaços de poder instituído). Essa dimensão não se centra, no entanto, exclusivamente nos espaços de apresentação, mas também nos de ensaio e de pesquisa nas comunidades. A ação dos três grupos, embora de formas diferentes, manifesta uma relação entre espaço habitado e corpo, e deste consigo próprio e com os outros. A ideia do corpo, como dispositivo eminentemente político em profunda ligação com o espaço, permite a ativação de outras formas de percepção e construção da realidade, perspectivando-o como "estéticas da existência" (André, 2011, p. 432). A valorização do espaço público nesse campo pode ser determinante, considerando-o como uma arena central do exercício da cidadania, acessível a todos pelas suas características endógenas de horizontalidade, criatividade e dialogicidade. A vivência desse espaço pode favorecer a transposição entre o real e o imaginado porque o processo acontece nos espaços quotidianos onde se deseja a mudança.

Conclusões

De uma forma geral, as práticas artísticas comunitárias têm como característica a promoção do cruzamento de formas de ver, ser e fazer o mundo. Desde logo, salienta-se o encontro entre diferentes linguagens artísticas, como acontece nos grupos observados que, embora centrados mais no teatro, também convocam a música e a dança para o seu trabalho. Mas não só: a experiência desses grupos revela como o cruzamento de pessoas muito diferentes e mesmo de instituições com missões distintas pode ser perspectivado como uma potência e não como um obstáculo (Erven, 2001; Katzmair, 2018). Essas propostas de criação baseiam-se na ideia do *fazer com*, em grupo (Boal, 1977; 2009; Freire, 1987; Oddey, 1994), com profissionais e não profissionais e diferentes parceiros formais e informais da comunidade (Cohen-Cruz, 2005; Ramos; Sanz, 2010; Matarasso, 2017). E ainda o *fazer junto* com os financiadores dos projetos e com o Estado, nos diferentes níveis e setores, podendo contribuir para o questionamento e construção de políticas públicas nessa área (Erven, 2001; Ramos; Sanz, 2010; Sloman, 2012; Winchester, 2013; Katzmair, 2018). Essa ideia de cruzamentos improváveis, a vários níveis, atravessa a ação dos grupos e revela o foco participativo, mas também pluralista, desse tipo de práticas artísticas, implicando uma relação estreita entre as diferentes categorias identificadas neste estudo.

O confronto com a diversidade, que se expressa com maior destaque nas dinâmicas processuais desenvolvidas, coloca vários desafios. Desde logo, é importante considerar o caráter eminentemente processual de tais práticas, não descorando os resultados e considerando-os como parte necessária ao processo, valorizando-se, dessa forma, processos e resultados (objetos artísticos produzidos) (Huybrechts; Dreessen; Schepers, 2012; Huybrechts, 2014). Outro aspecto prende-se com a transição de uma criação artística baseada num esquema de promoção da inclusão social para um esquema comunitário. Ou seja, não centrar esses processos exclusivamente numa lógica remediativa e dirigida a populações mais desfavorecidas, mas pensá-los de uma forma transversal, abordando um território concreto com a diversidade de pessoas que este contém e provocando um diálogo construtivo entre diferentes estéticas e éticas e entre diferentes classes sociais. Um outro desafio é lidar com a tendência de uma abordagem exclusivamente focada na excelência artística, desvalorizando a efetiva participação de não profissionais — a vitalidade das práticas artísticas comunitárias depende, em boa medida, da qualidade (e genuinidade) das oportunidades de participação que propiciam, que remetem para a categoria das formas de participação, que aliás tem sido reforçada noutros estudos (Dias, 2013; Ferreira, 2006; Ferreira, Azevedo & Menezes, 2012; Huybrechts; Dreessen; Schepers, 2012; Huybrechts, 2014; Malafaia, 2017; Menezes, 2003). Pode existir algum risco de se considerar essas práticas como uma espécie de *panaceia*, atendendo às suas potencialidades, para problemas sociais e políticos, não reconhecendo o seu caráter estrutural, e não apenas conjuntural. Nesse sentido, podem ser abordadas como mais um importante contributo, entre outros, desde logo pela forma como se conectam com temas significativos para as comunidades, favorecendo uma maior participação e aceitação de perspectivas diferentes da realidade social. No entanto, é crucial olhar cuidadosamente para a forma como os temas são selecionados e aprofundados.

O conjunto das categorias identificadas pode apontar no sentido de perspectivar as práticas artísticas comunitárias como uma configuração que possibilite um maior pluralismo e uma melhor participação, diferenciando-se de outras propostas no espectro diverso das práticas artísticas participativas (e.g., como as que se apoiam num caráter receptivo da obra, mesmo que com possibilidade de interação) (Kravagna, 1999). Numa visão mais ampla, podem-se considerar essas práticas também como configurações políticas, baseadas num conceito de criação artística, que se distancia de uma visão dicotômica entre política e arte (Kaase, 1984; Jordan,

2002; Norris, 2002; Rancière, 2005; Bishop, 2011; 2012; Baiocchi, 2014; Raposo, 2015).

Parece ser, igualmente, importante o equilíbrio constante, porque frágil, entre ética, estética e empoderamento, o que exige escuta e encontro, nem sempre integrados, entre o *saber fazer artístico* e a *gestão comunitária*, os princípios de funcionamento grupal e os desafios exigentes da criação coletiva, muito dependentes da relação entre profissionais e não profissionais. Aliás, esta categoria é sublinhada como central na investigação e reforçada pelos dados empíricos deste estudo, remetendo para aspectos como a horizontalidade, a negociação e a tomada de decisão partilhada (Erven, 2001; Boehm; Boehm, 2003; Cohen-Cruz, 2005; Bidegain, 2007; Prentki; Preston, 2009;

Kester, 2011; Matarasso, 2013; Cruz, 2015; Marceau; Gendron-Langevin, 2015). Os espaços de criação e apresentação, principalmente públicos, são destacados também como dispositivos fundamentais nessas práticas, permitindo a reformulação por meio da produção poética da relação com os espaços quotidianos e a partir daí a produção de alternativas ao real (André, 2011). Finalmente, nesse cenário, é fulcral considerar os processos como oportunidades de celebração, destacando o seu caráter festivo e de forte conexão ao outro, ao espaço e à comunidade (Schininà, 2004; Chafirovitch, 2016), num contexto de cruzamento entre tradicional e contemporâneo, real e poético, político e artístico.

3. As práticas artísticas comunitárias e a qualidade da participação cultural e artística na ação de grupos teatrais em Portugal e no Brasil — uma abordagem qualitativa — Estudo 2

3.1. " A qualidade da participação em grupos teatrais brasileiros no contexto das práticas artísticas comunitárias" [61]

Cruz, Hugo, Bezelga, Isabel & Menezes, Isabel (2021). The quality of participation of Brazilian theatre collectives in contexts of community artistic practices. *Research in Drama Education: The Journal of Applied Theatre and Performance*. DOI: 10.1080/13569783.2021.1908883.

Resumo

Este artigo parte de uma revisão da literatura sobre a participação no âmbito das práticas artísticas comunitárias. O objetivo é identificar as dimensões significativas que atuam na criação artística, envolvendo artistas profissionais e não profissionais das comunidades. Estes elementos são identificados com base na experiência de três coletivos teatrais brasileiros. Recorrendo a entrevistas e grupos focais, este estudo explora as dinâmicas processuais criativas e organizativas dos grupos, bem como a sua ligação com as conceções de teatro. Os resultados sugerem que os processos relatados por estes coletivos manifestam muitos dos elementos que a literatura aponta como fundamentais para a qualidade das experiências participativas. Estes processos parecem promover o desenvolvimento de conceções do teatro politizado e experimental, concretizando princípios da democratização e democracia cultural. Estas conceções também favorecem o envolvimento com e a perpetuação de experiências artísticas

61 O texto que integra este livro resulta da tradução para português do artigo escrito originalmente em inglês e publicado na revista *Research in Drama Education: The Journal of Applied Theatre and Performance* acessível em DOI: 10.1080/13569783.2021.1908883.

de elevada qualidade, apoiando, deste modo, a proposta de um ciclo das práticas artísticas comunitárias.

Palavras-Chave: qualidade da participação, práticas artísticas comunitárias, teatro.

Abstract

This paper begins with a literature review on participation in the field of community artistic practices. The aim is to identify which is the significant dimensions acting within artistic creation involving professional and non-professional artists from thecommunities. These elements are then compared with the experience of three Brazilian theatre collectives. Using interviews and focus groups, this study explores creative and organisational group processes and their connection to conceptions of theatre. Our findings suggest that the processes reported by these collectives manifest many of the elements that the literature indicates as fundamental to the quality of participation experiences. These processes seem to promote the development of conceptions of politicised and experimental theatre that give rise to both cultural democratisation and cultural democracy. These conceptions also favour engagement with and perpetuation of high-quality artistic experiences, thus supporting a cycle of community artistic practices.

Keywords: quality of participation; community artistic practices; theatre.

Introdução

Os tempos atuais são de instabilidade, medo, confusão e múltiplas crises. Este contexto atrai soluções aparentemente eficazes e simples, mas também cria oportunidades para a emergência de novas maneiras de ver, viver e produzir realidades (Harvey, 2013). Nesta linha é gerado um espaço de abertura para o aparecimento de novos atores políticos, novas questões a serem politizadas, e de crescente intensidade e diversidade de participação em diversas áreas (Ferreira,

Azevedo & Menezes, 2012). Esta tendência pode explicar o ressurgimento de abordagens participativas na criação artística, ao longo das duas últimas décadas, especialmente no Sul da Europa e na América Latina — uma realidade que surge não só como uma reação às crises económicas e sociais, mas também como resultado de um maior investimento em políticas sociais e culturais (Bezelga, Cruz & Aguiar 2016; Cruz, 2020).

No geral, a investigação sobre a participação social, cívica e política sugere que os cidadãos participam quando têm a perceção da eficácia das suas ações, ou seja, uma leitura de que o seu ato participativo tem consequências (Solhaug, 2006). Desta forma, destaca-se a importância da criação de oportunidades reais para se experienciar a participação, enquanto prática relacional, nos diferentes contextos de vida (Lawy & Biesta, 2006). Além disso, a participação gera participação; por outras palavras, o desenvolvimento de uma predisposição para participar está associado à existência de oportunidades anteriores participativas (Putnam, 1995). No entanto, o ato de participar, em si mesmo, não é suficiente, considerando que vários estudos sugerem a relevância das experiências serem de elevada qualidade para terem um impacto positivo (Ferreira, Azevedo & Menezes, 2012; Menezes, 2003). Esta qualidade da participação parece depender do envolvimento com situações da vida real e questões significativas, incluindo a expressão e negociação de pontos de vista diversos e a interação com os outros (inevitavelmente) diferentes. Tem lugar num contexto plural onde se estimula o confronto construtivo, a disputa e o dissenso reforçando, assim, o significado pessoal da experiência (Ferreira, 2006; Ferreira, Azevedo & Menezes 2012; Menezes, 2003).

Ao mesmo tempo, a participação também tem sido considerada uma "panaceia" para a resolução das desigualdades sociais e do desinteresse dos cidadãos/ãs pela vida política convencional. Esta abordagem atribuiu um papel utilitário à participação, tomando-a como um "produto" ao serviço daqueles que são socialmente dominantes (Miessen, 2010), desvalorizando a importância da qualidade da participação (Ferreira, Azevedo & Menezes, 2012; Menezes, 2003). As tentativas de dar enfoque à participação têm-se manifestado desde a década de 1980, por exemplo, na definição de políticas sociais, culturais e educativas centradas em objetivos de pacificação social. Esta abordagem negligenciou o potencial do pensamento crítico, conflito cognitivo, diversidade e solidariedade social como elementos fundamentais dos processos participativos e, mais amplamente, da vida democrática (Weizman, 2014). Esta "tirania da participação" (Cooke & Kothari, 2004) pode expor populações desfavorecidas a processos de manipulação e exploração que contribuem para a manutenção das relações de poder instaladas. Ao mesmo tempo, cria a ilusão de que, ao participar, há um movimento em direção à libertação face às estruturas opressoras (Chinyowa, 2015).

Neste sentido, o elemento central das contradições inerentes à participação resume-se à necessidade de superação da objetificação dos/as participantes, que devem ser vistos como verdadeiros agentes políticos e não como meros/as consumidores/as (Freire, 1970). Reconhecendo que a qualidade das experiências participativas pode ser um fator chave na problematização de paradoxos participativos nas sociedades atuais, pretende-se aqui explorar o seu papel no âmbito das práticas artísticas comunitárias.

Práticas artísticas comunitárias e a qualidade das experiências participativas

As práticas artísticas comunitárias, baseadas nas ideias de arte comunitária, assumem "a criação como um direito humano [...] onde as pessoas cooperam como iguais, para os fins e de acordo com os padrões por elas estabelecidas, e cujos processos, produtos e resultados não podem ser conhecidos antecipadamente" (Matarasso, 2019, p.51). Estas práticas estão relacionadas com o conceito de democratização cultural, que enfatiza o acesso à fruição artística (Caune, 1999). No entanto, procuram também integrar os princípios da democracia cultural (Lopes, 2009), concebendo os indivíduos como produtores e, portanto, promovendo o seu acesso aos modos de criação. As práticas comunitárias contemporâneas têm-se distanciado da ideia predominante na década de 1980 de um artista profissional que "leva" a sua arte para a comunidade e têm começado a reconhecer a pluralidade das expressões culturais dentro das comunidades e a sua autonomia no desenvolvimento dos seus projetos artísticos

(Suess, 2006). Outros elementos distintivos mencionados na literatura incluem: a participação não profissional, não apenas em fases limitadas do processo, como a pesquisa inicial e a interação durante a apresentação final enquanto elementos do público; a combinação de diferentes abordagens teatrais experimentais; uma forte ligação com o território e o contexto sociopolítico; processos de negociação e tomadas de decisão coletivas; coautoria; criações que propõem reflexões críticas; ligação com preocupações reais dos cidadãos/ãs, o que não implica necessariamente abordagens estéticas realistas; e criação artística coletiva baseada na horizontalidade, confiança, cuidado e afeto entre artistas profissionais e não profissionais (Cohen-Cruz, 2005; Cruz, 2015; Cruz, Bezelga & Menezes, 2020; Thompson, 2015; Winchester, 2013). De facto, este último elemento é essencial (Lev-Aladgem, 2015), e implica reconhecer que toda a pessoa envolvida no ato artístico é, portanto, um artista, pela sua capacidade e direito à criação artística (Boal, 2008).

O potencial das práticas artísticas comunitárias para cruzar diferentes atores/atrizes, experiências, visões do mundo e até mesmo linguagens artísticas não garante, todavia, que a participação seja 'sempre boa' (Ferreira, Azevedo & Menezes, 2012). Na verdade, pode haver impactos negativos como, por exemplo, a perpetuação das práticas e resultados da chamada "alta cultura", replicando desigualdades sociais; a possível ocorrência de ruturas nas comunidades, com um impacto negativo na confiança; e a falta de continuidade e sustentabilidade (Prentki, 2009).

Não surpreendentemente, a literatura que aborda a participação na criação artística está fortemente ligada a uma visão crítica da participação (Brown, Novak-Leonard & Gilbride, 2011; Dupin-Meynard, 2018; Tiller, 2017). Por exemplo, Brown, Novak-Leonard e Gilbride (2011) propõem um enquadramento para descrever os diferentes modos de funcionamentos dos programas de artes participativas, propondo uma escala de participação com base no controlo criativo dos participantes, que varia entre um papel recetivo e um papel ativo. Dupin-Meynard (2018) aperfeiçoa este modelo e incluiu nove níveis de participação que representam diferentes graus de partilha de poder: público, no sentido recetivo; público ativo; inspiração; experimentação; co-investigador/a; ator/riz; co-dramaturgia; co-diretor/a e diretor/a. Estes níveis de participação dependem da estrutura inicialmente definida e da interação entre artistas profissionais e não profissionais. Por fim, a perspetiva de Tiller (2017) foca-se na questão "Quem decide?" enquanto centro dos processos participativos, definindo dez questões sobre o poder e a tomada de decisão partilhada. Estas questões dizem respeito às seguintes dimensões: poder, reciprocidade, capital cultural, privilégio, participação, valores, ética, colaboração e política. Em suma, apesar da expansão da literatura nesta área, pouco se sabe sobre os processos que sustentam a participação nos grupos que recorrem a práticas artísticas comunitárias. Deste modo, é essencial aceder a estes processos e entender como eles se desenvolvem, as suas potencialidades e fragilidades, bem como o modo como afetam a dimensão participativa da vida e as conceções artísticas dos participantes. Este é o objetivo principal deste estudo, que se concentra em três grupos teatrais que desenvolvem práticas artísticas comunitárias no Rio de Janeiro e em São Paulo. Importa destacar que a origem destes grupos está relacionada tanto com o forte impacto social da crise financeira (plenamente instalada no Brasil em 2011), como com o elevado nível de investimento em políticas sociais e culturais do governo do Partido dos Trabalhadores, na primeira década do século.

Contextos, grupos, participantes e metodologia

Os dados foram recolhidos entre janeiro e julho de 2018, pelo primeiro autor, que tinha uma relação prévia com um dos grupos, bem como algum conhecimento dos respetivos contextos culturais e artísticos. No entanto, algumas características do investigador — nomeadamente, ser um homem branco, de classe média, Europeu e especificamente Português — foram relevantes na relação estabelecida, uma vez que os grupos eram compostos maioritariamente por pessoas negras provenientes de contextos socioeconómicos vulneráveis. Mesmo que a neutralidade seja impossível, esta condição reforçou a necessidade de esclarecer a função e o propósito da presença do autor, bem como os eventuais benefícios mútuos advindos do projeto de investigação (Creswell, 2009). A definição e clarificação desta relação foi fundamental, considerando que o processo de construção de conhecimento é, ainda, perspetivado como vertical e desigual entre Norte e Sul, Europa e América Latina, apesar do desenvolvimento das abordagens pós-coloniais e decoloniais (Mignolo, 2008). O reconhecimento e a discussão aberta destas tensões tornaram-se fundamentais para a definição de uma relação de confiança para todas as pessoas envolvidas no decorrer deste estudo. Torna-se fundamental referir o contexto sociopolítico do Brasil durante o período da investigação, tendo em conta o seu profundo impacto na vida quotidiana dos elementos dos grupos envolvidos no estudo. Destacam-se situações como a redução do apoio às atividades culturais, educativas e sociais, o assassinato da vereadora Marielle Franco, a intervenção militar nas favelas do Rio de Janeiro, a prisão do ex-presidente Lula da Silva, e o contexto geral da campanha presidencial que resultou na eleição de Jair Bolsonaro. As vidas dos elementos dos grupos foram afetadas a vários níveis: incapacidade de aceder às suas áreas de residência e espaços de ensaio devido à intervenção militar; intenso envolvimento em ações cívicas e políticas relacionadas com alguns dos acontecimentos referidos; e, muitas vezes, a ausência de condições básicas para o funcionamento mínimo dos grupos como, por exemplo, ter que trabalhar mais horas e mais longe das suas casas e dos locais de reunião do grupo. A situação dos grupos em estudo piorou com o mandato do novo presidente em 2019; que intensificou o desinvestimento e, em alguns casos, definiu o fim de políticas públicas sociais, educativas e culturais que apoiavam a atividade destes coletivos.

Este estudo foca-se na ação de três grupos de teatro no Brasil, um deles sediado em São Paulo — *Coletiva Ocupação* — e os restantes no Rio de Janeiro — *Bonobando (Bando de Artistas Autónomos)* e *Cia. Marginal.*

O primeiro grupo, *Coletiva Ocupação*, começou como um encontro entre estudantes, artistas e *performers* de diferentes áreas de São Paulo, que se conheceram durante as ocupações estudantis — protestos contra a reorganização do sistema escolar, proposta pelo Governo do Estado, em 2015. O grupo nasceu deste cruzamento inicial e, desde então, desenvolve um trabalho contínuo de convivência e criação. Este movimento "Secundarista" ganhou diferentes desdobramentos, sendo o teatro um deles. Durante as ocupações, o grupo experienciou o que é pensar e agir através do corpo, usando a *performance* como instrumento de combate. O seu espetáculo, "Quando Quebra Queima", inclui 16 corpos insurgentes que viveram intensamente o processo das ocupações. Estas experiências, que duraram meses, foram colocadas em cena, resultando numa narrativa coletiva a partir da visão daqueles que estavam envolvidos no quotidiano desse movimento. O espetáculo, na fronteira entre a *performance* e o teatro, é uma "dança-combate" coletiva, construída a partir da experiência de luta e afeto dos seus protagonistas (Tible, 2018).

Outro grupo que colaborou com este estudo foi o *Bonobando — Bando de Artistas Autónomos*, que resultou de uma parceria com o objetivo de criar relações afetivas, estéticas, culturais e políticas (Alcure & Florencio, 2017). Os seus membros são provenientes de várias regiões do Rio de Janeiro e têm a perspetiva da necessidade de conexão com a cidade e da ocupação de espaços centrais à criação. Os seus objetivos principais passam por contribuir para a dinâmica da territorialização, para a descentralização e democratização de recursos, bem como o acesso à arte e cultura, celebrando as contribuições que o quotidiano de jovens das periferias do Rio de Janeiro pode proporcionar para a criação de um outro teatro. Num dos seus espetáculos que ganhou mais visibilidade e circulação, "Cidade Correria", o Rio de Janeiro é apresentado como

Uma suprema cidade real, uma cidade à deriva, que poderia ser a nossa cidade, ou qualquer cidade. O público é levado ao encontro desta cidade, uma cidade caótica, contraditória, uma cidade maravilhosa, uma cidade impedida, uma cidade de Carnaval, uma cidade de invenção, uma cidade de revolução. (<https://www.youtube.com/watch?v=_Xtwt2yIR8g>).

Por fim, a *Cia. Marginal*, também formada no Rio de Janeiro, tem mantido um núcleo estável de atores/trizes desde 2005, maioritariamente vindos do Complexo da Maré, o maior bairro popular da cidade, que inclui 16 favelas. O grupo tem desenvolvido uma linguagem cénica que articula territórios, memória e política, com base em imersões sensoriais e reflexivas em contextos periféricos e diferentes formas de registar o "real" em palco. Com cinco espetáculos no seu repertório, o grupo já apresentou os seus trabalhos nos teatros mais importantes do Rio de Janeiro e em vários festivais conceituados. Num dos seus últimos espetáculos, o grupo abordou o tema do tráfico de droga, que até então havia sido evitado, procurando assim estabelecer narrativas alternativas às dominantes sobre as favelas. "Eles não usam tênis naique" teve como ponto de partida o confronto ideológico entre pai e filha, que nos faz pensar sobre o tráfico de um ponto de vista absolutamente incomum, conferindo um caráter afetivo a um contexto geralmente visto como 'desumano' (Penoni, 2019).

As características dos grupos são definidas pelas suas trajetórias, uma vez que todos nasceram organicamente a partir de projetos sociais e educativos ou movimentos sociais, demonstrando uma identidade e uma missão clara, apesar dos problemas de sustentabilidade. A sua estética é inspirada e gerada pelos contextos dos grupos e dos seus membros, pela abordagem ao treino físico e de movimento, pela pesquisa antropológica e espacial, e por uma ideia transversal de experimentação baseada nas premissas de resistência cultural e transformação social. A presença destes aspetos permite incorporar o "real" no teatro, através de uma abordagem simbólica e poética, que não emprega necessariamente o realismo dos processos criativos convencionais.

A este respeito, destaca-se que, na primeira fase das trajetórias dos grupos, existiu uma opção por construir e apresentar os seus espetáculos em espaços não convencionais, com ênfase no espaço público e não legitimado pelos agentes culturais formais das cidades. Na segunda fase, o seu circuito passou a incluir espaços convencionais, chegando assim a outros públicos, principalmente na zona sul, no caso do Rio de Janeiro. Praticamente todos os elementos têm estado envolvidos com o teatro, desde que entraram no grupo. A *Cia. Marginal* teve origem há cerca de quinze anos, enquanto a *Coletiva Ocupação* e o *Bonobando* surgiram há cinco anos. O número de elementos em cada grupo varia entre 6 e 16. Além disso, as direções artísticas dos grupos permanecem as mesmas desde a sua origem, atuando num ambiente informal.

Os participantes deste estudo integram atores/rizes, diretores/as e parceiros/as institucionais dos grupos, no caso das entrevistas (E); e membros e diretores/as no caso das discussões dos grupos focais (GDF).

No total, o estudo envolveu 34 participantes, incluindo 28 atores/trizes. Todos foram explicitamente informados sobre o estudo e consentiram o uso dos dados, com a garantia de anonimato e confidencialidade. Como tal, serão usados nomes fictícios ao longo do artigo. Os participantes do Rio de Janeiro eram mais homogéneos no que toca às suas características sociodemográficas, em comparação com os de São Paulo. Do total de participantes, 18 mulheres e 16 homens, a maioria eram solteiros/as e tinham entre 18 e 29 anos. No geral, os elementos dos grupos eram maioritariamente negros, provenientes de áreas periféricas das duas cidades, oriundos de contextos socioeconómicos desfavorecidos. A maioria eram estudantes de artes cénicas e ciências sociais, ou artistas nas áreas de teatro e música, uma atividade que combinam com o ensino nas mesmas áreas. As restantes profissões (por exemplo, produtor/a cultural, diretor/a de uma associação cultural e social) referem-se aos/às diretores/as dos grupos ou interlocutores/as dos parceiros/as. Relativamente às habilitações literárias, a maioria concluiu o ensino superior nas áreas das ciências sociais, humanidades ou artes. Registaram-se ainda alguns casos de participantes mais jovens com ensino técnico ou médio. Além disso, alguns membros das direções e interlocutores/as dos/as parceiros/as tinham licenciaturas em artes cénicas e ciências sociais. Por fim, importa sublinhar que dois atores de um dos grupos criaram, e dirigem atualmente, dois grupos de teatro independentes que atuam em diferentes territórios. Para além destes dois casos, destaca-se o envolvimento desses atores/trizes e outros/as atores/trizes de diferentes grupos como facilitadores/as.

Na recolha e análise dos dados recorreu-se a uma abordagem metodológica qualitativa. Esta investigação debruça-se sobre um estudo de caso múltiplo, centrado em diferentes casos, com um objeto de estudo comum, apesar dos diferentes casos, abordagens, participantes e contextos (Strauss & Corbin, 2008). Os métodos incluíram: onze entrevistas semiestruturadas com indivíduos que eram membros dos grupos, diretores/as e interlocutores/as dos parceiros/as, com uma duração média de 50 minutos; quatro GDF, com uma duração média de 1h20 minutos, envolvendo membros e diretores/as dos grupos. As entrevistas permitiram explorar de forma mais aprofundada as dimensões subjetivas do discurso dos participantes (Flick, 1998), ao passo que as GDF se focaram na interação entre o investigador e os membros dos grupos nos seus contextos quotidianos, num processo de influência e colaboração mútuas. Após a transcrição, os dados foram analisados com recurso ao NVivo 12, considerando não apenas os temas predefinidos, mas também o surgimento de novos temas e a relação entre estes (Braun & Clarke, 2006). Neste artigo, serão explorados três temas principais: os processos criativos, as dinâmicas processuais organizativas e as conceções de teatro.

Processos Criativos

Este tema centra-se na dimensão criativa dos processos artísticos desenvolvidos pelos grupos, em particular as suas potencialidades e fragilidades, os seus elementos essenciais, os métodos teatrais mobilizados, a discussão e a resolução de problemas, bem como os momentos que foram considerados determinantes no processo de criação. Os participantes identificam um conjunto de elementos fundamentais para a criação artística: escuta, persistência, diálogo, compromisso, negociação, flexibilidade, uma ideia clara para iniciar o processo, ação coletiva e o risco inerente à criação:

> Tem que ter coletividade para ter um bom processo de criação. (E, 35 anos, atriz, E)

> A escuta, o outro, eu não consigo pensar num processo sem o outro, sem o diálogo [...] muito carinho, muito respeito e uma busca de certeza clara do que a gente precisa dizer, e essa busca em conjunto do que dizer. (H, 30 anos, ator, E)

As etapas processuais são semelhantes entre os vários grupos, com destaque para dispositivos metodológicos apoiados num esquema experimental que inclui aspetos como a contradição, exploração e análise, ancorados na *performance*, teatro físico, *devising theatre*, improvisação e pesquisa antropológica. O elemento de cruzamento disciplinar, nomeadamente com a música, o vídeo e a dança é uma constante em todos casos:

> Eu diria que o processo de criação é você se debruçar dentro de um tema, extrair questões e temas daquele próprio tema e

> começar a construir como se fosse uma redação [...] E a partir da redação, você tentar trazer a redação para o seu corpo. E então apresentar ele, sem que seja numa folha escrita, mas num discurso falado e num trabalho físico e corporal. (E, 35 anos, atriz, E)

> Então também tem esse processo antropológico em que a gente vai para o campo entrevistar pessoas, pesquisar, ir para a rua só observar, anotar... e depois também tem o treinamento físico, tem algumas partituras para acessar coisas que é muito difícil explicar. (L, 31 anos, ator, GDF)

> A gente vai para a sala e a [diretora] começa a questionar a gente a produzir pequenos experimentos cénicos a partir de tudo o que a gente estudou e a gente vai pegando referências e vai experimentando e dentro do processo [do grupo] isso tudo é atravessado também pela música, que está sempre desde o início num diálogo direto com a música. (H, 30 anos, ator, E)

Além disso, do ponto de vista metodológico, destaca-se o foco no treino do corpo e do movimento. Salienta-se uma perceção de que muitas situações complexas dos processos artísticos são resolvidas pelo próprio ato de criar, integrando o corpo e o movimento, em vez de uma abordagem textual clássica. Os processos criativos parecem estar emancipados em relação ao texto, reforçando assim a natureza híbrida e contraditória das estéticas e dos temas explorados. Contudo, isto não significa necessariamente a ausência de narrativa. A narrativa é assegurada, neste caso, pelo corpo.

> Vamos para a cena, porque em cena a gente se entende. (R, 36 anos, diretora, GDF).

> L - Para mim o teatro é ressignificar com o corpo o que você aprende pelos sentidos, criar novos sentidos para as coisas.

> Y - Uma narrativa com o corpo. (L, 18 anos, atriz; Y, 23 anos, atriz, GDF).

As potencialidades e fragilidades do processo de criação também estão intimamente ligadas, bem como os aspetos mais amplamente relacionados com as dinâmicas processuais organizativas. As fragilidades incluem a falta de recursos, como tempo, espaço e dinheiro, para além de aspetos mais subjetivos como os choques de opinião e as diferentes personalidades que dificultam a gestão do grupo:

> As maiores dificuldades elas não vêm de dentro do processo, vêm da vida quotidiana: tempo para se encontrar, dinheiro para poder ir até aos lugares [...] Vêm de fora o problema. (M, 21 anos, ator, GDF).
>
> A gente não consegue se manter só com o teatro, então a gente teve que ir buscar outros meios de sobrevivência para se manter e ter o espaço para construir juntos. (U, 22 anos, ator, E)
>
> Organizar horários em dias de ensaio é sempre uma batalha, porque é cada um dando conta da sua vida, mas também tem esse grupo que precisa que a pessoa abra mão. (L, 31 anos, ator, E)
>
> B - Acho que o mais difícil é a personalidade de cada um.
> L - É.
> B - A gente é um inferno, mas ao mesmo tempo o mais prazeroso é que nesse inferno a gente se junta e forma uma chama incrível. (B, 23 anos, atriz; L, 18 anos, atriz, GDF)

Ao mesmo tempo, essas diferenças são transformadas em narrativas sobre as potencialidades porque, no espaço do confronto, permitem a ação, a diversidade e a tomada de decisão coletiva. Também funcionam como motores da criação, como um meio para resolver problemas que surgem durante o processo:

> Acho que nesse processo a dificuldade está justamente no que dá também prazer. Em vários sentidos, a dificuldade está na relação entre diferentes, mas também o que é mais legal nesse trabalho é justamente a possibilidade de criação entre diferen-

tes, que eu acho que é totalmente constitutiva da singularidade do nosso trabalho. O difícil é estar trabalhando com condições tão precárias, mas por outro lado, o mais interessante, diferente, emocionante, é justamente estar trabalhando nessas condições também. (S, 39 anos, diretor, E)

As principais potencialidades apontadas como aspetos fundamentais no desenvolvimento de um ambiente positivo para a criação artística são a escuta, o respeito, o diálogo, o cuidado, a generosidade, os vínculos afetivos e a expressão emocional entre os membros do grupo:

> Então sintetizando: foco, generosidade, escuta e não deixar de falar [...] E investimento." (L, 31 anos, ator, E).

> Para mim é muito prazeroso saber e confiar que esse processo sempre vai estar cuidando de mim e de todo o mundo... então acho que tem essa beleza dos processos da gente, de estar aberto. (H, 30 anos, ator, E)

Por fim, a apresentação ao público destaca-se como um momento-chave, bem como todo o processo que está subjacente: inicialmente, quando o tema é definido; de seguida, quando vários elementos pesquisados são agrupados, tendo em consideração as diferentes vozes, corpos e poéticas trazidas pelos atores/rizes, criando outra coisa que pode ser chamada de dramaturgia coletiva:

> Ainda mais do lugar que a gente vem e dos princípios que a gente parte, produzir memórias e falar na primeira pessoa tem esse lugar de você se empoderar e falar de você. (RD, 29 anos, ator, GDF)

A ideia central é que o processo deve ser globalmente valorizado:

> O momento mais importante do processo é o processo (risos). (A, 30 anos, ator, E).

D - O teatro lotado, todo o mundo ali num corpo só [...] Então tem essa hora em que você pega faz a receita, faz a síntese do processo todo.

R - Insistência!

D – A gente vai fazendo e não está percebendo que está fazendo uma coisa tão poderosa como essa peça. Isso é o mais louco! (D, 19 anos, ator; R, 36 anos, diretora, GDF).

Dinâmicas processuais organizativas

Este tema relaciona-se com o tipo de funcionamento dos grupos, as suas principais características e as projeções que fazem para o seu futuro, bem como a relação profissional/não profissional. Em suma, estrutura dos grupos e dos processos inclui aspetos como a horizontalidade, a negociação, as responsabilidades, os processos de tomada de decisão e os compromissos dos participantes. A importância dada a cada um destes aspetos é sublinhada como fundamental nas dinâmicas dos grupos e na criação teatral:

O grupo traz essa coisa de horizontalidade [...] Se entender como igual, independente da sua formação, colocar a sua vivência em cheque e dar importância para a sua própria vivência também. (I, 28 anos, atriz, E)

A gente sempre entrou num processo com uma boa condição de parceria, de igualdade de desejo em relação ao que a gente ia fazer, de uma igualdade de compromisso no que se ia fazer, com diferenças claro, com tensões e tudo, mas com um comprometimento comum. (S, 39 anos, diretor, E)

A confiança na relação estabelecida no contexto do grupo, bem como a continuidade, foram recorrentemente identificadas como importantes para sustentar a ação específica destes grupos:

> Eu acho que é a relação mais duradoura de todas as minhas relações. (L, 31 anos, ator, E)

Especificamente, a relação entre profissionais e não profissionais — no caso destes grupos, expressa no relacionamento com os/as diretores/trizes — é amplamente considerada como complementar às diferentes funções e desenvolve-se de acordo com um esquema participativo simétrico:

> Acho que existe muito isso de o diretor fala e aí ninguém mais fala e fica a partir da visão do diretor... ou não, ou fica a partir da visão do coletivo, que é um processo que eu acho que é mais difícil, é mais complexo, mas é mais rico, porque abrange todas as pessoas, abrange todas as falas, todas as visões. (I, 28 anos, atriz, E)

> É claro que a gente tem hierarquias de conhecimento, mas a hierarquia não pode ser autoritária, elas têm que ser complementada [...] (E, 35 anos, atriz, E)

As missões dos grupos implicam um compromisso com as suas comunidades de origem, com o objetivo de recuperar e transmitir memórias que contribuam para aumentar a visibilidade para as suas comunidades:

> A gente está fazendo há mais de 14 anos um teatro que inclui pessoas e que questiona também essa relação de democracia que a gente estabelece hoje e o próprio acesso a ela [...] É quase como parte da missão de a gente trabalhar essa questão do resgate da memória, da valorização das nossas memórias e ter ela enquanto potência também (...) Para mim, entender o que é o teatro é uma possibilidade de você eternizar a memória, uma possibilidade de você construir trabalhos que estejam engajados de uma forma muito política, muito respeitosa e consciente do que ser quer fazer com isso. (E, 35 anos, atriz, GDF)

Do ponto de vista da identidade de grupo, os/as participantes, quando questionados, consideram-se artistas, distanciando-se das suas origens, geralmente em contexto de projetos sociais e educativos. Este distanciamento é uma afirmação dos seus (historicamente negados) direitos culturais, especificamente o acesso à produção teatral:

> Então o que é positivo é que eles são um grupo que são referência nesse campo das artes cénicas, têm essa origem totalmente orgânica no território, e eles exemplificam essa dinâmica que é nossa, de tentar criar, mostrar e tirar da invisibilidade grupos de pessoas com os potenciais que aqui tem. (N, 55 anos, parceiro, E)

Em relação à previsão de como será a ação dos grupos no futuro, os/as participantes identificam este momento e contexto como muito desfavoráveis aos seus modos de produção. Ainda assim, enfatizam como estratégias de resistência a importância de manter e expandir a rede, inerente à atividade de cada grupo, mas também a relação com outros grupos com características semelhantes:

> Eu vou ser sincero... diante do que aconteceu agora (...) quando eu vejo que uma pessoa, tipo com a trajetória da Marielle, ela é assassinada... e ela é exterminada como todos os outros... não é que as outras mortes não importem, claro que importam todas as mortes, mas é mais uma vez esse sistema dizendo que a gente não vai avançar... (L, 31 anos, ator, E)

> E o que é que a gente faz? Eu acho que esse lugar da rede, juntos com outros Coletivos para as coisas acontecerem, eu acho que isso é um caminho para o futuro. (A, 30 anos, ator, E)

Conceções de teatro

Este tema inclui diversas ideias sobre o que é o teatro, incluindo as primeiras memórias, percursos, experiências e participação nos grupos de teatro aos quais os/as participantes estão atualmente associados. As conceções de teatro apresentadas pelos/as participantes baseiam-se em ideias de criação coletiva, horizontalidade e experimentação, muito ligadas à abordagem dramatúrgica dos vários grupos:

> Teatro para mim já não tem mais a ver com só com essa questão ficcional e estética, tem a ver com saber se relacionar com outras pessoas na vida, com as coisas da vida, com comunidade, com horizontalidade. (H, 30 anos, ator, E)

> A gente já tem uma prática de Coletivo, colaborativa no teatro, só que o [grupo] representa uma coisa sólida de alguma forma, onde a gente conseguiu enxergar o trabalho mais aprimorado, mais refinado, e sem negar aquilo que a gente gosta de falar, aquilo que a gente quer dizer, que é problematizar o local de onde a gente vem, a Favela (V, 26 anos, ator, GDF)

Um elemento distintivo é a ênfase dada à dimensão política, centrada na ideia de teatro como um espaço de resistência e afirmação, bem como a visão de como as suas potencialidades podem contribuir para a mudança social. Estas práticas estão associadas às origens dos grupos e dos seus membros em áreas periféricas:

> Ele [o teatro] pode ser um canal para colocar a favela como protagonista da sua narrativa. (L, 31 anos, ator, E)

> Eu acho que está muito dentro de uma política, de uma política de resistência [...] Acho que é a minha forma de atuação na nossa sociedade, como eu posso intervir. (I, 28 anos, atriz, E)

> Atualmente é um espaço onde você pode ter uma relação com política porque de alguma forma ele pode-te proteger, é um passaporte para você reverberar essas questões políticas que você quer dizer... e a gente diz. (E, 35 anos, atriz, E)

Estas conceções também revelam aspetos que estão intrinsecamente ligados à dificuldade de acesso ao teatro (democratização cultural) enquanto público, mas também relativamente aos modos de produção teatral, como criadores/as e artistas (democracia cultural).

A ausência de oportunidades para o desenvolvimento artístico nas suas comunidades de origem é sublinhada como uma questão de desigualdade no âmbito dos direitos sociais, educativos, culturais e de acesso a um percurso profissional nas artes:

> Acho que uma palavra que fica muito forte para mim, quando penso em teatro, é realmente resistência [...] o teatro para a gente, enquanto negros favelados, ele é um espaço de resistência, porque não é dado de caras para a gente. (C, 33 anos, atriz, GDF)

> Ser um grupo nesse sistema é questionar porque é que a favela não tem um teatro fomentado pela instituição brasileira, pelas instituições políticas do Estado e a porra toda? (L, 31 anos, ator, E)

As conceções apresentadas parecem estar ligadas a trajetórias pessoais e experiências teatrais. As primeiras memórias do teatro estão associadas à ação e ao fazer teatral, principalmente em ambiente escolar e da igreja:

> A minha experiência com o teatro foi na Igreja, foi muito forte. (E, 35 anos, atriz, GDF)

> Na escola pegar o pano e acreditar que voa, a possibilidade de ter outro corpo, de ser outra coisa. (Z, 18 anos, atriz, GDF)

Refere-se, ainda, a integração da experimentação artística em diversos projetos sociais e educativos, que estrutura a prática teatral, desde o início da adolescência, em praticamente todos/as os/as participantes. Nesta linha, a trajetória pessoal da maioria das pessoas no teatro é paralela e simultânea à trajetória do grupo a que pertencem:

> Então se eu estou no encontro com eles há 15 anos não tem como eu descolar uma coisa da outra. (L, 31 anos, ator, E)

Salienta-se que muitos/as participantes aprofundaram a sua formação profissional ou educação superior no domínio das artes cénicas, principalmente no caso dos participantes do sexo masculino. O grupo passa, assim, a ser o seu principal projeto profissional, sustentando uma identidade, mesmo que alguns/mas participantes tenham outros empregos com o propósito de obter rendimentos para sobreviver:

> Eu comecei a tomar aquilo como uma profissão, a encarar aquela prática recorrente como uma profissão e que eu tinha um conhecimento sistematizado que eu poderia ser profissional naquilo. (A, 30 anos, ator, E)

Discussão

A participação é percecionada como um espaço que implica diversidade, no qual é valorizada a discussão, a dimensão dialógica, a negociação e a possibilidade de desenvolver a alteridade (Sullivan & Transue, 1999). Todavia, a participação, por si só, não garante necessariamente um envolvimento significativo e, muitas vezes, pode ser uma forma de manter o poder instalado (Chinyowa, 2015). Especificamente, no âmbito das práticas artísticas comunitárias, os/as artistas e as instituições culturais têm abordagens centradas no trabalho junto de populações socioeconomicamente desfavorecidas e longe dos circuitos culturais legítimos, ou seja, a chamada 'alta cultura'. O envolvimento nestas práticas pode promover a visibilidade e o estatuto social daqueles que financiam as artes e trabalham nesta área enquanto profissionais com não profissionais das comunidades. Assim, é essencial centrar a discussão na qualidade das experiências participativas no âmbito das práticas artísticas comunitárias. Diferentes perspetivas definem as componentes fundamentais da qualidade da participação (Ferreira, 2006; Ferreira, Azevedo & Menezes, 2012; Menezes, 2003), com ênfase na ação, reflexão, afeto, conflito e dissenso. Neste artigo, o nosso pressuposto é que estes componentes, que foram consideradas relevantes para a mudança pessoal e transformação social, também possam funcionar como um motor para as práticas artísticas comunitárias.

Este pressuposto tem por base o reconhecimento de que as práticas artísticas comunitárias apresentam vários elementos específicos que podem ser essenciais para a qualidade da participação — e que os discursos dos atores/rizes, diretores/as e parceiros/as dos grupos parecem reforçar. Em primeiro lugar, as práticas artísticas comunitárias implicam a construção de um espaço no qual a cidadania e a política são ensaiadas e fortalecidas no seio de uma relação entre iguais. Tal envolve uma tensão construtiva inerente à diversidade, que enfatiza a possibilidade de um desenvolvimento simultâneo da estética e da ética (Arendt, 1995; Boal, 2009). Além disso, os métodos teatrais identificados, como a *performance*, teatro físico, *devising theatre*, improvisação e pesquisa antropológica, associam a ação e a reflexão, e parecem permitir o desenvolvimento de processos criativos através da escuta, diálogo, flexibilidade, negociação, compromisso e persistência.

A qualidade da participação é auxiliada por um trabalho que se concentra principalmente no corpo e no movimento, permitindo outras formas de criação e de relação connosco e com os outros, apontada como uma idiossincrasia relevante das práticas destes grupos. Além disso, o vínculo entre os/as participantes e o grupo é orgânico, uma vez que os percursos individuais frequentemente se misturam com os percursos dos grupos. Os elevados níveis de compromisso, negociação, responsabilidade e tomada de decisão partilhada emergem como fundamentais nas dinâmicas processuais organizativas. O espaço do grupo de teatro parece, assim, ser bastante semelhante a outros contextos de participação que fornecem experiências de elevada qualidade (Ferreira, 2006; Lawy & Biesta, 2006): envolvimento emocional e pluralismo, manifestação de pontos de vista, e interação com as diferenças num contexto plural (Ferreira, Azevedo, e& Menezes, 2012). Estes elementos são reforçados pela relação artista profissional/não profissional, que se sugere como horizontal no que respeita ao controlo e autonomia na criação e organização quotidiana dos grupos (Wong, Zimmerman & Parker, 2010). Deste modo, a qualidade da participação nas práticas artísticas comunitárias parece envolver duas dimensões interrelacionadas - as dinâmicas processuais organizativas e os processos criativos.

Os resultados deste estudo também revelam como estes processos se traduzem no desenvolvimento de conceções de teatro, como expressões de democratização cultural (Caune, 1999) e democracia cultural (Lopes, 2009). Por exemplo, um aspeto importante relatado pelos/as participantes, que vai para além do nível interpretativo (Brown, Novak-Leonard & Gilbride, 2011), da co-dramaturgia (Dupin-Meynard, 2018) e das questões sobre poder e tomada de decisão partilhada (Tiller, 2017), consiste na integração pelos/as participantes da diversidade das suas vozes, corpos e poéticas pessoais na construção de uma dramaturgia coletiva. Este ponto destaca a discussão sobre a democracia cultural, sem negligenciar o papel do capital cultural no desenvolvimento de processos de apropriação dos modos de produção cultural (Bourdieu, 2010; Canclini, 1999). Embora alguns grupos tenham surgido no âmbito de projetos sociais e de educação comunitária específicos, as narrativas tentam desvincular as práticas artísticas dos grupos desta ligação com abordagens sociais e educativas. O foco está numa discussão politizada em torno do acesso aos direitos sociais e culturais que são frequentemente negados às comunidades de origem da maioria dos elementos dos grupos, nomeadamente o direito à fruição e à criação artística. Assim, as questões relativas à democratização cultural e democracia cultural estão incorporadas nas conceções de teatro que emergiram nas discussões dos grupos focais. Este aspeto está inevitavelmente associado à forte ligação com o território e apela à memória das favelas, devendo ser interpretado à luz da luta contra a invisibilidade, fora dos circuitos culturalmente legítimos. Neste enquadramento, o trabalho dos grupos procura, por um lado, contestar a ideia de que as favelas e as comunidades periféricas são locais deficitários e, por outro, revindicar o reconhecimento da sua diversidade e riqueza. A ênfase nos "direitos" capacita as pessoas, tornando-as "iguais", ao mesmo tempo que continua a dar espaço para as suas diferenças, ao contrário da ideia de "necessidades" que concebe as pessoas como tendo défices que, quando superados, as tornam "iguais" e, portanto, semelhantes aos outros (Levine & Perkins, 1997).

Conclusão

Este estudo permite-nos identificar elementos associados à qualidade da participação no âmbito das práticas artísticas comunitárias, desencadeados pelos três grupos em estudo. Estes elementos são ativados pelo uso de abordagens teatrais específicas (*performance*, teatro físico, *devising theatre*, improvisação e pesquisa antropológica). Os membros dos grupos de teatro em estudo consideram-nos contextos privilegiados de participação cultural e sentem que são eficazes e permitem a construção de uma rede de suporte que se estende para além dos grupos. As práticas artísticas comunitárias, especificamente as teatrais, são vistas como um espaço de criação, mas também como uma espécie de ensaio da participação para outros contextos de vida. Ao mesmo tempo, são afirmados como espaços em que é possível ensaiar outros modos de ser coletivos. Por fim, parecem, ainda, trazer outras estéticas para o campo da criação artística que não faziam parte da programação cultural convencional ou tradicional.

Uma análise ampla e integrada dos resultados obtidos oferece suporte à nossa proposta para o que designamos de ciclo das práticas artísticas comunitárias (Figura 1), representando uma tentativa de articular a qualidade da participação, incluindo as várias dimensões acima discutidas.

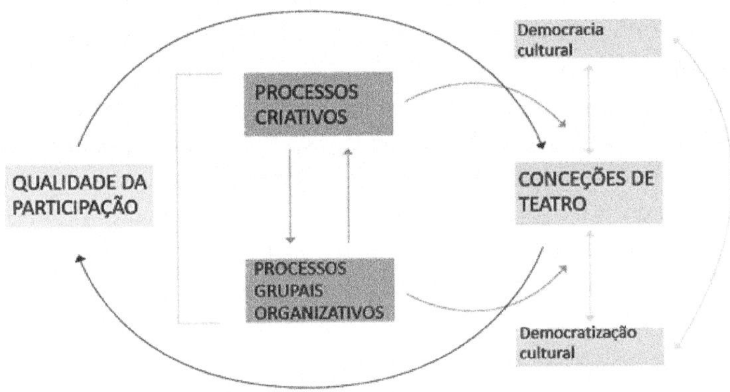

Figura 1. Ciclo das práticas artísticas comunitárias.

A qualidade de participação nas práticas artísticas comunitárias parece manifestar-se através de duas dimensões interrelacionadas, que envolvem as dinâmicas processuais criativas e organizativas. Estas dinâmicas operam em conjunto para produzir conceções de teatro que evocam: resistência e pensamento crítico; integração do político e do artístico; afirmação de estéticas específicas, ainda que não legitimadas; criação coletiva baseada em treino corporal ou de movimento; pesquisa e experimentação antropológica e espacial; horizontalidade entre profissionais e não profissionais; o potencial para a mudança pessoal e social e a ligação com o território. Estas conceções de teatro são expressões tanto de democratização cultural (Caune, 1999) — através da ênfase nos direitos culturais e no acesso à fruição artística — bem como de democracia cultural (Lopes, 2009) — através do reconhecimento de que todos/as devem ter o direito de ter voz e corpo na criação artística, principalmente os indivíduos, grupos e comunidades que foram privados de direitos, discriminados e tornados invisíveis. Esta visão inclui uma tensão inevitável entre o artístico e o político de acordo com uma perspetiva não binária (Bishop, 2011; Rancière, 2005) e alimenta continuamente o desenvolvimento de práticas artísticas comunitárias de qualidade. Estas relações, como na visão da *performance* comunitária, permitem conceber as práticas artísticas comunitárias como "uma nova forma de entender o ato de 'fazer arte' [...], uma estética de acesso que redefine quem faz arte, o que é a arte, a natureza da beleza e do prazer e formas adequadas de apreciar a arte" (Kuppers, 2007, p.4).

3.2. "Práticas artísticas comunitárias e participação cívica e política na ação de três grupos teatrais em Portugal"

Cruz, Hugo, Bezelga, Isabel & Menezes, Isabel (2021). Práticas artísticas comunitárias e participação cívica e política na ação de três grupos teatrais em Portugal. *Revista Educação, Sociedade & Culturas*. DOI: https://DOI.org/10.24840/esc-104.

Resumo

As práticas artísticas comunitárias têm-se afirmado como uma arena de tensão construtiva entre proposta artística e perspetivas políticas, educativas, sociais e comunitárias. O território híbrido e diverso destas práticas é o espaço de construção deste estudo, que assenta em entrevistas semiestruturadas e grupos de discussão focalizada com três coletivos de teatro portugueses, oriundos de territórios urbanos e rurais, que desenvolvem, de forma continuada, práticas artísticas comunitárias. Os objetivos do estudo centram-se na identificação das potencialidades e fragilidades emergentes nos processos criativos e na participação associada aos mesmos e na investigação das ligações entre o fazer teatral e a participação cívica e política. As conclusões, decorrentes da análise, permitem identificar três temas e respetivas relações: experiências de participação cívica e política anteriores à integração nos grupos teatrais; conceções de teatro; e efeitos percebidos na participação cívica e política. Discutem-se as conexões entre abordagens teatrais e princípios educativos e comunitários, predisposições associadas à participação cívica e política e os contextos sociais, políticos, educativos e culturais alargados dos grupos. Estes aspetos evidenciam-se no desenvolvimento de conceções de teatro que integram a dimensão política e nos efeitos percebidos (individuais, grupais e comunitários) pelos participantes do estudo.

Palavras-chave: práticas artísticas comunitárias, participação cívica e política, conceções de teatro

Abstract

Community artistic practices are established themselves as an arena of constructive tension between artistic proposals and political, educational, social and community perspectives. The hybrid and diverse territory of these practices is the space of the construction of this study, that uses semi-structured interviews and focus group discussions within three Portuguese theater groups, from urban and rural territories, that continuously develop community artistic practices. The objectives of the study are: identifying the emerging strengths and weaknesses in creative processes and participation associated with them, and investigating the links between theatrical making and civic and political participation. Conclusions resulting from analysis allow the identification of three themes and respective relationships between them: experiences of civic and political participation before the integration in theater groups; theater concepts; and perceived effects in civic and political participation. Connections between theatrical approaches and educative and community principles, predispositions associated with civic and political participation and broad social, political, educational and cultural contexts of the groups are discussed. These aspects are shown to be relevant in the development of theater concepts that integrate the political dimension and in the perceived effects (individual, group, community) by the study participants.

Keywords: community artistic practices, civic and political participation, theatre conceptions

Introdução

Desde 2008, assiste-se ao desenvolvimento à escala mundial de movimentos sociais, despoletados, essencialmente, pela injustiça social e económica. Estes movimentos têm-se alicerçado nas potencialidades tecnológicas para a organização em rede, assim como em estratégias de protesto que se afastam das lógicas hierárquicas convencionais, questionando, por exemplo, o funcionamento dos partidos políticos e sindicatos associados a lideranças únicas e personalizadas. A ação destes movimentos tem-se, assim, expressado em assembleias deliberativas e procedimentos flexíveis e pouco hierarquizados (Harvey, 2013; Mason, 2019; Negri & Hardt, 2014).

É neste contexto que as práticas artísticas[62] se têm reposicionado, sendo inspiradas e convocadas a contribuir para a construção de modos de produção com particular enfoque na dimensão parti-

62 Opta-se pela designação de *práticas artísticas*, em detrimento da designação de *arte*, considerando-se a sua componente experimental, assim como a abertura ao processo e aos cruzamentos disciplinares, numa perspetiva de valorização da prática e do processo da sua construção, para além das técnicas artísticas mobilizadas (Rancière, 2005; Pavis, 2014).

cipativa. Considerando a crescente centralidade da participação nas narrativas e ações e, simultaneamente, a existência de riscos da sua exposição a processos de instrumentalização, o campo da criação artística tem registado, também, mudanças assinaláveis, ao contribuir para a discussão de sociedades em intensa mudança. Atualmente, é inegável, nas mais diferentes geografias, mas com particular intensidade na Europa do Sul e na América Latina (Bezelga et al., 2016; Cruz, 2019), a forte conexão da criação artística à participação, assim como da intervenção social, educativa e comunitária às linguagens artísticas. Nesta linha, os contributos das pedagogias crítica (Giroux, 2008, 2010) e engajada (Mohanty, 1994), assim como dos conceitos de síntese cultural e de ação dialógica (Freire, 1987), são cruciais para a conceptualização da dimensão educativa não formal destas práticas, que se traduz na presença transversal da componente participativa e, principalmente, na forma como esta se desenvolve. Considerando a vocação ecológica e situada do estudo é, ainda, fundamental convocar a influência dos princípios da animação sociocultural (Úcar, 2000) e da educação popular (Stoer & Dale, 1999) que manifestam uma ligação profunda ao período revolucionário português.

O espaço de tensão produzido entre "político" e "artístico", de que fala Bishop (2011), inerente às práticas artísticas comunitárias, deve ser considerado no exercício de entendimento da forma como as configurações de participação política não convencionais têm vindo a reforçar o seu carácter estético e como a arte tem afirmado a sua dimensão política no mundo atual. Neste sentido, a respeito do novo teatro político, Malina (2012) propõe que este pode ser encontrado nas ruas, nas manifestações contra o sistema capitalista, onde também se integram ativistas teatrais. Assiste- ao que Brecht (1972) sublinhou sobre a visão de Piscator: servir a humanidade, mobilizando todos os recursos teatrais possíveis. Destaca-se, como exemplo, a atual potência do *artivismo* como resultado do diálogo entre a arte e os territórios do protesto social, com a intenção de visibilizar situações sociais politicamente significativas (Duncombe, 2016; Raposo, 2015). No mesmo sentido, sinaliza-se um maior interesse da investigação pela componente processual da criação artística, bem como pelo cruzamento disciplinar (Canclini, 2003; Morin, 1990).

Assim, cria-se um espaço que permite uma maior visibilidade dos processos artísticos participativos, nomeadamente dos que envolvem participantes não profissionais das artes, como é o caso no presente estudo. Neste contexto, procura-se identificar as potencialidades e fragilidades presentes nos processos despoletados pelas práticas artísticas comunitárias, assim como explorar relações com a participação cívica e política desses/as participantes. O presente artigo discute, em primeira instância, o percurso e definição dos conceitos de participação cívica e política e das práticas artísticas comunitárias. Seguidamente, é explicitada a abordagem metodológica, bem como caracterizados os contextos, grupos teatrais e participantes do estudo. Os resultados são estruturados em três temas: experiências de participação cívica e política anteriores à integração nos grupos; conceções de teatro; e efeitos percebidos na participação cívica e política. Por fim, são avançadas as conclusões do estudo.

A participação cívica e política e as práticas artísticas comunitárias

A participação cívica e política define-se como um conjunto de atividades voluntárias e individuais dos cidadãos, com a intenção de influenciar direta ou indiretamente as decisões do sistema político, nos seus diversos níveis (Barnes & Kaase, 1979). Essencial para o funcionamento e renovação das democracias, a participação implica o respeito dos direitos cívicos e políticos dos concidadãos, independentemente das suas diferenças — ou seja, participação e pluralismo são as duas faces da democracia (Sullivan & Transue, 1999). Neste cenário, as práticas artísticas comunitárias constituem-se como espaços não formais diversos com potencial de expressão da participação e de produção criativa de alternativas. Por um lado, têm vindo a contribuir para desconstruir o que tem sido genericamente a abordagem de "arte de elite", vertical e esgotada; por outro lado, têm proposto, através da experimentação artística que recorre a dispositivos participativos, outras abordagens à criação, mas também à discussão mais alargada sobre os quotidianos da vida coletiva democrática.

Nos últimos anos, mais precisamente a partir da crise financeira mundial de 2008, pode-se identificar um incremento do interesse, quer no campo da ação como no da investigação, nas práticas artísticas comunitárias. Sendo importante indagar como se chegou até aqui (Bezelga et al., 2016), há que recuar aos anos 1960, momento em que emerge o movimento da arte comunitária associado a um forte engajamento político. De facto, considerando as influências determinantes do teatro político (Piscator, 1968), do teatro épico (Brecht, 1957/1964), da *performance* (Turner, 1982), do *devising theatre* (Oddey, 1994) e do teatro do oprimido (Boal, 1977), esse momento caracterizou-se por uma grande implicação da e na arte, enquadrada num movimento mais amplo de mudança social. Nessa época foram despoletados, igualmente, processos de redefinição de conceções na educação, com os contributos dos conceitos de ação dialógica e síntese cultural (Freire, 1987) e de capital cultural (Bourdieu, 1972), que contribuíram decisivamente para integrar aspetos culturais, artísticos, educativos e sociais na compreensão das realidades. Para além destas influências, torna-se relevante destacar os contributos da pedagogia crítica (Giroux, 2008, 2010), que sublinham que as práticas participativas, muitas vezes, perpetuam relações de dominação entre grupos, num processo construído com base na visão do grupo dominante (Ellsworth, 1989). A pedagogia engajada (Mohanty, 1994) vai ainda mais além ao propor uma maior enfâse no bem-estar de todos os envolvidos nos processos de aprendizagem, sinalizando a pertinência de uma transformação de valores alicerçada na diversidade cultural (hooks, 2019).

Atendendo à diversidade deste campo, é fundamental clarificar a definição de práticas artísticas comunitárias adotada no presente trabalho, que considera os seguintes elementos essenciais, com base na investigação disponível: criação coletiva; ligação ao território e contexto sociopolítico; relação horizontal entre artistas profissionais e não profissionais; impossibilidade de antecipar processos e resultados (artísticos e participativos); processos de negociação e de tomada de decisão partilhada; coautoria entre todos/as os/as envolvidos/as; criações que propõem reflexões críticas; conexão às preocupações reais dos/as cidadãos/ãs; e perspetiva da arte enquanto direito humano. Desta forma, considera-se que todos/as os/as envolvidos/as nestas práticas são artistas porque se associam ao ato de fazer arte, independentemente de ser profissionalmente ou não (Cruz, 2016; Erven, 2001; Gielen, 2015; Prentki & Preston, 2009).

Perante o funcionamento das sociedades atuais, concretizar as práticas artísticas comunitárias é, em si mesmo, um ato exigente porque questiona o normativo e reclama uma negociação arriscada entre artistas profissionais e não profissionais (Huybrechts, 2014). No entanto, é fundamental que este campo seja perspetivado enquanto território híbrido, no qual se sublinha a sua dimensão de educação não formal (Trilla et al., 2003), assente na relação dialógica da participação que cruza, inevitavelmente, as abordagens artística, educativa e política, de forma integrada (Freire, 1987). Podem, ainda, ser consideradas enquanto práticas que convocam a revelação da realidade, o incentivo à experimentação, a negação da instrumentalização, a visualização de um mundo alternativo e a expressão política (Duncombe, 2016).

Neste campo, alguns estudos destacam, como principais tensões, a diversidade de formas de participação em processos artísticos e os modos como surge o material de pesquisa e como são levadas em conta as estéticas populares e as dinâmicas intrínsecas aos territórios nos processos de criação (Bezelga, 2015; Bidegain, 2007; Cruz, 2015; Kester, 2011; Marceau & Gendron-Langevin, 2015). Outros estudos salientam o incentivo à continuação do envolvimento comunitário gerado por estas práticas (Duncombe, 2016; Winchester, 2014) e os impactos positivos no desenvolvimento de competências pessoais e sociais (Fernández Bustos, 2006; Nardone, 2010; Neves & Guedes, 2016; Wald, 2009) e de alguns aspetos organizacionais (Fletcher & Dalgleish, 2012). Adicionalmente, são referidos na literatura o estímulo à participação e o desenvolvimento de redes pessoais e comunitárias (Fernández Bustos, 2006; Katzmair, 2018; Sloman, 2012).

Relativamente às limitações das práticas artísticas comunitárias, os estudos destacam a associação excessiva à intervenção das organizações não governamentais (Prentki, 1998) e os riscos elevados de manipulação política, com implicações na descentração das práticas face aos interesses dos/as participantes. Acrescenta-se, ainda, a possibilidade de criação de divisões nas comunidades e o impacto negativo na sua confiança e na ausência de intencionalidade política (Cruz,

2015; Nogueira, 2008; Suess, 2006). Não obstante, na generalidade, os estudos têm-se centrado nos resultados destas práticas, revelando pouca informação acerca dos processos desenvolvidos (Cruz, 2019; Matarasso, 2019). Para além disso, pouco se tem investigado sobre as relações existentes entre a participação cívica e política e as práticas artísticas comunitárias, como se propõe neste estudo, nomeadamente no contexto português.

Embora uma análise aprofundada da situação portuguesa esteja fora da intenção deste artigo, é importante reconhecer que as práticas artísticas comunitárias são muito influenciadas pelo 25 de Abril de 1974. A revolução permitiu a organização de ações coletivas, despoletando um conjunto de iniciativas, algumas delas paradigmáticas, como as que decorreram da criação das campanhas de dinamização cultural e ação cívica do Movimento das Forças Armadas (MFA) e do Fundo de Apoio aos Organismos Juvenis (FAOJ). Nesse período, são experimentadas propostas artísticas participativas, próximas dos princípios inerentes à arte comunitária, que influenciaram as gerações futuras. Estas propostas capacitaram agentes e permitiram a organização de coletivos, alguns deles que influenciaram e influenciam o panorama artístico nacional até hoje, particularmente o teatral (Cruz, 2019).

Abordagem metodológica

O presente estudo recorre a uma abordagem qualitativa através de entrevistas semiestruturadas e grupos de discussão focalizada com três grupos teatrais portugueses com enfoque nas potencialidades e fragilidades no desenvolvimento dos processos criativos e a sua ligação com a participação cívica e política. Perante a natureza e as dinâmicas das práticas artísticas comunitárias, particularmente a sua diversidade e imprevisibilidade, o estudo de caso múltiplo apresentou-se como uma opção ajustada para o fenómeno em estudo, pela reflexividade, assente no rigor e criatividade (Pyett, 2003). Em concreto, optou-se por três casos diferentes, que traduzem contextos, participantes e abordagens distintas, mas um objeto de estudo comum (Strauss & Corbin, 2008), procurando, assim, garantir uma maior abrangência e diversidade. Com a recolha de dados nos três contextos pretendeu-se assegurar a identificação de significados complementares ou alternativos que pudessem responder à complexidade da realidade em estudo (Afonso, 2005). Esta abordagem destaca, ainda, a importância do processo de triangulação, alicerçado no cruzamento de dados provenientes de diferentes técnicas — neste caso, as entrevistas semiestruturadas e os grupos de discussão focalizada.

O trabalho empírico desenvolveu-se ao longo do primeiro semestre de 2019 e consistiu, numa primeira instância, na realização de dez entrevistas semiestruturadas a elementos, diretoras e parceiras dos grupos no contexto de pré e pós ensaios, com a duração média de 1h15. Nestas entrevistas procurou-se compreender os pontos de vista subjetivos sobre a experiência de fazer teatro de uma forma aprofundada (Flick, 1998). A colaboração de distintos protagonistas tinha como objetivo aceder a diferentes pontos de vista relativamente a um mesmo processo, consoante a função que cada um/a desempenha, permitindo, desta forma, a complementaridade dos dados.

Os grupos de discussão focalizada, três no total, tiveram uma duração média de 1h30 e foram dinamizados no sentido de aceder a um maior e mais diverso número de vozes e às suas interações. Nesta abordagem, valorizaram-se os pontos de concordância e discordância resultantes da discussão potenciada entre os/as envolvidos/as (Barbour & Kitzinger, 1999).

A aproximação empírica seguiu os princípios do consentimento informado, confidencialidade e anonimato relativamente aos/às participantes da investigação, sendo, no entanto, definida à partida a identificação dos coletivos em estudo. Num momento seguinte, o material empírico registado em áudio foi transcrito e a análise da informação foi desenvolvida com recurso ao programa NVivo 12.

Na sequência desta a análise o mapa temático final integrou seis temas, dos quais os três seguintes constituem o foco deste artigo: experiências de participação cívica e política anteriores à integração nos grupos teatrais; conceções de teatro; e efeitos percebidos na relação direta com as ações de participação cívica e política dos/as envolvidos/as e nos efeitos percebidos globais ao nível individual, grupal e comunitário. Em última instância, torna-se relevante destacar que os procedimentos metodológicos e os dados aqui apresentados foram discutidos com outros/as investigadores/as com o objetivo de promover a intersubjetividade e a consistência do estudo (Creswell, 2009).

Contextos, grupos teatrais e participantes

Este estudo desenvolveu-se em colaboração com três grupos de teatro portugueses que apresentavam, à data, características próximas às definidas para as práticas artísticas comunitárias: trabalho continuado; criação coletiva baseada em dinâmicas processuais horizontais; envolvimento de artistas profissionais e não profissionais; temas ligados às comunidades onde desenvolvem a sua ação; e criação e apresentação de espetáculos regular. É de salientar o elevado grau de dificuldade em ver reunidos estes critérios o que indicia a existência de obstáculos no desenvolvimento destas práticas, principalmente, no que concerne a garantia da sua sustentabilidade e autonomia face à esfera institucional. A escolha destes três grupos foi, ainda, dificultada pela proximidade do investigador, primeiro autor deste artigo, a este campo de atuação. Assim sendo, procurou-se garantir que em nenhum dos casos existisse uma relação atual com os grupos. Para além disso, foi, ainda, possível a colaboração na recolha de dados junto dos participantes de uma investigadora do Centro de Investigação e Intervenção Educativas.

A PELE[63], sediada no Porto, é um coletivo que trabalha em torno da ideia de afirmação da arte enquanto espaço privilegiado de diálogo e criação coletiva. A sua proposta passa por potenciar condições para que indivíduos e comunidades possam ser e estar no centro da criação artística. Pretende, desta forma, promover processos de empoderamento individuais e coletivos num equilíbrio entre ética, estética e eficácia. Os temas abordados na criação deste coletivo são selecionados e desenvolvidos em conjunto com os participantes, destacando-se como principais exemplos a vivência da cidade, a exclusão social, a gentrificação, a desigualdade de género e os desafios da intergeracionalidade. As criações baseiam-se na criação coletiva, convocando desde o teatro — com recurso à improvisação, teatro físico e

63 A pele (2013). *A pele*. <https://www.apele.org/pele>.

teatro do oprimido — a outras linguagens artísticas, principalmente, a musical. Os textos são escritos em ligação com a pesquisa e a ação direta dos participantes. O coletivo tem vindo a alargar a sua abordagem a outras linguagens como a fotografia, ilustração e arquitetura, procurando seguir um esquema comunitário e de cruzamento de disciplinas artísticas.

Figura 1. Criação da PELE intitulada *Jardim das Pedras*.

Fonte: Foto de Patrícia Poção, 2019.

O coletivo Trium'pharte[64] surge no contexto do projeto AMAReMAR, promovido pelo Município de Esposende. O projeto tem como objetivo promover a inclusão social e cultural, potenciando o desenvolvimento e a participação dos cidadãos, propondo a reflexão sobre a cultura local e a transformação social. Os processos do grupo têm seguido uma abordagem às histórias locais e necessidades sentidas no presente. Para além das pessoas provenientes, na sua maioria, dos empreendimentos de habitação social do município, os processos criativos envolvem ainda associações locais. O grupo baseia-se num trabalho teatral inspirado na pesquisa antropológica e das identidades

64 Município de Esposende. (2016). *AMAReMAR*. <https://www.municipio.esposende.pt/pages/994>.

locais com maior enfoque na relação com o mar e atividade piscatória. Mais recentemente foram abordados temas relacionados com a turistificação, os problemas ambientais e a discriminação com base na orientação sexual. Os principais dispositivos teatrais ativados no grupo apontam para a criação coletiva, trabalho de movimento/corpo e teatro do oprimido. Os temas são selecionados e desenvolvidos conjuntamente com os participantes e os textos pesquisados posteriormente e/ou escritos pelo próprio grupo.

Figura 2. Criação do Trium'pharte intitulada *Quando o Mar é Mais.*

Fonte: Foto de Patrícia Poção, 2017.

Finalmente, o Museu Marítimo de Ílhavo tem desenvolvido continuadamente, a partir do seu serviço educativo, um projeto de teatro comunitário com moradores locais[65]. Com base na criação coletiva e no texto dramático e recorrendo a exercícios, improvisação teatral e treino de ator, o grupo tem trabalhado temáticas relaciona-

65 Museu Marítimo de Ílhavo (2012). *O Lugre - Projeto de Teatro Comunitário.* <https://museumaritimo.cm-ilhavo.pt/>.

das com o mar e a pesca, elementos identitários do território. Este grupo tem uma abordagem distinta dos anteriores no sentido em que é selecionado, enquanto ponto de partida, um texto dramático que se enquadrada num tema relacionado com o âmbito de ação do Museu para ser posteriormente trabalho no contexto do grupo.

Figura 3. Criação do projeto de teatro comunitário do Museu Marítimo de Ílhavo intitulada *Lugre*.

Fonte: Foto de Patrícia Poção, 2017.

Enquanto a PELE está sediada no Porto, os outros dois grupos relacionam-se com contextos difusos entre rural, industrial e urbano — Esposende e Ílhavo; têm entre seis e dezanove elementos e caracterizam-se por serem heterogéneos do ponto de vista etário.

Neste estudo, colaboraram, no total, 46 pessoas, maioritariamente mulheres, sendo a distribuição etária dos participantes diversificada, embora geralmente com idades superiores a 24 anos. Relativamente à ocupação atual, a situação mais expressiva é a de reformado(a). Dos estudantes, apenas um estuda teatro, num curso profissional, estando os restantes integrados em cursos científico-humanísticos. Salientam-se, ainda, algumas profissões relacionadas com a área da saúde, no nível técnico e operacional. Quanto às habilitações literárias, o grupo mais representativo é o das habilitações até ao 2º ciclo. No entanto, é de salientar que o número de participantes com o ensino superior integra de forma expressiva as direções e os parceiros dos grupos. Em síntese, o perfil de participante neste estudo é do sexo feminino, com idade superior a 65 anos, reformada e com habilitações literárias entre o 2º ciclo e o ensino secundário.

Tabela 1. Caracterização dos participantes nas entrevistas e grupos de discussão focalizada.

total participante:
46 (34 género feminino / 12 género masculino).
estado civil:
21 (solteiro) 20 (casado) e 5 (viúvo).
idade:
6 (<18 anos); 3 (19-24 anos); 6 (25-34 anos); 5 (35-44 anos); 4 (45-54 anos); 9 (55-64 anos); 13 (> 65 anos).
ocupação atual:
7 (estudante); 3 (educação); 2 (artes); 7 (ciências sociais e humanas); 15 (reformado) e 8 (serviços diversos) 4 desempegados.
nível de escolaridade:
1 (sem escolaridade); 7 (1º ciclo); 12 (2º e 3º ciclo); 12 (secundário); 10 (bacharelato/licenciatura); 4 (pós-graduação, mestrado, doutoramento).

Resultados

Experiências de participação cívica e política anteriores à integração nos grupos teatrais

A maioria dos/as participantes neste estudo apresenta percursos e experiências de participação cívica e política anteriores à integração nos grupos teatrais, com maior destaque para as de cariz cívico. Estas experiências aparecem ligadas, essencialmente, aos contextos de religião, desporto, formação/educação e recreativo:

> Exatamente, eu cantava, fiz parte do rancho folclórico. (A, 78 anos, atriz, Entrevista - E)
> P - Um local religioso, por exemplo.
> B - Basquetebol eu, monitora na Universidade Sénior, também. (P, 79 anos, atriz; B, 62 anos, atriz,
> Grupo de Discussão Focalizada - GDF)

Alguns/mas participantes revelam, ainda, envolvimentos anteriores em movimentos associativos, com motivações de solidariedade social e desporto, assim como em comissões de moradores e trabalhadores:

> Sou sócio dos bombeiros, sou sócio do [clube de futebol]. Participo em tudo que há [...]. Sempre participei. É para melhorar a comunidade [...] não é só para uns, é para todos. (I, 61 anos, ator, E)

> Foi sempre pela vida fora, politicamente na rua, nas manifestações, nas comissões de trabalhadores, nas comissões de moradores, por aí fora sempre assim. (P, 79 anos, atriz, GDF)

Para além disso, destacam-se experiências diferenciadas de acordo com as idades dos elementos e as dinâmicas das comunidades locais. As ações religiosas surgem mais associadas aos elementos mais velhos e aos meios rurais, enquanto as ações formativas/educativas aos mais novos e aos meios urbanos. As ações recreativas revelam-se mais próximas das pessoas mais velhas e as desportivas parecem ser transversais a todas as idades, não se destacando diferenças entre os grupos.

Especificamente em relação à participação política, salienta-se o envolvimento de alguns elementos em ações convencionais e não convencionais, sendo as últimas associadas a pessoas com vivências diretas do período pós-revolucionário:

> Já fiz parte de uma lista para a junta de freguesia. (O, 44 anos, atriz, E)

> Ali próximo da junta de freguesia, assaltaram a casa, fizemos lá um infantário [...] E depois saímos para a rua, para as manifestações com os cartazes, fazíamos cartazes naquele prédio. (A, 78 anos, atriz, E)

No que se refere aos mais jovens, as experiências anteriores de ações políticas convencionais parecem ser limitadas. Todavia, destaca-se a evolução neste domínio após a integração no grupo teatral, particularmente em ações políticas não convencionais, como se verá mais à frente.

Em síntese, o envolvimento anterior à integração nos grupos parece direcionar-se para ações de cariz cívico, registando-se, pelo contrário, um afastamento relativamente às de cariz político, principalmente as de configurações convencionais como, por exemplo, partidos políticos e sindicatos.

Conceções de teatro

Neste tema, importa mobilizar as primeiras memórias, percursos e experiências relacionadas com a participação teatral, nas quais se inclui a integração nos grupos, que concorrem para o desenvolvimento das conceções atuais de teatro. Na identificação da primeira memória de teatro, as respostas apontam para o "fazer teatral", sublinhando-se o impacto da experiência vivencial, em detrimento de uma posição de espectador/a passivo/a tradicionalmente associada ao "ver teatro". Estas primeiras experiências foram pontuais, ligadas a figuras significativas e desenvolveram-se na escola e na prática religiosa. As pessoas mais velhas dos grupos concretizam memórias conectadas à Juventude Operária Católica (JOC), casas do povo e fábricas:

> T - Eu recordo-me de uma peça que me marcou, quando eu era jovem, estava então a representar pela pré JOC.

> MM - Quando era miúdo, fiz uma coisa muito pequena na casa do povo que havia lá na freguesia [...] Ainda me lembro do texto.
> T - Fazia-se nas fábricas, era comum, e na escola primária, também, algumas pequenas representações. (T, 65 anos, atriz; MM, 63 anos, ator, GDF).

Embora praticamente todos/as os/as participantes tivessem já tido experiências culturais e artísticas, nomeadamente teatrais, estas assumiram um carácter pontual. A primeira experiência de continuidade é a que vivenciam atualmente, sublinhando-se o seu caráter significativo. Num primeiro momento, a ideia apresentada é ligada à conceção de "teatro pelo teatro", mais centrada no desenvolvimento do "fazer teatral" e nos benefícios pessoais daí de correntes. Apresentam-se como exemplos a libertação, o relaxamento, a melhoria da comunicação, a ocupação do tempo, o bem-estar global, o desenvolvimento de conhecimentos e o acesso a um espaço expressivo:

> Para mim é uma fuga, uma fuga da rotina [...] o teatro consegue levar-me para esse patamar [...] e, também, uma inspiração, para adquirir novos conhecimentos e conseguir aplicar no dia a dia. (UR, 23 anos, ator, GDF)

> Eu, inicialmente, quando entrei nestas peças, foi uma maneira de me superar a mim própria. (T, 65 anos, atriz, GDF)

Apenas num segundo momento é indicada a dimensão coletiva e política do teatro, nomeadamente ter uma experiência de construção em grupo, conhecer melhor a comunidade e discutir os seus problemas:

> É um exercício de respeito, de atenção, de concentração, de cumplicidade, de construção em conjunto, de união e que implica, portanto, estes valores todos. (U, 54 anos, atriz, GDF)

> A diferença é que o teatro é coletivo, não é sozinho, como a pintura, por exemplo. (L, 64 anos, ator, GDF)

Globalmente, as conceções de teatro apresentadas integram a dimensão política e são associadas ao "fazer junto". Os/as participantes destacaram a mudança de perceção relativamente aos/às outros/as que já se conheciam da comunidade e a possibilidade de conhecer novas pessoas. Desta forma, parece ser reforçada a ideia do espaço teatral enquanto terreno para a relação, comunicação e construção de sentido de pertença e comunidade. É ainda amplamente destacada a relevância da discussão e o confronto de ideias entre pessoas diferentes, evidenciando-se, a este respeito, a dimensão intergeracional:

> Para mim foi uma coisa boa, que eu vivia só, vivia isolado [...] foi uma família nova que eu arranjei. (MS, 84 anos, ator, GDF)

> Eu nunca tinha feito nada assim com a terceira idade [...] estarmos em pé de igualdade [...] As pessoas contam as coisas e eu penso assim: fogo, realmente estas pessoas têm muito para me ensinar. (N, 22 anos, atriz, E)

A conceção que os/as participantes têm de teatro é também construída recorrendo às diferenças que identificam entre o teatro que fazem e o profissional, rejeitando este último que consideram basear-se numa relação vertical, centrada na figura do/a encenador/a, e que remete para uma visão clássica associada às características do teatro burguês:

> L - Aqui acho que é muito mais libertador, muito mais alegre. Acho que é um bom conceito, este tipo de teatro comunitário.
> MM - Molda-se às pessoas, enquanto que no profissional [...] as pessoas é que se moldam ao texto e ao coreógrafo [...] Se aquela pessoa não tem estas ou aquelas características, não vai para aqui, vai para ali, faz isto ou faz aquilo. (L, 64 anos, ator; MM, 63 anos, ator, GDF)

> O - É um teatro de comunidade.
> D - Teatro do povo.
> O - A história do teatro é a nossa história. Nós não inventamos uma história.

D - É a nossa identidade, o nosso povo, são as nossas pessoas. (O, 44 anos, atriz; D, 57 anos, atriz, GDF)

A ideia de teatro mais veiculada pelos/as participantes surge organicamente associada à participação cívica e política, sendo que as duas dimensões, artística e política, são consideradas como indissociáveis e complementares. Esta conceção de teatro considera que uma ação artística tem inerente uma dimensão política. Neste sentido, o teatro é perspetivado como um espaço de experimentação artística, mas também de ensaio de uma outra sociedade, manifestando intenções de mudança social e de cidadania. Tal parece acontecer por ser um espaço de criação artística e pelos dispositivos convocados, que promovem o pensamento crítico, diverso e alternativo:

> O conhecimento que traz às pessoas e transmite. É um teatro político, não há dúvida nenhuma que é. (U, 54 anos, atriz, GDF)

> É uma resposta política e cívica ao momento, tenta mudar pensamento, desconstruir e construir ao mesmo tempo. (G, 18 anos, ator, E)

> É um ato de cidadania. [...] Porque envolve política, envolve interação social, cultural, comunitária... por isso, a meu ver é para mexer um bocadinho com as mentes e com as pessoas. (R, 33 anos, atriz, GDF)

E isto é tão bom que tem que nascer aqui alguma coisa, nem que seja um movimento cívico. Nós estamos a precisar de um movimento cívico [...]. Isto é um embrião de uma sociedade. (P, 79 anos, atriz, GDF).

O desenvolvimento da relação com o grupo e da participação no mesmo parece estar conectada com as propostas teatrais convocadas, que manifestam influências do teatro comunitário, do oprimido e de rua. No que se refere ao teatro de rua, verifica-se a ocupação do espaço público, durante os ensaios, as apresentações e a fase de pesquisa. Os contributos do teatro comunitário associam-se às oralidades e estéticas diversas que emergem nos distintos espetáculos dos grupos. Relativamente ao teatro do oprimido, destaca-se a forma como são acedidos e trabalhados os temas através de exercícios de *desmecanização* física inicial e a identificação de situações concretas e reais de opressão como ponto de partida para a construção da dramaturgia. Enquanto dispositivos teatrais, são salientadas a improvisação teatral e a pesquisa a partir de histórias pessoais e da comunidade, de fotografias, vídeos, imagens, músicas, objetos, percursos/visitas e entrevistas. Consideram-se, ainda, outros elementos característicos da criação coletiva, como a construção conjunta da dramaturgia e cruzamento e integração de distintas estéticas pessoais, grupais e comunitárias. Adicionalmente, é enunciada uma forma de fazer teatral assente nas corporalidades diversas. Aqui salienta-se um trabalho de corpo inicial intenso e, num segundo momento, a introdução da palavra oral e escrita. Sublinha-se, também, a presença de linguagens artísticas distintas como a escrita, o canto e o movimento. Estas práticas são baseadas na experimentação artística e em princípios comunitários. Deste modo, no contexto de uma estrutura flexível, são privilegiadas as estéticas locais, a ligação ao lugar e os problemas reais, sendo estes trabalhados simbolicamente no espaço de uma relação horizontal e possibilitando-se, assim, a produção de reflexões críticas de formas distintas:

> Nós aprendemos aqui que há várias formas de teatro, não é? Não há só uma técnica de teatro, há várias. Nós já fizemos teatro fórum, já fizemos teatro de rua... (O, 44 anos, atriz, E)

> Tentarmos perceber o que é que queremos falar e, a partir de vários exercícios, por exemplo, escrever mesmo, escrever numa grande folha, pura e simplesmente a trocar ideias e chegamos, por exemplo querermos falar de gentrificação [...] bastantes pessoas que estão nesse grupo sofrem desse problema [...] E eu acho que é nisto que começam estes processos teatrais, não é nunca pegando numa ideia, pegando nas pessoas, e todas as ideias que se desenvolvem são das pessoas e não de uma ideia que já vem pré-concebida. (G, 18 anos, ator, E)

Em suma, a conceção de teatro presente na grande maioria dos/as participantes centra-se numa forte ligação entre teatro e política. A ligação entre o "fazer teatral" e as realidades sociais e comunitárias parece ser crucial. No entanto, são também manifestadas narrativas conectadas à ideia do "teatro pelo teatro" mais centrada no desenvolvimento da técnica teatral e de benefícios pessoais. Estas duas conceções emergem como complementares e não como incompatíveis no pensamento e na ação dos/as participantes, rejeitando-se uma orientação exclusivamente para o resultado artístico, mas pelo contrário, valorizando os elementos processuais.

Efeitos percebidos na participação cívica e política

Este tema refere-se a efeitos percebidos decorrentes da participação nos processos de criação teatral. São perceções pessoais e grupais relativas a alterações na participação em diferentes contextos de vida na dimensão cívica e política. Estas alterações, embora associadas de forma direta ao fazer teatral, têm provavelmente diversas influências relacionadas com as dinâmicas da vida dos/as participantes, impossíveis de isolar nesta análise. O objetivo não é definir uma relação causa-efeito entre o teatro, num esquema comunitário, e a participação cívica e política, mas identificar recorrências e possibilidades de influência mútua.

Os efeitos percebidos direcionam-se para ações cívicas e políticas que desenvolviam antes e depois da integração no grupo e para efeitos percebidos nas dimensões pessoal, grupal e comunitária dos/as envolvidos/as. Os mais facilmente identificados referem-se a aspetos pessoais: ou seja, é identificada uma melhoria das competências comunicativas e participativas após a integração no grupo, por exemplo, menor timidez, sensação de maior segurança, melhoria na capacidade de tomada de perspetiva do outro e necessidade de dialogar com as diferenças:

> Participo mais na comunidade agora, porque dantes estava mais fechada, fugia das situações e dos problemas, basta estar mais

> aberta, conversar com as pessoas, chegar a elas. (O, 44 anos, atriz, E)

> Eu chegava a uma roda como essa e eu não falava. E eu ficava pingando aqui. [...] Queria falar e tinha muita coisa para falar e não falava. E com o teatro e isso cada vez vai acontecendo mais. (J, 53 anos, ator, GDF)

Outros efeitos referidos na dimensão pessoal vão no sentido do desenvolvimento da observação, tolerância, sensibilidade, solidariedade, abertura ao outro e respeito. Este processo parece acontecer nos dois sentidos, ou seja, também o próprio grupo e a comunidade, segundo os/as participantes, parecem evidenciar alterações na sua perceção relativamente aos elementos dos grupos:

> As pessoas da comunidade também valorizam mais as minhas opiniões. (GU, 24 anos, atriz, E)

> Nós mesmos só no fim é que nos apercebemos do espetáculo que criamos, que demos, que apresentamos ao público. Recebemos louvores e parabéns da Câmara, do próprio presidente. [...] Nunca pensei que... percebe? (I, 61 anos, ator, E)

Os efeitos percebidos parecem expressar-se através de uma maior facilidade de participação nos grupos, que se assumem como um dos contextos privilegiados atuais de participação cívica e política:

> Somos poucos para a sociedade toda distorcida que temos à nossa volta [...] Ou há mais grupos destes porque estes grupos, sem ser políticos, porque nós aqui fazemos política, sem fazermos por partidos. (GA, 57 anos, atriz, GDF)

Nos efeitos percebidos grupais, destaca-se, também, o desenvolvimento da reflexão sobre a participação no contexto do grupo associada, essencialmente, a dinâmicas grupais mobilizadas pela experimentação artística. Parece assistir-se a um processo de consolidação da participação, ao mesmo tempo que se constrói o coletivo e se valoriza a comunidade que se integra, remetendo, neste caso, para efeitos percebidos comunitários:

> Desde que ando no grupo acredito mais na comunidade, no seu potencial, porque de certa forma experimento esse potencial neste grupo. (UR, 72 anos, atriz, GDF)

Ainda a este respeito, outro aspeto fundamental prende-se com a criação de uma rede de suporte entre os elementos dos grupos a partir da ação especifica do grupo, mas que funciona para além deste, noutros contextos das comunidades:

> Nós trocamos ideias fora do teatro, marcamos coisas fora do teatro, estamos juntos fora do teatro. (O, 44 anos, atriz, E)

Os efeitos percebidos relativamente à participação nos processos de criação dos grupos parecem ter-se alargado a outros contextos de vida, nomeadamente família, trabalho e escola:

> RC - se calhar o teatro veio-me ajudar em muitas situações [...] Eu acho que o teatro a mim me ajudou muito em situações da vida real.
> O - Mesmo no trabalho, temos mais à vontade, se calhar não temos receio de nos expressarmos melhor, eu falo por mim, acho que nesses casos me veio ajudar bastante.
> RC - Mesmo em problemas que possamos assistir no meio da rua, se calhar vamos ter a capacidade de intervir e de sermos mais ativas com a situação. (CR, 46 anos, atriz; O, 44 anos, atriz, GDF)

> Estou mais recetiva, agora [...] estou mais à vontade para o que vier. E até aqui não, estava muito oprimida. (L, 60 anos, atriz, GDF)

No que se refere à análise das ações nas quais participam depois do envolvimento continuado com o grupo, genericamente, os elementos dos grupos percebem uma maior participação cívica e política, nomeadamente em outras ações culturais e artísticas e em ações de natureza educativa/formativa. De salientar ainda um envolvimento em órgãos sociais de associações e em ações de carácter social:

> Depois daqui até participei, comecei a participar a outro nível, nomeadamente na direção de uma associação comunitária e que não tinha essa abertura [...] não tinha vivenciado isto e, portanto, a experiência era outra. (U, 54 anos, atriz, GDF)

> Desde que estou no grupo procuro estar mais atenta às pessoas, tento mover algo [...] fazer voluntariado. (O, 44 anos, atriz, E)

Relativamente à participação política convencional, verificam-se alterações através do desenvolvimento de ações complementares que emergem da criação e funcionamento do grupo, como, por exemplo, a participação em manifestações com *performances:*

> O facto de já participarem em manifestações, já assumirem uma posição em relação a determinadas problemáticas, perguntarem e quererem saber mais e dizerem-me o que acham. (RI, 35 anos, parceira, E)

No entanto, é em relação às configurações não convencionais que os elementos dos grupos parecem revelar maior envolvimento, nomeadamente os mais novos, por exemplo, ao referirem ações de consumo responsável e de defesa dos direitos humanos:

> O espetáculo chama a atenção das pessoas, obriga-as a refletir sobre a comunidade de outra forma. A necessidade de ser ativo, de não ficar à espera que a câmara ou a junta faça tudo. (E, 26 anos, diretora, E)

> Fico um pouco arrepiado de ir [...] a uma loja dessas quando já sei [...] acho que falhamos bastante como cidadãos, como membros da comunidade ativos [...] passamos ao lado, e é por causa disso que estes problemas se tornam gravíssimos e enor-

> mes, porque simplesmente descartamos, não queremos olhar que aquela roupa bonita é feita por crianças do Médio Oriente [...] tento ter ação política nessas pequenas coisas. (G, 18 anos, ator, E)

Do ponto de vista comunitário, os efeitos percebidos na participação cívica e política são concretizados com alguns exemplos de ações despoletadas a partir dos processos de pesquisa e apresentação dos espetáculos:

> Pegando aqui no jardim em concreto, aquilo que foi falado e sugerido no grupo. Já houve mudanças no jardim, coisas simples como bebedouros [...] que as pessoas disseram que era importante ter. E já estão lá. E agora a proposta é ir lá com as pessoas beber. (R, 33 anos, atriz, GDF)

> Por exemplo, as festas populares, de vizinhos, associações de moradores, murais, comemoração do 25 abril, o desejo das associações trabalharem juntas em rede [...] As pessoas estão cada vez mais abertas ao que acontece. (NA, 42 anos, parceira, E)

Em síntese, este tema indica uma maior participação em ações culturais e artísticas, seguida das educativas/formativas e, finalmente, sociais. Desta forma, verifica-se um maior enfoque nas ações cívicas do que nas políticas, embora se destaquem mudanças face às configurações convencionais e não convencionais nos/as mais jovens. Para além dos efeitos pessoais e grupais, associados ao desenvolvimento de competências pessoais e sociais e à participação no grupo, são ainda percecionados efeitos comunitários. Neste caso, trata-se, por exemplo, de ações concretas introduzidas nos espaços e dinâmicas dos territórios a partir dos processos e espetáculos dos grupos, principalmente, em espaço público.

Conclusões

A análise e discussão do material empírico permite concluir que a proposta das práticas artísticas comunitárias se constrói a partir do contexto social, político, educativo e cultural específico de cada grupo, em diálogo com as experiências anteriores de participação cívica e política percecionadas como eficazes (Lawy & Biesta, 2006), considerando a experiência continuada de integração nos grupos (Sprinthall, 1991). Os processos, nas suas dimensões criativa e organizacional, associados às práticas artísticas comunitárias, parecem ser gerados pelas metodologias teatrais e estéticas mobilizadas, assim como pelos princípios educativos e comunitários de funcionamento do grupo. A forma como se constroem estes processos determina o desenvolvimento de conceções de teatro que integram ativamente a dimensão política, assim como os efeitos percebidos nas ações de participação cívica e política, a nível individual, grupal e comunitário. É, ainda, de salientar que a relação entre os processos inerentes às práticas artísticas comunitárias e conceções de teatro influenciam-se mutuamente, sendo que a vivência artística dos processos determina o questionamento e reconstrução dessas conceções. O movimento que se estabelece entre as diferentes dimensões destas práticas é dinâmico, circular e regenerativo, como se representa na figura síntese que se segue.

Figura 4. Dimensões envolvidas nas práticas artísticas comunitárias.

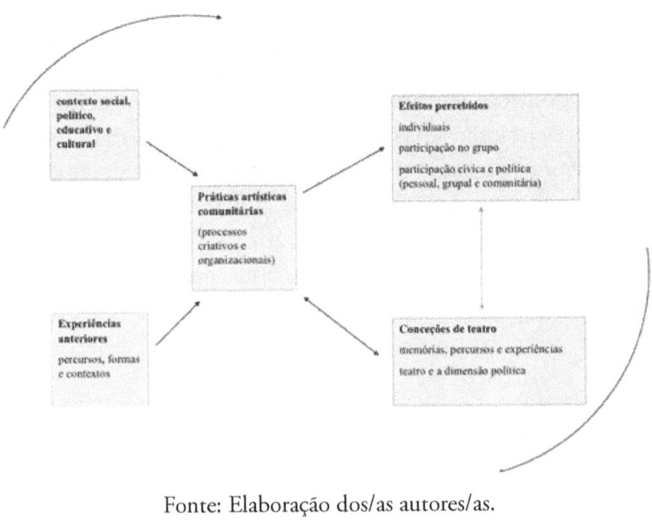

Fonte: Elaboração dos/as autores/as.

Os aspetos que emergem como essenciais neste estudo e que caracterizam os processos despoletados no contexto dos grupos teatrais aproximam-se das características atribuídas pela literatura às práticas artísticas comunitárias: elementos de criação coletiva e experimentação artística, que implicam construção codramatúrgica; conexão aos territórios e contextos sociopolíticos; horizontalidade na relação entre profissionais e não profissionais das artes, nomeadamente na tomada de decisões partilhada; foco nas preocupações reais dos/as participantes; primazia da *desmecanização* do corpo; e cruzamento entre estéticas distintas (Bezelga, 2015; Boal, 1977; Cruz et al., 2020; Erven, 2001; Gielen, 2015; Prentki & Preston, 2009).

Com base nos pressupostos de que as identidades se transformam e desenvolvem ao longo da vida (Bauman, 2005) e de que são construídas "identidades geracionais" em contextos ecológicos e situados (Feixa & Leccardi, 2010), torna-se relevante destacar neste estudo o confronto de conceções e interesses baseado na grande diversidade etária que constitui os grupos. Este aspeto promove a negociação perante as tensões geradas entre "diferentes", no âmbito da ação e produção dos grupos, que poderá ser considerada, de forma mais alargada, como um dos principais desafios que as democracias enfrentam (Benhabib, 1999). A este respeito, não deixando de se enfatizar a relevância da heterogeneidade e rejeitando tentativas de homogeneização, estes grupos parecem ser espaços de criação de um "nós" a partir do "fazer teatral" (Mouffe, 1995).

Relativamente às pessoas mais velhas, é fundamental sublinhar o impacto do contexto, nomeadamente do 25 de Abril, e a possibilidade que trouxe de organização de ações coletivas. Estas experiências são transportadas para o presente no contexto de grupos eminentemente intergeracionais. O "fazer junto" teatral parece, assim, alicerçado no conjunto de experiências anteriores de participação, que agora, estimulado pelas metodologias teatrais convocadas, potencia a discussão e confronto de ideias entre diferentes, nomeadamente na interação com os/as mais jovens.

Por seu lado, os/as mais novos/as parecem encontrar nestes grupos a possibilidade de expressar os seus pontos de vista e interesses de forma dialogada e assente na discussão e pensamento crítico, mais fragilizada noutros contextos das suas vidas. Esta vivência do espaço teatral enquanto experiência significativa integra, assim, elementos de educação não formal, com destaque para a síntese cultural e ação dialógica (Freire, 1987).

A conceção de teatro mais salientada pelos/as participantes perspetiva a participação cívica e política e a criação teatral como indissociáveis e complementares, sublinhando a atenção dada à realidade social e política nestes processos. Ora, atendendo-se às experiências teatrais escassas e pontuais anteriores, esta conceção de teatro parece ter resultado da integração nos grupos. Longe de um modelo hierárquico associado ao teatro profissional, atendendo-se às experiências teatrais escassas e pontuais anteriores. Maioritariamente, manifesta-se um distanciamento de hierarquias verticais, inerentes a algumas formas de fazer teatro, identificado como profissional e baseado em premissas do teatro burguês. Pelo contrário privilegiam-se a horizontalidade, as questões reais das comunidades como ponto de partida, trabalhadas simbólica e poeticamente, a partir do movimento e do corpo, a par da reflexão crítica. Apesar de emergirem conceções de "teatro pelo teatro", centrados no desenvolvimento do "fazer teatral" e dos benefícios pessoais daí decorrentes, é afastada uma visão centrada na orientação para o resultado artístico. Os dados parecem apontar no sentido da identificação dos/as participantes com uma conceção de teatro que privilegia a diversidade de abordagens, considerando as diferentes inspirações e metodologias teatrais referidas, o foco em processos e resultados, e não necessariamente numa destas dimensões, e o cruzamento entre linguagens artísticas distintas. A presença destas características pode contribuir para tornar a ação destes grupos mais resistente a pressões estruturais que, tendencionalmente, desvalorizam a sua abordagem estética e modos produção alternativos (Duncombe, 2016).

Os efeitos percebidos centram-se nos benefícios pessoais traduzidos no desenvolvimento de competências pessoais e sociais associadas a modificações positivas, por exemplo, nas relações familiares e com os pares, à semelhança do que é apontado pela literatura (Fernández Bustos, 2006; Nardone, 2010; Neves & Guedes, 2016; Wald, 2009). Mas a identificação dos efeitos alarga-se à esfera grupal: no fortalecimento das relações no grupo e entre os/as seus/suas integrantes, no desenvolvimento do trabalho coletivo e na expansão de redes sociais (Fernández Bustos, 2006; Katzmair, 2018). Quanto aos efeitos no domínio comunitário, destaca-se o desenvolvimento da consciência sobre assuntos comunitários, o fortalecimento identitário da comunidade e o incentivo para processos de desenvolvimento local (Katzmair, 2018).

Parecem ser os efeitos pessoais percebidos que sedimentam a participação continuada no grupo. O grupo é perspetivado como uma rede de suporte, para além do teatro, assim como um espaço que permite a experimentação e reflexão (Sloman, 2012). Nesta linha, o grupo teatral assume-se como um contexto privilegiado de participação cívica e política para a maior parte das pessoas, assente na ideia de tensão entre político e artístico (Bishop, 2011; Rancière, 2005) e na possibilidade de invenção do processo à medida que este se desenvolve (Brecht, 1972; Huybrechts, 2014).

As experiências continuadas nestes grupos parecem também incrementar a participação cultural e artística nos mesmos e para além deles. Identifica-se um maior envolvimento em ações sociais e educativas/formativas, assim como a integração em órgãos sociais associativos. Tal parece estar relacionado com o tipo de pesquisa sobre as realidades, proposta por estas práticas, que instiga o pensamento crítico e o desenvolvimento de outros conhecimentos. Este aspeto parece sublinhar a integração e o desenvolvimento das dimensões cultural, educativa e política na criação que cruza artistas profissionais e não profissionais.

Apesar do afastamento de configurações políticas convencionais (Putnam, 2001), é destacado o envolvimento em manifestações, nomeadamente através da linguagem teatral, conectando o protesto social e a arte (Raposo, 2015). Neste sentido, o desejo de aproximação atual a formas não convencionais de participação política, principalmente dos/as mais jovens, é igualmente de sublinhar (Berger, 2009; Menezes et al., 2012). No geral, o presente estudo reforça a ideia de que, em tempos de recriação e expansão dos conceitos de participação cívica e política (Harvey, 2013; Negri & Hardt, 2014) e de criação artística (Duncombe, 2016; Mason, 2019; Raposo, 2015), é possível perspetivar as práticas artísticas comunitárias, nomeadamente as teatrais, como um espaço de criação que, pelas metodologias que mobiliza, propõe um ensaio de outras formas de participação, ao mesmo tempo que questiona os limites das estéticas culturalmente legitimadas.

4. Elementos das práticas artísticas comunitárias e as suas ligações com a participação cívica e política no contexto de grupos teatrais em Portugal — uma abordagem quantitativa — Estudo 3

O terceiro estudo que integra esta investigação é de caráter quantitativo e centra-se na realidade de 248 artistas não profissionais que integram 20 grupos de teatro portugueses. A caracterização sociodemográfica das pessoas que colaboraram no estudo, assim como a análise do inquérito sobre a origem, descrição, missão, constituição e funcionamento dos grupos, está plasmada no capítulo dedicado ao enquadramento metodológico. Como aí foi referido, este último estudo teve como principais objetivos aprofundar a pesquisa das práticas artísticas comunitárias no contexto português, ampliando e diversificando os grupos e as/os participantes, de forma a aceder aos elementos centrais inerentes ao desenvolvimento destas práticas, bem como as suas ligações à participação cívica e política dos participantes. Nesta última seção do capítulo dedicado à empiria, a tónica é colocada nos elementos associados à qualidade de participação cultural e artística das práticas artísticas comunitárias e a relação que esta estabelece com a participação cívica e política, considerando-se, neste caso, distintas ações e níveis (pessoal, grupal, comunitário e institucional). Os resultados serão apresentados através de gráficos e quadros síntese integrados com a respetiva descrição e discussão.

A apresentação dos resultados e sua discussão inicia-se pela análise fatorial exploratória, que contempla a caracterização das seis escalas que emergiram. Embora este processo tenha ocorrido depois de uma análise descritiva, opta-se por apresentá-lo em primeiro lugar para que a análise descritiva apresentada a seguir possa assumir uma maior fluidez e compreensão. Segue-se, então, a análise descritiva, integrada com a primeira discussão dos resultados, que contempla uma abordagem por blocos de itens, nos casos em que estes não originaram escalas, para além, naturalmente, destas últimas.

Numa fase seguinte, a análise correlacional bivariada considerou relações que permitem uma discussão dos dados mais aprofundada e diversa. Finalmente, usaremos uma análise de regressão que permitiu estudar, na sequência dos estudos anteriores, o papel preditor da qualidade da participação cultural e artística.

4.1. Análise da dimensionalidade das escalas: fatorial exploratória e análise de consistência interna

Como referido anteriormente na abordagem metodológica, a análise da dimensionalidade das escalas baseou-se na análise fatorial exploratória com rotação varimax. Após a identificação de fatores/subescalas sustentáveis teórica e empiricamente, a sua consistência interna foi considerada a partir do cálculo do alfa de Cronbach (ou da correlação inter-item no caso de subescalas com menos de 3 itens).

4.1.1. Escala de motivações pessoais para a criação

Esta escala refere-se às *motivações pessoais* para fazer teatro, ou seja, direciona-se para o porquê de os/as participantes estarem envolvidos neste tipo de práticas. Por outras palavras, remete para os distintos "motores" para o fazer teatral. É constituída por 8 itens, relativos ao bloco 11 do questionário, tendo-se retido 3 fatores com a seguinte distribuição de itens: desenvolvimento pessoal e social (4 itens); desenvolvimento da técnica teatral (2 itens); e desenvolvimento sociopolítico (2 itens).

4.1.2. Escala de conceções de teatro

Esta escala remete para as ideias construídas em torno do teatro, ou seja, quais as perceções sobre o fazer teatral que o definem enquanto tal, estando ligadas com as experiências e percursos teatrais dos participantes. Explorou-se uma análise fatorial com 3 fatores que legitimou a identificação de 3 dimensões separadas: teatro pelo teatro (3 itens), teatro e política (1 item) e teatro centrado nos problemas reais (1 item).

4.1.3. Escala da qualidade da participação cultural e artística

Esta escala integra itens do bloco 15 do questionário, considerando a análise das matrizes, nomeadamente, as comunalidades. Entende-se participação cultural e artística, neste estudo, não só como o conjunto de possibilidades de acesso e fruição cultural e artística de determinada população, mas, também, a oportunidade do seu envolvimento nos modos de produção cultural e artística, característica central das práticas artísticas comunitárias (Lopes, 2009; Nardone, 2010; Suess, 2006). A escala integra 14 itens organizados por 3 fatores, com a seguinte designação e distribuição de itens: orientação para o resultado artístico (2 itens); tomada de decisão partilhada (5 itens); e processos criativos abertos (7 itens).

4.1.4. Escala da qualidade da participação

O Questionário das Experiências de Participação (Ferreira & Menezes, 2001), do qual 8 itens forem mobilizados para os blocos de 17. e 18. do questionário construído, considera as oportunidades de ação e de reflexão vivenciadas no contexto do grupo. A solução fatorial em dois fatores explica 51.6% da variância, mas com uma distribuição que não corresponde totalmente à estrutura prevista (os itens "procurar informação" e "tomar decisões" saturam no fator da reflexão). Assim, optou-se pela manutenção dos fatores ação e reflexão.

4.1.5. Escala do ambiente positivo para a criação

Esta escala é unifatorial, composta por 3 itens a partir do bloco 16. do questionário e remete para o ambiente produzido no contexto da ação dos grupos teatrais que potencia os processos de criação.

4.1.6. Escala de efeitos percebidos globais

A escala *efeitos percebidos* globais refere-se à perceção que as/os participantes tiveram de mudanças ocorridas antes e depois da integração nos grupos de teatro, organizando-se pelos efeitos percebidos na dimensão individual, grupal, comunitária e institucional. Conforme o explicado anteriormente, considera-se nesta investigação uma definição de participação cívica e política alargada. Nesta linha, o bloco de itens 25., que deu origem a esta escala, remete para ideias globais percebidas, enquanto o bloco 24. propõe um conjunto de ações concretas de participação cívica e política mediante as quais os/as participantes se posicionaram. A escala contempla 5 itens distribuídos em "pessoais e grupais" (3 itens) e "comunitários e institucionais" (2 itens).

4.2. Análise descritiva de itens e escalas e discussão de resultados

4.2.1. Motivações pessoais para a criação

As *motivações* pessoais dos/as participantes para fazerem teatro encontram-se distribuídas por 3 fatores, segundo uma lógica decrescente, da seguinte forma: desenvolvimento pessoal e social ($M = 3.88$; $DP = 0.89$)[66]; desenvolvimento da técnica teatral ($M = 3.63$ $DP = 1.13$); e desenvolvimento sociopolítico ($M = 3.48$; $DP = 1.07$). Assim sendo, o desenvolvimento pessoal e social parece ser a principal motivação para fazer teatro, próxima da motivação associada ao desenvolvimento da técnica teatral. A motivação menos relevante remete para o desenvolvimento sociopolítico, como é possível verificar na Figura 6.

---

66 (M = média; DP = desvio padrão).

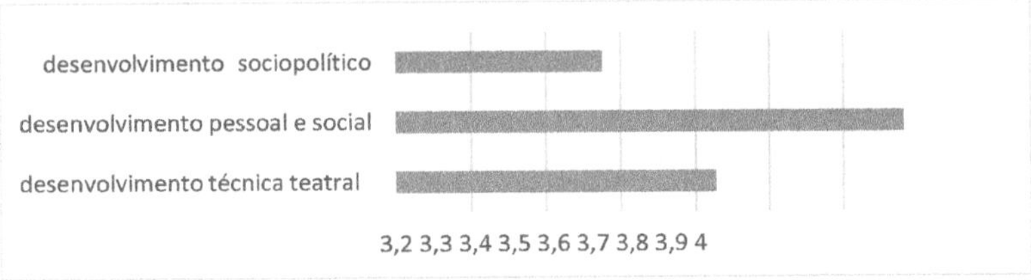

Figura 6. Médias referentes aos três fatores da escala motivações pessoais para a criação.

Numa análise item a item os resultados não são distintos, sendo que a média de respostas mais elevada aponta no sentido das motivações relacionadas com o desenvolvimento de diferentes conhecimentos e da possibilidade de desafio (*M* = 4.54; *DP* = 0.71), assim como do convívio com pessoas diferentes e confronto com opiniões distintas (*M* = 4.27; *DP* = 0.90) e, ainda, a possibilidade de terem, especificamente, uma experiência teatral e desenvolver competências nesta área (*M* = 4.23; *DP* = 1.02). Ou seja, itens que se direcionam para o desenvolvimento pessoal e social e o desenvolvimento da técnica teatral. Por outro lado, a média mais baixa (*M* = 2.93; *DP* = 1.62) parece indicar não existirem muitas expetativas relativamente à profissionalização do "fazer teatral", assim como, o item "pensar e discutir questões políticas" que apresenta a segunda média mais baixa, pouco acima do meio da escala das respostas (*M* = 3.07; *DP* = 1.36). De salientar que o item "conhecer melhor a minha comunidade, perceber como funciona e discutir os seus problemas", outro dos itens do desenvolvimento sociopolítico, apresenta uma média superior (*M* = 3.88; *DP* = 1.07), diferenciando-se, talvez, por não apresentar diretamente a expressão "política".

Estes resultados revelam que a motivação principal das pessoas envolvidas nas práticas artísticas comunitárias se centra no desenvolvimento pessoal e social e, num segundo momento, de forma muito aproximada, no fazer teatral, provavelmente pela especificidade que apresenta. No sentido de clarificar estes resultados, tentou-se averiguar se a motivação associada ao desenvolvimento da técnica teatral estava relacionada com uma ideia de profissionalização futura nesta área. Tal pressuposto não se verificou, à exceção do caso dos participantes mais novos, considerando-se a correlação estatisticamente significativa (r = - .40)[67] com este item em concreto e com o "ter uma experiência teatral e desenvolver competências nesta área" (r = - .31). Por outro lado, destaca-se que, quanto maior é a idade, maior é a correlação com os itens "ocupar o tempo disponível e descontrair" (r = .20) e "conhecer melhor a minha comunidade, perceber como funciona e discutir os seus problemas" (r = 17), associados, respetivamente, ao desenvolvimento pessoal e social e sociopolítico.

Numa primeira análise, estes resultados parecem ser distintos da literatura que aponta para motivações de envolvimento nestas práticas enquanto uma possibilidade de participação, de promoção da coesão social com base numa experiência coletiva e associado a uma perspetiva da arte enquanto motor para a mudança cultural e social (Katzmair, 2018). No entanto, numa análise mais fina e convocando a variável idade para a discussão, considerando que a amostra deste estudo integra 25% de participantes com menos de 17 anos, os resultados parecem estar mais em concordância, nomeadamente, com as características associadas à adolescência que se orientam, tendencionalmente, para a dimensão pessoal e social.

4.2.2. Conceções de teatro

O item 12 do questionário, que recorre a duas fotografias, incluiu no questionário a hipótese de acesso aos posicionamentos face a diferentes estéticas representadas na sua componente visual. Neste caso, as/os participantes puderam optar por uma fotografia referente a um espetáculo que decorre numa praça com o envolvimento de um número significativo de integrantes, com os quais se identificaram apenas 6.5% dos participantes. A outra imagem referente a uma ideia convencional de teatro apresenta um espaço de implementação cénica numa sala de espetáculos, com a qual se identificaram 16.9%. Uma terceira opção passava pela identificação com ambas as imagens, assumida por 67.3% dos/as participantes, o que parece revelar

67 r = correlação

flexibilidade e aceitação relativamente à multiplicidade de formas estéticas que o teatro pode assumir (cf. Figura 7).

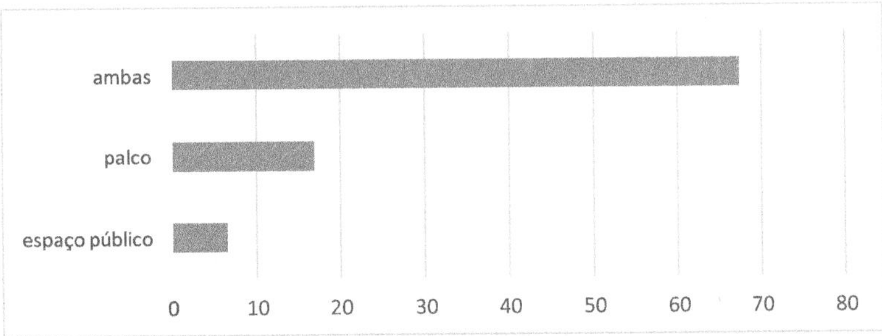

Figura 7. Distribuição em % das respostas referentes aos 3 itens do bloco 12.

Do bloco 13 emergiu a escala *conceções de teatro* que procura aceder às ideias de teatro situadas no espetro de discussão teórica que se desenvolve em torno das ideias arte pela arte e arte com função social. Os resultados revelam uma média mais elevada no fator teatro centrado nos problemas reais ($M = 4.57$; $DP = .67$), seguida do fator teatro pelo teatro ($M = 3.87$; $DP = 0.85$) e, finalmente, pelo teatro e política ($M = 2.72$; $DP = 1.24$) (cf. Figura 8).

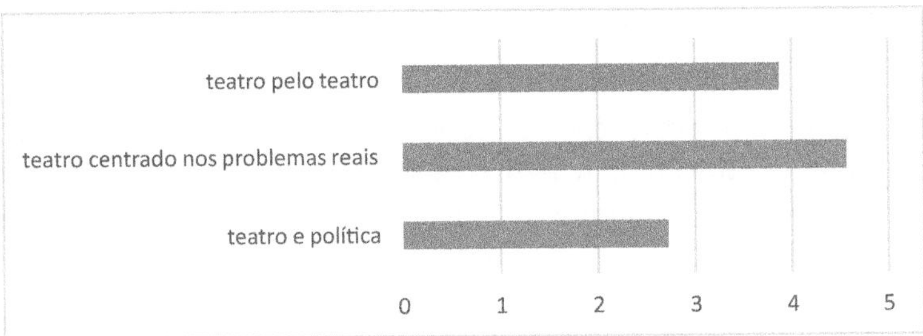

Figura 8. Médias referentes aos três fatores da escala *conceções de teatro.*

Os valores das médias acedidas, considerando a diferença pequena entre teatro centrado nos problemas reais e teatro pelo teatro, apontam para a valorização das dimensões que reportam para as ideias de tensão entre arte e política, na linha do proposto pela literatura (Bishop, 2011). Nesta linha destaca-se o argumento de que a dimensão política da arte é algo incontornável, configurando-se antes da própria arte tentar negar a existência dessa relação (Rancière, 2005). O valor menor do teatro e política sublinha o afastamento dos/as respondentes, já referido, face a esta expressão, valor este que se apresenta muito distante do fator teatro centrado nos problemas reais, o que reforça este argumento.

Embora a diferença não seja grande, regista-se a mesma tendência na análise item a item, com exceções a sublinhar. A pergunta "para mim o teatro deve abordar problemas reais e contribuir para a transformação social" destaca-se com a média mais elevada (M = 4.57; DP = 0.67) em contraponto com "para mim o teatro deve ter ligação com a política", com a média menos elevada (M = 2.72; DP = 1.24). Relativamente aos 3 itens que integram o "teatro pelo teatro" destaca-se a relevância dada à relação com o público e o prazer que lhe possa ser proporcionado (M = 4.23; DP = 0.91) e uma visão de teatro que assenta no objetivo "de representar em palco envolvendo atores/atrizes e público" (M = 3.80; DP = 1.19).

Ou seja, as/os participantes, quando questionadas/os relativamente aos contributos do teatro para identificar e refletir sobre problemas reais e contribuir para a transformação social, apresentam elevado grau de concordância, não acontecendo o mesmo, quando se questiona relativamente à ligação com a política. É importante refletir sobre este ponto e as ideias que são associadas ao conceito de política e como genericamente parecem influenciar as respostas, à semelhança do que sucedeu com o desenvolvimento sociopolítico da escala anterior. Foi visível, no momento do preenchimento dos questionários, através de algumas dúvidas colocadas e comentários associados, um posicionamento generalizado de afastamento de uma discussão sobre algo que possa estar relacionado com o que convencionalmente as pessoas associam a política, contribuindo, eventualmente, para isso, um elevado grau de não identificação, ceticismo e desconfiança.

Estes resultados podem sugerir que as práticas artísticas comunitárias desenvolvidas carecem de intencionalidade política, no sentido do desenvolvimento de um pensamento crítico mais alargado, focando-se, exclusivamente, nas questões específicas das comunidades onde se integram os grupos, tal como indica a literatura (Cruz, 2015; Suess, 2006). Para além disso, o afastamento e desinteresse em Portugal das/os cidadãs/os das questões políticas, fomentados por baixos níveis de confiança nas instituições políticas e avaliando a responsividade política de forma negativa (Fernandes et al., 2019; Magalhães, 2009; Torcal, 2014), em geral, parecem distanciar as/os participantes dos itens que se direcionam para as dimensões políticas destas práticas.

É importante, ainda, salientar que, para além destes resultados apontarem para a existência de preocupações estéticas na criação desenvolvida, é valorizada a diversidade de formas estéticas, assim como a relação com o público, nomeadamente no que se refere à sua satisfação. Este aspeto pode remeter para uma necessidade de aceitação dos espetáculos apresentados e dos seus protagonistas, conectada com o desenvolvimento de bem-estar, confiança e consolidação de aspetos identitários, como indica alguma literatura (Nardone, 2010; Wald, 2009).

4.2.3. Metodologias teatrais

O bloco 14., de 10 itens, permite aceder às metodologias teatrais, ou seja, aos elementos essenciais para a criação que os/as participantes associam ao trabalho desenvolvido pelo grupo que integram. Desta forma, é possível especificar quais são as propostas e os "despoletadores" artísticos que se conectam às práticas artísticas comunitárias. A "criação coletiva" apresenta a média mais elevada (M = 4.57; DP = 0.71), seguida da "pesquisa a partir da comunidade" (M = 4.21; DP = 0.93) e do "teatro físico/ movimento" (M = 4.16; DP = 0.95). Relativamente às médias mais baixas salienta-se, numa lógica crescente, o "clown/palhaço" (M = 2.03; DP = 1.14), o "teatro do oprimido" (M = 2.74; DP = 1.45) e o "teatro de rua" (M = 2.92; DP = 1.39). Genericamente, o "teatro físico/movimento" (M = 4.16; DP = 0.95) apresenta uma média mais elevada que o "texto dramático" (M = 3.21; DP = 1.29) e que a "pesquisa a partir das histórias pessoais" (M = 4.08; DP = 0.98) (ver Figura 9).

Figura 9. Médias referentes aos 10 itens do bloco 14.

Estes resultados apontam para uma opção de metodologias teatrais que convocam o fazer em coletivo, uma centralidade no trabalho de corpo e movimento e a conexão às temáticas da comunidade. Estas escolhas revelam, por sua vez, elementos fundamentais para a definição da qualidade da participação. A este respeito destaca-se a espontaneidade como um dos aspetos relevantes na transformação desenvolvimental (Ferreira, 2006b), a ação em situação de equilíbrio com a reflexão (Dewey, 1916; Mead, 1934; Piaget, 1941; Vygotsky, 1967), a colaboração e comunidade (Schoenfeld, 2004) e a importância do envolvimento emocional e pluralismo, em detrimento exclusivamente da dimensão racional (Ferreira, Azevedo & Menezes, 2012).

De realçar que as opções mais relacionadas com uma conceção política da arte, pelo seu percurso histórico e *modos operandis*, como o teatro de rua ou teatro do oprimido (Boal, 1977, 1995), são as menos evocadas. A análise deste aspeto pode remeter para várias justificativas. Desde logo, remete para o distanciamento das pessoas de conceções de teatro político na linha dos argumentos explorados anteriormente, face à desconfiança generalizada na esfera política. Por outro lado, pode-se colocar a questão se na relação entre artistas profissionais e não profissionais são discutidas questões de nomenclatura das metodologias, assim como os seus percursos e princípios. Ou seja, os elementos dos grupos podem recorrer a estas metodologias, sem saber que esta é a sua designação. Ainda a outro nível, a utilização destas abordagens teatrais nos enquadramentos de apoios institucionais, nomeadamente financeiros, não são preferenciais, sendo, muitas vezes, questionadas e desvalorizadas relativamente à sua dimensão estética.

O uso de determinados conceitos, o significado das palavras e a associação destas a diferentes contextos, como o período da ditadura e/ou pós-revolução em Portugal, sublinha, muitas vezes, um medo, até hoje existente, de riscos de instrumentalização e politização da arte, que pode contribuir para contextualizar estes resultados.

4.2.4. Qualidade da participação cultural e artística

Esta escala integra itens do bloco 15. destacando-se, na análise, dois fatores com médias aproximadas e um com um valor mais baixo, que se refere à orientação para o resultado artístico (*M* = 3.37; *DP* = 1.09). Os valores de média mais elevados organizam-se, num sentido decrescente, desta forma: processos criativos abertos (*M* = 4.50; *DP* = 0.55), e tomada da decisão partilhada (*M* = 4.26; *DP* = 0.71) (ver Figura 10).

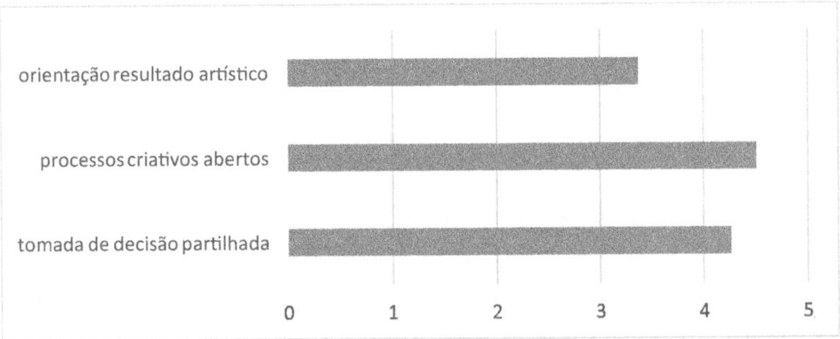

Figura 10. Médias referentes aos fatores da escala *qualidade da participação cultural e artística.*

Os itens desta escala centram-se nas dinâmicas processuais criativas, mas também de organização do grupo, permitindo aceder à forma de participar dos elementos nos grupos, ao tipo de relação entre profissionais e não profissionais e ao funcionamento grupal, nomeadamente no que se refere aos processos de tomada de decisão, responsabilidades e compromissos.

Numa análise item a item do bloco 15., os itens que têm valores de média mais elevados integram também o fator com a média mais alta (processos criativos abertos) e são os seguintes: "no grupo de teatro em que eu participo todos os momentos do processo de criação são importantes" ($M = 4.78$; $DP = 0.53$); "no grupo de teatro em que eu participo o compromisso com o grupo é fundamental" ($M = 4.78$; $DP = 0.53$); "no grupo de teatro em que eu participo existem momentos de ação (exs.: jogos e improvisação)" ($M = 4.56$; $DP = 0.76$); e "no grupo de teatro em que eu participo a escuta e diálogo estão sempre presentes" ($M = 4.44$; $DP = 0.67$). Relativamente ao grau de concordância menor, a média mais baixa é relativa ao item "no grupo de teatro em que eu participo desde que as pessoas não se atrasem e faltem aos ensaios é suficiente" ($M = 3.08$; $DP = 1.36$), seguido de "no grupo de teatro em que eu participo a apresentação final (espetáculo) é o momento central do processo criativo" ($M = 3.64$; $DP = 1.12$), que integram o fator com valor mais baixo de média (orientação para o resultado artístico).

Ou seja, o foco parece estar no processo criativo como um todo e não apenas no seu resultado, e as questões instrumentais, como não faltar ou se atrasar, parecem ser menos valorizadas do que a escuta, o diálogo, as opiniões diversas e o ambiente propício às discussões. Por outras palavras, a orientação parece ser mais para os processos, do que para os seus resultados, objetos artísticos, sendo que estes são vistos como uma parte integrante dos processos. Estes resultados são coincidentes com a literatura relativa à qualidade da participação, em geral, e nas práticas artísticas, em particular, a saber, elementos como a conscientização (e.g. Freire 1970/1987; Lave & Wenger 1991; Rogoff, 1998), o desafio ótimo (Sprinthall 1991), o conflito cognitivo e oportunidades de reflexão sobre este (Coimbra, 1991; Sprinthall, 1980), as questões significativas da vida real e a expressão e negociação de diferentes pontos de vista (Ferreira, 2006; Ferreira, Azevedo & Menezes, 2012; Menezes, 2003), a importância de experiências de role-taking, interação social e equilíbrio entre ação e reflexão (Dewey, 1916; Mead, 1934; Piaget, 1941; Vygotsky, 1967) e a existência de reciprocidade e horizontalidade na relação entre artistas profissionais e não profissionais (Bidegain, 2007; Boehm & Boehm, 2003; Cruz, 2015, 2019, 2021; Erven, 2001; Kester, 2011; Prentki & Preston, 2009; Winchester, 2013).

4.2.5. Ambiente positivo para a criação

Esta escala remete para a qualidade do ambiente de criação percecionado por quem participa no processo e que pode determinar as dinâmicas processuais desenvolvidas, ou seja, os aspetos relacionados com a maior e/ou menor presença de apoio, desafio e abertura na experimentação artística proposta pelos processos de criação. Esta escala unifatorial revela o seguinte valor de média, $M = 4.42$; $DP = 0.69$.

Na análise item a item, embora todos os itens apresentem um grau de concordância elevado, todos acima de 4, destaca-se o item "ao longo da minha experiência neste grupo senti-me apoiado/a quando tive que resolver questões difíceis para mim durante o processo criativo" ($M = 4.48$; $DP = 0.83$).

Os/as participantes parecem, assim, sentir-se bem no ambiente criativo desenvolvido no contexto dos grupos que integram, apesar das tarefas desafiantes, indicando existir, em simultâneo, o apoio necessário para as concretizar. Este ponto está em sintonia com a importância dada na literatura aos contextos de experiências de desenvolvimento e às suas características (Campos, Costa & Menezes, 1993), assim como à relação entre artistas profissionais e não profissionais (autores/as) e a um ambiente em que os/as participantes se sintam seguros (Blanche, 2014). Estes resultados remetem para a relevância de condições essenciais, como a confiança e o apoio, para o desenvolvimento da experimentação e da criatividade. Estes aspetos estão, num primeiro momento, muito dependentes da ação das/os artistas profissionais e, por isso, surgem numa escala separada da anterior, não deixando de ser fundamentais para a qualidade de participação cultural e artística das/os artistas não profissionais.

4.2.6. Efeitos percebidos na participação cívica e política

Nos itens 22 e 23, quando se questiona sobre os efeitos percebidos na relação entre o "fazer teatral" e a participação cívica e política, as respostas dos participantes são em torno do valor médio da escala de *likert*, no sentido de considerarem que a sua participação cívica e política influenciou mais a vontade de fazer teatro ($M = 3.06$; $DP =$

1.42) do que o contrário "eu participo mais em ações cívicas e políticas depois da minha integração no grupo de teatro" (*M* = 2.90; *DP* = 1.22) (cf. Figura 11).

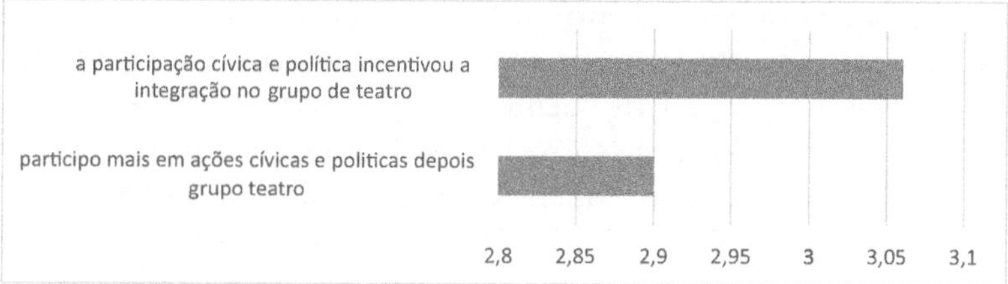

Figura 11. Médias referentes aos itens 22 e 23.

A tendência parece ser, portanto, para reforçar a ideia de uma influência mútua que, mais uma vez, sublinha a ideia de relação e tensão incontornável ente arte e política (Bishop, 2011; Rancière, 2005).

No bloco 24, organizado em 20 itens, é possível aceder a uma comparação de efeitos percebidos pelos participantes na sua participação em diferentes ações concretas (culturais e artísticas, cívicas e sociais, religiosas, políticas - convencionais e não convencionais, formativas e educativas, desportivas e recreativas e órgãos sociais de associações) e da sua intensidade, antes e depois da integração no grupo de teatro.

A média mais elevada relativa à diferença entre o antes e depois da integração no grupo de teatro na participação cívica e política verifica-se nas ações culturais e artísticas (*M* = 1.45; *DP* = 1.22). Seguem-se as ações formativas e educativas (*M* = 1.05; *DP* = 1.22), as ações cívicas e sociais (*M* = 0.57; *DP* = 1.11), e as ações relacionadas com a integração em órgãos sociais associativos (*M* = 0.48; *DP* = 1.15).

Os valores mais baixos direcionam-se para as ações religiosas (*M* = -0.06; *DP* = 0.96), as ações desportivas e recreativas (*M* = 0.17; *DP* = 0.64), as ações políticas convencionais (*M* = 0.29; *DP* = 1.12), as ações politicas não convencionais (*M* = 0.37; *DP* = 0.90) e as ações ativistas (*M* = 0.34; *DP* = 0.89). De salientar que, antes da integração no grupo de teatro, as ações com média mais elevada eram as ações cívicas e sociais (*M* = 2.83; *DP* = 1.34), seguidas das ações culturais e artísticas (*M* = 2.56; *DP* = 1.32), sendo que depois da integração no grupo se revela uma disposição diferente: ações culturais e artísticas (M = 4.01; DP = 0.87), ações formativas e educativas (M = 3.70; DP = 1.16) e só depois as ações cívicas e sociais (M = 3.40; DP = 1.23).

Estes resultados sugerem um aumento da participação em ações culturais e artísticas após a integração no grupo, assim como em ações formativas e educativas, acontecendo o mesmo, mas de uma forma menos significativa, relativamente às ações sociais e cívicas e às de integração em órgãos sociais associativos. Para explorar de forma mais sustentada esta evolução, foram realizadas análises de variância em medidas repetidas, que permitem comparar as variações nas respostas intraindivíduo, ou seja, analisando como cada participante aprecia a variação na sua própria participação antes e depois. Os resultados, que se ilustram na Figura 12, mostram que essa variação é sempre significativa ($p < .001$), com exceção da participação em organizações religiosas, e sempre no sentido do incremento da participação.

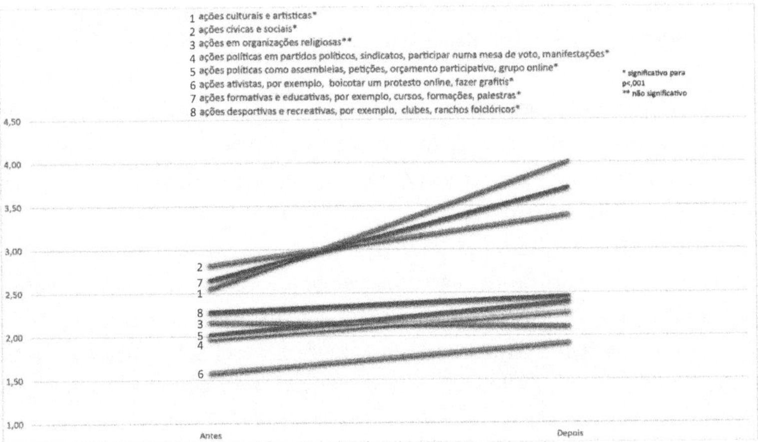

Figura 12. Análises de variância em medidas repetidas

Considerando que não é possível isolar a possibilidade de influência de outras dimensões na vida das/os participantes nestes efeitos percebidos e focando na integração nos grupos de teatro, pode-se perspetivar alguma discussão sobre estes dados. O desenvolvimento de aspetos ligados à qualidade da participação cultural e artística, já referidos anteriormente, podem ter influência no desenvolvimento da curiosidade, vontade de aprendizagem, na capacidade de experimentação em novos contextos e no pensamento crítico e, desta forma, numa procura e posterior integração em ações formativas e educativas. Estes efeitos percebidos podem também estar ligados a elementos de desenvolvimento pessoal e social, como maior confiança e consciência de si e da possibilidade de ocupar outros espaços relacionais, nomeadamente contextos educativos, até então sentidos, muitas vezes, como excludentes.

Numa intensidade menor, a diferença sentida nas ações sociais e cívicas sugere que, com base na informação de um envolvimento anterior à integração no grupo de teatro neste domínio, a existência de percursos participativos anteriores é relevante; tal como defende a literatura, participação gera participação (Putman, 1995). Neste sentido, pode-se colocar a hipótese de esta participação ter sido uma das influências para o envolvimento no grupo de teatro. De destacar, igualmente, que a participação cultural e artística parece ir, no caso das/os envolvidas/os neste estudo, para além do grupo de teatro, ou seja, a participação parece expandir-se para outro tipo de ações culturais e artísticas, numa dupla lógica de democratização e democracia cultural (Lopes, 2007).

Relativamente às ações políticas convencionais, o afastamento das mesmas mantém-se. Os itens associados à reflexão e ação relacionadas com as comunidades de âmbito cívico parecem não estar associados ao conceito de política no sentido convencional, sendo, talvez por isso, as respostas distintas. A explicação deste comportamento remete para o que a literatura tem vindo a sublinhar relativamente ao declínio das ações participativas associadas às configurações políticas convencionais (e.g., militar num partido ou sindicato, acompanhar ações políticas, votar, participar em manifestações) (Borba, 2012; Putman, 2001). No entanto, regista-se um ligeiro aumento de envolvimento em ações políticas não convencionais e ativistas, na linha do que sugere a literatura neste campo. Esta abordagem rejeita um declínio genérico da participação, optando-se, antes, por uma ideia de mudança para uma participação em estruturas não convencionais, menos rígidas e hierarquizadas, mais fluídas e baseadas em relações horizontais (Berger, 2009; Borba, 2012; Ekman & Amnå, 2012; Kaase, 1984).

4.2.7. Acesso às práticas e espaços de criação e apresentação

Relativamente ao acesso aos espaços de criação (ensaios) dos grupos, ou seja, aspetos instrumentais que permitem uma maior ou menor participação dos envolvidos nas práticas artísticas comunitárias, o grau de concordância é mais elevado na adequação dos horários e dos espaços ao acesso e disponibilidades dos participantes (M = 4.11; DP = 1.00), do que no caso do acesso aos transportes públicos que servem estes mesmos espaços (M = 3.78; DP = 1.28), como se encontra visível na Figura 13.

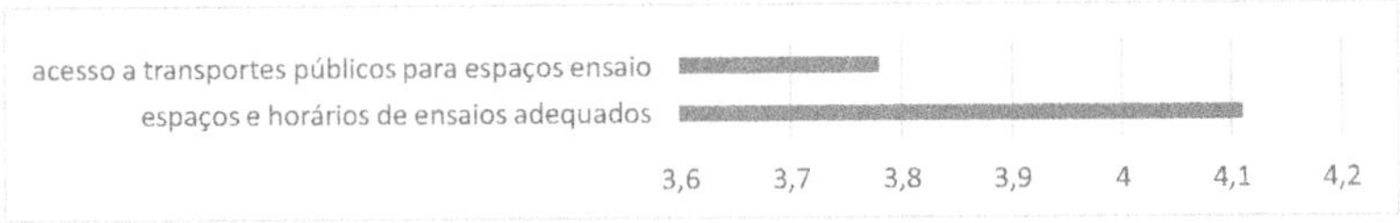

Figura 13. Médias referentes aos 2 itens do bloco 19.

Concretizando, de forma sintética, o tipo de espaços dedicados à criação e à apresentação parecem concentrar-se, essencialmente, nos centros sociais e outros espaços comunitários, centros culturais e teatros municipais e nacionais. A criação parece acontecer mais nos centros sociais e outros espaços comunitários (60.9%), seguidos dos centros culturais (51.2%) e teatros nacionais e municipais (45.2%) (cf. Figura 14).

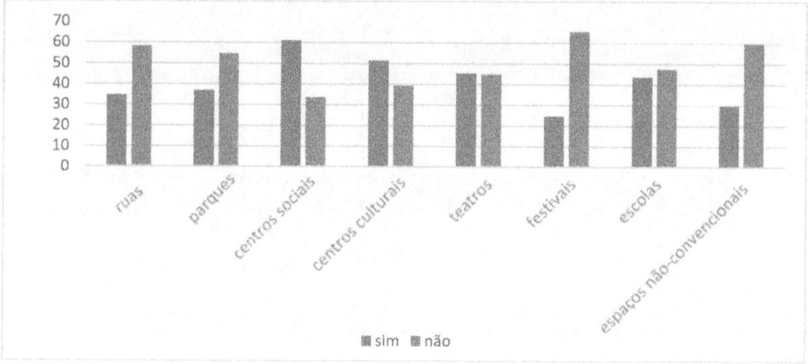

Figura 14. Resultado em % da ocupação de diferentes espaços com o objetivo de criação (bloco 20).

Esta ordem sofre uma inversão quando se trata dos espaços de apresentação: teatros nacionais e municipais (70.2%), centros culturais (55.2%) e centros sociais e outros espaços comunitários (50.8%). Destacam-se ainda as escolas e bibliotecas como espaços eleitos para a criação (43.5%) e menos no caso da apresentação (36.7%). Os espaços de criação no exterior, nas ruas e praças (34.3%) e parques e jardins (36.7%) apresentam valores inferiores relativamente a momentos de apresentação nesses mesmos espaços, nas ruas e praças (46.8%) e parques e jardins (41.9%). As restantes percentagens relativas a espaços não convencionais e festivais são menos elevadas em ambos os casos, exceto na apresentação relativa a festivais (47.6%) que revela um valor mais elevado (cf. Figura 15).

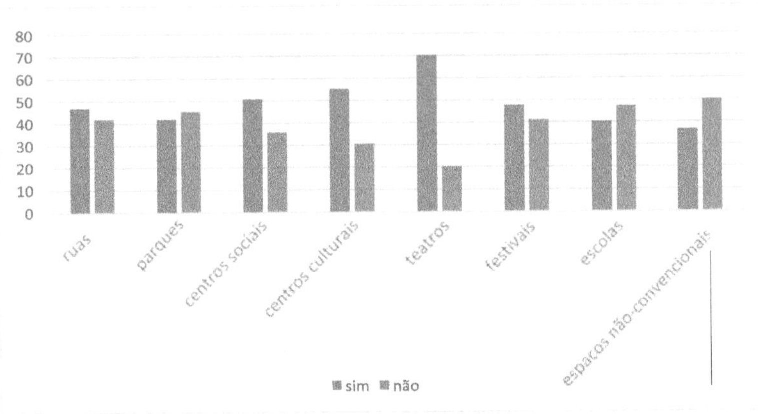

Figura 15. Resultado em % da ocupação de diferentes espaços com o objetivo da apresentação (bloco 20)

Em complemento, e remetendo para o item 21, sobre a localização dos espaços de apresentação dos grupos ser, maioritariamente, na comunidade da maior parte dos elementos que integram os grupos, a média de concordância é de 3.91 (*DP* = 1.08).

Estes resultados não são surpreendentes no sentido em que reproduzem a utilização dos espaços culturais legitimados no circuito de programação cultural, no caso das apresentações públicas (Barbieri, 2018; Cerdeira & Lacarrieu 2017; Lopes, 2009). Ou seja, é interessante verificar uma crescente abertura destas estruturas para as apresentações públicas destes grupos, contrariando a tendência de desvalorização artística dos mesmos (Duncombe, 2016). A este respeito, é importante ter em atenção a forma como se desenvolve o acolhimento destes espetáculos e o diálogo com as suas especificidades. Esta abertura, no entanto, não se verifica no caso da criação que, obviamente, requer períodos de tempo de ocupação mais prolongados, possivelmente não compatíveis com o funcionamento convencional destas estruturas. Por outro lado, os espaços de carácter social e comunitário e, embora menos, também, educativo, assumem-se como privilegiados para os processos de criação, não acontecendo o mesmo no caso das apresentações públicas. Importa compreender que públicos servem cada uma destas estruturas e qual o acesso às mesmas. O acesso do público das comunidades de origem destes grupos pode ficar comprometido por diversos fatores, já referidos, no caso dos equipamentos culturais tradicionalmente localizados em áreas centrais. A ser este o caso, é relevante ter em atenção a possibilidade, também, de apresentação e não só de criação nas estruturas sociais e comunitárias, tradicionalmente mais próximas das populações que habitam áreas periféricas, alargando-se assim a conceção e implementação das políticas culturais. Caso contrário, pode-se estar perante o risco de reprodução dos procedimentos da "alta cultura", reproduzindo, no contexto das práticas artísticas comunitárias, as desigualdades sociais, tal como sublinha a literatura (Prentki, 2009; Suess, 2006; Wald, 2009). No entanto, relativamente a este aspeto, é importante salientar que a maior parte das/os participantes indica que as apresentações decorrem nas comunidades da maioria dos elementos dos grupos, o que constitui um ponto positivo.

4.2.8. Qualidade da experiência de participação no grupo

Os itens dos blocos 17. e 18. permitem aceder às perceções e sentimentos das/ os participantes relativamente à participação no grupo de teatro. Como vimos acima, a escala estrutura-se em duas dimensões: ação (*M* = 3.20; *DP* = 1.18) e reflexão (*M* = 4.38; *DP* = 0.57). A prevalência parece ser da reflexão e significado pessoal, embora a ação também se destaque.

A análise item a item indica o item com o valor mais elevado de média o "tomar decisões (sozinho/a ou em grupo)" (*M* = 4.03; *DP* = 1.05), seguido de "procurar informação em livros, nos media ou junto de pessoas mais experientes" (*M* = 3.78; *DP* = 1.19). O valor mais baixo refere-se ao item "organizar atividades (como por exemplo, protestos, festas, reuniões, assembleias, debates, tomadas de posição, etc." (*M* = 2.98; *DP* = 1.35) (cf. Figura 16).

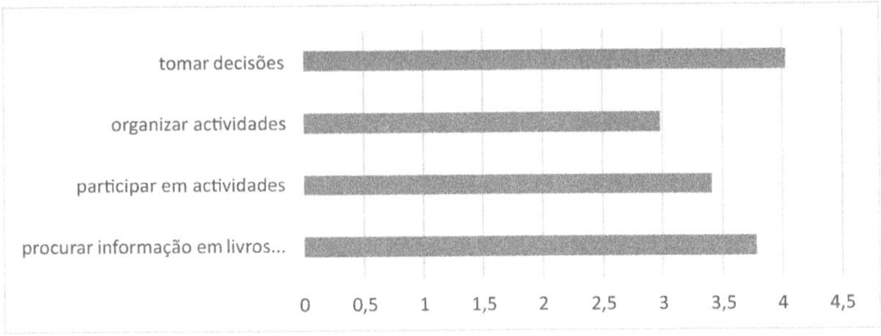

Figura 16. Médias referentes aos 4 itens do bloco 17.

Relativamente ao bloco 18. de itens que se inicia com "Desde que participo neste grupo de teatro senti que..." destaca-se com o valor mais elevado o item "a participação era muito importante para mim, enquanto pessoa" (*M* = 4.51; *DP* = 0.76), seguido de, praticamente com o mesmo valor, "eram abordados problemas reais e/ou do seu quotidiano" (*M* = 4.38; *DP* = 0.90) e "havia diferentes pontos de vista em discussão" (*M* = 4.37; *DP* = 0.77), como é possível verificar na Figura 17.

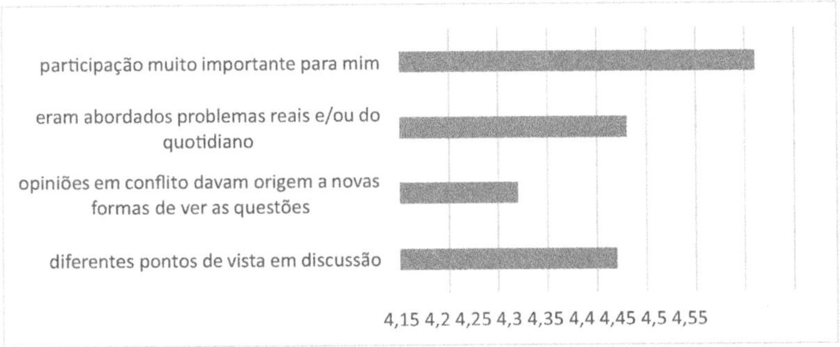

Figura 17. Médias referentes aos 4 itens do bloco 18.

4.2.9. Efeitos percebidos globais

O bloco 25. de itens, que originou a escala efeitos percebidos globais, permite aceder a estes efeitos a nível individual, na participação no grupo de teatro e em possíveis alterações comunitárias e institucionais, resultantes das ações dos grupos. A análise descritiva dos dois fatores da escala revela, no caso dos efeitos percebidos pessoais e grupais (M = 4.44; DP = 0.65), uma média superior aos efeitos comunitários e institucionais (M = 4.04; DP = 0.85) (cf. Figura 18).

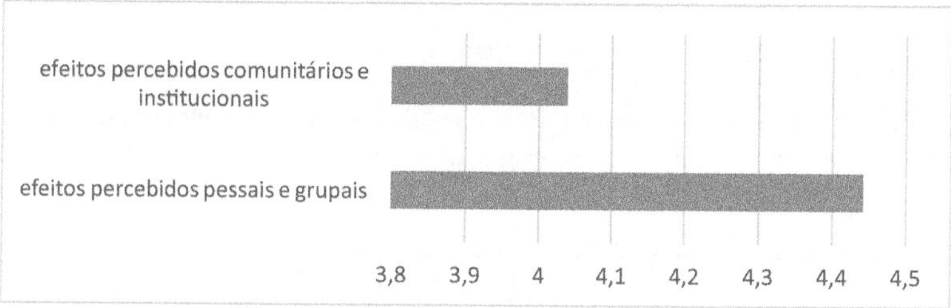

Figura 18. Médias referentes aos 2 fatores da escala efeitos percebidos globais.

Ou seja, à semelhança do referido anteriormente, o nível de concordância é mais elevado quando os itens questionam sobre efeitos percebidos nos indivíduos e nos grupos de teatro do que nas comunidades onde se integram os grupos e, ainda menos, no que se refere às instituições com quem se relacionam. Ainda assim, as perceções dos efeitos são sempre muito positivas.

Numa abordagem analítica item a item, o valor mais baixo refere-se à contribuição destas práticas para mudanças em instituições (M = 3.68; DP = 1.14), sendo os restantes valores acima de 4 e com diferenças pouco significativas entre eles. Destaca-se a contribuição para o "desenvolvimento pessoal e social e social, por exemplo, maior segurança, capacidade de comunicação, compreensão do mundo e pensamento crítico" (M = 4.50; DP = 0.82), seguida do item relativo à reflexão sobre a participação no grupo teatral e noutros contextos de vida (M = 4.45; DP = 0.77). Os itens com médias moderadas referem-se aos contributos para mudanças comunitárias (M = 4.40; DP = 0.82) e ao item que se refere à relevância do compromisso, partilha, diálogo e comunicação dos participantes para o funcionamento dos grupos (M = 4.38; DP = 0.83).

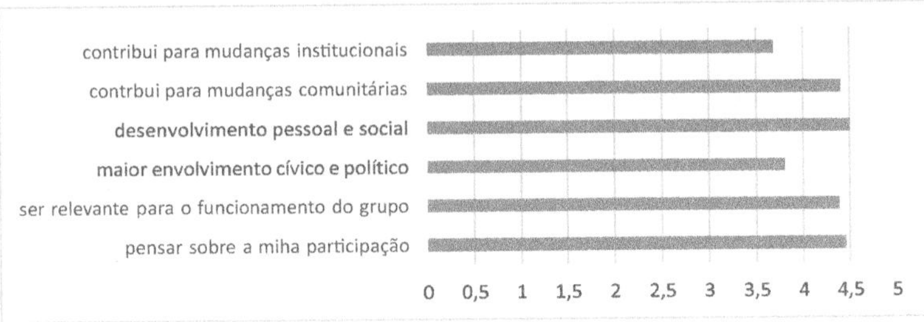

Figura 19. Médias referentes aos 6 itens que originaram a escala efeitos percebidos globais.

Estes resultados sugerem, tal como a literatura aponta, efeitos percebidos na esfera individual no desenvolvimento de competências pessoais e sociais, bem-estar, autoestima, confiança, compromisso, uso positivo do tempo livre, fortalecimento da identidade e sentido de pertença (Barquero & Vargas, 2009; Fernández Bustos, 2006; Fletcher, 2012; Nardone, 2010; Neves & Guedes, 2016; Wald, 2009). Também na linha do que a literatura tem defendido, na dimensão grupal, os efeitos percebidos parecem estar relacionados com o desenvolvimento do trabalho coletivo e a expansão de redes sociais (Fernández Bustos, 2006; Katzmair, 2018). Já no que se refere aos efeitos percebidos comunitários, não sendo tão expressivos, com valores aproximados, sugerem um aumento da compreensão de outras culturas e da consciência dos assuntos comunitários, assim como a perceção de uma maior rede de suporte e do seu fortalecimento (Fernández Bustos, 2006; Katzmair, 2018). Finalmente, os efeitos ao nível da relação institucional, com o valor mais baixo, podem sugerir o descrédito relativamente às instituições e a dificuldade de trabalho em rede com as mesmas, considerando o esquema de funcionamento assente em princípios comunitários e artísticos dos grupos.

4.3. Análise correlacional de itens e escalas e discussão de resultados

Com base no enquadramento teórico, objetivos do estudo, dados acedidos e análise descritiva foram realizadas correlações de forma a explorar as seguintes questões de investigação:

— Que dimensões determinam a qualidade da participação cultural e artística no contexto das práticas artísticas comunitárias?

— Que efeitos percebidos na participação cívica e política (em que ações concretas e outras dimensões) dos/as participantes são despoletados pela qualidade da participação cultural e artística?

Assim sendo, as propostas de correlação entre escalas e blocos de itens que se seguem emergem alicerçadas numa estrutura justificada, que explica as opções de análise de dados mais relevantes e prioritárias para o estudo, num conjunto global de grande diversidade, extensão e riqueza. Nesta análise, optou-se pelas correlações não paramétricas, considerando-se não estarem reunidos os pressupostos de utilização dos testes paramétricos, designadamente os da distribuição normal das variáveis.

4.3.1. Correlação entre elementos da qualidade da participação cultural e artística e a qualidade da experiência de participação no grupo de teatro

Como antes referido, a qualidade da experiência de participação no grupo foi analisada a partir do *Questionário das Experiências de Participação* que se estrutura nas dimensões de ação e de reflexão. Uma questão interessante é explorar a relação entre estas dimensões e os elementos da *qualidade da participação cultural e artística*, sendo de esperar uma correlação forte na tomada de decisão partilhada e nos processos criativos abertos. Os resultados indicam, de facto, a ausência de relação com a orientação para o resultado, mas correlações especialmente relevantes entre a reflexão e a tomada de decisão partilhada (r = .47) e os processos criativos abertos (r = .53). As correlações com a dimensão da ação são também significativas nestes dois casos, mas menos expressivas (r = .27 e r =. 30, respetivamente). Considerando o consolidado papel que as dimensões de ação e reflexão aqui consideradas têm na caracterização da qualidade das experiências de participação em geral, a sua relação forte com as duas dimensões de natureza mais processual da qualidade da participação cultural e artística é um sinal extremamente positivo que indicia a importância destas dimensões, a que a formulação desta escala conseguiu aceder, de forma relevante.

4.3.2. Correlação entre elementos da qualidade da participação cultural e artística e as motivações pessoais para a criação

Identificam-se correlações estatisticamente significativas entre o desenvolvimento pessoal e social *(escala motivações pessoais para a criação)* e a tomada de decisão partilhada (r = .40) e os processos criativos abertos (r = .32) e a orientação para o resultado artístico (r = .28) (*escala qualidade da participação cultural e artística*); o desenvolvimento sociopolítico também se correlaciona de forma significativa com a tomada de decisão partilhada (r = .22) e os processos criativos abertos (r = .28).

Estes resultados sugerem que, na *escala motivações pessoais para a criação*, o desenvolvimento pessoal e social está associado à tomada de decisão partilhada (r = .40) e aos processos criativos (r = .32). As motivações associadas ao desenvolvimento da técnica teatral não apresentam qualquer relação significativa com estas dimensões.

4.3.3. Correlação entre a qualidade da participação cultural e artística e os itens dos blocos espaços de criação e de apresentação (19, 20 e 21)

No bloco 20., relacionado com os espaços de criação e apresentação e a escala da *qualidade da participação cultural e artística*, as correlações são relativamente baixas e, em geral, pouco significativas. Destacam-se, ao nível dos espaços de apresentação, correlações negativas e significativas entre a tomada de decisão partilhada e espaços como os centros sociais (r = -.16) e não convencionais (r = -.20), o mesmo se verificando com os processos criativos abertos nessas duas tipologias de espaços (r = -.17 e r = -.18, respetivamente). Os resultados para os espaços de criação são similares, com correlações negativas entre a tomada da decisão partilhada e os espaços das ruas (r =-.15), centros sociais (r = -.25) e não convencionais (r = - .21) e também entre os processos criativos abertos e os espaços das ruas (r = -.19), parques (r = -.16), centros sociais (r = -.19) e não convencionais (r = -.22); nesta caso, há correlações fracas mas significativas entre a orientação para os resultados a os espaços de criação nas ruas (r = .14) e não convencionais (r = .19) .

A correlação entre os fatores da escala de *qualidade da participação cultural* e artística com o item do bloco 19 "os horários e espaços são adequados à disponibilidade e acesso aos participantes" revela-se significativa e positiva com a tomada de decisão partilhada (r = .28) e os processos criativos abertos (r =.38). O item "o acesso a transportes públicos para estes espaços é fácil" correlaciona-se significativamente com as três dimensões: tomada de decisão partilhada (r = .21), processos criativos abertos (r = .24) e orientação para os resultados (r = .22). Finalmente, destaca-se a correlação positiva do item 21 "os espaços de apresentação (espetáculo) do nosso grupo são maioritariamente na comunidade da maior parte dos elementos do grupo" com a tomada de decisão partilhada (r = .14).

Genericamente, o item relacionado com a adequação dos horários parece estar associado à *qualidade da participação cultural e artística*, exceto no caso da orientação para o resultado artístico que, por sua vez, se aproxima mais do item relacionado com o acesso aos transportes públicos para os espaços. Ou seja, considerando-se que a maior parte dos participantes dos grupos vive nas comunidades onde se situam as estruturas onde se desenrolam os ensaios, o primeiro item, que se refere aos horários, parece ser mais relevante para determinar a qualidade da sua participação do que os transportes públicos para esses espaços.

Sublinham-se, também, as correlações negativas de vários fatores da escala da *qualidade da participação cultural e artística*, que parecem estar mais associados a espaços de criação e apresentação com um carácter mais institucional, como os centros sociais e culturais, mas também com os espaços não convencionais (e.g., fábricas, prisões, mercados). No que se refere à correlação positiva entre a orientação para o resultado artístico, no caso da criação nas ruas e praças e espaços não convencionais, esta pode remeter para uma maior exposição pública na comunidade, despoletando uma maior preocupação com o resultado do processo artístico no confronto com o público. Estas correlações podem, também, manifestar a ideia de que os espaços públicos e não convencionais, pelas suas características, se revelam como espaços privilegiados para a criação e apresentação, garantindo-se desta forma o acesso e a relação direta com as comunidades, como aliás refere a literatura (Erven, 2001; Scher, 2015), ao contrário do que acontece, algumas vezes, nas instituições culturais onde se verificam problemas de acesso simbólico e real a estas propostas artísticas.

Finalmente, a correlação positiva do item 21, "os espaços de apresentação (espetáculo) do nosso grupo são maioritariamente na comunidade da maior parte dos elementos do grupo", com a tomada de decisão partilhada ($r = .14$) pode sugerir que a decisão de onde ensaiar e apresentar os espetáculos passa pelo grupo. Este aspeto constituiu-se como relevante na qualidade da participação cultural e artística, destacando a centralidade das comunidades de origem das/os participantes nestas práticas e a ligação às mesmas como algo fundamental que sublinha aspetos identitários de quem participa (Cohen-Cruz, 2005; Cruz, 2015, 2016, 2021; Gielen, 2015; Prentki & Preston, 2009; Serafino, 2019).

4.3.4. Correlação entre a qualidade da participação cultural e artística e o ambiente positivo para a criação

Estas duas escalas apresentam globalmente uma correlação positiva. O *ambiente positivo para a criação* tem uma correlação elevada com os processos criativos abertos ($r = .56$), moderada com a tomada de decisão partilhada ($r = .39$) e, finalmente, de forma menos relevante, com a orientação para o resultado artístico ($r = .15$).

Esta análise sugere que os itens que integram a escala do *ambiente positivo para a criação* estão correlacionados com quase todos os fatores da escala da *qualidade da participação cultural e artística.* Ou seja, processos criativos abertos sustentam e são sustentados por um ambiente positivo para a criação, tal como a tomada de decisão partilhada e, com menos intensidade, a orientação para os resultados.

4.3.5. Correlação entre a qualidade da participação cultural e artística e os itens do bloco 14. referentes às metodologias teatrais

Nesta proposta as correlações positivas manifestam-se entre os diferentes fatores da escala e as diversas metodologias teatrais apresentadas. Opta-se por sublinhar as correlações mais fortes, dada a extensa lista.

A tomada de decisão partilhada apresenta uma correlação positiva moderadamente forte com a criação coletiva ($r = .45$), a pesquisa a partir de histórias pessoais ($r = .43$), a improvisação ($r = .42$), e o teatro físico/movimento ($r = .40$) e a pesquisa a partir da comunidade ($r = .40$); há ainda correlações significativas com ter como ponto de partida um filme, música, fotografia, etc., o teatro do oprimido e de rua e o texto dramático. Os processos criativos abertos manifestam correlações positivas e moderadas com a criação coletiva ($r = .40$), a pesquisa a partir de história pessoais ($r = .39$) ou da comunidade ($r = .39$), o teatro físico/movimento ($r = .38$) e a, improvisação ($r = .37$). Finalmente, a orientação para o resultado artístico apresenta correlações com ter como ponto de partida um filme ($r = .29$), o texto dramático ($r = .27$), ter como ponto de partida um filme, uma música, uma fotografia, etc. ($r = .28$), clown/palhaço ($r = .24$). O teatro do oprimido e o teatro de rua apresentam apenas correlações ligeiras com a dimensão da tomada de decisão partilhada, enquanto que o recurso ao texto dramático e ao clown/palhaço apenas se correlacionam com a orientação para o resultado.

Os elementos do trabalho artístico mais relacionados com as dimensões processuais da qualidade cultural e artística são a criação coletiva, o teatro físico/ movimento, a improvisação e pesquisa de histórias pessoais e das comunidades. A análise revela um certo "afastamento" do teatro do oprimido, o que sugere uma contradição relativamente ao uso desta metodologia, ou dos seus princípios, no contexto das práticas artísticas comunitárias. Algumas hipóteses para explicar esta situação foram já avançadas anteriormente, que também parece acontecer relativamente ao clown/palhaço e teatro de rua.

Destaca-se, ainda, a correlação entre a orientação para o resultado artístico e o texto dramático, assim como a pesquisa baseada num filme, música, fotografia, etc., que parece indiciar uma relação entre determinadas metodologias teatrais e a preocupação com o resultado artístico. A maior parte das/os participantes neste estudo parece afastar-se desta conceção revelando opções centradas no corpo que sugerem o *embodiment* (Counsell & Mock, 2009; Gil, 2007), na improvisação e na experimentação aberta à construção da técnica teatral e não, necessariamente, o contrário.

4.3.6. Correlação entre a qualidade da participação cultural e artística e as conceções de teatro

Esta proposta de cruzamento revela correlações significativas entre o teatro pelo teatro e a orientação para o resultado (r =.48) e, em menor grau, a tomada de decisão partilhada (r =.15). O teatro e política correlaciona-se com a tomada de decisão partilhada (r =.22) e os processos criativos abertos (r = .15) e o mesmo acontece com o teatro centrado nos problemas reais com correlações de r = .32 e de r = .26, respetivamente.

Este cenário sugere a ideia de que uma conceção de teatro pelo teatro remete, tendencionalmente, para sublinhar a relevância do resultado artístico em detrimento dos processos de criação. Enquanto que uma conceção em que são considerados os problemas reais na criação teatral parece convocar na criação artística elementos como a tomada de decisão partilhada e os processos criativos abertos. Estas dimensões correlacionam-se em menor grau, mas positivamente, com o teatro e política.

4.3.7. Correlação entre a qualidade da participação cultural e artística e os efeitos percebidos globais

O cruzamento entre a *qualidade da participação cultural e artística* e os *efeitos percebidos globais* apresenta correlações positivas entre os efeitos pessoais e grupais e os processos criativos abertos (r = .41), e a tomada de decisão partilhada (r = .33). Os efeitos percebidos comunitários e institucionais também apresentam correlações positivas com a tomada de decisão partilhada (r = .31), os processos criativos abertos (r = .28) e a orientação para o resultado artístico (r = .20).

Estes resultados sugerem que os *efeitos percebidos globais*, quando associados à dimensão pessoal e de participação no grupo de teatro, têm relação com os dois fatores da escala da *qualidade da participação cultural e artística* que remetem para a dimensão processual (tomada de decisão partilhada e processos criativos abertos). A orientação para o resultado artístico, mais centrada no resultado do processo criativo, tem correlação apenas com os efeitos percebidos comunitários e institucionais, remetendo, eventualmente, para a expectativa de mudanças comunitárias e institucionais associadas a estas práticas, com enfoque particular nos momentos de apresentação final e confronto com os públicos. De salientar, ainda, que este mesmo fator — efeitos percebidos comunitários e institucionais — tem também correlação com as dimensões processuais, sugerindo a importância da partilha da tomada de decisão, do pluralismo, da escuta e do diálogo na produção de eventuais mudanças comunitárias e institucionais.

Estes resultados podem apontar no sentido das preocupações relativas aos riscos de instrumentalização deste tipo de práticas, recorrendo a uma abordagem exclusivamente centrada nas dimensões pessoal e grupal que pode descurar uma visão mais alargada e reflexiva do funcionamento social (Roitter, 2009; Lipovetsky & Serroy, 2013). Se o objetivo das práticas artísticas comunitárias passa, também, pelo contributo para a mudança a nível comunitário e institucional, parece ser importante ter em consideração o desenvolvimento de processos partilhados de tomada de decisão e de processos criativos abertos, enquanto elementos centrais da qualidade da participação cultural e artística.

4.4. O que prediz os resultados da participação em grupos de teatro no contexto das práticas artísticas comunitárias?

No sentido de aprofundar os dados das análises de correlações, procedeu-se a análises de regressão linear no sentido de perceber que variáveis melhor predizem alguns resultados percebidos de participação nestes grupos de práticas artísticas comunitárias. Na sequência das análises anteriores, inclui-se como resultados:

— as *conceções de teatro* que incluem as dimensões teatro pelo teatro, teatro e política e teatro centrado nos problemas reais;

— o *ambiente positivo para a criação* que descreve em que medida a experiência no grupo é apoiante e gera bem-estar;
— os *efeitos percebidos na participação cívica e política* que revelam as perceções de mudança em ações cívicas e políticas; e
— os *efeitos positivos globais*, envolvendo perceções de efeitos pessoais e grupais e de efeitos comunitários e institucionais.

Foram incluídos como preditores as seguintes variáveis:

— o *tempo de participação no grupo* — na medida em que é razoável esperar que haja maior vantagem para quem participa há mais tempo;
— as *motivações pessoais para a criação* relativas ao desenvolvimento pessoal e social, ao desenvolvimento da técnica teatral e ao desenvolvimento sociopolítico
— na medida em que as motivações podem ter um impacto na eficácia percebida, como acontece noutras áreas de intervenção educativa, social e comunitária (e.g., Fontaine, 2005),
— a *qualidade da participação cultural e artística* que remete para a tomada de decisão partilhada, os processos criativos abertos e a orientação para o resultado artístico — de acordo com a perspetiva que se foi desenvolvendo nesta investigação, será especialmente relevante para explicar os resultados.

A análise de regressão linear revela que os preditores têm um poder explicativo diferenciado para as diversas dimensões dos resultados das práticas artísticas comunitárias: de forma relativamente expressiva para o ambiente positivo para a criação (R^2 ajustado = .43)[68] e para as conceções de teatro pelo teatro (R^2 ajustado = .30); em menor grau, para as conceções de teatro e política (R^2 ajustado = .19), os efeitos percebidos pessoais e grupais (R^2 ajustado = .23) e os efeitos percebidos na participação cívica e política (R^2 ajustado = .16); e com um poder explicativo mais baixo para as restantes dimensões (efeitos percebidos comunitários e institucionais; teatro centrado nos problemas reais). O tempo nunca contribui para predizer os resulta-

68 R^2 ajustado = variância explicada.

dos analisados; as variáveis relacionadas com a qualidade da participação cultural e artística têm, em alguns casos, um maior impacto e, noutros, esse papel é desempenhado pelas dimensões das motivações pessoais para a criação.

A análise dos preditores para cada subescala segue o perfil geral que se sintetiza na tabela que se segue:

Tabela 5. Quadro síntese dos modelos de regressão múltipla.

		efeitos percebidos pessoais e grupais	efeitos percebidos comunitários e institucionais	teatro pelo teatro	teatro e política	teatro problemas reais	efeitos percebidos na participação cívica e política	ambiente positivo para a criação
tempo de participação no grupo		n.s.	n.s.	n.s.	n.s.	n.s.	n.s.	n.s.
motivações pessoais para a criação	desenvolvimento pessoal e social	✔	n.s.	✔	n.s.	n.s.	n.s.	n.s.
	desenvolvimento técnica teatral	✔	n.s.	n.s.	n.s.	n.s.	✔	n.s.
	desenvolvimento sociopolítico	n.s.	✔	n.s.	✔	✔	✔	n.s.
qualidade da participação cultural e artística	tomada decisão partilhada	✔	n.s.	n.s.	n.s.	✔	n.s.	✔
	processos criativos abertos	✔	n.s.	n.s.	n.s.	n.s.	✔	✔
	orientação para o resultado artístico	✔-	✔	✔	n.s.	n.s.	n.s.	n.s.

✔– resultado estatisticamente significativo
n.s. – resultado não significativo

Sublinha-se apenas as dimensões com uma variância explicada mais relevante (*R^2 ajustado* > *.15*). Os preditores das *conceções de teatro pelo teatro* são orientação para o resultado artístico (β = .44, t = 7.44, $p \leq .001$)[69] e as motivações ligadas ao desenvolvimento pessoal e social (β = .26, t = 4.08, $p \leq .001$). As conceções de teatro e política são preditas, não surpreendentemente, pelas motivações para o desenvolvimento sociopolítico (β = .47, t = 7.28, $p \leq .001$). Os preditores do *ambiente positivo para a criação* são duas dimensões processuais da qualidade de participação cultural e artística: os processos criativos abertos (β = .53, t = 8.19, $p \leq .001$) e a tomada de decisão partilhada (β = .14, t = 2.14, p = .034). A variável *efeitos percebidos na ação cívica e política* é predita pelas motivações para o desenvolvimento sociopolítico (β = .31, t = 4.81, $p \leq .001$) e da técnica teatral (β = .13, t = 2.20, p=.029), mas ainda pelos processos criativos abertos (β = .19, t = 2.45, p = .015). Finalmente, os preditores dos *efeitos percebidos pessoais e grupais* são as motivações para o desenvolvimento pessoal e social (β = .25, t = 3.91, $p \leq .001$) e o desenvolvimento da técnica teatral (β = .14, t = 2.30, p =.022) e as três dimensões da *qualidade da participação cultural e artística*: pela positiva no que concerne às dimensões processuais — os processos criativos abertos (β = .23, t = 3.08, p = .002) e a tomada de decisão partilhada (β = .17, t = 2.16, p = .032) — e pela negativa na orientação para o resultado artístico (β = -.17, t =-2.75, p =.006). Este último aspeto revela que quanto mais o foco é o resultado artístico, menos são percebidos efeitos pessoais e grupais.

De um modo geral, esta análise reforça a importância de atender às motivações pessoais para a participação nas práticas artísticas comunitárias, mas, especialmente nas conceções de teatro, no ambiente positivo para a criação e nos efeitos percebidos pessoais e grupais. Adicionalmente, sublinha a relevância das dimensões da qualidade das experiências de participação cultural e artística, tanto nos seus aspetos mais processuais, quanto na sua dimensão de resultado.

---

69 β = beta; t = teste t de student; p = nível de significância.

4.5. Conclusões

As conclusões deste estudo estão relacionadas com o questionário desenvolvido no seu âmbito que teve como base a literatura e as conclusões preliminares dos outros estudos que compõem esta investigação. Uma primeira análise dos dados, assim como a sua discussão desenvolvida anteriormente, permitiu a construção das conclusões que aqui se sintetizam.

Os participantes do estudo expressam que fazem teatro há 6.6 anos e integram os respetivos grupos há 3.5 anos, o que revela uma experiência teatral longa e continuada. Este aspeto é relevante e segue a linha da relevância dada na literatura à continuidade das experiências da participação, em geral, e nestas práticas, em particular, como um aspeto que diferencia as práticas artísticas comunitárias e sustenta as suas eventuais potencialidades (Campos, Costa & Menezes, 1993; Cruz, 2015, 2019; Katzmair, 2018; Sprinthall, 1991; Suess, 2006).

No que se refere às motivações pessoais para a criação dos/as artistas não profissionais envolvidos nas práticas artísticas comunitárias, estas parecem estar relacionadas com o desenvolvimento pessoal e social, assim como o desenvolvimento da técnica teatral e, só num terceiro nível, com o desenvolvimento sociopolítico. Ou seja, o principal motor parece ser a ideia de evolução e satisfação pessoal e social, sublinhando-se a importância dos impactos pessoais e sociais associados ao ato artístico, sendo que o fazer teatral, com a sua especificidade, surge associado a estas motivações. Só num terceiro nível emergem as preocupações sociopolíticas. No entanto, os/as participantes não deixam de revelar motivações de índole comunitária no movimento que os leva a integrar o grupo, não as associando a política.

As conceções de teatro apresentadas pelos/as artistas não profissionais expressam ambas as perspetivas de forma integrada, embora estejam mais próximos da ideia do "teatro centrado nos problemas reais" do que de um "teatro pelo teatro". Os aspetos mais relevantes parecem ser o fazer teatral, comparando com o teatro e política, numa relação estreita com o público, e o foco nas questões significativas das comunidades dos grupos. Este último ponto revela um distanciamento relativamente a um pensamento político mais alargado que reflita sobre o funcionamento das realidades sociais, associando-o exclusivamente às configurações políticas convencionais, à semelhança do que sucede nas motivações pessoais para a criação.

Quanto às metodologias teatrais, salientam-se a criação coletiva, o teatro físico/movimento e a pesquisa a partir das comunidades, em contraponto com o teatro do oprimido e de rua, sendo o texto dramático e a pesquisa a partir das histórias pessoais, consideradas soluções intermédias. Estas opções sugerem a centralidade da experimentação, da ação, do fazer com o corpo, dos temas ligadas às comunidades em detrimento dos individuais, assim como de elementos artísticos que se suportam no criar em conjunto (Hough & Hough, 2012; Motos-Teruel & Alfonso-Benlliure, 2020; Oddey, 1994).

No contexto do conceito de qualidade da participação cultural e artística, emergem elementos inerentes aos processos criativos abertos e plurais — como diálogo, escuta, pluralismo, reflexão, compromisso, ação e visão integrada do processo —, assim como ao da tomada de decisão partilhada — que remete para responsabilidades conjuntas e para a negociação, numa relação horizontal com os/as artistas profissionais A orientação destas duas dimensões é no sentido de valorizar e vivenciar a componente processual da criação. No entanto, emerge ainda uma dimensão mais orientada para o resultado artístico final, o espetáculo, visto como o foco da experiência criativa.

Os participantes sublinham, ainda, a relevância da existência de um ambiente positivo para a criação, estimulado numa fase inicial pelos artistas profissionais, como destacado pela literatura (Johnson & O'Neill, 1991). Este ambiente passa por aspetos como o desenvolvimento da confiança, criatividade, experimentação e o apoio perante tarefas desafiantes no decorrer dos processos criativos.

São, ainda, apresentados como espaços privilegiados para a criação os centros sociais e comunitários e de apresentação os centros culturais e teatros. Este aspeto sublinha a necessidade de se alargar a conceção de cultura destas estruturas, perspetivando o seu funcionamento de forma integrada e com preocupações transversais relativamente ao acesso das populações às mesmas. Destaca-se ainda que os espaços abertos, como ruas e praças, são também utilizados nos processos criativos, o que parece ir no sentido do que a literatura desta área destaca (Erven, 2001; Scher, 2015). No entanto, não se verifica o mesmo quanto às apresentações remetendo, eventualmente, para uma determinada ideia institucionalizada das formas e lugares para as apresentações públicas, nomeadamente, no contexto português.

No que concerne aos efeitos percebidos, as respostas sugerem que a participação cívica e política e a cultural e artística se influenciam mutuamente, ou seja, o desenvolvimento de uma tem uma relação incontornável com a outra. Destaca-se, após a integração nos grupos de teatro, uma maior participação em ações culturais e artísticas e formativas e educativas, seguidas, de forma menos intensa, das ações cívicas e sociais e da integração em órgãos sociais associativos.

Os efeitos percebidos globais após a integração nos grupos de teatro remetem, essencialmente, para a dimensão pessoal e grupal e, num segundo momento, para a comunitária e institucional. Ou seja, segundo a sua perceção dos/as participantes, os efeitos associados à prática teatral parecem desenvolver-se com maior intensidade na esfera pessoal, associada à grupal, e com menor intensidade na dimensão comunitária (e.g., organização e participação em atividades diversas na comunidade), particularmente na institucional. Nesta linha, o reconhecimento do potencial da ação do grupo de teatro parece ficar ligado à vivência pessoal, grupal e comunitária, tendo dificuldades em dialogar com estruturas mais rígidas e formais.

Finalmente, salienta-se a relevância de processos e resultados associados à qualidade da participação cultural e artística para se perceber os potenciais impactos das práticas artísticas comunitárias, nomeadamente nas conceções de teatro desenvolvidas, no ambiente positivo para a criação e nos efeitos percebidos pessoais e grupais e na participação cívica e política.

4.6. Em conclusão a este capítulo

Este capítulo sintetizou a análise dos resultados dos três estudos realizados nesta investigação numa sequência lógica, de acordo com a sucessão cronológica dos mesmos, procurando potenciar a forma como se foram informando. A apresentação dos estudos tentou revelar a forma como estes foram integrados ao longo do seu processo de construção, partindo-se de um primeiro estudo exploratório neste campo em Portugal que, por sua vez, informou um estudo qualitativo em Portugal e no Brasil. Finalizou-se com o estudo quantitativo que permitiu a ampliação dos/as participantes envolvidos/as e se dirigiu, novamente, ao contexto português como o estudo inicial. Esta sequência permitiu experimentar abordagens, alargá-las a contextos muito distintos e, finalmente, ampliá-las.

Os estudos apresentados revelam um mapeamento invulgar das práticas artísticas comunitárias, principalmente em Portugal, identificando as principais potencialidades e fragilidades dos processos criativos e estabelecendo possíveis ligações com a participação cívica e política. Considerando as tensões especificas desta área e a literatura desenvolvida na mesma, estes estudos são um contributo relevante na identificação de como se desenvolvem os processos nas práticas artísticas comunitárias, para além de uma abordagem descritiva, assim como nas correlações estabelecidas entre a participação cultural e artística de não profissionais e a sua participação cívica e política. Podem afirmar-se, ainda, como um potencial concreto, particularmente pelo recurso a métodos mistos, no contexto ibero americano, considerando que a maior parte da literatura desta área é de origem anglo-saxónica, não espelhando a real expressão destas práticas. Por fim, destaca-se a construção, neste campo, de um instrumento quantitativo com características psicométricas satisfatórias, que permite compreender melhor a relação entre as práticas artísticas comunitárias e a participação cívica e política. O questionário deverá ser objeto de novos desenvolvimentos noutros contextos e com outras populações, mas constitui, no entanto, um passo relevante numa abordagem a uma área com clara escassez de explorações semelhantes.

Apesar da necessidade destes estudos serem complementados, porexemplo, com estudos longitudinais (Duncombe, 2016; Winchester, 2014), os seus resultados podem potenciar o desenvolvimento de pontos de situação nos grupos de teatro, ajustando as suas micropolíticas, assim como melhorar os processos de acompanhamento das entidades financiadoras neste campo, e a definição e melhoria de políticas públicas nos dois países.

Cia. Marginal
Eles não usam tênis naique
@Mairea Segui Buenaventira

IV. REFLEXÕES FINAIS

*(ato de apresentar — levar à cena, o encontro com o público,
a concretização do objeto artístico)*

O teatro tem o potencial para se tornar um tipo de "espaço de investigação/pesquisa" para/da a democracia, um espaço onde as pessoas são encorajadas não apenas a observar, mas a serem críticas, ativas e responsáveis pelo que está a acontecer (Burzynska & Malzacher, 2017, p. 57)

Não embarco na ideia do fim da História. Nos anos 80 e 90, o pós-modernismo foi a versão cultural do neoliberalismo. Nós aprendemos a criar em cima de um tripé: a estética (a busca da beleza), a técnica (a oficina da arte, o saber fazer) e a ética (não há criação fora de um contexto comunitário). Se faltar um dos pés, o tripé cai. O que realiza fisicamente uma obra é a sua partilha. O que o pós-modernismo nos vem dizer é que essa parte da ética não interessa para nada, não há compromisso. Que, na arte, pode haver neutralidade, pode não haver relação com uma comunidade. É mentira. Há sempre um compromisso. Mesmo que o compromisso seja afixar um não compromisso. Entrevista ao Jornal Expresso, 2018 – José Mário Branco

É chegado o momento da apresentação final. Finalmente a expressão pública de um processo de construção coletiva, o encontro com o público – eis o espetáculo.

Perspetivando a construção deste livro como um exercício próximo de um processo de criação artística e, mais concretamente, de um objeto artístico, este espaço de reflexões finais assume-se como o momento prévio à primeira apresentação pública. Tenta-se aqui dar conta de todo o trajeto da investigação numa relação de produção orientada para o outro — o público, futuros/as leitores/as, no caso concreto. As reflexões finais, de forma particular, expressam síntese, integração e partilha do conhecimento desenvolvido, tornando-o passível de descodificação e reinterpretação. Assim, procura-se revelar de forma pertinente as principais fases e desafios da investigação, num exercício que se procura coerente, articulado, contínuo e em construção permanente. Este exercício, que não foi nomeado de conclusões intencionalmente para se evitar o risco de se fazerem atribuições rígidas e definitivas, é complementado pela reinterpretação dos/as recetores/as. Ou seja, o olhar das/os leitoras/es é entendido como mais um dos elementos a considerar na construção destas reflexões, sublinhando-se a ideia de que a receção implica não apenas consumo, mas também produção, e excluindo uma lógica de divisão entre produção/criação e receção (Chartier, 1988; Eco, 2016). Neste sentido, este livro pode ser vista como uma obra aberta, enquanto objeto particular que se constitui como uma proposta para viver num mundo partilhado (Eco, 2009).

Tal como na criação artística, este espaço emerge dos ensaios anteriores que pesquisaram, desvelaram e afinaram focos e detalhes e permitiram a repetição, procedimento essencial à descoberta, a tomada de perspetiva e a sedimentação do conhecimento. São reflexões que procuram um equilíbrio, muitas vezes instável, entre teoria e empiria, a literatura diversa que confluiu neste campo e as ideias que a questionam e/ou consolidam, decorrentes da análise depurada das experiências das/os distintas/os protagonistas desta investigação.

A produção destas reflexões baseia-se na convocação integrada de diversos saberes, permitindo leituras dos dados encontrados que privilegiam as premissas do pensamento complexo (Morin, 1990) e uma visão assente nas "culturas híbridas", potenciadoras da diluição de fronteiras entre áreas disciplinares (Canclini, 2003). A imagem do funcionamento dos processos de construção do conhecimento pela qual aqui se opta é mais próxima da imagem de um "cristal", a partir do qual se criam reflexos diversos que remetem para discursos alternativos aos hegemónicos (Richardson & St. Pierre, 2005). O facto desta investigação se realizar no contexto de um programa doutoral em ciências da educação constituiu-se, por si só, como um terreno arejado para uma abordagem aberta, crítica e problematizadora, aceitando-se as zonas de fronteira como fundamentais para a evolução do conhecimento numa postura consistente de valorização da dialogicidade e transversalidade (Freire, 1970/1987).

Voltando ao primeiro dia de ensaios do processo de construção desta investigação, há cerca de 4 anos atrás, um dos seus principais objetivos passava por aprofundar, questionar e consolidar as relações entre os corpos teóricos da educação, da arte, em particular do teatro, e da participação cívica e política. Esta intenção baseava-se na motivação de contribuir para a produção de conhecimento neste campo, que se apresentava com um panorama investigativo disperso e pouco acessível em Portugal e, de forma mais alargada, no contexto ibero-americano. A maioria dos estudos acessíveis remetia para uma abordagem descritiva e reflexiva, com espaço reduzido para as vozes das/os artistas não profissionais, sendo praticamente inexistentes os estudos longitudinais e as abordagens que contemplassem as dimensões quantitativa e qualitativa. Para além disso, a literatura vinculava-se a áreas disciplinares específicas polarizando a abordagem da problemática em estudo, ao invés de integrar os distintos contributos sobre uma mesma realidade, enriquecendo, potencialmente, a produção de conhecimento.

No entanto, a realidade investigativa contrastava com uma prática intensa e em clara expansão, em diferentes pontos da geografia mundial, em especial nos dois países abordados nesta investigação. Note-se que estas práticas aconteciam num duplo sentido, ou seja, a criação artística convocava elementos participativos nos seus processos, assim como a educação e a intervenção comunitária e social recorriam às linguagens artísticas como alternativa às suas abordagens tradicionais. Este cenário teve, naturalmente, uma evolução nos últimos 4 anos, vivendo no presente, a prática e a produção de investigação, realidades distintas. A este propósito destaca-se a existência de mais investigação, sendo esta mais diversa e acessível, assim como de práticas, também elas diversas e intensas, que têm procurado reagir, em formas variadas, às realidades sociais que vivem, particularmente no presente, um momento de aceleração nos processos de mudança.

Esta investigação foi motivada pela minha experiência profissional neste campo, relativa aos últimos anos e construída com base na relação com distintos/as e estimulantes protagonistas e contextos, bem como por uma forte necessidade de reflexão sobre a ação desenvolvida. Com a identificação de alguns elementos recorrentes nestas práticas, com potencial problematizador, urgia uma reflexão mais informada e uma estruturação dos mesmos. Para isso, tornava-se necessário o aprofundamento da pesquisa, no sentido de uma evolução e melhoria desejadas. A construção desta investigação teve um papel decisivo na transição de um "eu" profissional orientado pelo "ou", para um "eu" profissional alicerçado no "e". Foi, assim, afastada uma visão de opção única reduzida a um papel, consolidando-se a integração dos vários papéis, consequência dos percursos profissionais enquanto psicólogo, artista, programador cultural, professor e investigador.

Ao voltar atrás, para olhar o que é o presente desta investigação, é importante salientar que ao longo da mesma foram ativados contributos da dimensão cultural das práticas artísticas comunitárias, assentes em conceitos inerentes às políticas culturais e processos de democratização e democracia cultural (Barbieri, 2018; Caune, 1999; Goldbard, 2006; Lopes, 2009). A estes contributos associaram-se os inerentes à dimensão artística, nomeadamente da: arte comunitária (Congdon & Blandy, 2003; Koopman, 2007; Lacarrieu, 2008; Matarasso, 2019; Nardone, 2010; Palacios, 2009;

Suess, 2006; Wortman, 2001, 2005), arte participativa (Bishop, 2012; Erven, 2001; Matarasso, 2013), arte socialmente engajada (Helguera, 2011), arte contextual (Ardenne, 2002; Świdziński, 1976), estética relacional (Bourriaud, 2009), assim como o *artivismo* (Duncombe, 2016; Raposo, 2015) e a "arte em comum" (Oliveira, 2017; Otte & Gielen, 2019). Esta dimensão mobilizou, particularmente, as perspetivas sociais e políticas do teatro como o: teatro social (Bernardi, 2004; Chafirovitch, 2016; Pontremoli, 2005), teatro do oprimido (Boal, 1977, 1995, 2009a), teatro educação (Bezelga, 2012; Heathcote,1980; Koudela, 1980/1984; Slade, 1954; Somers, 1996; Way, 1967), teatro comunitário (Bidegain, 2007; Nogueira, 2008, 2015; Scher, 2015) e teatro aplicado

(Coutinho, 2010; Nicholson, 2005; Prentki, 2009; Prentki & Preston, 2009; Taylor, 2003). Foram, ainda, mobilizadas as referências teatrais da Antiga Grécia, do teatro épico desenvolvido por Meyerhold (1969), Piscator (1967, 1968) e Brecht (1957/1964), do teatro pós-moderno e pós-dramático (Pavis, 2014/2017), do *devising theatre* (Oddey, 1994), e da *performance, happening* e *work in progress* (Carlson, 2015; Conquergood, 1986; Goldberg, 2001; Schininà, 2004; Turner, 1982). Finalmente, sublinha-se a (re) convocação das ações de Grotowski (1975), as práticas ritualísticas e as abordagens do teatro e *performance*, com enfoque na troca e no encontro e na interculturalidade e intersubjetividade (Barba, 1994; Brook, 1977).

As visões anteriores cruzaram-se com as abordagens da pedagogia crítica (Giroux, 2008, 2010) e engajada (hooks, 2019; Mohanty, 1994), pedagogia do oprimido (Freire, 1987), educação popular (Stoer & Dale, 1999), animação sociocultural (Caride, Martins & Vieites, 2000) e teatral (Ventosa, 1993; Úcar, 2000), assim como com as propostas da educação informal e não formal (Imaginário, 2007; Trilla et al., 2003) e da intervenção e educação comunitária (Dalton, Elias & Wandersman, 2001; Menezes, 2007; Rappaport, 1981; Vidal, 1996). Este cruzamento permitiu identificar elementos comuns nas distintas abordagens disciplinares abrindo-se caminho para perspetivar o teatro como uma prática artística eminentemente comunitária, bem como para uma proposta de atualização da definição de práticas artísticas comunitárias. Por outro lado, a abordagem ao conceito de participação permitiu aprofundar as relações estabelecidas entre as práticas artísticas comunitárias, na sua dimensão cultural e artística, e a participação nas esferas cívica e política, concretizando-se, assim, um dos objetivos desta investigação.

As reflexões finais apontam para algumas especificidades dos dois contextos envolvidos nesta investigação, procurando sublinhar essas diferenças e em nenhum momento comparar realidades incomparáveis, porque distintas do ponto de vista cultural, social, político e educativo, com inevitáveis reflexos nas práticas desenvolvidas. Os percursos históricos e políticos dos dois países, assim como a criação artística e a definição de políticas culturais desenharam-se diferentemente, embora com alguns pontos que se tocam, com particular destaque para impactos decorrentes de acontecimentos nos anos em que decorreu esta investigação. Destaca-se que este processo investigativo se desenvolveu em Portugal num período de transição de uma crise profunda e no fim de um resgaste financeiro para um momento de crescimento, coincidente com um governo suportado por vários partidos de esquerda. No Brasil, o mesmo período coincide com o fim do governo do Partido dos Trabalhadores e a posterior eleição de Jair Bolsonaro. Estes aspetos relativos a macro cenários estão intimamente ligados à forma como estas práticas se têm vindo a desenvolver nos dois contextos, aportando consequências e circunstâncias concretas à vida das/os protagonistas das mesmas e à sua relação com o fazer teatral. Sublinha-se que a maior parte das/os artistas não profissionais envolvidos/as nesta investigação, em particular nos estudos qualitativos, se encontram numa situação continuada e persistente de desigualdade social. Para além disso, a possibilidade de ampliação do número de grupos de teatro e participantes envolvidos na investigação em Portugal, muito por causa do estudo quantitativo, número que é claramente superior ao do Brasil, sublinha a impossibilidade e desadequação de um exercício comparativo que pudesse, eventualmente, ter algum sentido.

Para além do referido, o ano 2020, em que se concretiza a fase final deste processo investigativo e a produção destas reflexões acontece num momento atípico da nossa história coletiva caracterizada pela pandemia do Covid-19. Muito do que se possa dizer a este respeito é ainda prematuro e especulativo, sendo certo, no entanto, que o espaço concreto de relação com o outro, o espaço coletivo com as características como as conhecíamos até então, foi e está a ser fortemente colocado em questão com inevitáveis consequências para as práticas artísticas comunitárias.[70] Tal implica dizer que a construção

70 A este respeito salienta-se que na sua generalidade os projetos, grupos e coletivos que desenvolvem práticas artísticas comunitárias em Portugal e no Brasil, com o qual o investigador tem mantido contacto, se encontram com a sua atividade reduzida ao mínimo ou mesmo totalmente parados. A este aspeto acrescenta-se que a possibilidade da sua reativação é, para a maioria, uma ideia remota ou inviável no presente momento.

deste projeto de investigação, a revisão de literatura transversal a todo o processo, a recolha de dados e a sua análise aconteceram num momento anterior às mudanças aceleradas e ainda pouco definidas que ocorrem, atualmente, nas organizações sociais e políticas. Esta produção de reflexões finais é, assim, contaminada por um momento particular de grande indefinição que tem atingido fortemente a criação artística e, especificamente, as práticas artísticas comunitárias.

O presente é caracterizado por tentativas de redefinição da forma como estas práticas se desenvolviam em diálogo com as novas formas relacionais produzidas em reação, nomeadamente, às regras definidas pela saúde pública. Considerando a velocidade acelerada com que alterações com implicações futuras decisivas estão a ser implementadas, inclusive com pouca ou nenhuma discussão pública, espera-se que as considerações aqui apresentadas possam constituir-se como mais um contributo à reflexão e ação nesta área, devendo ser, necessariamente, contextualizadas nas suas circunstâncias de criação. A presente realidade, de vivência de uma pandemia torna este exercício integrador e reflexivo ainda mais complexo, mas, por outro lado, mais estimulante se o foco for direcionado para o devir, enquanto desejo, mudança e processo em que tanto quem se transforma como aquilo em que se transforma mudam (Deleuze & Guattari, 1997).

Sintetizando, estas reflexões finais espelham a complexidade dos três grandes desafios desta investigação baseadas num confronto construtivo, mas exigente, entre: arte, educação e participação cívica e política; as metodologias qualitativa e quantitativa; e as experiências em contextos culturalmente distintos – Brasil e Portugal. Estes desafios desenharam-se com base nos dois grandes objetivos da investigação: a identificação das potencialidades e fragilidades dos processos de criação teatral no âmbito das práticas artísticas comunitárias e a ligação destas à participação cívica e política. Toda a investigação se alicerçou numa procura constante e transversal de produção de considerações que concorressem para estes objetivos, tendo nesse percurso existido a abertura necessária aos ajustes metodológicos exigidos, às discussões e pesquisas teóricas que se impuseram e à integração do inesperado e imprevisto, tal como acontece num processo de criação artística. É com base nestes pressupostos que as reflexões que se seguem são produzidas, estruturando-se em quatro núcleos:

1. Elementos definidores das práticas artísticas comunitárias
2. Qualidade da participação cultural e artística
3. Conceções de teatro e suas dimensões
4. Relação entre práticas artísticas comunitárias e participação cívica e política

No entanto, antes de avançar nesse sentido, é relevante acrescentar que numa procura de coerência entre o objeto de estudo, nomeadamente pela centralidade do conceito de participação, e as opções metodológicas desenvolvidas, estas reflexões são produzidas em coautoria.[71] O que implica dizer que as considerações preliminares referentes aos estudos 1 e 2 foram devolvidas a participantes dos mesmos para a sua análise e respetivos comentários, dos quais se integram excertos neste espaço reflexivo. Nesta linha, este procedimento, que permitiu a produção de uma ressignificação dos dados, é convocado procurando-se, desta forma, o que Correia (1998) considera como:

> uma prática do singular de interpretação envolvendo intérprete e interpretante numa intersubjectividade em busca de um acordo que não envolve prioritariamente a comunidade legítima dos intérpretes (a comunidade científica), a praxeologia da tradução subentende um tradutor capaz e recriar, capaz de inventar uma linguagem que, não seja apenas suas, mas que realize também um entendimento entre linguagens diferentes, isto é, um tradutor que seja capaz de, ao assimilar, elementos estranhos, desenvolver o seu próprio sistema linguístico (p. 187).

71 Ao contrário do que sucedeu nos artigos que integram o capítulo que remtem para os estudos, as/os autoras/es dos comentários às considerações preliminares dos estudos 1 e 2 são aqui identificadas/os. Esta opção tem a intenção de garantir a coautoria da produção destas reflexões finais, diferenciando-se do processo anterior, uma vez que o posicionamento das/os participantes se refere às considerações dos estudos e não diretamente às realidades inerentes às práticas artísticas comunitárias e grupos com os quais se relacionam. Neste último caso, poderiam ter-se levantado questões problemáticas imprevisíveis que foram evitadas pelo anonimato e confidencialidade, garantida no momento de apresentação da proposta de colaboração às/aos participantes nos diversos estudos.

1. Elementos definidores das práticas artísticas comunitárias

Os resultados desta investigação apontam no sentido de um fazer teatral que se define com e pelo funcionamento grupal, remetendo para características fundamentais associadas à conceção de práticas artísticas comunitárias. Estas características, na sua maioria, coincidem com o que é apresentado na literatura neste campo (Bezelga, 2012; Boehm & Boehm, 2003; Conrad, 2004; Cohen-Cruz, 2005; Cruz, 2015, 2019, 2021; Cruz, Bezelga & Aguiar, 2019; Cruz, Bezelga & Rodrigues, 2017; Cruz et al., 2020; Duncombe, 2016; Erven, 2001; Gielen, 2015; Kester, 2011; Marceau & Gendron-Langevin, 2015; Matarasso, 2013, 2019; Nogueira, 2008; Oddey, 1994; Palacios, 2009; Prentki & Preston, 2009; Ramos & Sanz, 2010; Raposo, 2015; Scher, 2015; Sloman, 2012). No entanto, existem algumas características que emergiram como diferenciadoras na investigação, ou foram formuladas de outra forma, sendo globalmente sintetizadas da seguinte forma:

— criação baseada no "fazer juntos/as" e na relação horizontal entre artistas profissionais e não profissionais. Durante os quatro anos, no caso de alguns/ mas participantes mais novos/as, verificou-se um processo de transição para a profissionalização, particularmente no contexto brasileiro, acontecendo o mesmo relativamente à realidade dos grupos;

— processos de criação coletiva e experimentação artística que se afastam de uma visão baseada em relações verticais, associada a conceções do fazer teatral mais convencionais. No entanto, é de salientar que no campo da criação teatral têm-se operado mudanças muito significativas no âmbito dos padrões de relações estabelecidas entre os/as distintos/as protagonistas, sendo a horizontalidade um elemento atualmente mais presente;

— criação e seleção dos temas a tratar, assim como a presença de outras negociações e tomadas de decisão partilhadas no contexto do grupo;

— ligação da criação ao território e contexto sociopolítico das/os participantes e grupos;
— criação que integra fazer artístico e preocupações com as realidades sociais e comunitárias dos elementos dos grupos, independentemente das metodologias teatrais convocadas. As práticas artísticas comunitárias integram contributos artísticos (e.g., primazia do trabalho de desmecanização do corpo, *embodiment*, associado ao teatro físico e movimento, *performance* e pesquisa a partir de histórias da comunidade não centradas, apenas, em histórias individuais), educativos e comunitários (e.g., educação popular, animação sociocultural e educação não formal);
— impossibilidade de prever como se irá desenvolver o processo criativo e o seu momento final;
— cruzamento de linguagens artísticas e estéticas diversas no contexto dos grupos;
— valorização da diversidade de pessoas que integram grupo e afastamento de uma ideia redutora de espaço privilegiado para a inclusão social, aproximando-se mais de uma vivência comunitária e de experimentação artística;

Definiria a prática artística comunitária como a prática do corpo individual no todo, que é um corpo também, onde se explora do nada, tomando como ponto de partida a voz expressa de cada ser vivo que nela se cruze, questionando-se a si própria e ao outro, dando lugar a quem somos como comunidade, um todo. Vicente Gil

O coletivo Bonobando tem como premissas exercitar um espaço de horizontalidade nos seus processos de construção e criação artística. Diante disto, partíamos de um desejo individual para entender o tema que queríamos falar enquanto coletivo e este era pensado, discutido e trabalhado coletivamente. Então não era possível num primeiro momento entender o resultado da junção dessas diversas vozes, dessas diversas vivências. Estávamos todos num mesmo barco buscando a todo o momento escutar todos os nossos desejos enquanto artistas. Acordando juntos, decidindo juntos, errando juntos e acertando juntos. Hugo Bernardo.

2. Qualidade da participação cultural e artística

Nesta investigação foram identificados, nos grupos teatrais, elementos fundamentais associados à qualidade da participação cultural e artística que permitem a concretização dos princípios inerentes às práticas artísticas comunitárias. Ou seja, não basta participar, tal não é garantia de uma participação positiva, existindo inclusive estudos que indicam consequências negativas relacionadas com estas práticas, tais como, por exemplo, a reprodução da dominação estética (Prentki, 2009; Suess, 2006; Wald, 2009), a romantização destas práticas reduzindo-as a uma visão essencialista (Wald, 2009) e tendências de instrumentalização das mesmas (Cruz, 2019; Roitter, 2009). A este respeito sinalizam-se os paradoxos que o conceito de participação encerra podendo, inclusivamente, contribuir para manter e reforçar poderes instalados e funcionar como "panaceia" dos problemas atuais, transformando-se, assim, numa narrativa "sobre" e não uma prática "com" limitando a sua potência democrática (Miessen, 2010; Weizman, 2014). É, assim, necessário que a participação seja efetiva e reúna condições para que estas práticas encerrem possibilidades de serem percebidas como eficazes e satisfatórias do ponto de vista do desenvolvimento pessoal, social, artístico e sociopolítico. Estas são, aliás, as principais motivações pessoais apresentadas por quem participa e que são relevantes para a definição desta qualidade. Neste sentido, é necessário que se gere um ambiente de criação com elementos de qualidade que passam por distintos aspetos, a saber:

— presença de elementos criativos e organizacionais nos processos, em profunda ligação, sendo difícil distingui-los no âmbito da criação artística comunitária. Tentar fazê-lo poderia passar por assumir uma estrutura de criação artística profissional convencional assente em princípios distintos. O que quer dizer que aspetos relacionados com a organização e funcionamento dos grupos (e.g., responsabilidades e compromissos; continuidade da atividade do grupo; confiança; retaguarda institucional; sustentabilidade financeira; disponibilidade de tempo para o grupo; dimensão do grupo; entrada de novos elementos) estão conectados e interferem no momento da criação (e.g., personalidades e referências distintas; existência de conflitos e processos da sua resolução;

— trabalho a partir da memória; presença da escuta, cuidado, flexibilidade, diálogo, generosidade enquanto pontos essenciais na criação coletiva) e vice-versa;

— existência de continuidade, considerando a média elevada de anos de integração no mesmo grupo. No entanto, este aspeto, segundo o estudo quantitativo, não se apresenta como determinante nos efeitos positivos percebidos associados às práticas artísticas comunitárias. Os efeitos são associados mais à qualidade da participação cultural e artística do que ao tempo de participação nos grupos de teatro. Acrescenta-se que apesar de em alguns momentos existir intermitência na ação dos grupos parece, mesmo assim, manter-se um sentido de ligação ao trabalho desenvolvido e às pessoas com quem se faz teatro.

— valorização da dimensão processual em detrimento do resultado final, não deixando de existir uma visão integrada, o que significa que apesar da orientação para o resultado artístico poder ser menos relevante do que o percurso feito na sua construção, este é um elemento a considerar como essencial na criação, permitindo, por exemplo, o confronto com o público, nomeadamente na desconstrução de perceções cristalizadas sobre indivíduos e comunidades, ou seja, processos e resultados emergem como dimensões relevantes da qualidade da participação cultural e artística;

— a presença e estímulo da pluralidade e reflexão, ou seja, os grupos teatrais são compostos por pessoas diversas com distintas opiniões, percursos, experiências e estéticas, constituindo-se como espaços de disputa, divergência, conflito cognitivo e com oportunidades de reflexão sobre estes (Coimbra, 1991; Sprinthall, 1980). No exercício reflexivo, parecem ser, igualmente, valorizadas, para além da componente racional, a dimensão emocional e a espontaneidade, como se percebe pela opção por um trabalho centrado no corpo, movimento e improvisação (Arendt, 2001; Bobbio, 1995; Ferreira, 2006b; Walzer, 1995, 2002). Este aspeto parece ser, igualmente, importante para o desenvolvimento do pensamento crítico e a flexibilização de opinião, num exercício de tomada de perspetiva do outro;

— a presença da tomada de decisão partilhada entre artistas profissionais e não profissionais. Este aspeto espelha uma relação baseada na horizontalidade – apesar de cada elemento assumir um contributo distinto para o processo –, muito relevante para as/os participantes e sublinhada na literatura. A valorização da possibilidade das decisões relativas à criação e ao funcionamento do grupo serem tomadas por todos e nas diferentes fases dos processos, relativamente a distintos aspetos (e.g., dimensão do grupo, financiamento e entrada de novos elementos), e acontecerem de forma discutida e negociada, é fundamental na definição da qualidade da participação cultural e artística. Neste processo é, igualmente, relevante a procura da convergência de opiniões distintas em decisões que não reflitam homogeneidade e olhares únicos, mas, pelo contrário, que integrem a diversidade das opiniões expressas (Trend, 1996);

A prática artística comunitária existe para servir cada um que dela experimente e nesse sentido a voz é dos primeiros passos para isso acontecer, a prática artística que aqui falamos não existe se não houver conversa de ouvido grande, se não existe o debate e o incentivo à questão, estes processos não passarão de um orador que guia um encontro. Aqui, os intervenientes, guiam-se uns aos outros. Vicente Gil

— o envolvimento em questões significativas e concretas da vida quotidiana dos indivíduos (e.g., a vivência da cidade, a exclusão social, a gentrificação, a desigualdade de género e os desafios da intergeracionalidade), destacando-se a sua relevância e a presença da liminaridade (Bourriaud, 2009; Turner, 1982);

— a expressão e negociação de pontos de vista distintos num ambiente de experimentação, confiança, abertura e criatividade traduzem-se num ambiente apoiante, ou seja, positivo para a criação, reforçando o significado pessoal das experiências no contexto dos grupos teatrais (Ferreira, 2006; Ferreira, Azevedo & Menezes, 2012; Johnson & O'Neill, 1991; Menezes 2003);

— experiências teatrais que permitem a interação social e o equilíbrio entre ação e reflexão (Dewey, 1916; Mead, 1934; Piaget, 1941; Vygotsky, 1967) e que apontam no sentido da aprendizagem transformadora num processo global de conscientização (Freire, 1970/1987; Lave & Wenger, 1991; Rogoff, 1998);

— experiências teatrais que reúnem condições de desafio ótimo, isto é, em que o desafio tem um apoio consistente para ser enfrentado pelas/os artistas não profissionais no decorrer dos processos criativos (Sprinthall, 1991), alicerçados/as na colaboração e na ideia de comunidade (Schoenfeld, 2004). Ao contrário da maioria dos contextos de vida atuais, individualistas e competitivos, que fragilizam a participação, no ambiente proporcionado pelo grupo pode-se experimentar a afirmação do corpo e das ideias com a proteção dada pela representação e com a retaguarda do grupo. Mesmo as apresentações públicas são coletivas, expressando uma comunidade, e não se centram num indivíduo particular;

— a contribuição e integração das diversas vozes, corpos e poéticas são essenciais na construção de dramaturgias coletivas que se situam para além do nível interpretativo (Brown et al., 2011) e da codramaturgia[72] (Dupin-Meynard, 2018);

— metodologias teatrais potenciadoras da qualidade da participação (e.g., criação coletiva, teatro físico/movimento, improvisação, *performance*, pesquisa a partir das histórias da

72 Este conceito relaciona-se com o de cocriação e coautoria remetendo, essencialmente, para oreconhecimento do potencial criativo de todos/as os/as envolvidos/as nos processos.

comunidade e antropológica) que associam elementos artísticos, educativos e comunitários.

Levaria em conta também as práticas culturais cênicas de cada lugar como elementos teatrais utilizados, fora dos jargões utilizados. Por exemplo, no Bonobando trabalhávamos com o conceito de brincadeira e brincante, que pode facilmente ter um paralelo com a *performance* e o teatro físico, mas que salvo suas especificidades e origem, possuem uma história, características e aspetos que já conhecíamos de antemão de alguma maneira. Thiago Rosa

— as questões instrumentais como o acesso (horários e espaços adequados), assim como a relação com os espaços de criação e apresentação são, também, importantes na definição da qualidade da participação. A este respeito existem dificuldades de relação com centros culturais e sociais, em contraponto com a criação em ruas, parques e espaços não convencionais. Este ponto remete para a urgência de um questionamento relativamente às políticas culturais e sociais e do acesso de públicos diversos aos espaços culturais e sociais das comunidades.

A garantia de implementação dos elementos inerentes à qualidade da participação cultural e artística, anteriormente elencados, pode afastar os riscos de instrumentalização da criação artística. A ideia da utilização da arte para chegar a um fim, como, por exemplo, abordar temas complexos, descarta a potencialidade da experimentação artística enquanto processo pelo qual se podem desenvolver perspetivas alternativas às realidades sociais, sem uma abordagem necessariamente direta às mesmas. Garantindo a presença dos elementos que integram a qualidade da participação nestas práticas pode-se expandir o potencial criativo, principalmente, se for no sentido da iniciativa e interesse das/os artistas não profissionais e, simultaneamente, do pensamento crítico sobre as realidades (Cruz, 2019; Roitter, 2009). A existência destes elementos parece, igualmente, incontornável no sentido de aumentar o potencial de desenvolvimento do capital cultural dos/as envolvidos/as, fora do contexto da família e da escola. A ação destas práticas traduz-se, assim, em modos de aquisição cultural, em muitos casos, tardia, que implica processos de acumulação, destacando-se que a forma como esta se desenvolve se relaciona com possibilidades de mudança social (Bourdieu, 2010).

Em síntese, a qualidade da participação cultural e artística sustenta-se numa relação de confiança e comunicação fluída, num espaço que é percecionado como seguro e que remete para a pertença e comunidade, apesar do desafio que a experimentação artística implica, nomeadamente, com a exposição e desconforto que, muitas vezes, exige. Porém, ao mesmo tempo permite a possibilidade de desenvolver outros olhares sobre questões significativas. Esta ideia remete para uma visão de grupo enquanto um espaço de "ensaio", uma comunidade temporária e emocional, na qual se pode, exatamente pelas suas idiossincrasias, experimentar uma outra realidade e organização social.

> O grupo constitui-se como um ensaio da qualidade participativa e de outras formas de estar em coletivo uma vez que permitiu experienciar que não é necessária uma estrutura hierárquica para que todos fiquem satisfeitos com o processo e com o seu resultado final, contrariando a maioria dos sistemas sociais que se baseiam nela. Cátia Oliveira

A este respeito pode-se colocar a questão de que vários dos elementos apontados na definição da qualidade de participação cultural e artística podem ser encontrados noutros funcionamentos de grupo que não recorram, necessariamente, às linguagens artísticas – como aliás sugere a correlação entre as dimensões da qualidade de participação cultural e artística e as dimensões da qualidade das experiências de participação (no grupo de teatro). Ora, as práticas artísticas comunitárias propõem uma linguagem que não é a quotidiana trazendo, desta forma, o risco e desafio inerentes, que exigem a flexibilidade potenciada pelo trabalho de corpo, de produção do sensível e de poética. Ou seja, o facto da maior parte das/os integrantes dos grupos não estarem familiarizados/as com a proposta de trabalho artístico coloca-os em igualdade de circunstâncias para arriscar nesta experimentação, descobrindo outras formas de produzir conhecimento, de relação consigo e com o outro. É esta diferenciação que permite perspetivar o desenvolvimento estético como uma das dimensões do desenvolvimento humano integrado, perspetivando-o como uma alternativa às propostas, por exemplo, do sistema de educação formal, mais orientado para a tarefa, pouco questionador e que desvaloriza, muitas vezes, o pensamento crítico. Neste sentido, as premissas da educação não formal, assim como os princípios do "aprender a fazer" e do "aprender na ação" (Freinet, 1975), são mobilizadas no contexto das práticas artísticas comunitárias atentando para que o fazer artístico, com as suas especificidades, não seja desvalorizado neste processo.

3. Conceções de teatro e suas dimensões

As conceções de teatro estão relacionadas com a qualidade da participação cultural e artística nas práticas artísticas comunitárias. No entanto, relativamente a esta dimensão existem algumas discrepâncias nos resultados que importa serem traduzidas nestas reflexões finais. Nos vários estudos, as conceções de teatro associam a dimensão política e artística, sublinhando-se o potencial de desenvolvimento do pensamento crítico e de mudança social destas práticas. Estas ideias de teatro afastam-se da premissa exclusiva do "teatro pelo teatro", aproximando-se de elementos relacionados com o teatro na Antiga Grécia, por exemplo, que expressava um caráter eminentemente comunitário. Para além disso, são conceções que revelam influências do teatro épico que propõe a tomada de decisões e o desenvolvimento de conhecimentos e argumentos alicerçado na ideia de que um indivíduo se transforma ao mesmo tempo que transforma, sublinhando a função social e política do teatro (Brecht, 1957/1964; Piscator, 1968).

Com base nestes resultados sugere-se que o envolvimento nas práticas artísticas comunitárias, nomeadamente com recurso à linguagem teatral e garantindo-se a presença dos elementos de qualidade de participação, estimula o desenvolvimento de conceções de teatro que valorizam a dimensão política, ou seja, atentas à análise e discussão das realidades onde se integram os grupos e com preocupações de transformação social, com destaque para as questões das desigualdades sociais, que são encaradas de forma heterogénea, sem prejuízo das abordagens estéticas. Para esta reflexão contribui a ausência ou escassez de experiências anteriores de envolvimento na criação teatral das/os participantes na investigação. Esta linha reflexiva ganha força quando fundamentada com base nos dados relativos aos grupos brasileiros, facto para o qual podem existir várias explicações. Desde logo, estes grupos são mais homogéneos na sua constituição sendo formados, essencialmente, por jovens negros/as, muitos deles/as, a viverem nas periferias.

A este aspeto associa-se o acesso de grande parte dos elementos dos grupos à universidade, no contexto das políticas públicas educativas dos governos de Lula da Silva, que permitiu a tomada de consciência sobre a possibilidade de ocupação de outros espaços na cidade, até então, distantes simbólica e concretamente. Esta oportunidade para desenvolver a expressão, afirmação e realização destes/as jovens está ligada a um movimento de politização generalizado, onde se destacam a renovação e reforço dos movimentos negros brasileiros, dos elementos destes grupos contaminando, inevitavelmente, a conceção que têm de teatro.[73] Para além disso, as políticas públicas sociais e culturais que surgiram no mesmo período de governação do Partido dos Trabalhadores direcionaram-se para uma população alvo de fortes desigualdades sociais, proporcionando condições instrumentais para a criação e manutenção destes grupos. É este percurso que permite que, no presente, num contexto político de grande adversidade, a ação destes grupos se mantenha e se assuma como um ato de resistência.

Na sequência desta influência, as conceções apresentadas revelam preocupações com o acesso à oferta cultural de pessoas excluídas da mesma, assim como aos modos de produção artística, gerando-se, por exemplo, a oportunidade real de ser artista profissional, independentemente da origem socioeconómica. Estes casos revelam que elementos de políticas públicas sociais, educativas e culturais parecem ter atuado de forma integrada permitindo não só uma perspetiva de democratização cultural, mas também de democracia cultural. Neste sentido, é importante destacar que alguns dos elementos dos grupos envolvidos nesta investigação fizeram e fazem estudos superiores na área das artes,

73 A este respeito regista-se uma maior visibilidade do teatro negro brasileiro (Peixoto, 2017) que pode não corresponder, necessariamente, à sua real valorização.

seguindo alguns deles um percurso de profissionalização e de dinamização de grupos teatrais nas comunidades de onde são oriundos.

Estes casos contrariam, ainda, a ideia de que populações alvo de desigualdades sociais não têm a capacidade para serem artistas, perpetuando uma visão de cultura de elite e a desvalorização da cultura popular. Pelo contrário, o que se demonstra é a construção de possibilidades de estéticas periféricas estabelecerem diálogo com as que são as estéticas propostas pelas universidades e circuitos culturais legitimados, num fluxo de mútuas influências, sem que para isso sejam invisibilizadas, mas, ao invés, se reforcem. Esta situação concretiza o questionamento de uma visão estanque hierarquizada de tipos de cultura (Bakhtin, 1987; Ginzburg, 2002; Marques, 2015), valorizando-se, antes, as zonas de fronteira entre a cultura erudita, popular e de massas enquanto espaços privilegiados geradores de fusões culturais (Bakhtin, 1987). No entanto, é importante considerar que, nos casos referidos, tal parece ter sido possível pela existência de uma estrutura definida por políticas públicas que criaram condições para tal e não como algo que deva ser associado perigosamente, em exclusivo, ao mérito pessoal.

Nos grupos portugueses, as conceções de teatro que remetem para uma ideia de resistência e sublinhem a dimensão política do teatro estão menos presentes, tendendo-se, principalmente no estudo quantitativo, a associar o teatro a elementos comunitários e afastando-se, aparentemente, de uma visão política. A palavra política associada ao teatro parece ser rejeitada em detrimento de comunidade, problema ou transformação social, o que reflete uma normalização de determinadas narrativas em detrimento de outras. O mesmo acontece quanto se abordam as metodologias teatrais convocadas nestas práticas artísticas, afastando-se as/os participantes das abordagens do teatro do oprimido e do teatro de rua, propostas com uma clara conotação política associada. Este aspeto, em particular, pode revelar distintas situações: ou estas metodologias não são referenciadas nas práticas desenvolvidas, mas os seus princípios estão presentes, ou não são realmente mobilizadas. Nos dois casos tal posicionamento pode remeter para uma desvalorização e/ou desconhecimento dos financiadores e de alguns/mas artistas profissionais relativamente a estas metodologias.

O contexto português, do ponto de vista das políticas culturais, foi fortemente influenciado por ações próximas do que aqui se definem como práticas artísticas comunitárias como, por exemplo, as campanhas de dinamização cultural e ação cívica do MFA e o FAOJ, no período pós 25 de Abril.[74] Estas experiências foram abandonadas mais tarde assumindo-se uma perspetiva de políticas culturais centrada na ideia de democratização cultural que tinha como objetivo o acesso de todos a uma cultura que garantisse a excelência artística. Este aspeto, aliado ao facto de os grupos portugueses serem heterogéneos, do ponto de vista geracional, cria uma situação ambígua. Ou seja, se, por um lado, as conceções de teatro dos/as mais novos/as tendem a ter menos em consideração a dimensão política, por outro lado, os/as mais velhos/as têm uma memória do período da revolução associada à expansão da sua participação cultural e artística, que tendem a tentar recuperar nestes grupos, associando-os, ainda, a espaços de convívio, descontração e contacto com o/a outro/a. O afastamento da palavra "política" resultante de uma desconfiança e desinteresse generalizado relativamente às suas configurações convencionais (Benedicto & Morán, 2002; Galston, 2001; Putnam, 2001) leva a que, embora as respostas tendam para se afastar da dimensão política na conceção de teatro, ao mesmo tempo se aproximem das questões da comunidade e dos seus problemas, como se estas não se tratassem de ações políticas. É de ressalvar que, considerando as dinâmicas de cada comunidade, muitas vezes, existe algum receio de se abordarem determinadas temáticas, encarando o conflito e a diversidade como algo a evitar em comunidade, o que parece remeter para o mito da comunidade perfeita e unida.

> [...] existem participantes, sobretudo os mais recentes, que têm receio de tocar em pontos mais sensíveis, sobretudo ligados à critica social e política, com receio de ferir suscetibilidades políticas. O ser humano é, intrinsecamente, um ser social e político.

74 Estes exemplos, mais desenvolvidos no capítulo "Construção dos Alicerces Teóricos", pela sua idiossincrasia no contexto nacional e internacional e a pertinência no campo das práticas artísticas comunitárias, careciam de ser, devidamente, resgatados e aprofundados no sentido de uma melhor compreensão e análise do que significaram estas práticas no passado, o que são hoje e o que poderão vir a ser no futuro.

> Estas duas componentes são indissociáveis à natureza humana. Assim, também, e sobretudo, em contexto de arte comunitária, essa discussão tem que existir! Caso contrário, estaríamos a colocar uma venda nos olhos, sob pena de não contribuirmos para uma mudança e transformação positivas na nossa comunidade.
> Isabel Trindade

Neste sentido é interessante destacar que, principalmente no estudo quantitativo, as motivações pessoais para fazer teatro se centram no desenvolvimento da técnica teatral, pessoal e social e, finalmente, no sociopolítico. Assume-se, assim, o espaço do grupo num primeiro momento como um espaço de criação onde, também, se ensaia a qualidade participativa. Ao mesmo tempo que se afirmam como espaços onde se constroem outras formas de estar em coletivo, os grupos parecem permitir trazer para a criação artística outras estéticas, até então não legitimadas nos espaços culturais convencionais ou tradicionais.

> O teatro se reinventou. Ficou claro que o nosso estudo artístico vem nos transformando enquanto pessoa. E, por outro lado, nossas experiências enquanto individuo vem cada vez mais invadindo a sala de ensaio. Foram produzidas novas linguagens, um novo fazer teatral. Uma nova maneira de falar de expressar nossas inquietações que não cabia num modelo mais engessado.
> Hugo Bernardo

Salienta-se que as conceções de teatro, desenvolvidas no decorrer das práticas artísticas comunitárias, estão relacionadas com a qualidade da participação nos grupos de teatro. Importa, ainda, considerar que as conceções de teatro, com a sua dimensão política ativada, podem ser, elas próprias, impulsionadoras da participação nos grupos de teatro, recorrendo-se aos resultados que sugerem que a participação cívica e política potencia a participação nos grupos teatrais. Estes resultados vêm na linha do que a literatura refere quanto à potencialidade das experiências sociais e cívicas poderem gerar a participação política (Putnam, 1995), o que poderá também suceder com a participação cultural e artística. Assim, as práticas artísticas comunitárias e as conceções de teatro influenciam-se mutuamente, sendo que a vivência artística dos processos determina o questionamento e reconstrução dessas conceções e estas, numa fase inicial, transformam o modo como se encaram os processos criativos.

Tal como referido, sintetizando, as conceções de teatro veiculadas pelos/as participantes aliam as vertentes política e artística, numa tensão contínua e desejavelmente tensa entre "colapso" e "reconciliação" (Bishop, 2011). Acrescenta-se a este respeito que a dimensão política da arte é inevitável, definindo-se antes da própria arte tentar a negação da existência desta relação (Rancière, 2005). Parecem ser privilegiadas conceções de teatro que expressam esta interação, valorizando-se aspetos como a representação, o proporcionar um momento de prazer ao público, assim como uma abordagem a problemas reais e o contribuir para a transformação social. São conceções que convocam diferentes abordagens teatrais distantes de relações hierarquizadas e verticais do teatro convencional, herdeiro do teatro burguês e centrado no encenador e no texto, com foco nos processos e não apenas nos resultados artísticos e na promoção de cruzamentos de linguagens artísticas que vão para além do teatro, com recurso à *performance*, música e dança, por exemplo. Estas conceções integram influências da *performance* e do *happening*, que expressam uma intensa componente experimental e se baseiam na criação coletiva (Carlson, 2015). São estas formas de pensar, fazer e viver teatro que sustentam as características diferenciadoras de resistência, diversidade e continuidade de modos de produção alternativos que, tendencionalmente, são desvalorizados e invisibilizados pelas estruturas sociais e culturais legitimadas (Duncombe, 2016).

4. Relação práticas artísticas comunitárias e participação cívica e política

A relação entre práticas artísticas comunitárias e participação cívica e política não é linear e implica conceber a sua influência mútua e conexão sem considerar que uma é responsável pela outra, sendo que a lógica do que vem "antes" e "depois" não é aqui aplicável. Afasta-se, assim, uma abordagem determinista que, por um lado, atribui à arte a resolução direta de problemas sociais e políticos e, por outro, aborda a política pela sua estetização, alargando este exercício ao quotidiano e fazendo-se cumprir, desta forma, uma agenda neoliberal. Esta última opção incorre no risco de esvaziar a política de conteúdo e do exercício do contraditório, elemento central à vitalidade das democracias.

Esta relação estabelece-se consoante a qualidade da participação cultural e artística inerente às práticas artísticas comunitárias que influencia determinados efeitos percebidos em diferentes ações e níveis, assim como as experiências de participação cívica e política anteriores sugerem influências na forma como se desenvolve a qualidade de participação nestas práticas artísticas.

Quanto a este último ponto, estas práticas parecem desenvolver-se em diálogo com experiências anteriores de participação cívica e política dos elementos dos grupos, percecionadas como satisfatórias e eficazes (Lawy & Biesta, 2006), sendo que, na sua maioria, os/as integrantes dos grupos apresentam percursos participativos anteriores significativos, e indo, então, ao encontro da ideia defendida pela literatura de que participação gera participação (Putman, 1995). A este aspeto acrescenta-se que a competência para participar é adquirida gradualmente através da prática não podendo ser ensinada como uma abstração (Hart, 1992).

As práticas artísticas comunitárias influenciam os efeitos percebidos consoante se consideram as ações políticas e/ou cívicas e os diferentes contextos em que estas se desenvolvem. De uma forma transversal aos estudos, no caso das ações cívicas, é identificado um estímulo, após a integração nos grupos, principalmente das ações culturais e artísticas, assim como das ações educativas e formativas e, num terceiro momento, das ações cívicas e sociais. Esta reflexão permite sublinhar a integração das dimensões cultural, artística, educativa e social no contexto da ação destas práticas, sendo que é a ação específica da criação artística que no seu desenvolvimento sugere a ativação potencial das restantes.

> Embora dependa da pro-atividade dos participantes, é verdade que ao longo dos processos de criação coletiva há uma crescente conscienlização do poder do teatro, da *performance*, da ação

pública e da participação cívica, quer em grupo quer individualmente. Inês Lapa

Já relativamente às ações políticas, nomeadamente as convencionais, a influência é menor, mas existe, sendo mais significativa em ações não convencionais e ativistas. No entanto, esta relação, no contexto brasileiro, apresenta-se de forma distinta, revelando-se um envolvimento grande em ações políticas não convencionais. A participação nestas ações, em alguns casos, se intensificou com a integração nos grupos, sendo que já existiam anteriormente, estimulando, por sua vez, uma aproximação ao "fazer teatral. Este aspeto está relacionado com as características do contexto que sublinham a necessidade de expressão das desigualdades sociais, ao mesmo tempo que o processo de distanciamento proposto pela arte permite pensar alternativas às complexas realidades.

As práticas artísticas comunitárias revelam influência nos efeitos percebidos de melhoria de aspetos pessoais (e.g., segurança, comunicação, pensamento crítico, compreensão do mundo), assim como no espaço do grupo (e.g., compromisso, partilha, diálogo) de acordo com o defendido na literatura (Fernández Bustos, 2006; Katzmair, 2018; Nardone, 2010; Neves & Guedes, 2016; Wald, 2009).

> Concordo. Mas é importante destacar que as pessoas não são moldadas pelo projeto. As experiências anteriores, mesmo entre os mais jovens, são fundamentais para o desenvolvimento desta ética coletiva. A não hierarquização de saberes e experiências é fundamental para as políticas do trabalho nos grupos. Adriana Schneider

Relativamente aos efeitos percebidos na dimensão comunitária, estes emergem com menor intensidade sendo o contributo para mudanças institucionais tido como o menos relevante. Estes resultados podem sugerir pouco enfoque das práticas artísticas comunitárias na pluralidade e reflexão. Este último ponto prende-se com o afastamento generalizado do funcionamento institucional, que não se limita ao público administrativo, sendo as micropolíticas destes grupos espaços de experimentação de alternativas. Neste sentido, o diálogo é difícil e, muitas vezes, pode inclusive fragilizar as propostas destes coletivos. Mais do que se defender a existência de uma influência direta destas práticas em mudanças institucionais é importante perspetivá-las como exemplos concretos de outros funcionamentos possíveis, que podem contribuir para o fortalecimento dos seus integrantes e das comunidades e para o questionamento do funcionamento rígido institucional. Tal como sugere Goldbard (2006) "é um processo que constrói o domínio individual e a capacidade cultural coletiva contribuindo para a mudança social positiva" (p. 20). No entanto, é importante salientar que a relação com parceiros e instituições financiadoras dos grupos é pautada, na maior parte dos casos, por agendas que excluem os propósitos dos grupos gerando-se, necessariamente, desconfortos éticos e estéticos. Por outro lado, é importante salientar que as instituições têm vindo a reconhecer, nos últimos anos, que as práticas artísticas comunitárias são uma possibilidade concreta, alternativa, flexível, criativa e horizontal na sua relação com as comunidades. Desta forma, as práticas artísticas comunitárias podem ser perspetivadas como uma arena privilegiada de confronto entre lógicas distintas, entre o "fazer participativo" e o "fazer institucional", o "fazer artístico" e o "fazer educativo", e o "fazer erudito" e o "fazer popular".

O campo da criação artística, de forma expandida, para além da especificidade comunitária desta investigação, poderá, mediante o presente cenário, beneficiar em ter em atenção estas práticas assentes na criatividade partilhada, descentradas da ideia de autoria e de trabalhos autónomos, tendo uma visão alargada de comunidade. Perspetiva-se a arte como parte integrante da comunidade e não como um mundo à parte, separando a arte da vida e do quotidiano (Otte & Gielen, 2019). Esta questão coloca-se, também, relativamente às configurações políticas convencionais e à necessidade premente de fazer dialogar a democracia representativa com a participativa, num exercício de cidadania ativa com reflexos nos processos deliberativos, nas estruturas políticas e na sociedade civil (Eurydice, 2005; Sullivan & Transue, 1999).

O grupo teatral assume-se como o contexto privilegiado de participação cultural e artística e, de forma mais alargada, de participação cívica e política no momento presente de vida dos/as artistas não profissionais, sendo esta participação sentida como eficaz, o que parece possibilitar a concretização de uma rede de suporte baseada no grupo, mas que vai para além dele. Esta reflexão reforça a ideia de grupo enquanto comunidade, com características intrínsecas e emocionais, aberta, de encontro, de reconhecimento e de produção definida por formas relacionais espontâneas com regras móveis, sem hierarquias, sem elementos de ancoragem e não formatadas pela indústria cultural (Lattanzi, 2009; Maffesoli, 2005).

> Uma vez que as práticas comunitárias assumem uma postura democrática em que cada elemento, do início ao fim, é convidado a participar com as suas próprias ideias, valores, atitudes e comportamentos, no qual cada elemento traz ao grupo a sua identidade. Desta forma trazem à criação artística uma identidade coletiva própria daquele grupo, diferenciando-se de outros contextos teatrais previamente definidos. Marília Paredes

5. Um último exercício de síntese

O momento final deste capítulo direciona-se para um último exercício de síntese das reflexões finais desta investigação, apontando algumas possíveis implicações futuras que daí emergem. No entanto, antes disso, é importante referir algumas limitações e potencialidades que esta investigação revelou e que merecem a devida atenção no sentido de se perspetivarem novos estudos neste campo que, inclusivamente, sugerem a continuidade do presente processo investigativo.

Tal como já foi referido anteriormente, uma das lacunas encontradas prende-se com a impossibilidade da realização de um estudo longitudinal, sendo que a existência desta abordagem nesta área de conhecimento é fundamental, dada a sua escassez, o que poderia acrescentar valor. Para além do seguimento de um processo completo, não limitado a visões retrospetivas dos processos, como sucedeu, seria de contemplar o acompanhamento dos percursos de participação mais ao pormenor de alguns dos/as envolvidos/as nestas práticas. Seria, ainda, importante criar espaço para aprofundar as perceções, relativamente às várias dimensões dos estudos, de outros atores/atrizes nestas práticas como parceiros/as formais e informais, diretores/as dos grupos e os/as técnicos/as sociais e educativos envolvidos/as, uma vez que o enfoque prioritário da investigação se centrou nos/nas artistas não profissionais. Outra limitação sentida foi a dificuldade de transportar para a investigação a componente estética e artística das práticas estudadas, sendo para isso necessário convocar, de forma mais afirmativa, outro tipo de dispositivos como o vídeo e a fotografia. Relativamente ao estudo quantitativo é de referir o potencial existente de adaptação na criação de uma versão revista de acordo com as análises efetuadas, assim como uma reformulação adaptada ao contexto brasileiro.

No que concerne aos pontos fortes desta investigação estão relacionados com as suas características diferenciadoras neste campo, que remetem para: a utilização de métodos mistos; a dimensão das amostras que permitiu um mapeamento e conhecimento dos grupos e das práticas, nomeadamente no contexto português, relevante e invulgar; o afastamento de uma abordagem exclusivamente descritiva destas práticas tentando convocar os dados para dialogarem transversalmente com a teoria; o seu desenvolvimento em dois países distintos com percursos que se destacam neste campo nos contextos da América Latina e da Europa.

De seguida, apresenta-se o exercício de síntese referido, assim como algumas indicações que se consideram ser relevantes para os contextos atuais e futuros:

- — Num campo muito diverso e com terminologias pouco precisas foram identificadas, questionadas e estruturadas as principais características associadas às práticas artísticas comunitárias, que se distinguem da arte participativa e que se constituem como um ponto de partida relevante para a reflexão e ação nesta área.
- — As principais características definidoras das práticas artísticas comunitárias remetem para: a natureza da relação entre artistas profissionais e não profissionais; a criação com base coletiva e experimental que se afasta de modelos artísticos mais rígidos; a negociação e tomada de decisão partilha-

da relativas a diferentes aspetos e momentos dos processos criativos; a integração do fazer artístico com as realidades sociais; a primazia do trabalho de corpo e pesquisa das histórias a partir da comunidade; a impossibilidade de prever os processos e momentos de apresentação final; o cruzamento de linguagens artísticas e estéticas diversas; e a valorização da diversidade dos grupos.

— As práticas artísticas comunitárias integram contributos artísticos (e.g., primazia do trabalho de desmecanização do corpo associado ao teatro físico e movimento, *performance* e pesquisa a partir de histórias da comunidade, não se centrando apenas em histórias individuais), educativos e comunitários (e.g., premissas da educação popular, pedagogia crítica, educação não formal e intervenção e educação comunitária).

— No âmbito das práticas artísticas comunitárias, a participação nos grupos requer elementos fundamentais que garantam a sua qualidade que se designa como participação cultural e artística, não sendo suficiente a ideia de participar por participar como geradora de efeitos positivos.

— Os principais elementos da qualidade da participação cultural e artística são: conexão e influência mútua entre aspetos criativos e organizativos dos grupos; existência de continuidade da ação dos grupos; visão predominantemente processual, sendo que o resultado final é encarado como mais um momento dos processos numa visão integrada; pluralidade e reflexão; tomada de decisão partilhada; ligação ao território; envolvimento na criação de questões significativas e concretas relacionadas com o quotidiano; interação social assente em aspetos emocionais para além dos racionais; equilíbrio entre ação e reflexão; processo de conscientização; desafio ótimo das ações desenvolvidas; colaboração; comunidade; metodologias teatrais que associam elementos artísticos, educativos e comunitários; questões instrumentais (e.g., horários e espaços adequados) e relação com espaços de criação e apresentação; relação de confiança; e comunicação fluída.

— A qualidade de participação cultural e artística remete para a criação de um espaço seguro, com idiossincrasias, alternativo à linguagem quotidiana, que permite perspetivar o desenvolvimento estético como uma das dimensões do desenvolvimento humano integrado. Neste sentido, é importante garantir a sua presença no desenvolvimento destas práticas.

— A qualidade da participação cultural e artística pode contribuir para expandir o potencial criativo e evitar riscos de instrumentalização destas práticas, muito comum neste campo, como resposta às agendas artísticas, sociais, educativas e políticas e não às das comunidades.

— As práticas artísticas comunitárias, na presença dos elementos de qualidade da participação cultural e artística, contribuem para o desenvolvimento de conceções de teatro que fortalecem a sua dimensão política sem descurar a artística, sublinhando-se o contributo para o pensamento crítico e questionamento da mudança social destas práticas. No entanto, o contrário também pode suceder, embora seja menos frequente, ou seja, serem as conceções de teatro que, com a sua dimensão política ativada, estimulam a integração nos grupos que recorrem a estas práticas.

— Na sua maioria, as conceções de teatro revelam um olhar que integra as dimensões política e artística sugerindo influências mútuas. Este ponto indica a necessidade de expandir a discussão sobre estas conceções, nomeadamente, no âmbito dos estudos artísticos, sociais e humanos e nas demais estruturas institucionais relacionadas com estas áreas.

— As conceções de teatro, no âmbito das práticas artísticas comunitárias, revelam conexões com a democratização e democracia cultural, ou seja, para além de preocupações com o acesso à oferta cultural, destaca-se igualmente a relevância de garantir o acesso aos modos de produção. São conceções que encaram o teatro, não apenas numa lógica de consumo cultural, mas também de produção. Estas conceções revelam uma visão diferenciadora de acesso, implícita à qualidade da participação cultural e artística, que permite apropriação, sendo que, para isso, são necessárias a compreensão, participação e disputa de sentido, mesmo que os pontos de partida dos capitais culturais sejam distintos (Bourdieu, 1969; Cerdeira & Lacarrieu, 2017). Ou seja, o acesso não garante, por si só, agência, nem tão pouco uma efetiva inclusão, se a qualidade da participação cultural e artística não estiver presente (Asensio et al., 2016).

— No caso do Brasil, as conceções de teatro associadas a estas práticas parecem resultar, em parte, da integração de políticas públicas sociais, culturais e educativas e do fortalecimento dos movimentos sociais, que se expressam na afirmação de estéticas periféricas nos circuitos culturais, educativos e sociais legitimados, servindo como um bom indicador para iniciativas mais aprofundadas neste sentido.

— No contexto português, a dimensão política das conceções de teatro relaciona-se mais com a ideia de comunidade, ou seja, são privilegiadas narrativas associadas aos problemas sociais e transformação social como se não se tratassem também de ação política. Este aspeto apela ao questionamento face à possibilidade da existência de riscos de instrumentalização destas práticas, limitando-as a uma abordagem instrumental das realidades. Pode, igualmente, sugerir a necessidade de equacionar formações multidisciplinares e integradas de artistas e técnicos/as sociais e educativos envolvidos/as nestas práticas, assim como de potenciar o trabalho em rede com parceiros informais e formais das comunidades. A criação e fortalecimento de redes entre os grupos com as mesmas práticas pode ser igualmente determinante para promover a troca de experiências e estabelecer relações entre territórios, refletindo e definindo ações conjuntas sobre aspetos de produção, criação e circulação dos objetos artísticos. Nestas ações é relevante destacar que os/as artistas não profissionais podem assumir papéis que não estejam apenas focados na participação e produção, mas também na decisão, nomeadamente no desenho e reestruturação de políticas neste campo (Barbieri, 2018; Gayo & Teitelboim, 2010). Destaca-se, assim, um nível de participação executiva que inclui, para além das tomadas de decisão, a execução e gestão das mesmas (Ventosa, 2016).

— Os grupos parecem ser, em simultâneo, plataformas onde se experimentam outras formas de estar em coletivo, através de micropolíticas da participação, trazendo, ainda, para a criação artística outras estéticas, até então não legitimadas nos espaços culturais convencionais. Estes grupos podem ser perspetivados como espaços de ensaio democrático funcionando como exemplos concretos a ter em atenção pelas políticas sociais, educativas e culturais, pelos/as decisores/as políticos e demais agentes que atuam nestas áreas. Neste diálogo, é importante não serem definidos procedimentos que burocratizem e institucionalizem a ação dos grupos, podendo-se, desta forma, perder aspetos fundamentais que diferenciam estas práticas (e.g., o funcionamento num esquema comunitário, a diversidade e a autonomia na criação, e o desenvolvimento do pensamento crítico). O mais importante será definir políticas que contemplem a promoção de condições que permitam fortalecer a estrutura e sustentabilidade para estas práticas, criando espaços consistentes nas suas dinâmicas criativas e organizativas para as/os artistas não profissionais, mantendo a sua autonomia.
— A relação entre práticas artísticas e comunitárias e a participação cívica e política é de influência mútua. Tal aspeto implica conceber que a participação cultural e artística é uma das componentes da participação cívica e política, focada, especificamente, no fazer artístico sem recorrer, necessariamente, às abordagens estéticas realistas, mas com conexão a uma visão mais alargada do funcionamento democrático das comunidades.
— Esta relação estabelece-se consoante a qualidade da participação cultural e artística determinando efeitos percebidos em distintas ações e níveis. No entanto, as experiências de participação cívica e política anteriores à integração nos grupos sugerem influências na qualidade de participação nestas práticas artísticas específicas.
— As experiências de participação cívica e política anteriores percecionadas como eficazes e satisfatórias, não necessariamente de cariz cultural e artístico, influenciam a integração

nos grupos de teatro, sendo que as práticas artísticas comunitárias parecem reforçar a participação cívica e política. Tal aspeto pode significar que populações afastadas de oportunidades e experiências anteriores positivas de participação cívica e política podem estar, também, afastadas deste tipo de práticas. Assim, um dos desafios destas práticas para contrariar esta tendência passa pela valorização das estéticas e dos modos de existência e de produção destas populações.

— As práticas artísticas comunitárias parecem influenciar o desenvolvimento de ações de caráter cultural e artístico, para além da atividade dos grupos teatrais, assim como da esfera educativa/formativa e cívica/social. Este ponto sublinha que vários elementos transversais ao desenvolvimento humano são potenciados no contexto destas práticas exigindo-se, por isso, um trabalho articulado e integrado.

— A influência das práticas artísticas comunitárias nas ações políticas convencionais, ao contrário do que sucede nas de carácter cívico, não é significativa, sendo muito ténue nas ações políticas não convencionais e ativistas. Esta tendência verifica-se de forma mais clara nos/as mais jovens à semelhança do que acontece no cenário político em geral (Berger, 2009; Borba, 2012; Ekman & Amnå, 2012; Kaase, 1984), indiciando a necessidade de reforço de atenção às novas configurações políticas mais fluídas, menos institucionalizadas e hierarquizadas, que dialogam diretamente com a arte, tecnologia e ambiente (e.g., "Primavera Árabe", "Occupy Wall Street", os "Indignados", "Secundaristas", "Geração à Rasca", "Greves Climáticas", "Ação Coorporativista"e "Black Lives Matter") (Harvey, 2013; Negri & Hardt, 2014).

— As práticas artísticas comunitárias potenciam efeitos percebidos pessoais e grupais e, com menor intensidade, efeitos comunitários e institucionais. Nesta linha, o trabalho desenvolvido neste campo poderá ser reforçado na sua dimensão da pluralidade e da reflexão procurando-se uma visão mais descentrada do bem-estar exclusivo do indivíduo e do grupo. Indo, também, ao encontro das narrativas dos participantes seria importante extrapolar ou tornar consciente, em alguns dos casos, a ação destas práticas no que se refere à produção de crítica face ao funcionamento comunitário e das instituições, que não se limite a um desinteresse generalizado e instalado.

— As práticas artísticas comunitárias, para além de uma abordagem a grupos de população em situação de desigualdade social, assente numa visão de inclusão e impacto social, podem ser perspetivadas numa ótica de transversalidade, ou seja, convocando a diversidade das comunidades. O desinteresse face à participação cívica e política e ao funcionamento democrático não é uma questão que se limite às populações alvo de exclusão social, mas que atravessa toda a sociedade.

— Num cenário mais alargado, as práticas artísticas comunitárias podem ser encaradas como um contributo de reforço do carácter político da criação artística contemporânea, sugerindo alterações nas noções de consumo cultural, criação, participação e engajamento democrático. Perspetiva-se, desta forma, a participação cultural e artística, que, como sugere Bishop (2011), prefigura a participação democrática direta. Para isso, a ideia de cocriação entre artistas profissionais e não profissionais poderá permitir alargar não só as formas de criar teatro, mas, também, de participação na esfera pública, valorizando as micropolíticas destes grupos como possíveis contaminações para alternativas de funcionamento social. Estar-se-ia, neste caso, mais próximo da possibilidade de concretização de um conceito de cultura que não seja baseada na hegemonia da sociedade de consumo, remetendo para uma relação fusional entre cultura e economia (Eagleton, 2005) e da sociedade do espetáculo (Debord, 2017). Numa outra visão, poder-se-ia conceber a implementação da 3ª geração de políticas culturais que Lopes (2009) define estar alicerçada: na negação de um conceito de cultura hierarquizador e hierarquizado, classificatório e estigmatizante; na relação intrínseca da democracia cultural com o direito à cultura, individual e coletivo; no fortalecimento de uma democracia cultural transversal à criação, distribuição e receção de bens e obras culturais; na negação da ideia de "público único" idealizada; e na aproximação das/os cidadãs/os às instituições culturais.

6. Criar presente e, por isso, futuro

O último momento desta apresentação pública — espetáculo — suspende-se num desejo intenso de criar presente e, por isso, futuro. A efemeridade do teatro faz com que no final de cada criação e do encontro com o público a vontade se renove num ímpeto de revisitação, direcionando o investimento para uma nova criação que, inevitavelmente, reflete a anterior, confrontando-se com novas realidades. Este movimento cíclico, para alguns obsessivo, ganha particular força porque é vivido em coletivo como é o caso das práticas artísticas comunitárias. É assim que, também, acontece com este finalizar. À medida que se aproxima o derradeiro ponto final destaca-se o que ficou de fora e agita-se a vontade de reformular, indefinidamente, num contínuo inquieto, implícito à produção de conhecimento, à criação e à vida.

Estas são, por isso, reflexões incompletas, resultantes de opções, tolhidas por formações e deformações teóricas e experienciais e leituras múltiplas. São reflexões que espelham circunstâncias concretas que se transfiguraram ao longo de quatro anos, particularmente neste marcante ano de 2020, assumindo-se que, logo a seguir à sua inscrição, leia-se impressão, se encontrarão espaços para reinterpretações e vontades de revisões argumentadas consistentemente.

A chegada de uma pandemia anunciada sublinhou descontentamentos, reforçou desigualdades e abalou definitivamente a tirania das certezas. O medo e a necessidade ocuparam, descaradamente, os dias e as nossas comunidades, traduzindo-se numa combinação perigosa para o condicionamento das nossas liberdades individuais e coletivas (Arendt, 2018). Neste cenário o mundo reprograma-se, aceleradamente, muito porque o capitalismo ativou as suas melhores potencialidades - a transmutação e a adaptação. Assiste-se, assim, a um refinamento da fluidez, velocidade acelerada e efemeridade nas relações sociais e ligações humanas, menos duradouras e estáveis, enquanto aspetos definidores da modernidade líquida (Bauman, 2007).

Sem tentações de fazer futurologia é, no entanto, construtivo e clarificador perceber os movimentos que hoje se acionam rapidamente nos processos de tomada de decisão e que, em muito, podem comprometer as nossas democracias. É necessário um olhar atento para novas realidades que se assumem, ainda, em forma de transições como, por exemplo, uma outra relação com o trabalho, a ausência do toque no quotidiano, a ocupação do espaço público de uma forma restrita e controlada, para além do poderio expandido da tecnologia. É neste contexto que estas reflexões se escrevem, inscrevem, perante grandes desafios para as democracias, os sistemas políticos e a criação artística, construídos por nós e pelos nossos ancestrais. E, neste presente, o que mais urge, provavelmente, é criar presente e, por isso, futuro.

As práticas artísticas comunitárias, como as conhecíamos até há uns meses atrás, não voltarão, provavelmente, a recuperar esses formatos. Pensando nos elementos de coletividade, trabalho de corpo, ocupação de espaços públicos, plataforma de confronto entre pessoas diversas, rapidamente, se percebe a necessidade da sua reinvenção neste novo momento. O mesmo acontece com a participação cívica e política que se depara com o exercício de discussão e o espaço público reduzido, manipulado e ameaçado, assim como com decisões políticas e reações institucionais incompreensíveis e que em nada fortalecem as democracias. Acreditar que as soluções passam, exclusivamente, pelo virtual, ou seja, exibindo espetáculos de teatro na internet ou dinamizando ensaios *on-line* com artistas não profissionais, ou ainda promovendo discussões públicas e um jorro de petições diárias pela mesma via, pode reforçar falsas crenças sobre o que são a arte e a política e não contribuir para a resolução dos problemas, entretanto, agravados. O virtual e a tecnologia são, seguramente, parte da solução, mas não, certamente, a solução.

Neste sentido, pensar outros futuros e experimentar a sua criação, concretizando-os, é a missão que hoje se impõe. Conceber uma criação artística mais intimista, próxima da/o cidadã/o, sem separação entre arte e vida, em espaços conectados com a natureza, com preocupações de sustentabilidade na sua produção, criação e circulação, é um caminho para o qual as práticas artísticas comunitárias podem contribuir. Este aporte é relevante considerando os seus modos de ser e fazer específicos e que podem, no momento atual, levando em conta as novas circunstâncias, contribuir para repensar a criação e o estar juntos. O fortalecimento e o questionamento da participação cívica e política podem, também, acontecer no contexto destas práticas, assim como, de forma mais alargada, na convocação da arte em manifestações e atos públicos de contestação, do qual o *artivismo* (Duncombe, 2016; Raposo, 2015) se constitui como um exemplo. Esta tendência tem-se vindo a intensificar impondo, por isso, uma atenção reforçada relativamente às intenções perigosas de estetização da política. Nesta linha, é, ainda, importante que não deixe de se atentar e se procure inspiração nos casos das pequenas e consistentes organizações comunitárias.

As características definidoras das práticas artísticas comunitárias, em parte contraditórias com o funcionamento normativo generalizado, propõem a possibilidade de experimentação artística sendo que esse processo implica, em si mesmo, o desenvolvimento de perspetivas de enfrentamento, individual e comunitário, dos problemas, não centradas, necessariamente, numa abordagem de resolução direta. Esta visão não significa que as práticas artísticas comunitárias não integrem um movimento que contraria a exclusão social, não tendo em conta preocupações sociais e políticas. Não obstante, o contributo social e político das artes é fundamental, considerando-se o seu potencial de questionamento inerente. As práticas artísticas, nomeadamente numa lógica comunitária, implicam a dimensão participativa que, com a sua qualidade garantida, podem estimular o desenvolvimento de conhecimentos e competências numa lógica de mediação entre o mundo e as pessoas, sendo que as experiências que propõem são, simultaneamente, educativas, sociais e emancipatórias.

Este parece ser o século de emergência de diferentes formas de participação nas artes, mas também, no ativismo político e no engajamento social. Uma importante mudança está a ter lugar passando-se, exclusivamente, da representação para processos de cocriação multinível que envolvem comunidades, cidadãs/os, especialistas ou decisores/as que se abrem a novas narrativas, construindo-se como espaços de expressão e experiência. Esta aproximação entre diferentes protagonistas acontece na arte e na política e redefine criativamente formas de produzir (Ciancio & Gielen, 2017), aprofundadas de forma mais incisiva no território da chamada "arte em comum" (Oliveira, 2017; Otte & Gielen, 2019). É nesta construção ativa, assente na dimensão emocional, para além da racional, que poderá focar-se a ação presente e futura das práticas artísticas comunitárias.

Antes do ponto final, uma partilha de um questionamento que me atravessou durante toda esta investigação, nas muitas horas que partilhei com os/as protagonistas da mesma e comigo próprio. Um questionamento procura instigar uma postura de correr riscos, aspeto essencial na criação artística e na participação, para nos impulsionar em revisões e evoluções e quem sabe, neste contexto específico, sugerir novos estudos. Considerando que as práticas artísticas comunitárias trabalham desde a diferença e conflito, desde o dissenso (Rancière, 1996) e não na procura de pacificações artificiais, é de estranhar que estas se assumam, genericamente, como consensuais para políticos/as, artistas profissionais e não profissionais, técnicos/as sociais e educativos, investigadores/as e, mais recentemente, para programadores/as culturais e curadores/as.

Esta situação provoca uma reação de estranhamento que, por sua vez, despoleta o questionamento. É fundamental aprofundar em que medida as narrativas "politicamente corretas" acerca destas práticas, baseadas nas premissas da democracia cultural, se apresentam com uma clara décalage face às práticas reais que se concentram, ainda, em muitos casos, exclusivamente, nos princípios da democratização cultural, revelando, deste modo, uma espécie de obsessão paternalista de elevação do nível cultural das massas. Perante estes modos de pensar e fazer de um "mundo velho" é crucial incorporar o dissenso nos quotidianos como prática vital ao funcionamento das nossas comunidades e, mais amplamente, à nossa sobrevivência enquanto seres humanos livres, autónomos e responsáveis. Possa este ponto final, ao invés de afirmar, revelar a dúvida inquieta e fortalecer o desejo de criar presente e, por isso, futuro.

Referências

(ato de nomear – identificar e organizar os contributos e referências da criação)

Adorno, Theodor (1970). *Aesthetic theory.* Londres: Continuum.

Adorno, Theodor W. & Horkheimer, Max. (1997). *Dialetic of enlightenment.* Londres: Verso.

Afonso, Natércio (2005). *Investigação naturalista em educação: Um guia prático e crítico.* Porto: ASA Editores.

Agamben, Giogio (1996). *Mezzi senza fine. Note sulla politica.* Torino: Bollati Boringhieri. Alcure, Adriana (2017) Inversões, invenções e outros modos de produção em Cidade Correria. In: Livia Flores & Michelle Sommer (Org.), *Cadernos desilha* (pp. 59-66). Rio de Janeiro: Editora Circuito.

Alcure, Adriana & Florencio, Thiago (2017). Procedimentos dramatúrgicos em cidade correria: ocupações urgentes, corpos insurgentes. *O Percevejo Online, 9*(1), 89-104. DOI: 10.9789/opo.v1i9.6885.

Alcure, Adriana (2015). *Estéticas e políticas urbanas.* Retirado de <https://www.youtube. com/watch?v=yPCuxgt-6i4>.

Almeida, João & Pinto, José M. (1995). *A investigação nas ciências sociais.* Lisboa: Editorial Presença.

Amado, João (2013). *Manual de investigação qualitativa em educação.* Coimbra: Imprensa da Universidade de Coimbra.

Amado, João & Silva, Luciano (2014). Os estudos etnográficos em contextos educativos. In: João Amado (Coord.), *Manual de investigação qualitativa em educação* (pp. 145-168). Coimbra: Imprensa da Universidade de Coimbra.

Amaral, Lilian (2014). Artografia, cartografia expandida e território poético. In: Fafi Prado & Zina Filler (Org.), *Processos artísticos, tempos e espaços* (pp. 8-14). São Paulo: Departamento de Expansão Cultural/Prefeitura de São Paulo.

Amaro, Rogério Roque (2000). A exclusão social hoje. *Cadernos do ISTA, 5*(9), 13-19. Retirado de <http://www.ista.pt/1/upload/ista_9_2000.pdf>.

Amaro, Rogério Roque (2009). Desenvolvimento local. In: Antonio D. Cattani, Jean-Louis Laville, Luiz I. Gaigner & Pedro Hespanha (Coord.). *Dicionário Internacional da Outra Economia* (pp. 108-113). Coimbra: Edições Almedina.

Amna, Erik & Ekman, Joakim (2014). Standby citizens: diverse faces of political passivity. *European Political Science Review, Cambridge*, 6(2), 261-281. DOI: 10.1017/ S175577391300009X

Amorim, Tito (1995). *Encontros de teatro na escola: história de um movimento.* Porto: Porto Editora.

Andrade, Cláudia (2013). *Coro: corpo colectivo e espaço poético. Intersecções entre o teatro grego antigo e o teatro comunitário.* Coimbra: Imprensa da Universidade de Coimbra.

Andries, André (2010). *Pontos de cultura, uma experiência de política pública participativa* (Monografia para obtenção do título de Especialista em Democracia Participativa, República e Movimentos Sociais). Universidade Federal de Minas Gerais, Belo Horizonte, Brasil.

Angrosino, Michael (2012). *Etnografía y observación participante en investigación cualitativa.* Madrid: Ediciones Morata.

Ardenne, Paul (2002). *Un art contextuel.* Paris: Flammarion. Arendt, Hannah (1995). *Qu'est-ce que la politique?* Paris: Seuil.

Arendt, Hannah (2000). *Entre o passado e o futuro.* São Paulo: Perspetiva. Arendt, Hannah (2001). *A condição humana.* Lisboa: Relógio d'Água.

Arendt, Hannah (2018). *Liberdade para ser livre.* Rio de Janeiro: Bazar do Tempo.

Ariño, Antonio (2016). Participación cultural y políticas públicas en España. In: Joaquim Rius-Ulldemolins & Juan A. Rubio Arostegui (Eds.), *Treinta años de políticas culturales en España* (pp. 161-183). Valencia: Universidad de Valencia.

Arnstein, Sherry (1969). A ladder of citizen participation. *Journal of the American Institute of Planners, 35*(4), 216-224. DOI: 10.1080/01944366908977225.

ArtWorks Cymru (2016). *ArtWorks Cymru quality principles.* Retirado de <https://www.artworksalliance.org.uk/awa-resource/artworks-cymru- quality-principles/>.

Asensio, Mikel A., Mestre, Joan S. & Merillas, Olaia F. (2016). Inclusión en Patrimonio y Museos: más allá de la dignidad y la accesibilidad.

Heritage & Museography, 17, 39-56. Retirado de <https://repositori.udl.cat/handle/10459.1/65546>.

Aubuin, Nicolas, Kletz, Frédéric & Lenay, Olivier (2010). *Médiation culturelle: l'enjeu de la gestion des ressources humaines.* Paris: Département des études, de la prospective e des statistiques.

Azevedo, Maria Cristina (2009). *Experiências de participação dos jovens: um estudo longitudinal sobre a influência da qualidade da participação no desenvolvimento psicológico.* (Tese de doutoramento não publicada). Faculdade de Psicologia e Ciências da Educação da Universidade do Porto, Porto, Portugal.

Bacqué, Marie-Hélène & Biewener, Carole (2015). *L'empowerment, une pratique* émanci-*patrice?* Paris: Éditions La Découverte.

Baeker, Greg (2002). Sharpening the lens: Recent research on cultural policy, cultural diversity and social cohesiom. *Canadian Journal of Communication, 27*(2), 179-196. DOI: 10.22230/cjc.2002v27n2a1293.

Baêta, João (2014). Beuys – *A revolução somos nós* (Relatório não publicado). Faculdade de Letras da Universidade do Porto, Porto, Portugal.

Baiocchi, Gianpaolo, Bennett, Elizabeth, Cordner, Alissa, Klein, Peter & Savell, Stephanie (2014). *The civic imagination: making a difference in american political life.* Boulder: Paradigm Publishers.

Bakhtin, Mikhail (1987). *A cultura popular na idade média e renascimento – O contexto François Rabelais.* São Paulo: Hucitec.

Bakhtin, Mikhail (1999). *Marxismo e filosofia da linguagem: problemas fundamentais do método sociológico na ciência da linguagem.* São Paulo: Hucitec.

Barba, Eugenio (1994). *A canoa de papel.* São Paulo: Hucitec.

Barba, Eugenio (2008). In: praise of fire. *Performance Research, 18*(1), 32-35. DOI: 10.1080/13528165.2013.789239.

Barbieri, Nicolás (2017). Políticas culturales en los ayuntamientos del cambio. ¿Hacia unas políticas públicas de lo común? *Revista Periférica, 18,* 182-191. Retirado de <https://revistas.uca.es/index.php/periferica/article/view/4199>.

Barbieri, Nicolás (2018). Es la desigualdad, también en cultura. *Cultura, ciudadanía, pensamiento,* 1-7. Retirado de <https://ubicarse.net/2018/11/30/es-la-desigualdad-tambien-en-cultura/>.

Barbieri, Nicolás & Salazar, Yunailis. (2019). *L'equitat en les polítiques culturals.* Barcelona: Centre d'Estudis i Recursos Culturals.

Barbosa, Inês (2016). *Crise, austeridade e ação coletiva. experiências de aprendizagem crítica com Teatro do Oprimido.* (Tese de doutoramento não publicada). Universidade do Minho, Braga, Portugal.

Barbosa, Inês & Ferreira, Fernando Ilídio (2015). A "máquina do empreendorismo": Teatro do Oprimido e educação crítica em tempo de crise. *Investigar em Educação, 2*(3), 63-78. Retirado de <http://pages.ie.uminho.pt/inved/index.php/ie/article/ view/88>.

Barbour, Rosaline B. & Kitzinger, Jenny (1999). *Developing focus group research: Politics, theory and practice.* Londres: Sage Publications.

Barker, Chris & Pistrang, Nancy (2005). Quality criteria under methodological pluralism: implications for conducting and evaluating research. *American Journal of Community Psychology, 35*(3-4), 201-212. DOI: 10.1007/s10464-005-3398-y.

Barnes, Hazel & Coetzee, Marié-Heleen (2014). *Applied drama/theatre as social intervention in conflict and post-conflict contexts.* Newcastle upon Tyne: Cambridge Scholars Publishing.

Barnes, Samuel & Kaase, Max (1979). *Political action: Mass participation in five western democracies.* Beverly Hills, CA: Sage Publications.

Barquero, Vivian & Vargas, Gerardo (2009). Efecto de ocho clases de expresión corporal en el estado de ánimo y autoconcepto general de jóvenes universitarios. *Revista Educación, 33*(2), 139-152. Retirado de <https://revistas.ucr.ac.cr/index.php/educacion/article/viewFile/509/523>.

Barret, Gisèle & Landier, Jean-Claude (1994). *Expressão dramática e teatro.* Porto: Edições Asa.

Bauman, Zygmunt (2001). *Modernidade líquida.* Rio de Janeiro: Jorge Zahar.

Bauman, Zygmunt (2003). *Comunidade: a busca por segurança no mundo actual.* Rio de Janeiro: Zahar Editora.

Bauman, Zygmunt (2004). *Amor líquido: sobre a fragilidade dos laços humanos.* Rio de Janeiro: Zahar.

Bauman, Zygmunt (2005). *Identidade: entrevista a Benedetto Vecchi.* Rio de Janeiro: Zahar.

Bauman, Zygmunt (2007). *Tempos líquidos.* Rio de Janeiro: Jorge Zahar.

Becker, Howard (2008). *Los mundos del arte.* Buenos Aires: Universidad Nacional de Quilmes.

Benedicto, Jorge & Morán, María L. (2002). *La construcción de una ciudadanía activa entre los jóvenes.* Madrid: Instituto de la Juventud.

Benhabib, Seyla (1999). Citizens, residents and aliens in a changing world: Political membership in the global era. *Social Research, 66*(3), 709-744. Retirado de <https://www.jstor.org/stable/40971348?seq=1>.

Benjamin, Walter (2017). *Estética e sociologia da arte.* Belo Horizinte: Autêntica Editora.

Berger, Ben (2009). Political theory, political science and the end of civic engagement. *Perspectives on Politics, 7*(02), 335. DOI: 10.1017/s153759270909080x.

Berger, Peter & Luckmann, Thomas (2004). *A construção social da realidade.* (24 ed.) Petrópolis: Vozes.

Bernardi, Claudio (2004). *Il teatro sociale: L'arte tra disagio e cultura.* Roma: Carocci.

Berry, Kathleen (2008). Lugares (o no) de la pedagogía crítica en les petites et les grandes histoires. In: Peter McLaren & Joe L. Kincheloe (Org.).

Pedagogía crítica: de qué hablamos, dónde estamos (pp. 116-140). Barcelona: GRAÓ.

Bezelga, Isabel (2012). *Performance tradicional e teatro e comunidade: interacções, contributos e desafios contemporâneos. O caso das brincas de* Évora (Tese de doutoramento não publicada). Universidade de Évora, Évora, Portugal.

Bezelga, Isabel (2013). Facilitadores teatrais nos contextos das culturas populares. In: José D. Pereira, Manuela F. Vieites & Marcelino S. Lopes (Coord.), *Teatro do Oprimido: teorias, técnicas e metodologias para a intervenção social, cultural e educativa no século XXI* (pp. 191-210). Chaves: Ed. Intervenção.

Bezelga, Isabel (2014) A urgência duma abordagem artística e teatral comunitária de qualidade. invisibilidades. *Revista Ibero-Americana de Pesquisa em Educação, Cultura e Artes,* 33-44. Retirado de <https://www.apecv.pt/revista/Invisibilidades_n6.pdf>.

Bezelga, Isabel (2015). *Altas Vozes - Brincas de* Évora: *Práticas contemporâneas.* Lisboa: Arranha Céus.

Bezelga, Isabel, Cruz, Hugo & Aguiar, Ramon (2016). La investigación en prácticas de teatro y comunidade: perspectivas desde Portugal y Brasil. *Investigación Teatral, 6*(9), 8-26. Retirado de <https://investigacionteatral.uv.mx/index.php/investigacionteatral/article/view/2291>.

Bezelga, Isabel, Cruz, Hugo, Aguiar, Ramon & Wengorovius, Rita (2016). Princípios e práticas de teatro e comunidade: Poéticas, pedagogias, e dramaturgias da Comunidade. In: Angela Saldanha & Manuela Ornelas (Org.) *Artes, Comunidades e Educação* (pp. 112-120). Porto: Associação de Professores de Expressão e Comunicação Visual.

Bhabha, Homi (1995). Cultural Diversity and Cultural Differences. In: Bill Ashcroft, Gareth Griffiths & Helen Tiffin (Eds.), *The Post-Colonial Reader* (pp. 155-157). Londres: Routledge.

Bidegain, Marcela (2007). *Teatro comunitário: Resistencia y transformación social.* Buenos Aires: Atuel.

Bidegain, Marcela, Marianetti, Marina & Quain, Paola (2008). *Teatro Comunitario: Vecinos al rescate da la memoria olvidada.* Buenos Aires: Ediciones Artes Escénicas.

Bident, Christophe (2016). Le théâtre traversé: a traversed theater. *Art Research Journal, 3*(1), 50-64. Retirado de https://periodicos.ufrn.br/artresearchjournal/ article/view/8504

Bienal de São Paulo (2010). *Catálogo da 29ª Bienal de São Paulo - Há sempre um copo de mar para um homem navegar.* São Paulo: Fundação Bienal de São Paulo.

Bishop, Claire (2006). The social turn: collaboration and it's discontents. *Artforum, 44*(6), 178-183. Retirado de <https://www.artforum.com/print/200602/the-social-turn-collaboration-and-its-discontents-10274>.

Bishop, Claire (2011, Maio). *Participation and spectacle: where are we now?* Comunicação apresentada em Creative Time's Living as Form, Nova York, USA.

Bishop, Claire (2012). *Artificial hells: Participatory art and the politics of spectatorship.* Nova York, NY: Verso.

Blanche, Rachel (2014). *Developing a foundation for quality guidance for arts organiizations and artists in Scotland working in participatory settings.* Edinburgh: Creative Scotland.

Blanche, Rachel (2018, novembro) *Embedding quality insights from participatory arts into Arts & Health commissioning.* Comunicação apresentada na conferência Oral Engage International Conference: Social Prescription: Collaborations through Arts, Health & Education, Manchester, England.

Boal, Augusto (1977). *Técnicas Latino Americanas de teatro popular.* Coimbra: Teatro Centelha.

Boal, Augusto (1995). *O arco-íris do desejo: método Boal de teatro e terapia.* Rio de Janeiro: Editora Civilização Brasileira.

Boal, Augusto (2002). *Jogos para atores e não atores.* Rio de Janeiro: Civilização Brasileira.

Boal, Augusto (2008). *Teatro do oprimido e outras poéticas políticas.* Rio de Janeiro: Civilização Brasileira.

Boal, Augusto (2009a). *A estética do oprimido.* Rio de Janeiro: Garamond.

Boal, Augusto (2009b). *Message of Augusto Boal, World Theatre Day 2009.* Retirado de <https://www.world-theatre-day.org/pdfs/WTD_Boal_2009.pdf>.

Bobbio, Norberto (1995). *Direita e esquerda: Razões e significados de uma distinção política.* Lisboa: Presença.

Boehm, Annon & Boehm, Ester (2003). Community theatre as a means of empowerment in social work: A case study of women's community theatre. *Journal of Social Work, 3*(3), 283-300. DOI: 10.1177/146801730333002.

Boeren, Ad (1992). Getting involved: communication for participatory development. *Community Development Journal, 27*(3), 259-271. DOI: 10.1093/oxfordjournals.cdj.a038612.

Bogdan, Robert & Biklen, Sari (1994). *Investigação qualitativa em educação. Uma introdução à teoria e aos métodos.* Porto: Porto Editora.

Borba, Julian (2009). El teatro comunitario en Argentina: la celebración de la memoria. Revista ARTEA, 47-59. Retirado de <http://archivoartea.uclm.es/textos/el-teatro-comunitario-en-argentina-la-celebracion-de-la-memoria/>.

Borba, Julian (2012). Participação política: Uma revisão dos modelos de classificação. *Sociedade e Estado, 27*(2), 263-288. DOI: 10.1590/S0102-69922012000200004.

Botelho, Isaura (2007). Políticas culturais: discutindo pressupostos. In: Gisele Marchiori Nussbaumer (Org.), *Teorias e políticas da cultura: visões multidisciplinares* (pp. 171-180). Salvador: Edufba.

Bourdieu, Pierre (1969). Intellectual field and creative project. *Social Science Information, 8*(2). 89-119. DOI: 10.1177/053901846900800205.

Bourdieu, Pierre (1972). *Esquisse d'une théorie de la pratique.* Genebra: Droz. Bourdieu, Pierre (1992). *Pierre Bourdieu avec Löic Wacquant; réponses.* Paris: Seuil. Bourdieu, Pierre (2010). *A distinção: Uma crítica social da faculdade do juízo.* Lisboa: Edições 70.

Bourriaud, Nicolas (2009). *Estética relacional.* São Paulo: Martins Fontes. Braden, Su (1978). *Artists and people.* Londres: Gulbenkian Foundation.

Branco, José Mário (2019, novembro). O momento antes de disparar a seta, a entrevista de José Mário Branco. *Expresso.* Retirado de <https://expresso.pt/cultura/2019-11-19-O-momento-antes-de-disparar-a-seta--a-entrevista-de-Jose-Mario-Branco>.

Braun, Virginia & Clarke, Victoria (2006). Using thematic analysis in psychology. *Qualitative Research in Psychology, 3*(2), 77–101. DOI: 10.1191/1478088706qp063oa.

Brecht, Bertolt (1957/1964). *Brecht on theatre.* Nova York, NY: Hill and Wang. Brecht, Bertolt (1967). *Teatro dialético.* Rio de Janeiro: Civilização Brasileira. Brecht, Bertolt (1972/1979) Écrits *sur le théâtre I-II.* Paris: L'Arche.

Brecht, Bertolt (1991). Para uma teoria da peça didática. In: Koudela, Ingrid Dormien (Eds.), *Brecht: um jogo de aprendizagem* (pp. 16). São Paulo: Pespetiva.

Breed, Ananda (2015). Environmental aesthetics, social engagement and aesthetic experiences in Central Asia. *Research in Drama Education: The Journal of Applied Theatre and Performance, 20*(1), 87-99. DOI: 10.1080/13569783.2014.986447.

Brook, Peter (1970). *O teatro e o seu espaço.* Petrópolis: Vozes.

Brook, Peter (1977). *The empty space.* Harmondsworth: Penguin Books.

Brown, Alan S., Novak-Leonard, Jennifer L. & Gilbride, Shelley (2011). *Getting in on the act: How arts groups are creating opportunities for active participation.* San Francisco, CA: The James Irvine Foundation.

Bruyne, Paul De & Gielen, Pascal (Eds.) (2011). *Community art: the politics of trespassing.* Amersterdam: Valiz/Antennae.

Buber, Martin (2008). *Sobre comunidade. São Paulo: Perspectiva.*

Burke, Peter (2003). *Uma história social do conhecimento: de Gutemberg a Diderot.* Rio de Janeiro: Jorge Zahar.

Burke, Peter (2005). *O que é história cultural?* Rio de Janeiro: Jorge Zahar.

Burzynska, Anna & Malzacher, Florian (2017). *Joined forces: Audience participation in theatre.* Berlin: Alexander Verlag.

Buschmeier, Alice (2013). *Objection to objects in participatory art.* Comunicação apresentada na Interdisciplinary Conference for Young Researchers, Arts with(out) Borders: Rethinking methodologies of Art and Culture in the Global Context, Bern, Suíça.

Butler, Judith (2017). *Cuerpos aliados y lucha politíca: Hacia una teoría performativa de la asamblea.* Barcelona: Paidós.

Cadete, Maria do Rosário (2013). Modelo de intervenção teatral para a transformação pessoal e social. Teatro: *Revista de Estudios Culturales /A Journal of Cultural Studies, 26*(26),199-223. Retirado de <https://digitalcommons.conncoll.edu/cgi/viewcontent.cgi?article=1319&-context=teatro>.

Cadete, Maria do Rosário (2013). Modelo de intervenção teatral para a transformação pessoal e social. *Teatro: Revista de Estudios Culturales/A Journal of Cultural Studies, 26*(26), 199-223.

Callejo, Javier (2017). El consumo cultural e igualdad: la exclusión cultural. In: Enrique Bustamante (Coord.), *Informe del Estado de la Cultura en España 2017* (pp. 49-64). Madri: Fundación Alternativas.

Campos, Bártolo, Costa, Maria & Menezes, Isabel (1993). A dimensão social da educação psicológica deliberada. *Cadernos de Consulta Psicológica, 9*, 11-18. Retirado de <https://repositorio-aberto.up.pt/handle/10216/14850>.

Canário, Rui (2006). Aprender sem ser ensinado. A importância estratégica da educação não formal. In: Licínio C. Lima, José A. Pacheco, Manuela Esteves & Rui Canário (Eds.), *A educação em Portugal (1986-2006), Alguns contributos de investigação* (pp. 159-206). Lisboa: Sociedade Portuguesa de Ciências da Educação, Conselho Nacional de Educação.

Canclini, Nestor (1999). Los usos sociales del patrimonio cultural. In: Aguilar Criado (Coord.), *Cuadernos patrimonio etnológico: Nuevas perspectivas de estúdio* (pp. 16-33). Junta de Andalucía: Consejería de Cultura.

Canclini, Nestor (2003). *Culturas híbridas: Estratégias para entrar e sair da modernidade.* São Paulo: EDUSP.

Caride, José, Martins, José & Vieites, Manuel (Coord.) (2000). *Animação Teatral teoria e prática.* Porto: Campo das Letras.

Carlson, Marvin (2015). *Performance: a critical introduction.* Londres: Routledge.

Carmo, André (2014). *Cidade & cidadania (através da arte): o teatro do oprimido na região metropolitana de Lisboa* (Tese de doutoramento não publicada). Universidade de Lisboa, Lisboa, Portugal.

Caune, Jean (1999). *La culture en action. De vilar à lang: le sens perdu.* Grenoble: Presses Universitaires.

Cazeneuve, Jean (s.d.). *Guia alfabético das comunicações de massas.* Lisboa: Edições 70.

Cerdeira, Mariana & Lacarrieu, Monica (2017). Institucionalidad y políticas culturales en Argentina. Límites y tensiones de los paradigmas de

democratización y democracia cultural. *Políticas Culturais em Revista, 9*(1), 10-33. DOI: 10.9771/pcr. v9i1.17043.
Certeau, Michel (2010). *A cultura no plural* (6ª ed.). Campinas: Papirus.
Chafirovitch, Cristina (2016). *Teatro social, criação artística, ação e performance na comunidade.* Lisboa: Esfera do Caos Editores.
Chapman, Owen & Sawchuk, Kim (2012). Research-creation: intervention, analysis and "family resemblances". *Canadian Journal of Communication, 37*(1), 5-26. DOI: 10.22230/cjc.2012v37n1a2489.
Chartier, Roger (1988). *A história cultural: entre práticas e representações.* São Paulo: Difel.
Chauí, Marilena (2008). Cultura e democracia. *Crítica y emancipación: Revista latinoamericana de Ciencias Sociales, 1*(1), 53-76. Retirado de <http://bibliotecavirtual.clacso.org.ar/ar/libros/secret/CyE/cye3S2a.pdf>.
Chinyowa, Kennedy (2015). Participation as 'repressive myth': a case study of the Interactive Themba Theatre Organisation in South Africa, *Research in Drama Education: The Journal of Applied Theatre and Performance, 20*(1), 12-23, DOI: 10.10 80/13569783.2014.975109.
Chipuer, Heather M. & Pretty, Grace M. (1999). A review of the sense of community index: Current uses, factor structure, reliability, and further development. *Journal of Community psychology, 27*(6), 643-658. DOI: 10.1002/(SICI)1520-6629(199911)27:6<643::AID-JCOP2>3.0.CO;2-B.
Ciancio, Giuliana & Gielen, Pascal (2017). To give a voice: A conversation with stefan kaegi of rimini protokoll. In: Philipp Dietachmair & Pascal Gielen (Eds.), *The art of civil action: Political space and cultural dissent* (pp. 145-164). Amsterdam: Valiz.
Clough, Peter & Nutbrown, Cathy (2012). *A student´s guide to methodology.* Londres: Sage Publications.
Cockcroft, Eva, Weber, John & Cockcroft, James (1977). *Toward a people's art: the contemporary mural movement.* Canadá: Dutton Paperback.
Cohen-Cruz, Jan (2005). Local acts: *Community-based performance in the United States.* Londres: Rutgers University Press.
Cohen, Anthony (1998). Boundaries and boundaries-consciousness: politicizing cultural identity. In: Malcolm Anderson & Eberhard Bort (Eds.), *The frontiers of Europe* (pp. 22-35). Londres: Wellington House
Cohen, Jacob (1988). *Statistical power analysis for the behavioral sciences (2nd ed.).* Hillsdale, NJ: Lawrence Earlbaum Associates.
Cohen, Louis, Manion, Lawrence & Morrison, Keith (2000). *Research methods in education.* Londres: Routledge/Falmer.
Cohen, Anthony (1998). *The symbolic construction of community.* Londres: Routledge.
Coimbra, Joaquim L. (1991). *Desenvolvimento de estruturas cognitivas da compreensão e ação interpessoal* (Tese de doutoramento não publicada).

Faculdade de Psicologia e Ciências da Educação da Universidade do Porto, Porto, Portugal.

Coimbra, Joaquim L. (2012). Sobre determinantes psicológicas e sociais da qualidade das experiências de participação social, cívica e política. In: Isabel Menezes, Norberto Ribeiro, Maria Fernandes-Jesus, Carla Malafaia & Pedro D. Ferreira (Eds.), *Agência e Participação Cívica e Política: Jovens e Imigrantes na Construção da Democracia* (pp. 158-165). Porto: Livpsic/Legis Editora.

Coimbra, Joaquim L. & Menezes, Isabel. (2009). Society of individuals or community strength: community psychology at risk in at risk societies. *Journal of Critical Psychology, Counselling and Psychotherapy, 9*(2), 87-97. Retirado de <https://reposito-rio-aberto.up.pt/handle/10216/102200>.

Comissão Europeia (2008). *Relatório da Comissão ao Conselho, ao Parlamento Europeu, ao Comité Económico e Social Europeu e ao Comité das Regiões sobre a execução do programa* «Cultura *2000*». Bruxelas: Comissão Europeia.

Congdon, Kristin & Blandy, Doug (2003). Community arts. In: Karen Christensen, and David Levinson (Eds.), *Encyclopedia of community: From the village to the virtual world* (vol. 4) (pp. 242-245). Thousand Oaks, CA: Sage Publications.

Conquergood, Dwight (1986). Between experience and meaning: Performance as a paradigm for meaningful action. In: Ted Colson (Org.), *Renewal and revision: The future of interpretation* (pp. 26-59). Denton, TX: Omega Press.

Conquergood, Dwight (1991). Rethinking ethnography: Towards a critical cultural politics. *Communication Monographs, 58*, 179-194. DOI: 10.1080/03637759109376222.

Conrad, Diane (2004). Exploring risky youth experiences: popular theatre as a participatory, performative research method. *International Journal of Qualitative Methods, 3*(1), 12-25. DOI: 10.1177/160940690400300102.

Cooke, Bill & Kothari, Uma (Eds.) (2004). *Participation: The new tyranny?* Londres: Zed Books.

Copiano, Letícia (2017). *Atuação dos estudantes secundaristas e as influências políticas culturais: Escola Estadual Caetano de Campos.* (Trabalho de conclusão de curso apresentado como requisito parcial para obtenção do título de Especialista em Gestão de Projetos Culturais e Eventos) Escola de Comunicação e Artes da Universidade de São Paulo, São Paulo, Brasil.

Correia, José A. (1998). *Para uma teoria crítica em educação: contributos para uma recientificação do campo educativo.* Porto: Porto Editora.

Correia, José A. (2001). A construção científica do político em educação. *Educação, Sociedade & Culturas, 15*, 19-43. Retirado de <https://

sigarra.up.pt/fpceup/pt/pub_geral.pub_view?pi_pub_base_id=83424>.

Correia, Júlia (2014). *Os elementos teóricos da educação dramática em portugal analisados através do paradigma Brechtiano* (Tese de doutoramento não publicada). Universidade do Porto, Porto, Portugal.

Correia, Ramiro, Soldado, Pedro & Marujo, João (s.d.). MFA, *Dinamização Cultural, Acção Cívica.* Lisboa: Ulmeiro.

Costa, Carlos (2015). *Vens ver ou vens viver? Estética e política da participação.* Paris: Nota de Rodapé Edições.

Costa, Carlos (Coord.) (2010). *Animação sociocultural: profissão e profissionalização dos animadores.* Porto. Livpsic.

Counsell, Colin & Mock, Roberta (2009). *Performance, embodiment and cultural memory.* Cambridge: Cambridge Scholars Published.

Coutinho, Clara P. & Chaves, José H. (2002). O estudo de caso na investigação em tecnologia educativa em Portugal. *Revista Portuguesa de Educação, 15*(1), 221-224. Retirado de<http://repositorium.sdum.uminho.pt/handle/1822/492>.

Coutinho, Marina (2012). *A favela como palco e personagem.* Rio de Janeiro: FAPERJ/DP et Alii Editora. Crane, Diana (1992). *The production of culture: Media and urban arts.* Newbury Park, CA: Sage Publications.

Crehan, Kate (2011). *Community art: An anthropological perspective.* Londres: Routledge.

Creswell, John W. (1998). *Qualitative inquiry and research design: Choosing among five traditions.* Thousand Oaks: Sage PuCblications.

Creswell, John W. (2003). *Research design: Qualitative, quantitative and mixed methods approaches.* Thousand Oaks: Sage Publications.

Crossick, Geoffrey & Kaszynska, Patrycja (2016). *Understanding the value of arts & culture: the AHRC cultural value project.* Retirado de <https://ahrc.ukri.org/documents/publications/cultural-value-project-final--report/>.

Cruz, Carla, Cruz, Hugo, Bezelga, Isabel & Aguiar, Ramon (2020). *A busca do comum: práticas artísticas para outros futuros possíveis.* Porto: Instituto de Investigação em Arte, Design e Sociedade – i2ADS.

Cruz, Hugo (2015). *Arte e Comunidade.* Lisboa: Fundação Calouste Gulbenkian.

Cruz, Hugo (2016). Teatro e comunidade: interseções em contínua construção. *Olhares, 4,* 24-30. Retirado de <http://olharesceliahelena.com.br/olhares/index.php/olhares/article/view/68>.

Cruz, Hugo (2017). Community artistic practices: A transversal vision. In: António Gorgel Pinto, Paula Reaes Pinto & Teresa Veiga Furtado (Eds.), *Cross Media Arts: Social Arts and Transdisciplinarity* (pp. 22-35). Casal de Cambra: Caleidoscópio.

Cruz, Hugo (2019). *Arte e Esperança: Percursos da Iniciativa PARTIS 2014-2018.* Lisboa: Fundação Calouste Gulbenkian.

Cruz, Hugo (2021). Artistic creation and participation in Portugal and Brazil. In: Tim Prentki & Ananda Breed (2021), *The Routledge Companion to Applied Performance: Volume One – Mainland Europe, North and Latin America, Southern Africa, and Australia and New Zealand* (1st ed.) (pp. 371-382). Routledge. DOI: 10.4324/9781351120142.

Cruz, Hugo, Bezelga, Isabel & Aguiar, Ramon (Coord.) (2019) *Práticas artísticas: Participação e comunidade*. Évora: CHAIA-Universidade de Évora.

Cruz, Hugo, Bezelga, Isabel & Rodrigues, Paulo S. (Coord.) (2017) *Práticas artísticas comunitárias*. Porto: PELE - Espaço de Contacto Social e Cultural, CHAIA - Centro de História da Arte e Investigação Artística da Universidade de Évora e FCT – Fundação para a Ciência e a Tecnologia.

Cruz, Hugo & Serafino, Irene (2016). A criação teatral em Portugal no contexto das práticas artísticas comunitárias. *Revista Subtexto, 8*(12), 170-189. Retirado de <https://issuu.com/galpaocinehorto/docs/subtexto12_pt>.

Cuche, Denys (1999). *A noção de cultura nas ciências sociais*. Lisboa: Fim de Século. Cursley, Jo (2013). PEETA Project: *Internal evaluation of five european SEPE*. Exeter: Universty of Exeter.

D' Epinay, Chistian Lalive, Bassand, Michel, Christe, Etienne & Gros, Dominique (1982). *Temps libré. Culture de masse et cultures de classes aujourd'hui*. Lausanne: Pierre-Marcel Favre éditeur.

Dalton, James H., Elias, Maurice J.& Wandersman, Abraham (2001). *Community psychology. Linking individuals and communities*. Stanford: Wadsworth Thomson Learning.

Dardor, Pierre & Laval, Christian (2015). *Comum: ensaio sobre a revolução no século XXI*. São Paulo: Boitempo.

Dawson, Gary Fisher (1999). *Documentary theatre in United States*. Westport: Greenwood Press.

Debord, Guy (2017). *A sociedade do espetáculo*. Rio de Janeiro: Contraponto.

Decreto-lei 179/74. Cria no Ministério da Educação Nacional, no âmbito dos órgãos e serviços centrais, o Fundo de Apoio aos Organismos Juvenis, com autonomia administrativa e financeira, e determina a transição para aquele Fundo do património, incluindo arrendamentos e documentação, bem como do pessoal do extinto Secretariado para a Juventude. *Diário do Governo n.º 101/1974* (Série I de 1974-04-30).

DeCuir-Gunby, Jessica T. & Schutz, Paul A. (2017). *Developing a mixed methods proposal. A practical guide for beginning researchers*. Thousand Oaks, CA: Sage Publications.

Deleuze, Gilles & Guattari, Félix (1997). *Mil Platôs: capitalismo e esquizofrenia* (vol. 4). Rio de Janeiro: Editora 34.

Denzin, Norma & Lincoln, Yvonna S. (2005). *The SAGE handbook of qualitative research (4th ed.)*. Thousand Oaks, CA: Sage Publications.

Desgranges, Flávio (2003). *A pedagogia do espectador.* São Paulo: Huucitec.

Dewy, John (1916). *Democracy and education.* Nova York: The Macmillan Company. Dewey, John (1958). *Art as experience.* Nova York, NY: Capricorn Books/G.B. Putnam's Sons.

Dewey, John (1971). *Experiência e educação.* São Paulo: Editora Nacional.

DiMaggio, Paul (1982). Cultural capital and school success. The impact of status culture participation in the grades of u.s. high school students. *American Sociological Review, 47*(2), 189-201. DOI: 10.2307/2094962.

Domingues, Petrônio (2011). Cultura popular: as construções de um conceito na produção historiográfica. *História (São Paulo), 30* (2), 401-419. DOI:0.1590/ S0101-90742011000200019.

Dumazedier, Joffre (1988). *Révolution culturelle du temps libre 1968–1988.* Paris: Méridiens Klincksieck.

Duncombe, Stephen (2016). Does it work? The aeffect of activist art? *Social Research, 83*(1), 115-134. Retirado de https://muse.jhu.edu/article/620873/pdf

Dupin-Meynard, Félix (2018). Creative residencies: how does participation impact on artists, venues and participants? In: Lluís Bonet & Emmanuel Négrier (Eds.), *Breaking the fourth wall: proactive audiences in performing arts* (pp. 106-115). Elverum: Kumskapsverket.

Eagleton, Terry (2005). *A ideia de cultura.* São Paulo: UNESP.

Eco, Umberto (2009). *Como se faz uma tese.* São Paulo: Perspectiva.

Eco, Umberto (2016). *A obra aberta.* Lisboa: Relógio d'Água.

Eisner, E. (2006). Does arts-based research have a future? Inaugural lecture for the first European conference on arts-based research Belfast, Northern Ireland, June 2005. *Studies in art education, 48*(1), 9-18. DOI: 10.1080/00393541.2006.11650496.

Ekman, Joakim & Amnå, Erik (2012). Political participation and civic engagement: towardsa new typology. *Human Affairs,* 22, 283-300. DOI: 10.2478/s13374-0120024-1.

Ellsworth, Elizabeth (1989). Why Doesn't This Feel Empowering? Working through the Repressive Myths of Critical Pedagogy. *Harvard Educational Review, 59*(3), 297– 324. DOI: 10.17763/haer.59.3.058342114k266250.

Enciclopédia Itaú Cultural (2020). *Teatro de rua.* Retirado de https://enciclopedia. itaucultural.org.br/termo882/teatro-de-rua

Erven, Eugène van (2001). *Community theatre: Global perspectives.* Londres: Routledge. Erven, Eugène van (2013). *Community art dialogues.* Utrecht: Treaty of Utrecht Foundation.

Estermann, Josef (2008). Concepts of human being and interculturality: cultures of humanization and recognition. *Documentación del VII Congreso Internacional de Filosofía Intercultural, 48.* Aachen: Concordia – Reihe Monographien.

Eurydice (2005). *A educação para a cidadania nas escolas da Europa*. Bruxelas: Unidade Europeia de Eurydice.

Fanon, Frantz (1979). *Os condenados da terra*. Rio de Janeiro: Civilização Brasileira. Feixa, Carles & Leccardi, Carmen (2010). O conceito de geração nas teorias sobre a juventude. *Sociedade & Estado, 25*(2), 185-204. DOI: 10.1590/S0102-69922010000200003.

Ferál, Josette (2008). Por uma poética da performatividade: o teatro performativo. *Sala Preta, 8*, 197-210. DOI: 10.11606/issn.2238-3867.v8i0p197-210.

Fernandes, António T. (1988). A mudança cultural na sociedade moderna. *Revista da faculdade de letras: filosofia, 2*(5-6), 125-141. Retirado de <https://repositorio-aberto.up.pt/handle/10216/8060>.

Fernandes, Sílvia (2018). Teatro expandido em contexto brasileiro. *Revista Sala Preta, 18*(1), 7-34. DOI: 10.11606/issn.2238-3867.v18i1p6-34.

Fernandes, Tiago; Pereira, José Santana; Cancela, João & Sanches, Edalina Rodrigues (2019). *Instituições e qualidade da democracia: Cultura política na Europa do Sul*. Lisboa: Fundacao Francisco Manuel dos Santos.

Fernández Bustos, Cristián (2006). *La ruptura de la exclusividad del gusto a trvés de la música sinfónica como espácio de integración social para niños y jóvenes de sectores populares: las orquestas juveniles e infantiles de Chile* (Tese de doutoramento não publicada). Universidad de Chile, Chile.

Ferreira, Fernando Ilídio (2006a). *Animação sociocultural e participção: o exemplo do Projecto OUSAM*. In: Peres, Américo & Lopes, Marcelino (Coords.), *Animação, Cidadania e Participação* (pp. 48-59). Chaves: Associação Portuguesa de Animação e Pedagogia.

Ferreira, Ilídio F. (2008). A animação sociocultural e as transformações do mundo do trabalho. In: José Dantas Pereira, Manuel Francisco Vieites & Marcelino de Sousa Lopes (Coord.), *A animação sociocultural e os desafios do século XXI* (pp. 192-206). Chaves: Intervenção - Associação para a Promoção e Divulgação Cultural.

Ferreira, Pedro (2006b). *Conceções de cidadania e experiências de participação na sociedade civil: uma perspetiva do desenvolvimento psicológico* (Tese de doutoramento não publicada). Faculdade de Psicologia e Ciências da Educação da Universidade do Porto, Porto, Portugal.

Ferreira, Pedro & Menezes, Isabel (2001). *Questionário das experiências de participação*. Porto: FPCEUP.

Ferreira, Pedro & Menezes, Isabel (2005). The relevance of the quality of life-experiences for citizenship development: An inter-domain developmental study. In: Isabel Menezes, Joaquim L. Coimbra & Bártolo P. Campos (Eds.), *The affective dimension of education: European perspectives* (pp. 185-201). Porto: Centro de psicologia.

Ferreira, Pedro, Azevedo, Cristina & Menezes, Isabel (2012). The developmental quality of participation experiences: beyond the rhetoric that participation is always good! *Journal of Adolescence, 35*(3), 599-610. DOI: 10.1016/j. adolescence.2011.09.004.

Ferreira, Pedro, Coimbra, Joaquim L. & Menezes, Isabel (2012). "Diversity within diversity" - exploring connections between community, participation and citizenship. *Journal of Social Science Education, 3*, 118-132. DOI: 10.4119/jsse-616

Ferreira, Vítor S. (2014). Artes de entrevistar: Composição, criatividade e improvisação a duas vozes. In: José A. Pallhares & Leonor L. Torres (Orgs.), *Metodologia de investigação em ciências sociais da educação* (pp. 165-195). Braga: Edição Humus.

Ferrière, Adolphe (1928). *Transformemos a escola. Apelo aos pais e às autoridades.* Paris: Livraria Francesa e Estrangeira Truchy-Leroy.

Field, Andy (2009). *Discovering statistic using SPSS (and sex drugs and rock'n'roll).* Londres: Sage Publications.

Finley, Moses (1963). *Os gregos antigos.* Lisboa: Edições 70.

Flanagan, Constance A. (2004). Volunteerism, leadership, political socialization, and civic engagement. In: Richard M. Lerner & Laurence Steinberg (Eds.), *Handbook of adolescent psychology* (p. 721–745). John Wiley & Sons Inc.

Fletcher, Del Roy & Dalgleish, Karl (2012). *An evaluation of the personal effectiveness and employability though the arts project.* Sheffield: Centre for Regional Economic and Social Research, Sheffield Hallm University.

Flick, Uwe (1998). *An introduction to qualitative research.* Londres: Sage Publications.

Florin, Paul & Wandersman, Abraham (1984). Cognitive social learning and participation in community development. *American Journal of Community Psychology, 12*(6), 689-708. Retirado de https://link. springer.com/ article/10.1007/BF00922619

Foddy, William (1996). *Como perguntar. Teoria e prática da construção de perguntas em entrevistas e questionários.* Oeiras: Celta.

Fontaine, Anne Marie (2005). *Motivação em contexto escolar.* Lisboa: Universidade Aberta.

Foster, Hal (2001). El artista como etnógrafo. In: Hal Foster (Eds.), *El Retorno de lo Real* (pp. 158-185). Madrid: Akal.

Foucault, Michel (1979). *Microfísica do poder.* Rio de Janeiro: Edições Graal.

Foucault, Michel (1980). *La verdad y las formas jurídicas.* Barcelona: Gedisa. Foucault, Michel (1986). *A arqueologia do saber.* Rio de Janeiro: Forense.

Foucault, Michel (2003). *Ditos e Escritos, Vol. IV: estratégia poder-saber.* Rio de Janeiro: Forense Universitária.

Fradique, Teresa (2014). For years, I have dreamed of a liberated Antropology. In: Paula Godinho (Coord.), *Antropologia e performance: Agir, atuar, exibir* (pp. 28-54). Castro Verde: 100 Luz.

Fragateiro, Carlos (1995). A memória não esquece – do outro lado da história. In: Titto Amorim (Eds.), *Encontros de teatro na escola – História de um movimento* (pp. 9-12). Porto: Porto Editora.
Frederico, Celso (2010). Teatro, comunicação, pedagogia: notas sobre Brecht. *Comunicação & Educação, 15*(1), 35-44. DOI: 10.11606/issn.2316-9125. v15i1p35-44.
Fredricks, Jennifer A. & Eccles, Jacquelynne S. (2006). Extracurricular involvement and adolescent adjustment: impact of duration, number of activities, and breadth of participation. *Applied Developmental Science, 10*(3), 132-146. DOI: 10.1207/ s1532480xads1003_3.
Freinet, Cèlestin (1965). *Para uma escola do povo.* Lisboa: Estampa.
Freinet, Cèlestin (1975). *A educação pelo trabalho.* Lisboa: Presença.
Freire, Paulo (1970/1987). *Pedagogia do oprimido.* Rio de Janeiro: Paz e Terra.
Freire, Paulo (1979). *Conscientização. Teoria e Prática da Libertação: Uma introdução ao pensamento de Paulo Freire.* São Paulo: Cortez & Moraes.
Freire, Paulo (1987). *Pedagogia do oprimido.* Rio de Janeiro: Paz e Terra. Freire, Paulo (1995). *A educação na cidade* (2 Eds.). São Paulo: Cortez.
Freire, Paulo (1996). Pedagogia da autonomia. São Paulo: Paz e Terra.
Freire, Paulo (2009). *Educação como prática da liberdade. Rio de Janeiro: Paz e Terra.*
Freud, Sigmund (1980). Uma recordação de infância de *Dichtung und Wahrheit.* In: Sigmund Freud, *Edição Standard Brasileira das Obras Psicológicas completas de S. Freud* (vol 17, pp. 185-200). Rio de Janeiro: Imago.
Froebel, Frisdrich (2001). *A educação do homem.* Passo fundo: Universidade de Passo Fundo.
Galston, William A. (2001). Political knowledge, political engagement, and civic education. *Annual Review of Political Science, 4,* 217-234. DOI: 10.1146/annurev.polis- ci.4.1.217.
Gamboni, Dario (1992). L'iconoclasme contemporain: agressions physiques conte des oeuvres d'art et perception esthétique. In: Idalina Conde (Coord.), *Percepção Estética e Públicos da Cultura* (pp. 40). Lisboa: Acarte/Fundação Calouste Gulbenkian.
Gattinger, Monica (2011, novembro). *Democratization of Culture, Cultural Democracy and Governance.* Comunicação apresentada no Canadian Public Arts Funders Annual General Meeting, Whitehorse, Yukon, Canada.
Gayo, Modesto & Teitelboim, Berta (2010). *La producción social del capital cultural:* ¿privilegio o mérito? In: Saavedra, Claudio (Coord.), *Chile 2009: percepciones y actitudes sociales. Informe de la Quinta Encuesta Nacional UDP* (pp. 85-94). Chile: Universidad Diego Portales.
Geertz, Clifford (1989, 2008). *A interpretação das culturas.* Rio de Janeiro: Zahar. Geertz, Clifford (1993). *The interpretation of cultures: Selected essays.* Londres: Fontana Press.
Gennep, Arnold Van (1960). *The rites of passage.* Londres: Routledge.

Ghiglione, Rodolphe & Matalon, Benjamin (1992). *O inquérito – Teoria e prática.* Oeiras: Celta Editora.
Giddens, Anthony (1984). *The constitution of society: Outline of the theory of structuration.*
Cambridge: Polity Press.
Gielen, Pascal (2015). *The murmuring of the artistic multitude – global art, politics and post-fordism.* Amsterdam: Valiz/Antennae Series.
Gil, Gilberto & Ferreira, Juca (2013). *Cultura pela palavra – Coletânea de artigos, entrevistas e discursos dos ministros da cultura (2003-2010).* Rio de Janeiro: Versal.
Gil, José (2007). *Portugal hoje: O medo de existir.* Lisboa: Relógio d'Água.
Gillet, Jean-Claude (2006). *L'animation en questions.* Toulouse: Erès.
Ginzburg, Carlo (2002). *Relações de Força: História, Retórica e Prova.* São Paulo: Companhia das Letras.
Giroux, Henry (2008). Introducción: democracia, educación y política en la pedagogía crítica. In: Peter McLaren & Joe L. Kincheloe (Org.). *Pedagogía crítica: de qué hablamos, dónde estamos* (pp. 17-22). Barcelona: GRAÓ.
Giroux, Henry (2010, 17 de outubro). *Lessons from Paulo Freire Chronicle of Higher Education.* Retirado de <http://chronicle.com/article/Lessons-From-Paulo- Freire/124910/>.
Gohn, Maria (2005). Cidadania e direitos culturais. *Revista Katálysis, 8*(1), 15-23. DOI: 10.1590/%25x.
Goldbard, Arlene (2006). *New creative community: the art of cultural development.* Nova York, NY: New Village Press.
Goldberg, RoseLee (2001). *Performance art, from futurism to the present.* Londres: Thames and Hudson.
Goleman, Daniel (1997). *Inteligência emocional.* Lisboa: Temas e Debates.
Gonçalves, Ricardo (2018). *A cultura ao serviço da revolução: Campanhas de Dinamização Cultural e Ação Cívica do MFA* (Tese de Mestrado não publicada). Instituto Universitário de Lisboa, Lisboa, Portugal.
Gorodnichenko, Yuriy & Roland, Gerard (2020). Culture, institutions and democratization. *Public choice,* 1-31. DOI: 10.1007/s11127-020-00811-8.
Governo do Brasil (2005). *Seminário Nacional de Políticas Públicas para as Culturas Populares.* Brasília: Instituto Pólis.
Goodwin, Brian (2001). *How the leopard changed its spots: The evolution of complexity.* Princeton: Princeton University Press.
Greco, Angela (2007). *La red americana de arte para el cambio social: cuando la resistência a las políticas neoliberals viene desde el Arte. Um análisis interdisciplinario sobre sus orígenes e dinámicas.* (Tese de doutoramento não publicada), FLACSO, Buenos Aires, Argentina.
Greenberg, Clement (1986). Towards a newer Laocoon. In: John O'Brian (Eds.), *The Collected Essays and Criticism, Volume 1: Perceptions and*

Judgments, 1939-1944 (pp. 23-37). Chigago: The University of Chicago.

Grosjean, E. & Ingberg, H. (1980). Implicaciones de una política de animación socio-cultural. In: Consejo de Europa (Eds.), *Animación Sociocultural* (pp. 71-133). Madrid: Ministeior de Cultura.

Grotowski, Jerzy (1975). *Para um teatro pobre.* Lisboa: Forja.

Gruzinski, Serge (2007). *El pensamiento mestizo: Cultura amerindia y civilización del enacimiento.* Barcelona: Paidós.

Guasch, Ana M. (2000). *Los manifiestos del arte posmoderno: textos de exposiciones, 1980-1995.* Madrid: Akal.

Guattari, Félix & Rolnik, Suely (1986). *Micropolítica: cartografias do desejo.* Rio de Janeiro: Vozes.

Guinsburg, Jacó (2014). Sobre esta edição. In: Margot Berthold (Eds.), *História mundial do teatro* (pp. 9-11). São Paulo: Perspetiva Editora.

Gusfield, Joseph (1975). *Community: A critical response.* Nova York: Harper & Row.

Hahn, Carole (1998). *Becoming political: Comparative perspectives on citizenship education.* Albany: University of Nova York Press.

Hart, Roge (1992). *Children´s participation: From tokenism to citizenship.* Florence: Unicef International Child Development Centre.

Harvey, David (2013). *Rebel Cities: From the Right to the City to the Urban Revolution.* Nova York: Verso.

Harvey, David, Teles, Edson & Sader, Emir (2012). *Ocuppy: Movimentos de protesto que tomaram as ruas.* São Paulo: Boitempo Editorial.

Hayward, Susan (2006). *Cinema studies: The key concepts.* Londres: Routledge. Heathcote, Dorothy (1980). *Drama as context.* Aberdeen: Aberdeen University Press.

Hedtke, Reinhold & Zimenkova, Tatiana (2013). *Education for civic and political participation: A critical approach.* Nova York and Londres: Routledge.

Heinich, Natalie (2002). *La sociología del arte.* Buenos Aires: Nueva Visión.

Helguera, Pablo (2011). *Education for socially engaged art: A materials and techniques handbook.* Nova York, NY: Jorge Pinto Books.

Heller, Kenneth (1989). The return to community. *American Journal of Community Psychology, 17*(1), 1-15. DOI: 10.1007/BF00931199.

Hellawell, David (2006). Inside-out: analysis of the insider-outsider concept as a heuris-tic device to develop reflexivity in students DOIng qualitative research. *Teaching in Higher Education, 11*(4), 483-494, DOI: 10.1080/13562510600874292.

Hennessy, Eilis & Heary, Caroline (2005). Exploring children's views through focus groups. In: Sheila Greene & Diane Hogan (Org.) (Eds.), *Researching children's experience: Approaches and method* (pp. 236–252). Londres: Sage Publications.

Hernández, Fernando (2008). La investigación basada en las artes: Propuestas para repensar la investigación en educación. *Educatio Siglo*

XXI, 26, 85-118. Retirado de https://revistas.um.es/educatio/article/view/46641

Hillery, George (1959). Definitions of community: Areas of agreement. *Rural Sociology, 20,* 111-123. Retirado de <https://www.semanticscholar.org/paper/Definitions-of-community-%3A-Areas-of-Agreement--Hillery/6d4fd8a9893b733c7f23e878 c61adabf5a4c2192>.

Holden, John (2004). *Capturing cultural value: How culture has become a tool of government policy.* Londres: Demos.

Holden, Mary T. & Lynch, Patrick (2004) Choosing the appropriate methodolo-gy: Understanding research philosophy. *The marketing review, 4*(4), 397-409. DOI: 10.1362/1469347042772428.

Holloway, John (2013). *Fissurar o capitalismo.* São Paulo: Publisher Brasil.

hooks, Bell (2019). *Ensinando a transgredir: A educação como prática da liberdade.* São Paulo: WMF.

Hopkins, Sam (2014, 27 de novembro). Leading global thinker of 2014. CCW *Graduate School Blog.* Retirado de <http://www.ccwgraduateschool.org/sam-hopkins-leading-global-thinker-of-2014/>.

Horkheimer, Max (1975). *Critical theory: selected essays.* Londres: Continuum. Hornbrook, David (1989). *Education and dramatic art.* Oxford: Blackwell.

Hough, Brian & Hough, Sigmund (2012). The play was always the thing: drama's effect on brain function. *Psychology, 3*(6), 454-456. DOI: 10.4236/psych.2012.36064454.

Hughes, Jenny & Wilson, Karen (2004). Playing a part: the impact of youth theatre on young people's personal and social development. *Research in Drama Education, 9*(1), 57-72. DOI: 10.1080/1356978042000185911.

Huss, Ephrat & Cwikel, Julie (2005). Researching creations: Applying arts-based research to Bedouin women's drawings. *International Journal of Qualitative Methods,* 4(4), 44-62. DOI: 10.1177/160940690500400404.

Huss, Ephrat, Kaufman, Roni, Avgar, Amos & Shouker, Eytan (2015). Using arts-based research to help visualize community intervention in international aid. *International Social Work, 58*(5), 673 –688. DOI: 0.1177/0020872815592686.

Huxtin, Lesley & Denk, Thomas (2009). The 'black box' problem in the study of participation. *Journal of Civil Society, 5*(3), 209-226. DOI: 10.1080/17448680903351693.

Huybrechts, Liesbeth (2014). *Participation is risky: Approaches to joint creative processes.* Amesterdam: Valiz/Antennae Series.

Huybrechts, Liesbeth, Dreessen, Katrien & Schepers, Selina (2012). Mapping design practices: on risk, hybridity and participation PDC12 *Proceedings of the 12th Participatory Design Conference: exploratory papers, workshop descriptions, industry cases, 2,* 29-32. Nova York: ACM.

Illich, Ivan (1971). *Deschooling society.* Nova York: Harper & Row.

Imaginário, Luís (2007). (Re)Valorizar a aprendizagem: Práticas e respostas europeias à validação de aprendizagens não formais e informais. *Conferência valorizar* a aprendizagem: Práticas europeias de validação de aprendizagens não formais e *informais*. Lisboa: Presidência Portuguesa do Conselho da União Europeia.

Irwin, Rita (2009). A/r/tografia: uma mestiçagem metonímica. In: Lilian Amaral & Ana Barbosa (Orgs.). *Interritorialidade: mídias, contextos e educação* (pp. 125-135). São Paulo: Editora SENAC/Edições SESC.

Jameson, Frederic (1995). *El posmodernismo o la lógica cultural del capitalismo avanzado*. Barcelona: Paidos.

Johnson, Liz & O'Neill, Cecily (1991). *Collected Writing in Drama Education*. Evanston, IL: Northwestern University Press.

Johnson, R. Burke, Onwuegbuzie, Anthony J. & Turner, Lisa A. (2007). Toward a defi- nition of mixed methods research. *Journal of Mixed Methods Research, 1*(2), 112-133. DOI: 10.1177/1558689806298224.

Jordan, Tim (2002). *Activism! Direct action, hacktivism and the future of society*. Londres: Reaktion Books.

Juris, J. S. & Pleyers, G. H. (2009). Alter-activism: emerging cultures of participation among young global justice activists. *Journal of Youth Studies, 12*(1), 57-75. DOI: 10.1080/13676260802345765.

Kaase, Max (1984). The challenge of "participatory revolution" in pluralistic democracies. *International Political Science Review, 5*, 299-318. DOI: 10.1177/019251218400500306.

Kaase, Max (2000). Political Science and the internet. *International Political Science Re- view, 21*(3), 265-282. DOI: 10.1177/0192512100213002.

Kant, Immanuel (1993). *Crítica da faculdade do juízo*. Rio de Janeiro: Forense Universitária.

Katzmair, Harald (2018). *Community arts: network mapping*. Wien: FasResearch/Community Arts Lab.

Kelly, Owen (1984). *Community, art and the state: Storming the citadels*. Londres: Comedia.

Kelly, Owen, Lock, J. & Merkel, K. (1986). *Culture and democracy: the manifesto*. Londres: Comedia.

Kester, Grant (2004). *Conversation pieces: Community and communication in modern art*. Berkeley, CA: University of California Press.

Kester, Grant (2011). *The one and the many: Contemporary collaborative art in a global context*. Londres: Duke University Press.

Khun, Thomas (1978). *A estrutura das revoluções científicas*. São Paulo: Perspectiva. Kilomba, Grada (2019). *Memórias da plantação – episódios de racismo quotidiano*. Lisboa: Orfeu Negro.

Kincheloe, Joe (2008). La pedagogía crítica en el siglo XXI: evolucionar para sobrevivir. In: Peter McLaren & Joe L. Kincheloe (Org.). *Pedagogía crítica: de qué hablamos, dónde estamos* (pp. 25-69). Barcelona: GRAÓ.

Kitto, Humphrey D. F. (1990). *Os gregos*. Coimbra: Arménio Amado Editora.

Kocur, Zoya & Leung, Simon (2005). *Theory in contemporary art since 1985*. Malden, MA: Blackwell Publishing.

Koopman, Constantijn (2007). Community music as music education: on the educational potential of community music. *International Journal of Music Education, 25*(2), 151-164. DOI: 10.1177/0255761407079951.

Korten, David C. (1980). *Community organization and rural development: A learning pro- cess approach*. Nova York, NY: Ford Foundation.

Koudela, Ingrid (1980/1884). *Jogos teatrais*. São Paulo: Perspectiva.

Koudela, Ingrid (1991). *Brecht: um jogo de aprendizagem*. São Paulo: Perspectiva/Edusp. Krauss, Rosalind (1979/2008). Sculpture in the expanded field. *October, 8*, 31-44. DOI: 10.2307/778224.

Kravagna, Christian (1999, January). *Working on the Community - Models of Participatory Practice*. Retirado de <http://eipcp.net/transversal/1204/kravagna/en>.

Krebs, Anne & Robotel, Nathalie (2008). *Démocratisation culturelle: l'intervention publique em débat*. Paris: La Documentation Française.

Kroeber, Alfred & Kluckhohn, Clyde (1952). *Culture: A Critical Review of Concepts and Definitions*. Nova York: Vintage Books.

Krueger, Richard A. & Casey, Mary Anne (2000). *Focus groups: A practical guide for applied research*. Thousand Oaks, CA: Sage Publications.

Kuppers, Petra (2007). *Community performance: an introduction*. Londres: Routledge.

Kwon, Miwon (2004). *One place after another. Site-specific art and locational identity*. Cambridge, MA: MIT Press.

Lacarrieu, Mónica (2008). El arte fuera del lugar del arte. *Revista oficios terrestres, 14*(21), 28-40. Retirado de <http://sedici.unlp.edu.ar/handle/10915/45540>.

Lacerda, Alice P. (2015). Democratização da cultura x democracia cultural: os pontos de cultura enquanto política cultural de formação de público. *Políticas culturais: teoria e práxis*, 1-14.

Lalive d'Epinay, Christian, Bassand, Michel, Christe, Etienne & Gros, Dominique (1982). *Temps libre. Culture de masse et cultures de classes aujourd'hui*. Lausanne: Pierre-Marcel Favre.

Lattanzi, María (2009). Arte contemporâneo argentino y la revalorización de la comunidade. *Interstícios: Revista Sociológica de Pensamiento Crítico,* 3(2), 113-128. Retirado de <https://dialnet.unirioja.es/servlet/articulo?codigo=304462>.

Lave, Jean & Wenger, Etienne (1991). *Situated learning: Legitimate peripheral participation*. Cambridge: Cambridge University Press.

Lawy, Robert & Biesta, Gert (2006). Citizenship-as-practice: The educational implications of an inclusive and relational understanding of citizenship. *British Journal of Educational Studies, 54*(1), 34-50. DOI: 10.1111/j.1467-8527.2006.00335.x.

Leão, Delfim (2015). O Mapa e a singular identidade nortenha. In: Hugo Cruz (Coord.), *Mapa – o jogo da cartografia (desenho em palavras)* (pp. 19-23). Porto: PELE.

Lehmann, Hans-Thies (2007). *Teatro pós-dramático.* São Paulo: Cosac Naify.

Leitão, Marta, Latif, Larissa & Baptista, Maria (2015). Processos de criação colaborativa em contexto de um projeto de teatro comunitário. *Persona, 3*, 42-57. Retirado de <https://persona-esap.weebly.com/uploads/9/0/2/7/90272353/persona3_6_ marta_l_larissa_l_maria_manuel_b.pdf>.

Lessard-Hebert, Michelle, Goyette, Gabriel & Boutin, Gérald (1994). *Investigação qualitativa: Fundamentos e práticas.* Lisboa: Instituto Piaget.

Ley, Graham (2007). *The theatricality of greek tragedy: Playing Space and Chorus.* Chicago, CA: University of Chicago Press

Lino, Wallace (2019). Teatro como ruptura. In: Hugo Cruz, Isabel Bezelga & Ramon Aguiar (Eds.), *Práticas artísticas, participação e comunidade* (pp. 597-610). Évora: Universidade de Évora.

Lipovetsky, Gilles & Serroy, Jean (2013). *L'esthétisation du monde. Vivre à l'àge du capitalisme artiste.* Paris: Gallimard.

Lopes, João Teixeira (2007). *Da democratização à democracia cultural. Uma reflexão sobre políticas culturais e espaço público.* Porto: Profedições.

Lopes, João Teixeira (2009). Da democratização da cultura a um conceito e práticas alternativos de democracia cultural. *Cadernos de Estudo, 14*, 2-13. DOI: 10.17346/ se.vol14.121.

Lord, Pippa, Sharp, Caroline, Lee, Ben, Cooper, Louise & Grayson, Hilary. (2012). *Raising the standard of work by, with and for children and young people: research and consultation to understand the principles of quality.* Slough: National Foundation for Educational Research.

Lourenço, Eduardo (1976). *O fascismo nunca existiu.* Lisboa: Publicações Dom Quixote.

Maffesoli, Michael (2005). *La tribialización del mundo postmoderno.* México: Herder.

Magalhães, Pedro (2009). *A qualidade da democracia em Portugal: a perspectiva dos cidadãos.* Lisboa: SEDES.

Mahoney, Joseph L. (2000). School extracurricular activity participation as a moderator in the development of antisocial patterns. *Child Development, 71*(2), 502-516. DOI: 10.1111/1467-8624.00160.

Malina, Judith (2012). *Notas sobre Piscator: teatro político e arte inclusiva.* São Paulo: Edições Sesc.

Marceau, Carole & Gendron-Langevin, Maud (2015). A Emergência de Vozes Distintas na Escola e na Comunidade: práticas singulares de ensino de teatro no Quebec. *Revista Brasileira de Estudos da Presença, 5*(2), 287-312. DOI: 10.1590/2237- 266049296.

Maréchal, Garance (2010). Autoethnography. In: Albert J. Mills, Gabrielle Durepos & Elden Wiebe (Eds.). *Encyclopedia of case study research* (vol.1-2) (pp. 43-45). Thousand Oaks, CA: Sage Publications.

Marie, Pierre (2017). Revolução dos Cravos e educação popular: as associações de educação popular em Portugal (1974-1986). *Revista de História da Sociedade e da Cultura, 17*, 371-390. DOI: 10.14195/1645-2259_17_17.

Marques, Marcelo Souza (2015). Críticas ao modelo hierarquizado de cultura: por um projeto de democracia cultural para as políticas culturais públicas. *Revista de Estudios Sociales, 53*(35), 43-51. DOI: 10.7440/res53.2015.03.

Martín-Barbero, Jesús (2008). *Políticas de la comunicación y la cultura: Claves de la investigación (Vol. 11)*. Barcelona: CIDOB edicions.

Martin-Baró, Ignácio (1996). O papel do psicólogo. *Estudos de Psicologia, 2*(1), 7-27. DOI: 10.1590/S1413-294X1997000100002.

Martin, Carol (2010). *Dramaturgy of the real on the world stage.* Hampshire: Palgrave MacMillan.

Marx, Karl (2017). *O capital.* Lisboa: Edições 70.

Mason, Paul (2019). *Um futuro livre e radioso: uma defesa apaixonada da Humanidade.* Lisboa: Objetiva Editora.

Matarasso, François (1997). *Use or ornament: the social impact of participation in the arts.* Stroud: Comedia.

Matarasso, François (2013). All in this together: The depoliticisation of community art in Britain, 1970-2011. In: Eugene van Erven (Eds.), *Community, Art, Power: Essays from ICAF 2011* (5th ed., pp. 214-241). Rotterdam: ICAF.

Matarasso, François (2019). *Uma arte irrequieta.* Lisboa: Fundação Calouste Gulbenkian.

Maxwell, Joseph (2005). *Qualitative research design: An interactive approach.* Thousand Oaks, CA: Sage Publications.

Maya Jariego, Isidro (2009). Sentido de comunidad y potenciación comunitaria. *Miríada: Investigación en Ciencias Sociales, 2*(3), 69-109. Retirado de <http://www. biblioteca.salvador.edu.ar/Bibdigital/Miriada/3/pa0-0000.html?t=1&h=69U>.

McLaren, Peter (1997). *Revolutionary multiculturalism: pedagogies of dissent for the new millennium.* Boulder, CO: Westview Press.

McLauchlan, Debra (2010). Keeping the kids in school: what the drama class tells us. *Encounters on Education 11*, 135-154. DOI: 10.24908/eoe-ese-rse.v11i0.2407.

McMillan, David. W. & Chavis, David M. (1986). Sense of community: A definition and theory. *Journal of Community Psychology, 14*(1), 6-24. DOI: 10.1002/15206629(198601)14:1<6::AID-JCOP2290140103>3.0.CO;2-I.

Mead, George Herbert (1934). *Mind, self and society.* Londres: The University Chicago Press.

Mendes, Américo, Silva, Francisca, Azevedo, Ana & Cardial, Inês (2016). Síntese de avaliação externa. In: Maria J. Mota (Coord.), *Arte e cidadania em contexto prisional: Percursos do projeto ECOAR* (pp. 92-98). Porto: PELE.

Mendes, José Manuel & Seixas, Ana Maria (2003). Escola, desigualdades sociais e democracia: as classes sociais e a questão educativa em Pierre Bourdieu. *Educação Sociedade & Culturas, 19*, 103-129. Retirado de <https://www.fpce.up.pt/ciie/revistaesc/ESC19/19-4.pdf>.

Mendonça, Celida e Bezelga, Isabel (2020). Um olhar sobre o impacto da experiência teatral no exercício da alteridade e no processo de socialização de crianças em contextos educacionais. *Educação, Artes e Inclusão, 16*(4), DOI: 10.5965/19843178164202 0143.

Menezes, Isabel (2003). Civic education in Portugal: curricular evolutions in basic education. *Journal of Social Science Education, 2*, 1-13. DOI: 10.4119/UNIBI/jsse-v2-i2-474.

Menezes, Isabel (2003). Participation experiences and civic concepts, attitudes and engagement: Implications for citizenship education projects. *European Educational Research Journal, 2*(3), 430-445. DOI: 10.2304/eerj.2003.2.3.8.

Menezes, Isabel (2007). *Intervenção comunitária: Uma perspetiva psicológica.* Porto: Livpsic.

Menezes, Isabel, Fernandes-Jesus, Maria, Ribeiro, Norberto & Malafaia, Carla (2012). Agência e participação cívica e política de jovens. In: Isabel Menezes, Carla Malafaia and Norberto Ribeiro (Eds.), *Agência e participação cívica e política: Jovens e imigrantes na construção da democracia* (pp. 9-26). Porto: LivPsic.

Merli, Paola (2002). Evaluating the social impact of participation in arts activities. *International Journal of Cultural Policy, 8*(1), 107-118. DOI: 10.1080/102866302900 32477.

Merriam, Sharan B., Johnson-Bailey, Juanita, Lee, Ming-Yeh, Kee, Youngwha, Ntseane, Gabo & Muhamad, Mazanah (2001). Power and positionality: negotiating insid- er/outsider status within and across cultures. *International Journal of Lifelong Edu- cation, 20*(5), 405-416. DOI: 10.1080/02601370120490.

Mertens, Donna M. (2010). *Research and evaluation in education and psychology: integrating diversity with quantitative, qualitative, and mixed methods (3rd ed.).* Los Angeles: Sage Publications.

Meyerhold, Vsevolod (1969). *Meyerhold on theatre.* Nova York: Hill & Wang.

Miessen, Markus (2010). *The nightmare of participation.* Nova York/Berlin: Sterberg Press.

Mignolo, Walter (2008). Desobediência epistêmica: a opção descolonial e o significado de identidade em política. *Cadernos de Letras da UFF – Dossiê: Literatura, língua e identidade, 34*, 287-324. Retirado de <http://professor.ufop.br/tatiana/classes/ppgd-pluralismo-epis-

temol%C3%B3gico/materials/desobedi%C3%AAncia-epist%-C3%AAmica-walter-mignolo>.
Milbrath, Lester (1965). *Political participation: How and why do people get involved in politics?* Chicago: Rand McNally College Publishing Company.
Miles, Matthew B. & Huberman, A. Michael (1984). Drawing valid meaning from qualitative data: Toward a shared craft. *Educational Researcher, 13*(5), 20-30. DOI: 10.2307/1174243.
Mohanty, Chandra (1994). On Race and Voice: Challenges for Liberal Education in the 1990s. *Cultural Critique, 14*, 179-208. DOI: 10.2307/1354297.
Monteiro, Gabriela (2016). A cena expandida: alguns pressupostos para o teatro do século XXI. *Art Research Journal,* 3(1). DOI:37-49. 10.36025/arj.v3i1.8427.
Montero, Maritza (2004). *Introduccion a la psicología comunitaria.* Buenos Aires: Paidós.
Mora, Teresa & Oliveira, Ana (2019). Arte e comunidade em Esposende: uma abordagem de proximidade. *Configurações, 22*, 50-69. DOI: 10.4000/ configuracoes.6335.
Morgado, José C. (2012). *O estudo de caso na investigação em educação.* Santo Tirso: De facto editores.
Morgan, Sally (1995). Looking back over 25 years. In: Malcolm Dickson (Eds.), *Art with people* (pp. 16-26). Sunderland: AN Publications.
Morin, Edgar (1990). *O pensamento complexo.* Lisboa: Instituto Piaget.
Motos-Teruel, Tomás & Alfonso-Benlliure, Vicente (2020). Desarrollo de un instrumento para valorar el impacto de la práctica teatral en los jóvenes. *Sisyhus Journal of Education, 8*(2), 26-48. DOI: 10.25749/sis.19058.
Mouffe, Chantal (1995). Democratic politics and the question of identity. In John Rajchman (Eds.), *The identity in question* (pp. 33-45). Londres: Routledge.
Mouffe, Chantal (1999). *The challenge of Carl Schmitt.* Londres: Verso.
Müller, Regina (1996). Ritual e performance artística. In: João Teixeira e Rita Gusmão (Org.), *Performáticos, performance e sociedade* (pp. 43-46). Brasília: UNB.
Nardone, Mariana (2010). Arte comunitário: critérios para su definición. *Miríada, 3*(6), 47-91. Retirado de https://dialnet.unirioja.es/servlet/articulo?codigo=5024408
Nascimento, Rodrigo (2019). O movimento auto-organizado e o teatro de agitprop nos primeiros anos da Revolução Russa (1917-1921). *Revista Sala Preta, 19*(1), 98-120. DOI: 10.11606/issn.2238-3867.v19i1p97-120.
Neelands, Jonothan (2007). Taming the Political: The Struggle Over Recognition in the Politics of Applied Theatre. *Research in Drama Education, 12*(3), 305-317. DOI: 10.1080/13569780701560388.

Neelands, Jonothan, Belfiore, Eleonora, Firth, Catriona, Hart, Natalie, Perrin, Liese, Brock, Susan, Holdaway, Dominic & Woddis, Jane (2015). *Enriching Britain: culture, creativity and growth: The 2015 report by the Warwick Commission on the future of cultural value.* Coventry: The University of Warwick/The Warwick Commission.

Negri, António (2011). *Art and common. a conversation with Antonio Negri.* In: Bruyne, Paul De & Gielen, Pascal (Eds.), *Community Art: The Politics of Trespassing* (pp. 165-193). Amersterdam: Valiz/Antennae.

Negri, Antonio & Hardt, Michael (2014). *Declaração: Isto não é um manifesto.* São Paulo: n-1 Edições.

Neves, Manuela C. (2016). As técnicas freinet da escola moderna. *Escola Moderna, 4*(6), 34-40.

Neves, Tiago (2008). *Entre educativo e penitenciário: Etnografia de um centro de internamento de menores delinquentes.* Porto: CIIE/Edições Afrontamento.

Neves, Tiago & Guedes, Mafalda (2016). A validação e certificação de competências pessoais e sociais. In: Maria J. Mota (Coord.), *Arte e cidadania em contexto prisional: Percursos do projeto ECOAR* (pp. 80-83). Porto: PELE.

Nicholson, Helen (2005). *Applied Drama: The gift of theatre.* Basingstoke: Palgrave Macmillan.

Nicholson, Helen (2013). Participation as art. *Research in Drama Education: The Journal of Applied Theatre and Performance, 18*(1), 1-3. DOI: 10.1080/13569783.2012.756184.

Niza, Sérgio (2012). *Escritos sobre educação.* Lisboa: Tinta da China, Ltda.

Nogueira, Márcia (2007). Tentando definir o teatro da comunidade. *DAPesquisa, 2*(4), 77-81. DOI: 10.5965/1808312902042007077.

Nogueira, Márcia (2008). A opção pelo teatro em comunidades: alternativas de pesquisa. *Urdimento, 10*, 127-136. DOI: 10.5965/1414573101102008127.

Nogueira, Márcia (2015). Um olhar sobre o teatro em comunidades no Brasil. In: Hugo Cruz (Coord.), *Arte e Comunidade* (pp. 101-128). Lisboa: Fundação Calouste Gulbenkian.

Norris, Pippa (2002). *Democratic phoenix: Reinventing political activism.* Cambridge: Cambridge University Press.

Norris, Pippa (2004, outubro). *Young people and political activism: From the politics of loyalties to the politics of choice?* Comunicação apresentada na conferência Civic engagement in the 21st Century: Toward a Scholarly and Practical Agenda – University of Southern California, Los Angeles, California.

Nunes, Ana Catarina (2018). Do Mar para o Palco – o teatro de comunidade no Museu Marítimo de Ílhavo. *Livro de Atas do Encontro de Mediação Cultural da EGEAC — Cultura*, Lisboa, Portugal.

Oddey, Alison (1994). *Devising theatre: A practical and theoretical handbook.* Londres: Routledge.

Oiticica, Helio (2011). *Museu é o mundo.* Rio de Janeiro: Beco do Azougue.

Oliveira, Andreia (2017). Arte e comunidade: práticas de colaboração implicadas no comum. *Revista do Programa de Pós-graduação em Artes de EBA/UFMG, 7*(14), 42-59. Retirado de <https://periodicos.ufmg.br/index.php/revistapos/article/ view/15496>.

Oliveira, Luana. H. C. & Corrêa, Amélia S. (2016). A arte relacional e a participação do público: aproximações poéticas do período de 1960-70 com a 27ª Bienal de São Paulo. *Mediações-Revista de Ciências Sociais, 21*(2), 254-278. DOI: 10.5433/2176-6665.2016v21n2p254.

Olson, Maria (2012). Citizenship education under liberal democracy: to be or not to be a (properly educated) citizen - comments on the ICCS 2009 study. *Utbildning och Demokrati, 21*(1), 17-27. Retirado de >https://www. diva-portal.org/smash/get/diva2:942176/FULLTEXT01.pdf>.

Omasta, Matt (2011). Adolescents' affective engagement with theatre: Surveying middle school students' attitudes, values and beliefs. *International Journal of Education & the Arts, 12*(1-6). Retirado de <http://www.ijea.org/v12si1/>.

Omoto, Allen M. & Malsch, Anna M. (2005). Psychological sense of community: con- ceptual issues and connections to volunteerism-related activism. In: Allen M. Omoto (Eds.), *The Claremont symposium on applied social psychology. Processes of community change and social action* (pp. 83–103). Lawrence Erlbaum Associates Publishers.

Otte, Hanka & Gielen, Pascal (2019). Quando a política se torna inevitável: da arte- em-comunidade à arte-em-comum. Galaxia, 40, 5-16. DOI: 10.1590/1982- 25542019140065.

Palacios Garrido, Alfredo (2009). El arte comunitario: origen y evolución de las prácticas artísticas colaborativas. *Arteterapia: papeles de arteterapia y educación artística para la inclusión social, 4*, 197-212. Retirado de <https://revistas.ucm.es/index.php/ARTE/article/view/9641>.

Parente, Bárbara (2015). As vozes do teatro comunitário: Testemunhos de quem participou. In: Hugo Cruz (Coord.), *Arte e Comunidade* (pp. 501-532). Lisboa: Fundação Calouste Gulbenkian.

Passatore, Franco (2000). A formação do animador teatral. In: Gómes, Caride, Martins, José & Vieites, Manuel (Orgs.), *Animação teatral: teoria e prática.* Porto: Campo das Letras.

Patton, Michael Q. (1990). *Qualitative evaluation and research methods* (2nd ed.). Londres: Sage Publications.

Pavis, Patrice (1998). *Dicionario del teatro – dramaturgia, estética, semiologia.* Barcelona: Paidós.

Pavis, Patrice (2014/2017). *Dicionário da performance e do teatro contemporâneo.* São Paulo: Editora Perspetiva.

Penoni, Isabel (2019). Inscrições do real em "Eles não usam tênis naique" – anotações sobre uma encenação com a Cia. Marginal (Rio de Janeiro). In: Hugo Cruz, Isabel Bezelga and Ramon Aguiar (Eds.), *Práticas artísticas, participação e comunidade* (pp. 47-63). Évora: Universidade de Évora.

Peterson, N. Andrew, Speer, Paul W. & Hughey, Joseph (2006). Measuring sense of community: A methodological interpretation of the factor structure debate. *Journal of Community Psychology, 34*(4), 453-469. DOI: 10.1002/jcop.20109.

Peixoto, José F. (2017). Notas sobre branco. *Revista sala preta, 17*(2), 437-453. DOI: 10.11606/issn.2238-3867.v17i2p436-453.

Piaget, Jean (1941). *Etudes socielogiques.* Geneve: Droz

Piaget, Jean (1978). *A formação da simbologia na criança.* Rio de Janeiro: Zahar Editores. Picciotto, Robert (1992). *Participatory Development: myths and dilemas (Policy research. Working papers. Participatory Development).* Washington: The World Bank.

Pieterse, Jan (1995). Globalization as hybridization. In: Mike Featherstone, and Bryan S. Turner (Eds.), *Body & Society* (pp. 45-68). Londres: Sage.

Piscator, Erwin (1967/1968) *Teatro Político.* Rio de Janeiro: Civilização Brasileira, Pitts, Graham & Watt, David (2001). The imaginary conference. *Artwork, 50,* 7-14 Plastow, Jane (2009). Practising for the revolution? The influence of Augusto Boal in Brazil and Africa. *Journal of Transatlantic Studies, 7*(3), 294-303. DOI: 10.1080/14794010903069128.

Pocok, John (1995). The ideal of citizenship since classical times. In: Ronald Beiner (Eds.), *Theorizing citizenship* (pp. 29–52). Nova York, NY: SUNY Press.

Pontremoli, Alessandro (2005). *Teoria e tecniche del teatro educativo e sociale.* Torino: UTET Università.

Portaria MinC 525/2003. Cria o Programa CIDADE ABERTA. *Diário Oficial da União.* Retirado de https://www.normasbrasil.com.br/norma/portaria-525-2003_184867.html

Prado, Fafi & Filler, Zina (2014). *Processos artísticos, tempos e espaços.* São Paulo: Departamento de Expansão Cultural/Prefeitura de São Paulo.

Prentki, Tim (1998). Must the show go on? The case for theatre for development. *Development in Practice, 8*(4), 419-429. DOI: 10.1080/09614529853440.

Prentki, Tim (2009). Contranarrativa: Ser ou não ser: Esta não é a questão. In: Marcia P. Nogueira (Org.), *Teatro na comunidade: Interacções, dilemas e possibilidades* (pp. 13-36). Florianópolis: UDESC.

Prentki, Tim & Preston, Sheila (2009). *The applied theatre reader.* Londres: Routledge. Priest, Susanna (1998). *Doing media research: An introduction.* Thousand Oaks, CA: Sage Publications.

Prigogine, Ilya (1984). *Order out of chaos.* Nova York: Bantam Books.

Putland, Christine (2008). Lost in translation: the question of evidence linking community-based arts and health promotion. *Journal of health psychology, 13*(2), 265– 276. DOI: 10.1177/1359105307086706.

Putnam, Robert (1995). Tuning in, tuning out. The strange disappearance of social cap- ital in America. In: Richard G. Niemi and Herbert F. Weisberg (Eds.), *Controversies in voting behavior* (pp. 38-68). Washington: CQ Press.

Putnam, Robert (2001). *Bowling alone: The collapse and revival of american community.* Nova York: Touchstone Books.

Putnam, Robert (2007). E Pluribus Unum: Diversity and community in the twenty-first century. The 2006 Johan Skytte prize lecture. *Scandinavian Political Studies, 30*(2), 137-174. Retirado de <https://onlinelibrary.wiley.com/DOI/abs/10.1111/j.1467-9477. 2007.00176.x>.

Pyett, Priscilla (2003). Validation of qualitative research in the "real world". *Qualitative health research, 13*(8), 1170-1179. DOI: 10.1177/1049732303255686.

Quezada, Lucy (2016). Territorios, autogestión y colectividades. In: Nelly Richard (Eds.), *Arte y política 2005-2015: Proyectos curatoriales, textos críticos y documentación de obras* (pp. 19-22). Santiago do Chile: Ediciones/Metales Pesados.

Quivy, Raymond & Campenhoudt, Luc Van (2008). *Manual de investigação em ciências sociais.* Lisboa: Gradiva.

Rahnema, Majid (1992). Participation. In: Wolfgang Sachs (Eds.), *The Development Dictionary* (pp. 116–131). Londres: Zed Books.

Ramos, Maria & Sanz, Sonia (2010). El teatro comunitário como estratégia de desarollo social a nível local. El caso de Patrícios. Província de Buenos Aires. *Miriada: Investigación en Ciencias Sociales, 2*(4), 141-157.

Rancière, Jacques (1996). *O desentendimento.* São Paulo: Editora 34.

Rancière, Jacques (2005). *Estética e política: A partilha do sensível.* Porto: Dafne Editora. Raposo, Paulo (2015). Artivismo: Articulando dissidências, criando insurgências. *Cadernos de Arte e Antropologia, 4*(2), 3-12. DOI: 10.4000/cadernosaa.909.

Rappaport, Julian (1981). In: praise of paradox: A social policy of empowerment over prevention. *American Journal of Community Psychology, 9*(1), 1-25. DOI: 10.1007/ BF00896357.

Rappaport, Julian (1984). Studies in empowerment: Introduction to the issue. In: J. Rappaport & R. Hess (Eds.), *Studies in empowerment: Steps toward understanding and action* (pp. 1-7). Nova York: Haworth Press.

Rappaport, Julian (1987). Terms of empowerment/exemplars of prevention: Toward a theory for community psychology. *American Journal of Community Psychology, 15*(2), 121-148. DOI: 10.1007/BF00919275.

Reis, João, Carreiras, Marina, Malheiros, Jorge & André, Isabel (2015). Orquestra Geração 2007-2014: a inclusão pela música. In: Hugo Cruz (Coord.), *Arte e Comunidade* (pp. 289-224). Lisboa: Fundação Calouste Gulbenkian.

Ribeiro, António Pinto (2000). *Ser feliz é imoral? Ensaios sobre cultura, cidades e distribuição.* Lisboa: Cotovia.

Ribeiro, Norberto (2014). *Educação e cidadania de jovens e imigrantes: constrangimentos e possibilidades de participação cívica e política.* (Tese de doutoramento não publicada). Faculdade de Psicologia e Ciências da Educação da Universidade do Porto, Porto, Portugal.

Richardson, Laurel & St. Pierre, Elizabeth (2005). Writing: a method of inquiry. In: Denzin Norman & Yvonna S. Lincoln (Dir.), *Handbook of qualitative research* (pp. 959-978). Thousand Oaks, CA: Sage Publications.

Rodgers, Lynne D., Smith, Leigh M. & Pollock, Claire (2002). Mooing till the cows come home: the search for sense of community in virtual environments. In: Adrian T. Fisher, Christopher C. Sonn, and Brian J. Bishop (Eds.), *Psychological sense of community: research, applications, and implications* (pp. 223-245). Nova York: Springer.

Rocha, Tatiana & Kastrup, Virginia (2008). A partilha do sensível na comunidade: intersecções entre psicologia e teatro. *Estudos de Psicologia, 13*(2), 97-105. DOI: 10.1590/S1413-294X2008000200001.

Rogers, Alan (2005). *Non formal education: flexible schooling or participatory education?* Nova York: Springer Science.

Rogers, Carl (1977). *A pessoa como centro.* São Paulo: EDUSP.

Rogoff, Barbara (1998). Cognition as a collaborative process. In: Damon William, Richard M. Lerner, Deanna Kuhn & Robert S. Siegler (Eds.), *Handbook of Child Psychology, Cognition, Perception, and Language* (5th ed., vol. 2) (pp. 679–744). Nova York, NY: Wiley.

Roitter, Mario (2009). *Prácticas Intelectuales académicas y extra-académicas sobre arte transformador: algunas certezas y ciertos dilemas.* Buenos Aires: Nuevos Documentos Cedes.

Rutherford, Matt (2013). *Burn the seats: Felix Barrett* (Future of storytelling 2013). Nova Iorque, EUA: Future of StoryTelling.

Ryngaert, Jean-Pierre (1981). *O jogo dramático no meio escolar.* Coimbra: Centelha. Saavedra, Ana María & Alarcón, Luis (Eds.) (2016). *Galería Metropolitana 2011-2017.* Santiago do Chile: ANDROS Impresores.

Salgado, Ricardo S. (2015). A performance da etnografia como método da antropologia. *Antropológicas, 13*, 26-38. Retirado de <https://revistas.rcaap.pt/antropologicas/ article/view/1640>.

Salgado, Ricardo S. (2016). A persona do antropólogo na etnografia como ação: O jogo dos papeis, do registo e as metodologias teatrais. In: Humberto Martins & Paulo Mendes (Orgs.), *Trabalho de campo: Envolvimento e experiências em Antropologia* (pp. 201-220). Lisboa: Imprensa de Ciências Sociais.

Sandoval, Chela & Latorre, Gisela (2008). Chicana/o Artivism: Judy Baca's Digital Work with Youth of Color. In: Everett, Anna (Eds.), *Learning race and ethnicity: youth and digital media* (pp. 81-108). Cambridge MA: MIT Press.

Santos, Arquimedes Sousa (1977). *Perspectivas psicopedagógicas.* Lisboa: Livros Horizonte.

Santos, Bárbara (2015). Teatro Essencial: essência comunitária (uma reflexão sobre o teatro do oprimido). In: Hugo Cruz (Coord.), *Arte e Comunidade* (pp. 145-180). Lisboa: Fundação Calouste Gulbenkian.

Sarmento, Manuel J. (2003). O estudo de caso etnográfico em educação. In: Nadir Zago, Marília P. Carvalho & Rita Vilela (Org.), *Itinerários de pesquisa: Perspectivas qualitativas em sociologia da educação* (pp.137-179). Rio de Janeiro: DP&A Editora.

Schechner, Richard (1985). *Between theater and anthropology.* Philadelphia: The University of Pennsylvania Press.

Schechner, Richard (1988). *Performance theory.* Londres/Nova Iorque: Routledge.

Scher, Edith (2015). Teatro comunitário Argentino: 1983-2014 – Paixão, trabalho e alegria. In: Hugo Cruz (Coord.), *Arte e comunidade* (pp. 86-99). Lisboa: Fundação Calouste Gulbenkian.

Schininà, Guglielmo (2004). Here we are, social theatre and some open questions about its developments. *The Theatre Drama Review, 48*(3), 17-31. DOI: 10.1162/1054204041667659.

Schoenfeld, Alan (2004). Multiple learning communities: students, teachers, instructional designers and researchers. *Journal of Curriculum Studies, 36*(2), 237-255. DOI: 10.1080/0022027032000145561.

Seidel, S., Tishman, S., Winner, E., Hetland, L. & Palmer, P. (2009). *The qualities of quality: Understanding excellence in arts education.* Cambridge, MA: Project Zero, Harvard Graduate School of Education.

Seog, Moonjoo, Hendricks, Karin S. & González-Moreno, Patricia A. (2011). Students' motivation to study music: The South Korean context. *Research Studies in Music Education, 33*(1), 89–104. DOI: 10.1177/1321103X11400514.

Serafino, Irene (2019). *Práticas artísticas e inclusão social: estudo de caso da associação portuense Pele_Espaço de Contacto Social e Cultural.* Retirado de https:// repositorio-aberto.up.pt/handle/10216/119893

Silva, António J. (1999). Henry Giroux: *A pedagogia como possibilidade crítica.* (Dissertação de mestrado não publicada). Instituto de Educação da Universidade do Minho, Braga, Portugal.

Silva, Augusto Santos (1988). Produto nacional vivo: uma cultural para o desenvolvimento. In: Augusto S. Silva, Carlos H. Pissarro, Margarida P. Lima & Luís G. Arnaut (Eds.), *Atitudes, Valores culturais e desenvolvimento* (pp. 19-75). Lisboa: SEDES – Associação para o desenvolvimento económico e social.

Silva, Augusto Santos (1994). *Tempos cruzados: um estudo interpretativo da cultura popular.* Porto: Afrontamento.

Silva, Augusto Santos (2000). *Cultura e desenvolvimento: Estudos sobre a relação entre ser e agir.* Oeiras: Celta.

Silva, Iracema (2014). *Teatro Popular: análise sobre a construção de um conceito estético-sociológico* (Dissertação de mestrado não publicada). Universidade do Minho, Braga, Portugal.

Silva, Maria José Lisboa (2018). *Teatro comunitário: além fronteira - um cruzamento de ideias, caminhos, desafios e superações* (Tese de doutoramento não publicada). Universidade de Lisboa, Lisboa, Portugal.

Skis, Geraldine B. (1977) *Drama with children.* Nova York, NY: Harper & Row.

Slade, Peter (1954). *Child drama.* Londres: University of Londres Press.

Sloman, Annie (2012). Using participatory theatre in international community development. *Community Development Journal, 47*(1), 42-57. DOI: 10.1093/cdj/ bsq059.

Somers, John (1996). *Drama and theatre in education: Contemporary research.* North York: Captus Press.

Sonn, Cristophey C., Drew, Neil M. & Kasat, Pilar (2002). *Conceptualising community cultural development: The role of cultural planning in community change.* Perth, WA: Community Arts Network WA Inc.

Souza, Hugo (2018). Resistência na Correria do Coletivo Bonobando. *Ciclorama - Cadernos de pesquisa da Direção Teatral, 6*, 29-36. Retirado de <https://issuu.com/ ciclorama/docs/ciclorama_v6_2018_issuu>.

Spolin, Viola (1982). *Improvisação para o teatro.* São Paulo: Perspetiva Editora.

Sprinthall, Norman A. (1980). Guidance and new education for schools. The Personnel and Guidance Journal, 58(7), 485-489. DOI: 10.1002/j.2164-4918.1980.tb00436.x.

Sprinthall, Norman (1991). Role-talking programs for high-school student: new methods to promove psychological development. In: Bártolo Paiva Campos (Eds.), *Psychological Intervention and Human Development* (pp. 33-38). Porto: ICPFD.

Sprinthall, Norman A. & Scott, Jacqueline R. (1989). Promoting psychological development, math achievement and success attribuition of female students through deliberate psychological education. *Journal of Counseling Psychology, 36*(4), 440-446. DOI: 10.1037/0022-0167.36.4.440.

Stevenson, David (2019). The cultural non-participant: Critical logics and discursive subject identities. *Arts and the Market, 9*(1), 50-64. DOI: 10.1108/AAM-01-2019-0002.

Stoer, Stephen & Dale, Roger (1999). Apropriações políticas de Paulo Freire: um exemplo da revolução portuguesa. *Educação, Sociedade & Culturas, 11*, 67-81. Retirado de <https://repositorio-aberto.up.pt/ handle/10216/14456>.

Stolle, Dietlind, Hooghe, Marc & Micheletti, Michele (2005). Politics in the Supermarket: Political Consumerism as a Form of Political Participation. *International Political Science Review, 26*(3), 245-269. DOI: 10.1177/0192512105053784.

Strauss, Anselm & Corbin, Juliet (2008). *Pesquisa qualitativa – Técnicas e procedimentos para o desenvolvimento de teoria fundamentada.* Porto Alegre: Artmed.

Suess, Astrid (2006). El arte como herramienta de transformación social: proyectos comunitarios. Encuentros con la expresión. *Revista Arteterapia y Artes,* 1, 70-75.

Sullivan, Graeme (2004). *Art practice as research inquiry in the visual arts.* Nova York: Teachers College, Columbia University.

Sullivan, John & Transue, John E. (1999). The psychological underpinnings of democracy: a selective review of research on political tolerance, interpersonal trust and social capital. *Annual Review of Psychology, 50*(1), 625-650. DOI: 10.1146/annurev. psych.50.1.625.

Świdziński, Jan (1976). *Art as a contextual art.* Lund: Sellem Galerie St. Petri – Archive of Experimental Art.

Szmulewicz, Ignacio (2012). *Fuera dela cubo blanco: Lecturas sobre arte público contemporâneo.* Santiago do Chile: Ediciones/Metales Pesados.

Taylor, Charles (1992). *Multiculturalism and "the politics of recognition": an essay.* Princeton: Princeton University Press.

Taylor, Philip (2003). *Applied theatre: Creating transformative encounters in the community.* Portsmouth: Heinemann.

Teixeira, Francimara Nogueira (2014). As peças didáticas de Brecht: tensões produtivas entre texto e cena. *Reportório, 23*, 46-57. Retirado de <https://periodicos.ufba.br/index.php/revteatro/article/view/12755/9029>.

Teorell, Jan, Torcal, Mariano & Montero, José R. (2007). Political participation: Mapping the terrain. In: Jan W. van Deth, José R. Montero & Anders Westholm (Eds.), *Citizenship and involvement in European democracies: A comparative analysis* (pp. 358-383). Londres and Nova York: Routledge.

Thompson, Edward (1998). *Costumes em comum: estudos sobre a cultura popular tradicional.* São Paulo: Companhia das Letras.

Tonkiss, Fran (2004). Using focus groups. In: Clive Seale (Org.) (Ed.), *Researching society and culture* (pp. 193–206). Thousand Oaks, CA: Sage Publications.

Tonnies, Ferdinand. (1925). The concept of Gemeinschaft. In: Werner J. Cahnman and Rudolf Heberle (Eds.), *Ferdinand Tonnies on Sociology: Pure, Applied and Empirical. Selected writings* (pp. 62–72). Chicago: University of Chicago Press.

Tönnies, Ferdinand (1995). Comunidade e sociedade. In: Orlando de Miranda (Eds.), *Para ler Ferdinand Tönnies* (pp. 231-352). São Paulo: EdUSP.

Torcal, Mariano (2014). The decline of political trust in Spain and Portugal: Economic performance and political responsiveness. *American Behavioral Scientist, 58*(12), 1542-1567. DOI: 10.1177/0002764214534662.

Trend, David (1996). Democracy's Crisis of Meaning. In David Trend (Eds.), *Radical Democracy: Identity, Citizenship and the State* (pp. 7-18). Nova York: Routledge.

Trickett, Edison (1994). Human diversity and community psychology: Where ecology and empowerment meet. *American Journal of Community Psychology, 22*(4), 583-592. DOI: 10.1007/BF02506894.

Trickett, Edison (2009) Community Psychology: individuals and interventions in community context. *Annual Review of Psychology, 60*, 395-419. DOI: 10.1146/annurev. psych.60.110707.163517.

Trienekens, Sandra & Hillaert, Wouter (2015). Art in transition. Manifesto for participatory art practices. In: Dominique Nuyttens (Eds.), *Art in transition. Manifesto for participatory art practices.* Brussel: Demos vzw & CAL-XL.

Trilla, Jaume, Gros, Begoña, López, Fernando & Martín, Maria Jesús (2003). *La educación fuera de la escuela.* Âmbitos *no formales y educación social.* Barcelona: Ariel Educacíon.

Turino, Célio (2010). *Ponto de cultura: o Brasil de baixo para cima.* São Paulo: Anita Garibaldi.

Turner, Victor (1982). *From ritual to theatre: The human seriousness of play.* Nova York: PAJ Publications.

Úcar, Xavier (2000). La evaluación de actividades y proyectos de animación teatral. *Relieve, 6*(1). Retirado de <https://ojs.uv.es/index.php/RELIEVE/index>.

UNESCO [United Nations Educational, Scientific and Cultural Organization] (1977) *Cultural animation and life-long education: an international seminar.* Retirado de <https://unesdoc.unesco.org/ark:/48223/pf0000031282?posInSet=1&queryId=4 1bb7fc2-1c5c-4ec0-857a--0acc323bf6e8>.

UNESCO [United Nations Educational, Scientific and Cultural Organization] (1982). *Declaração universal sobre a diversidade cultural.* Cidade do México: UNESCO.

UNESCO [United Nations Educational, Scientific and Cultural Organization] (2012). *Measuring Cultural Participation.* Montreal: UNESCO Institute for Statistics.

UNESCO [United Nations Educational, Scientific and Cultural Organization] (2016). Repensar a Educação – *Rumo a um bem comum mundial?* Brasília: UNESCO Brasil.

Veiga, Clara Sofia M. (2008). *O impacto do envolvimento dos estudantes universitários em actividades extra-curriculares no empowerment e no desenvolvimento cognitivo-vocacional* (Tese de doutoramento não publicada). Faculdade de Psicologia e Ciências da Educação da Universidade do Porto, Porto, Portugal.

Vendramini, José (2001). A commedia dell'arte e sua reoperacionalização. *Trans/Form/ Ação, 24*(1), 57-83. DOI: 10.1590/S0101-31732001000100004.

Ventosa, Víctor (1993). *Fuentes de la Animación Sociocultural en en Europa.* Madrid: Editorial Popular.

Ventosa, Víctor (2001). *Desarollo y evaluación de proyectos socioculturales.* Madrid: Editorial CCS.

Ventosa, Víctor (2016). *Didática da participação: Teoria, metodologia e prática ano.* São Paulo: SESC.

Ventura, Rafael (2019, 2 de setembro). Ardente desperta – Martha Kiss Perrone da Coletiva Ocupação fala sobre a trajetória da peça "Quando Quebra Queima". *Revista Bravo.* Retirado de <https://medium.com/revista-bravo/ardente-despertar-e12ddf7424be>.

Verba, Sidney, Schlozman, Kay L. & Brady, Henry E. (1995). *Voice and equality: Civic voluntarism in american politics.* Cambridge: Harvard University Press.

Viché Gonzalez, Mario (1999). *Una pedagogía de la cultura: la animación sociocultural.* Saragoça: Livros Certeza

Vidal, Alipio (1996). *Psicología comunitaria: Bases conceptuales y métodos de intervención.* Barcelona: EUB.

Vivien, Lowndes, Lawrence, Pratchett & Gerry, Stoker (2006). Local political participation: The impact of rules-in-use. *Public Administration, 84*(3), 539-61. DOI: 10.1111/j.1467-9299.2006.00601.x.

Vygotsky, Lev (1967). Play and its role in the mental development of the child. *Soviet Psychology, 5*(3), 6-18. DOI: 10.2753/RPO1061-040505036.

Wald, Gabriela (2009). Promoción de la salud a través del arte: estudio de caso de un taller de fotografía en Ciudad Oculta: la Villa Nº 15 de la Ciudad de Buenos Aires. *Salud Colectiva, 5*(3), 345-362. DOI: 10.1590/S1851-82652009000300004.

Wahl, Daniel (2016). *Design de culturas regenerativas.* Sobrado: Bambual Editora Walzer, Michael (1995). The civil society argument. In: Ronald Beiner (Eds.) *Theorizing citizenship* (pp. 152-174). Albany, NY: State University of Nova York Press.

Walzer, Michael (2002). Passion and politics. *Philosophy and Social Critism, 28*(6), 617-633. DOI: 10.1177/0191453702028006O2.

Way, Brian (1967). *Development through drama.* Londres: Longman.

Weber, Max (2015). *A* ética *protestante e o espírito do capitalismo.* Porto: Editorial Presença.

Weiss, Peter (1968). *14 unkte zum dokumentarischen theate (Vol. 2 of Dramen).* Frankfurt: Suhrkamp.

Weizman, Eyal (2014). Introduction. In: Forensic Architecture (Eds.), *Forensis: The architecture of public truth* (pp. 9-32). Berlin: Stenberg Press.

White, Gareth (2012). *On immersive theatre: is there an inside.* Londres: Cambridge University Press.

White, Tabitha R. & Rentschler, Ruth (2005). Toward a new understanding of the social impact of the ArtsU. AIMAC 2005: *Proceedings of the*

8th International Conference on Arts & Cultural Management, 1-13. Montreal: HEC Montreal.

Wiesenfeld, Esther (1996). The concept of "we": A community social psychology myth? *Journal of Community Psychology, 24*(4), 337–346. DOI: 10.1002/(SICI)1520-6629(199610)24:4<337::AID-JCO-P4>3.0.CO;2-R.

Williams, Amanda & Katz, Larry (2001). The use of focus group methodology in education: Some theoretical and practical considerations. *International Electronic Journal for Leadership in Learning, 5*(3). Retirado de <http://citeseerx.ist.psu.edu/ viewdoc/download?>. DOI=10 .1.1.452.2540&rep=rep1&type=pdf.

Williams, Bernard (2008). *Shame and necessity.* Berkeley, CA: University of California Press.

Williams, Raymond (1977). *Marxism and Literature.* Londres: Oxford University Press.

Williams, Raymond (1994). *Sociología de la cultura.* Barcelona: Paidos.

Wilson, Nick, Gross, Jonathan & Bull, Anna (2017). *Towards cultural democracy: Promoting cultural capabilities for everyone.* Londres: King's College.

Winchester, Joanna (2013). Challenges to reciprocity: Gift exchange as a theoretical framework of community arts practice. *Performance Paradigm, 9*(1), 1-11. Retirado de <http://www.performanceparadigm.net/category/journal/issue-9/>.

Winchester, Joanna (2014). Now someone like me finds me: Gift exchange and reciprocity in community arts at bankstown youth development service. *Asia Pacific Journal of Arts & Cultural Management, 11*(1), 3-13. Retirado de <https://www.academia.edu/10911062/Now_someone_like_me_finds_me_ Gift_exchange_and_reciprocity_in_Community_Arts_at_Bankstown_Youth_ Development_Service?auto=download>.

Winnicott, Donald W. (1975). *O brincar e a realidade.* Rio de Janeiro: Imago.

Winter, Micha (1997). *Children as fellow citizens - Participation and commitment.* Nova York: Radcliffe Medical Press.

Winter, Richard (1998). Finding a voice: Thinking with others. *Educational Action Research, 6*(1), 53-68. DOI: 10.1080/09650799800200052.

Wong, Kei Shun (2016). *Defining community art: theoretical and practical reconstruction.* Retirado de <http://commons.ln.edu.hk/vs_etd/10/>.

Wong, Naima, Zimmerman, Marc & Parker, Edith (2010). A typology of youth participation and empowerment for child and adolescent health promotion. *American journal of community psychology, 46*(1), 100-114. Retirado de <https:// link.springer.com/article/10.1007%252Fs10464-010-9330-0>.

Wortman, Ana (2001). El desafío de las políticas culturales en la Argentina. In: Daniel Mato (Eds.), *Cultura y globalización en América Latina.* (pp. 251-267). Caracas: CLACSO/UNESCO.

Wortman, Ana (2005). *Sociedad civil y cultura en la Argentina post crisis, la conformación de una esfera pública paralela.* Comunicação apresentada no I Congreso Latinoamericano de Antropología, Asociación Latinoamericana de Antropologí, Rosario, Argentina.

Yin, Robert (2001). *Estudo de caso: Planejamento e método.* Porto Alegre: Bookman. Yin, Robert K. (2009). *Case study research design and methods (4th ed.).* Londres: Sage.

Zask, Joëlle (2011). *Participer. Essai sur les formes démocratiques de la participation.* Paris: Éditions Le bord de l'eau.

Zimmerman, Marc A. (1995). Psychological empowerment: Issues and illustrations. *American Journal of Community Psychology, 23*(5), 581-599. DOI: 10.1007/ BF02506983.

Zimenkova Tatiana (2013) Sharing political power or caring for the public good? The impact of service-learning on civic and political participation. In: Reinold Hedtke & Tatiana Zimenkova (Eds), *Education for civic and political participation: a critical approach* (pp. 171–188). Nova York: Routledge.

Zukin, Cliff, Keeter, Scott, Andolina, Molly, Jenkins, Krista & Delli Carpini, Michael X. (2006). *A new engagement? Political participation, civic life, and the changing american citizen.* Nova York: Oxford University Press.

TEATRO

TÍTULOS PUBLICADOS

Série PEDAGOGIA DO TEATRO/ARTES CÊNICAS

A pedagogia do teatro: provocação e dialogismo, Flávio Desgranges
Drama como método de ensino, Beatriz Cabral
As regras do jogo: a ação sociocultural em teatro e o ideal democrático, Suzana Schmidt Viganó
Pequenos espetáculos da memória: registro cênico-dramatúrgico de uma trupe de mulheres idosas, Beatriz Pinto Venâncio
Teatro e prisão: dilemas da liberdade artística, Vicente Concilio
Processo colaborativo e experiências de companhias teatrais brasileiras, Stela Fischer
Pedagogia do jogo teatral: uma poética do efêmero, Carmela Soares
Pedagogia teatral como cuidado de si, Gilberto Icle
Teatro documentário: a pedagogia da não ficção, Marcelo Soler
Teatro vocacional e a apropriação da atitude épica/dialética, Maria Tendlau
Shakespeare enfarinhado: estudos sobre teatro, jogo e aprendizagem, Vera Lúcia Bertoni dos Santos
Teatro em trânsito: a pedagogia das interações no espaço da cidade, Beatriz Cabral
Surdez e teatro: a encenação está em jogo. Estudo transdisciplinar sobre o jogo teatral no cenário da surdez, Lidia Becker
Práticas lúdicas na formação vocal em teatro, Eugenio Tadeu
Pedagogia e estética do Teatro do Oprimido, Dodi Leal
Teatro na Margem, Márcia Cristina Baltazar (org.)
Para alimentar o desejo de teatro, Maria Lúcia de Souza Barros Pupo
Leitura e teatro: aproximação e apropriação do texto literário, Heloise Baurich Vidor
Teatro e sociedade: formação da plateia brasileira no século XIX, Giuliana Simões
Corpo da multidão: dança e políticas públicas, Gilsamara Moura
Fome de quê? Processos de criação teatral na rede pública de ensino de Salvador, Celida Salume Mendonça
Teatro e universidade. Cena. Pedagogia. [Dialogismo], Jean Carlos Gonçalves
Teatro e representatividade Queer: experiências com o método do drama na escola, Fernando Augusto do Nascimento
Mediação teatral: três instâncias da relação entre o teatro e a vida pública em Blumenau, Sabrina de Moura
Estendemos nossas memórias ao sol: caminhos para uma dramaturgia da escuta com mulheres em privação de liberdade, Caroline Vetori
As Guarani e Juruas: a dança das relações na aldeia Guarani Yynn Moroti Wherá, Rafaela Samartino Herran

Série A HISTÓRIA INVADE A CENA

A história invade a cena, Alcides Freire Ramos, Fernando Peixoto & Rosangela Patriota (orgs.)
Tambores na noite. A dramaturgia de Brecht na cena de Fernando Peixoto, Rodrigo de Freitas Costa
Criações artísticas, representações da história. Diálogos entre arte e sociedade, Alcides Freire Ramos, Heloísa Capel & Rosangela Patriota (orgs.)
Ver história. O ensino vai aos filmes, Alcides Freire Ramos & Marcos Silva (orgs.)
Performances culturais, Robson Corrêa de Camargo, Heloísa Selma Fernandes Capel & Eduardo José Reinato (orgs.)
Mortos sem sepultura: diálogos cênicos entre Sartre e Fernando Peixoto, Maria Abadia Cardoso
Rimbaud etc. história e poesia, Marcos Silva

Série TEATRA (direção de Dodi Leal)

Performatividade transgênera: equações poéticas de reconhecimento recíproco na recepção teatral, Dodi Leal
Corpos transformacionais: a transformação corporal na artes da cena, Ian Guimarães Habib